走向个性化教育丛书

有创意:对不同类型孩子的透彻分析,对当代教育各种难题的从容回应。
有故事:朴素的故事,真实的人物,读进去情趣盎然,读出来恍然大悟。
有效果:成绩的提升,心态的变化,习惯的养成,如朵朵鲜花,悄然绽放。

——丰富多彩的个性化教育故事

主编　袁湛江

ZHEJIANG UNIVERSITY PRESS
浙江大学出版社

图书在版编目(CIP)数据

开启心智的钥匙：丰富多彩的个性化教育故事 / 袁
湛江主编. —杭州：浙江大学出版社，2013.3(2023.12 重印)
ISBN 978-7-308-11244-4

Ⅰ.①开… Ⅱ.①袁… Ⅲ.①教育工作－经验－中国
Ⅳ.①G4

中国版本图书馆 CIP 数据核字(2013)第 042630 号

开启心智的钥匙——丰富多彩的个性化教育故事
袁湛江　主编

责任编辑	沈国明	
文字编辑	冯其华	
封面设计	刘依群	
出版发行	浙江大学出版社	
	（杭州市天目山路148号　邮政编码310007）	
	（网址：http://www.zjupress.com）	
排　　版	浙江大千时代文化传媒有限公司	
印　　刷	广东虎彩云印刷有限公司绍兴分公司	
开　　本	710mm×1000mm　1/16	
印　　张	26	
字　　数	480 千	
版 印 次	2013 年 3 月第 1 版　2023 年 12 月第 2 次印刷	
书　　号	ISBN 978-7-308-11244-4	
定　　价	60.00 元	

走向个性化教育丛书
编 委 会

主　编：袁湛江

副主编：房　鹏　关克民

编　委：（以姓氏笔画为序）

序——真实故事中的真谛

什么是"好的教育"？宁波万里国际学校袁湛江校长主编的《开启心智的钥匙》一书，以 102 个鲜活生动的故事为我们展现了一个教师团队对这一世纪之问的回答。他们的答案是：为每个学生的个性发展提供最适合的教育。

这是一部不同寻常的书。一是著者独特，袁校长率领的是一个来自全国 24 个省市、带有多彩多姿地域文化和民族文化的教师群体；二是内容独特，是该校坚守长达 16 年的个性化教育变革性实践研究成果的结晶；三是表现形式独特，由源于真实的若干不同类型的教育案例组成，以宁波这座"书藏古今、港通天下"城市那种海纳百川的气魄和源远流长的文化情怀作为依托，用感悟、反思、探索与超越，以心灵的沟通、思想的碰撞和智慧的交融诠释个性化教育，从而展现了一群理想主义的教育人的教育理想追求。

沉甸甸的书稿中，一个个典型成功的案例扣人心弦，我试图用心去感悟真实故事中的真谛是什么。我认为这个真谛是对个性化教育内涵的诠释，是在寻求每个学生幸福成长的密码。我尝试从平凡的教育生活与活动中挖掘和解读著者们所持的内在理念，去挖掘这些故事深层的闪光点。我认为在极为丰富的内容中有三个问题值得我们去再思考。

第一，如何理解个性化教育的内涵

著者为我们提出了多视角思考的命题。诸如：

"个性化教育是走进心灵的教育"，能够真正走进心灵世界的个性化教育将使学生生活单纯、活得快乐、学得自信；

"个性化教育是一个也不能少的教育"；

"个性化教育是对不同类型孩子采取适合不同个体发展的教育"……

以上表述体现了宁波万里人的价值追求，以及对教育的热爱与坚贞。他们理解的个性化教育,其内涵在于:学校教育要精心呵护学生的心灵家园,在促成学生个性发展过程中,以启迪人的美好心灵、塑造良好品格为目的,以敞开人的心智、成就人的良好品性为最高追求,从而使学生健康、快乐地成长。

第二,如何理性地看待学生的"个性"

"个性"是个性化教育的关键词,如何理解和把握学生的"个性"是个性化教育的核心问题。长期以来,学者们从不同学科视角诠释着"个性"的内涵,但我从具有很强现实性、针对性的典型个案中,看到了万里国际学校老师们基于观察进而从理性层次剖析的一种独特视角,这就是着眼于对每个个体生命成长的复杂机理的关注,生动展现了学生个性形成的动态发展过程,是开放的、波浪式的,而不是封闭、线性和静止的。著者的视野触及以下几个基本问题。

1. 理想与现实

这是个性发展的价值选择。目前在考试文化的束缚下,人的个性被异化为追求高分的工具,导致的结果是学生在学习中缺乏想象思维、批判思维和系统思维。那么,如何理解"为学生一生发展奠基"?这里就存在两种截然不同的价值选择,是以争高分为唯一目标,还是着眼于学生终身的学习品质与健全人格。

老师们将培养学生良好习惯、锻炼毅力、成就才能、磨炼意志,以及养成吃苦耐劳精神,会合理调配时间等,作为引导学生从一般走向优秀、从"优秀"走向"卓越"的基础。正是有了明晰的目标定位和理想追求,他们听到的是学生们"忙碌的脚步,奋斗的脚步,为理想奔波的脚步,重拾信念的脚步"。坚信学生在他们以后的人生中面临挫折和打击时再不会脆弱,不会逃避,他们将学会勇敢面对并学会倾听自己内心的声音,知道自己想要的是什么,而这才是最宝贵最重要的。

2. 成功与失败

优秀源于良好的习惯和超强的意志。著者认为,学生的前进是波浪式的,特别是要允许失败。从辩证的角度看,赢不一定是好事,输不一定是坏事,重要的在于给学生以失败后的勇气和信心,因为高考不是终点,而是起点,是人生一次宝贵的历练。

3. 过程与结果

学生个性形成是作为过程展开的,这个过程本身就是一个丰富人生的过程。人们往往追求的是一个完美的结果,而不是过程,但正是因为过程的跌宕起伏,才有可能造就一个完美的结果。也就是说,要引导学生亲自去经验、体验和体悟,去经历成长的全过程。

4. 优点与缺点

学生是未成年人,犯错误属于正常现象,不犯错误的学生是不存在的,不犯错误的学生反倒是不正常的。但当一个人犯错误成为一种习惯时,不犯错误是很难的一件事情;当一个学生在很多课都听不懂的时候,也只有用犯错误来证明自己的存在。特别是现代生活的节奏加快,各种社会问题激增,人们的心理压力越来越重,自卑、自闭、自负、叛逆、焦虑、烦躁、嫉妒、猜疑……种种心理问题越来越多,学生的成长正是在是非正误博弈中完成的。

正是以上诸点组成了一个个学生鲜活而独特的个性。通过对个性的关注和尊重,使每个学生获得自信,体验成功,在成长中享受教育的快乐。从这个意义上我们说,要真正读懂学生是十分不容易的。

第三,个性化教育与教师的教育智慧

在个性化教育中,教师的教育智慧集中凝练为一个"爱"字。正是这种对学生的大爱,转化为教师强烈的"学生意识",提升为及时捕捉细小问题的洞察力,为学生提供学习、生活、交往和人生规划的帮助;转化为把学生装在心中,善于倾听,力避主观猜测,做到真切地从学生角度去关心、帮助和要求他们,化解学生与老师交流的抵触情绪;转化为用理智代替冲动,以理解代替怀疑,以信任代替审问,以引导代替要求,以平等换来交流,从生理、心理和社会环境客观分析中学生早恋现象,帮助他们健康地走过情感的沼泽地;转化为对于有着甚多麻烦的学生的尊重与宽容,相信他们一定会创造出一个精彩、特别的人生;转化为善于捕捉教育时机,通过"信任—沟通—支持—影响—改变",不断扩展教育的生命视野……也正是在与淳朴稚气的心灵对话与碰撞中,教师自我的灵魂得到洗礼和升华,教育方法和艺术得到提升。

时代呼唤着一种理想的教育,宁波万里国际学校的老师们,是敢为人先的思想者与践行者。是他们,以勇于改革探索的精神、思想的丰富和实践的多元,以富有生命气息的个性化教育实践创新,让教育回归到生命的本真,我想这正是本书的精要所在。当然,应该看到,个性化教育研究空间还很大,在今后进一步探索中我们期待他们不断取得新的认识和成果。

裴娣娜

2013 年 1 月于北京求是书屋

(作者系北京师范大学教育学部教授、博士生导师,浙江师范大学杰出教授)

前　言

这不是一部教育理论著作，也不是一部文学艺术作品。

与一般的教育理论著作相比，她多了几分温馨；与一般的文学艺术作品相比，她少了几分雕饰。一切机缘，源于对教育的热爱与坚贞，源于对教育的关注与思考，源于对教育的参与和行动。

教育之于人类，就像一位饱经沧桑的母亲，不管你在不在意她，她都始终一往情深地关注着你，用她那博大的胸怀，去包容你，温暖你；在你最需要支持的时候，她永远坚定地站在你的身后；当你困惑迷茫的时候，她又像一位知心朋友，听你袒露心迹、倾诉情感，给你智慧和力量。

人类的每一次进步，都离不开教育的滋养。

历史发展到今天，人类或许还没有走出童年，但我们已经开始意识到教育无与伦比的地位与价值，今天我们忽然发现：我们从来没有遭遇过这么多迫切需要解决的问题。

不同职业、不同层次、不同背景的人都在思考同一个问题：什么是"好的教育"？怎样才能让我们和我们的孩子享受到"好的教育"？

前一个问题似乎是一个"学术"问题，可以交给专家学者去讨论，那是一个永远争论不休的话题；后一个问题却是一个"行动"的问题，所有的人都在行动和努力，甚至是争先恐后、不遗余力。且慢！我在这里不妨提醒一句：当我们还没弄清楚什么是"好的教育"，我们争先恐后、不遗余力的行动是不是有些盲目？甚至是一种危险？

作为教育工作者，我们当然有义务来回答这个问题。

什么是"好的教育"？我们的回答是：适合的教育。

今天，世界人口已经超过 60 亿，从生物学的角度来看，找不到完全相同的两个人，从教育学的角度来说，每一个人都是一个世界。

好的教育，一定关注到人与人之间的不同。采取适合不同个体的教育，才可能将教育的效率和生命力发挥到极致，才可能将人送上理想的成长轨道，从而实现每一个个体人生价值的最大化。而实现个体人生价值的最大化，才有可能实现社会价值的最大化。

这种教育，就是个性化教育。

宁波万里国际学校，在个性化教育方面的实践和探索，已经走过了 16 年的历程。本书所收录的所有的教育案例，都是这所学校 16 年来发生的真实故事。

宁波万里国际学校，是一所自收自支的全民事业单位，在体制和机制上超然独步，已经走在全国教育改革的前列。

宁波万里国际学校的老师，来自全国 24 个省市，他们带来了多彩多姿的地域文化和民族文化，这就是开展个性化教育的肥沃土壤。

宁波，这座"书藏古今、港通天下"的城市，以她海纳百川的气魄和源远流长的文化情怀，呼唤着"好的教育"脱颖而出。

经过 16 年的沉淀和积累，经过千百个实验和研究，经过对各种不同类型的学生教育的分析和比较，经历过无数次教师、学生、家长和专家的互动，我们思考着、争论着、行动着、痛苦并快乐着，征途虽然艰辛，但我们始终坚信我们探索的价值。今天，我们终于拿出了呈现在您眼前的这本集子。这是我们继《新课程中教师行为的变化》(2001 年首都师范大学出版社出版)、《回望地平线》(2003 年浙江文艺出版社出版)和《个性化教育透视》(2005 年北京教育出版社出版)之后，关于个性化教育研究的第四本书。

本书的设计意图是通过若干不同类型的教育案例，对个性化教育的核心理念从不同角度作出回应和诠释。全书一共分为 6 个章节。

第一章：品质铸造篇——从优秀到卓越。主要选择一些成绩优秀、素质全面、发展突出的学生的教育培养案例，从他们教育培养的过程中，我们可以看到如何针对他们的现实基础和高端目标量身定做各种培养措施，让他们从优秀走向卓越的轨迹。

第二章：问题转化篇——找到那把钥匙。主要针对在成长过程中出现某些问题的学生而探索有效的解决办法。其实青少年时代一度出现某种问题是很正常的现象，我们也曾经年轻过，因此既不能将学生身上出现的问题看作是洪水猛兽，也不能任其自然，必要的干预和艺术的引导都是不可或缺的教育策略。我们把年轻人犯错误看作是成长的代价，关键是这个代价能不能产生价值，这就要看教师的智慧和学生的悟性了。

第三章：特长培养篇——搭建一个舞台。主要集结了一些学有特长但未必是全面发展的学生的教育案例。从多元智能的理论来看，每一个孩子都是一个潜在的天才，只不过表现形式不同而已。我们长期的教育实践也印证了这个真理。当然学生有特长，就一定有特短，明白了这一点，通过对学生优势的挖掘，我们心中的期待就会陡然上升，而对学生所表现出来的不足，也会心平气和地理性对待。

第四章：习惯养成篇——功夫在诗外。我们发现，学生之间造成学习成绩差异的主要原因并不是智力，而是非智力因素，起着决定性作用的恰是诸如目标、动力、习惯、毅力、方法等因素，其中习惯所占的影响比例最大。于是我们把培养学生良好的学习习惯和生活习惯当做一项重要的实验课题来做，因此，这一项目的实验成果颇为丰富。

第五章：心理保健篇——山不转水转。侧重从一些心理出现障碍的学生入手研究健康心态的调养规律。随着社会生活节奏的加快，罹患心理障碍的人越来越多。有资料显示，在我国工作和生活节奏最快的深圳市，目前出现心理障碍的比例已经超过总人数的20％。中学生正处于青春期，心理本来就比较脆弱，又面临高考压力，在心理方面出现问题也越来越常见。心理问题处理得及时和妥当，则是人生的一笔财富，会提高人的健康心理的免疫力，但是如果得不到应有的关注和及时的疏导，造成的悲剧也屡见不鲜。这部分案例呈现了根据青少年心理发展规律来分析处理心理问题的策略和效果。

第六章：方法指导篇——隐形的翅膀。当人生的目标得到定位，良好的习惯得以养成时，影响进步速度和学习效率的主要因素仍然不是智力，而是方法，包括思维方法和学习方法。正确的思维可以让学生少走许多弯路，科学的方法会使学习事半功倍，而且在探索和寻找科学方法的过程中，能够培养学生的科学精神，让学生变得更加聪明和自信。

本书中的每一则案例，都是一个真实的故事；每一个故事，都渗透着教师的心血和教育艺术。

概括起来，本书的案例表现出了以下一些特质：

第一，"爱"是教育的永恒动力。没有爱，就没有教育。一切教育的艺术，都源于爱的奉献。我们的教师有一句很朴素的表达：把别人的孩子当做自己的孩子去爱，教育就不可能没有效果。谁都知道，一分耕耘一分收获，自然，要想在教育上获得丰收，必须付出更多的心血。教师职业的高尚之处，就在于"无须扬鞭自奋蹄"，"爱"不再是职业要求，而完全是欣然奉献。老师只要眼中有了学生，心中就会充满爱。只有心中充满爱，才会衍生出有生命力的教育艺术。

第二，"因材施教"是最有效的教育策略。如果我们承认人与人之间差异的存在,就应该有勇气摒弃"用一把尺子去衡量所有的人"的教育观念,从而去研究"一把钥匙开一把锁"的教育规律。然而,令人遗憾的是,目前以考试成绩作为衡量学生甚至是评价教师和学校的唯一标准的做法还在大行其道。我们认为,考试成绩是重要的,但考试成绩不是唯一的,也不是教育的根本任务,教育的根本任务不仅是要培养对国家和民族有用的人才,而且应该为他们的生命大厦奠基,为他们的幸福人生播种。每一个鲜活的生命都有自己的幸福密码,我们要找到这个密码,只有"因材施教"。

第三,"学以致用"是读书的最高境界。本书所介绍的教育案例,都是在特定的情境中发生的。读者可以参考,但并不意味着"克隆"以后会产生同样的效果。因为教育的过程是一个不断生成的过程,同样一种教育的起点,可能会生发出千百个不同的教育走向,即使采用同一个程序,也会充满变数。只有根据具体情况,特别是当事人的不同反应,作出灵活的应变,才可能产生理想的教育效果。不过智慧的读者一定能从中发现一些教育规律,悟到有益的道理,做到"为我所用"。

本书的编辑体例,每一则案例均由"导师简介"、"案例背景"、"案例过程"、"案例追问"、"读者感悟"五部分组成。其中"导师简介"中的导师,就是案例的作者,"导师简介"只在本书中该作者的第一篇文章中出现。"导师制"是宁波万里国际学校个性化教育的一大特色。在学校里,每一位学生都有自己的导师,导师对学生的整体发展负责,包括人生发展规划的指导、学业的帮助、成长过程中的答疑解惑、家长联系等。"案例背景",一般是介绍故事发生的前因后果,阐述导师对案例的总体分析,或者是对教育理念的理解。"案例过程"是案例的主体部分,主要叙述个性化教育的具体过程,但是叙述方法有所不同,有的是以故事的形式呈现,趣味性和可读性比较强,有的是经验总结方式,侧重于对个性化教育的规律进行提炼。出于保护学生的考虑,我们一般对案例中学生的姓名采用化名处理。"案例追问"采用问答的方式,旨在挖掘案例中潜在的教育智慧与艺术,便于读者透过现象看本质。"读者感悟"是留给读者的思考,许多读者都有一种良好的读书习惯,喜欢边读边写,随时将自己的一些感想或者启发写在书中,我们想读者之需,留下这一小片"空白",也希望引导读者养成勤于思考和动笔的良好读书习惯。

当然,我们的实验和成果仅仅是教育发展海洋中的一个小小的水滴,鉴于我们的能力和视野,或许不足以呈现大海的颜色,但是我们相信,我们追逐个性化教育的方向一定不会错,我们的努力和行走一定会逐渐接近教育的本质。

在课程改革不断深化的今天,在教育领域问题频现的当下,我们不仅有一种强烈的使命感,而且有一种沉重的紧迫感。我们无心孤芳自赏,我们希望这本小书,对所有默默奉献于基础教育改革的同仁是一种声援,为专注于教育研究的学者提供一些源自草根的真实材料,更重要的是,我们试图为更多苦苦寻找"好的教育"的教师、学生和家长提供一把开启心智的"钥匙"。当然,我们自己,不会停下寻找的脚步。

同时,我们也要给这个时代留下一个记录,给自己留下一份思考。

个性化教育,是朴素的教育,也是回归本质的教育,因此,是最美丽的教育。

为了每一个孩子美好的明天,我们一起努力。

袁湛江

2012 年 12 月 9 日于宁波

目 录

第一章

品质铸造篇 从优秀到卓越

第二章

问题转化篇 找到那把钥匙

第三章

特长培养篇 搭建一个舞台

第四章

习惯养成篇 功夫在诗外

第五章

心理保健篇 山不转水转

第六章

方法指导篇 隐形的翅膀

● 第一章 ●

品质铸造篇
从优秀到卓越

　　我们发现:在学生群体中,总有几个特别优秀的学生,他们素质全面,学习努力,成绩显著,往往是老师、家长的骄傲,同学的榜样。

　　这样的优秀学生还需要教育吗?

　　他们在成长的过程中会出现哪方面的问题?

　　教育规律告诉我们:即使学习成绩非常优秀的学生,在成长的过程中也会出现问题,不过他们出现的问题与一般学生不一样。

　　教育中常常出现这种现象:优秀学生的缺点容易被老师忽略,如此,越是优秀的学生,其缺点越是容易被掩盖,比如合作精神、动手能力就未必很强,面对批评与挫折的心态未必比一般学生更好,客观认识自己和评价别人有时不是很冷静,等等。何况"优秀"是永远没有止境的。

　　为什么不考虑将学生从"优秀"引向"卓越"呢?

　　因此,对优秀学生的针对性教育不仅是需要的,而且是必需的。

　　本章的故事将向您揭示:如何让学生从优秀走向卓越。

"大头男孩儿"的故事

袁湛江

 **导师简介**

　　袁湛江,中学语文特级教师,万里国际学校校长,宁波大学硕士研究生导师,国家教育行政学院、北京大学、浙江师范大学特约教育培训专家,长三角"新语文圆桌论坛"主要发起人。他创立了"三点式阅读教学理论",开发了"中学生口语训练"课程,长期坚持"个性化教育"的探索与实践,倡导个性化教育和多元化发展。座右铭是:脚踏实地,志存高远。

 **案例背景**

　　1996年,万里国际学校首次招高中班(第一届只招收了一个班),承蒙领导的信任,我担任了这个班级的班主任和语文教师。当时学校还处于初创阶段,没有高分学生报考这所刚创办的学校,好在学校领导层在决策上高瞻远瞩,不盲目追求规模和数量,而是在精细上做文章,要求从不太理想的生源中做出学校的教育形象、做出学校的社会声誉。虽然这个班级当时招到的29名学生,在宁波市整体生源中属中等偏下,但万里却是把他们当成"宝贝"。面对万里的这批"宝贝",尽快发现他们的个性特点,整合他们的资源,设法使他们各自的优点呈现、放大、迁移和辐射,从而抵御、化解他们自身的不足,以此形成良性循环,这是我带班的一个基本思路。在这种思想的引领下,我视野中的孩子们,个性越来越清晰,形象越来越可爱,其中这位具有领袖潜质的"大头男孩儿",他的成长轨迹不仅给我留下了深刻的印象,而且对我的教育思想也有了新的启发。

案例过程

　　1996年9月1日,是万里国际学校首届高中班开学报到的日子。一大早,高一新生们在家长的簇拥下就陆续来到了校园。作为班主任和语文老师,我早早地就备好了"课",对本班将要报到的29名学生的相关材料已经准备得滚瓜烂熟,以至于一见面没等学生开口就能准确地叫出学生的姓名,并能说出他们每个人的基本特点。很多家长惊讶之余,不禁对万里多了几分好感和佩服。他们哪里知道:这仅仅是万里国际学校个性化教育的开始,一所对中国当代教育可能产生影响的学校,将从他们子女的脚下悄然起步。

下午过了五点钟,已经是快开晚饭的时间了,几乎所有的学生都到了,除了俞磊。入学材料上,一张黑白照上是一位表情冷漠的大头男孩,其眼神中有超乎他年龄应有的成熟。这似乎在提示我:这是一个与众不同的学生。

正在我满腹狐疑地揣测时,一个大头男孩背着行李,孤身一人,踏着夕阳的最后一缕余晖,大步跨进校园。这不禁让我感到有些意外:与其他同学的"前呼后拥"相比,他第一次来学校报到,家里居然一个大人也没来,在当时有点不可思议。

"俞磊,"我微笑着迎上去,替他拿下行李,"家里没人来送你吗?"

"没有,不需要,我自己就够了。"大头男孩表情很平静,像成人一样说话,没有跟老师第一次见面的拘束。一个独立性很强的孩子!这是俞磊留给我的第一印象。这一幕已经过去十几年了,也许他自己并没有在意,却一直深深地刻在我的记忆里。

不知真的是因为他头大,还是因为他人格忠厚,乐于助人,大家都叫他"大头"。根据他独立生活能力很强的特点,我安排他做班级的生活委员,负责同学们的生活管理。后来的事实证明,他作为生活委员是很称职的,他很热心地为同学们做生活服务工作。其中一项是每天两次从膳食中心领取本班全体同学要吃的点心或水果,其他班级都是两个同学去抬点心筐,而且是全班同学轮流去做这件事。但是,我们班永远是"大头"一个人双手搬着点心筐,迈着大步在校园里从容地走过,而另一个同学,像卫兵一样,紧紧地跟在他后面。这种情景,一度成为校园里一道独特的风景。在他看来,这点小事,一个人就够了,没必要麻烦别人。在他的影响下,同学们都逐渐改变了自己在家中做"小皇帝"、"小公主"的习惯,班级的公共卫生总是有人主动去打扫,我们班的卫生水平在全校一直遥遥领先,曾经连续18周拿到了流动红旗。这些不能不说是"大头"的影响起了作用。

看到"大头"辛苦并快乐地为班级、同学服务,我常常为之感动。但是他距离一个出类拔萃的班干部,似乎还缺少一点"领袖气质"。"大头"常常是自己一个人奋斗;他还需要有更开阔的视野,需要调动更多的同学去形成一个团队。我觉得,他是有这种形成凝聚力的领袖潜质的。

有一次活动课,我和同学们一起去打篮球。当时,打篮球是这些孩子们最喜欢的运动之一,男孩子在篮球场上冲锋陷阵,女孩子在篮球场边摇旗呐喊,场面热烈壮观。那次大家商量好,"大头"组一个队,称为"红队",我组一个队,称为"蓝队",然后PK。双方谈好的条件是,他先在班级中挑选5个上场的队员,我虽然没有挑选的空间了,但可以多上场一个人。他挑选了班级中最能打篮球的5位男生:班级第一运球高手贺弈组织后场,大个子张耐做中锋,得分高手陶亮做前锋,由号称"长白山"的叶巍防守,还有他自己。他们最大的优势是人人都能进攻,中距离投篮几乎弹无虚发,突破上篮又快又稳。这样一来,我们就没有什么挑选的余地了,大个子女生姜维娜也成了我们的主力队员。双方实力悬殊!我们只能从战术上来考虑:防守的时候形成联防,不给他们进攻突破的机会。上半场红队没能发挥团队的优势,孤军奋战,缺少呼应,只能选择远投,而远投恰恰是他们的弱项,投不中,篮板球就是我们的,我们一旦得到球,就迅速转移,把球传到前场,他们来不及防守,就进球了,此招屡屡奏效。再加上拉拉队的热情呐喊,上半场下来,我们竟然超过对方十多分。到了下半场,红队调整了战术,充分发挥了团队的集体作用,多传球,再选择时机突破,上篮得分。毕竟两队实力差距太大,比赛结束时,红队又大比分超过了我们蓝队。比赛的结果其实是不重要的,孩子们的天性在活动中得到了尽情的展示,而我也没有忘记借助比赛让同学得到更多的教育。赛后,我问同学们,蓝队为什么先赢后输,同学们哈哈大笑:实力差呗!那么为什么红队先输后赢呢?有的说是战术,有的说是轻敌,"大头"摸摸头,好像是自言自语:"发挥团队的力量,才可能产生最大的能量!"短暂的沉默之后爆发了一阵热烈的掌声。我拍了拍"大头"的肩膀,感觉到他似乎长大了。

之后不久发生的一件事,给我留下了终生难忘的印象,也让我对教育的理解产生了新的认识。

一转眼就是新年了,随着时间的流逝,同学之间的熟悉程度不断加深,大头由于能力强学习好,特别是出色的公益心,赢得了同学们普遍的尊敬,被推选为班长,由此他看问题的观点在班级中也产生了更大的影响力。一天中午,教室后边的墙报上出现了一篇手写体的作文,吸引了很多学生的围观。我走近一看,透过那清秀而认真的字迹就知道是"大头"的作品,题目是《我眼中的徐彪》。说起徐彪,在班级中可不是一般的人物,他年龄小,个子也小,但极聪明,尤其是对化学学科,具有强烈的研究兴趣,经常和化学老师讨论问题,有时候遇到一些牛角尖的问题,他也不放弃钻研,让教了40多年化学的邬老师也惊叹不已。徐彪虽然是大家公认的化学天才,但是每次考试成绩都不理想,原因是他虽然能将难题攻下来,但是他总在一些简单的题目上犯错误,比如将3看成8,或者把乘号当作加号,要不就是忘了写小数点。在性格上他比较自负,不太看得起周围的同学,他看到的大多是他自己的过人之处,又常常过高地估计自己,而且这种良好的自我感觉往往会被他很认真地表达出来,因此许多同学对他不是很认可,甚至有些同学觉得他很可笑。就是这样一个饱受争议的徐彪,在大头的眼中是什么样子呢?

"我眼中的徐彪,是独一无二的。"

开头第一段只有这样一句话。接着他从大家熟悉的"化学天才"入手，解剖了徐彪的"天才之谜"：

"总结起来，其实就是一句话，兴趣是最好的老师。徐彪之所以能在化学学科这一艰深的领域乐此不疲地钻研，主要是源于他对化学的热爱，就这一点来说，我们班没人能比得上他，可以预料，如果徐彪能够一直保持对化学的兴趣和热爱，将来成为一个化学家也不是没有可能的。当然，前提是他必须克服粗心大意的小毛病。"

看到这，我心中不得不产生一种由衷的钦佩之情，教育中的一个难题，竟然让他以这种四两拨千斤的方式化解了。文章的后半部分他还补充了徐彪的一些鲜为人知的优点，比如徐彪的坦率、徐彪的大方、徐彪的热情、徐彪的执著、徐彪的敢作敢为，而且写得有理有据，让人不得不折服。同学们从这篇文章之中似乎发现了一个崭新的徐彪。

文章登出之后，班级中出现了两个变化：一是徐彪做事开始变得细心了，而且说话的口气也不那么大了。人有本事，如果再学会低调一些，就不会不受欢迎了。二是其他同学都在关注，也在期待：下一个，进入"大头"视野的同学将是谁呢？

当然，在接下来的高中生活中，每个月都会有一位同学的特写被贴在墙报上，我们班"大头眼中"的29位同学一个一个地陆续上墙了（最后一篇是写他自己），"大头"的准备工作做得很精细，对每一位同学都做了个性化的挖掘，许多同学潜藏的优点得以彰显，甚至有些同学自己都从来没有意识到自己还有这么突出的优点，尤其是受到了"大头"的肯定，那种感觉不只是一般的自豪。每一位同学都因为自己成为了"公众人物"而悄悄发生着微妙的变化，我们这个班级也因此成为一个团结向上的优秀集体。

案例追问

1.您作为万里第一届高中生的班主任，对自己的学生至今记忆犹新吧，请您客观地评价一下当时的学生。

对我来说，客观地评价其实很难，我作为教师特别是班主任，肯定会将自己的情感融入学生当中去。不过当时高中创办初期，宁波市教育督导组织专家来校做质量评估，说我们的生源是"中等偏下"。实际上大部分学生的起点是处于普通高中招生的底线，当然，这些学生并不一定是因为智力差，主要是他们的学习动力、学习习惯和方法存在问题，更多的同学是尚不明确"要不要学"。可见需要矫正的问题比我们想象的要严重，要艰难得多。经过全体师生3年的共同努力,我班学生的高考成绩令人刮目相看:除出国的学生之外,参加国内高考的,进入重点、本科、专科的学生各占三分之一。可以说是一炮打响,迅速奠定了万里教育质量的声誉,作为老师,我还是为这批孩子感到很欣慰的。

2. 在这样的背景下,挖掘闪光的东西在班级建设中就变得非常重要。您是怎样发现"大头男孩儿"的独特优势的?

"大头男孩"是那种独立性很强的学生,入学时的表现就给我留下了深刻的印象,之后的许多细节,更加印证了这一点。到现在我还记得:班级中的大部分同学是第一次过寄宿制生活,所以生活上很不习惯,总在数着回家的日子。作为同龄人的俞磊也是如此,但是他却能找到化解的办法,让回家的思念在紧张的学习和快乐的集体生活中得到化解,让自己每天都过得很充实、很快乐,在班级中产生了很大的影响力。

3. 您是如何挖掘、培植他的领袖潜质,并使之扩大为对一个团队的影响力和辐射力的?

如何让这种类型的学生发挥自己的优势,成长为出类拔萃的学生领袖? 我曾经做了一项个性化教育设计,而且得到了比较理想的教育效果。从孩子们喜欢的打篮球活动中,我发现了教育的契机。在我的引导下,聪明的"大头"悟出了"团队的力量"。而之后教室墙报的"大头眼中的……"系列文章的出现,就是"大头男孩儿"这种具有领袖潜质的学生发挥影响力和辐射力的一种表现。同时,也显示了个性化教育的效果。

4. "大头男孩儿"的故事给您什么启发?

他给我的最大启发是教学相长。教师的使命是教书育人,但是师生的角色在互动的教育活动中也常常会发生变化。我从"大头男孩儿"的墙报特写的创意中发现了个性化教育的魅力:教育的本质是关注人,关注人的不同个性,彰显健康个性的风采,根据不同的个性采用不同的教育方法,让每一个人都在学习的过程中体验成功,享受快乐。俞磊的行动给了我一个重要启示:每一个学生都具有鲜明的个性,这种个性不仅需要尊重,而且需要关注和挖掘,在个性中挖掘出健康的元素,用心培植它,让它迁移、繁殖、成长、辐射。这样,每个学生不仅可以获得自信,享受学习的快乐,在成长中体验成功,而且会变得更加健康。俞磊——这个记忆中的"大头男孩儿",诚然是我的学生,而那一次,他却做了一回我的老师,让我终生受益的老师。

读者感悟

向北大、清华进发

雷自平

 导师简介

雷自平，男，中共党员，中学高级教师，宁波万里国际学校副校长。1989 年被授予"全国优秀教师"称号，1996 年被授予"安徽省优秀教师"称号（焦坡奖），2010 年被评为浙江省师德楷模。他做了 3 年班主任，带出了 2006 届毕业班。所带学生余晓凯、楼大鹏在当年的高考中，分别以全省理科总分第 67 名和 98 名的优异成绩被北京大学、清华大学录取。

 案例背景

余晓凯、楼大鹏这两位同学，学习成绩均名列班级前茅，在家长和同学们眼中，已经是"很不错"的学生了。那么，对这些学业水平比较高的学生，应采取怎样的培养方式，才能使他们获得进一步的发展空间呢？

我作为他们的导师，在这方面进行了诸多的有益探索。

案例过程

1. 激发他们树立远大志向，制定更高的目标。

导师团队经过分析认为，余晓凯、楼大鹏等学生具备高标准、严要求的基础，所以从行为规范到学习任务都给他们制定了更高的标准。当时给余晓凯制定的奋斗目标是：考入北京大学。而楼大鹏的目标，则是复旦大学。通过各种方式，扬长避短，鼓励他们的自信心，激励他们为理想而奋斗。同时，把奋斗理想和每阶段的目标相结合，把目标和行动计划相结合。导师针对他们每一时期的发展变化，进行阶段性的分析、交流、总结、反思，找出差距和不足之处，并调整下一步发展的详细步骤。学习任务上，细化到每一个知识点的掌握与能力的提升；行为习惯上，细化到每天的具体要求……在余晓凯、楼大鹏的培养过程中，导师针对

他们每一个阶段的变化发展,开展谈心交流、家庭联系、配备教学团队、组织教学资源等一系列工作。从完成每一个学习任务,到实现高中阶段的理想,导师们见证了他们成长的每一个足迹。

2. 注重学习习惯和意志品质的培养。

导师非常注重学生意志品质等综合素质的培养。通过团队活动、劳动实践、班级工作等途径,为他们提供锻炼的平台。在行为习惯、纪律操守等方面,都提出更高的要求,磨砺他们刻苦拼搏的意志品质,使他们在上进心、意志力、处事态度等方面适应更激烈、更高层次的竞争。余晓凯高三时患胆结石,非常疼痛,又面临高考不能动手术。他妈妈专门在学校旁租了房子,以方便他休息和养病。但是,余晓凯坚持在校内和同学们同吃同住,从不因病痛耽误一节课。考入大学后,余晓凯回忆说,自己在进入大学后成绩之所以仍然能够名列前茅,还是得益于中学阶段养成的良好学习习惯和意志品质。

3. 根据学生的个性特点,制定有针对性的培养措施。

余晓凯的优势,在于学习习惯好、做事认真耐心,但缺点也较明显,如语言文字的表达能力比较弱。针对这种情况,语文老师为他制定了阅读中外名著的计划,光《红楼梦》他就看了 5 遍,而且每看一遍都记录心得感悟。通过大量文学著作的阅读,他既克服了自己的薄弱环节,也促进了语文学业水平的提高。同时,针对余晓凯在理科上解决综合问题能力弱的缺点,理科老师挑选有针对性的难题,供其练习;鼓励他参加理科竞赛,锻炼提高这方面的能力。而楼大鹏是一个思维敏捷,反应迅速的学生,缺点是意志品质比较薄弱。导师采取"严格日常管理、加强家校配合"等措施,促成他良好习惯的养成,例如楼大鹏每次回家,导师都会给他制订详细计划和要求,并联系家长予以配合,保证假期的学习效果。

4. 灵活安排教学时间。

在学习时间和作业安排上,对不同的学生,老师的教学安排不一样,注重针对性的适应性。余晓凯进入高三后,导师根据他的学习情况,调整了英语和其他科目的时间安排,并请英语老师开展针对性的辅导工作,弥补他的薄弱环节。

以导师制为核心的个性化教育,使余晓凯、楼大鹏在走向理想的阶梯上,一步一个脚印地前进,在体验成长的快乐中,他们收获了一个又一个的成果。2006年高考,余晓凯以全省理科第 67 名的成绩考入北京大学,实现了他的"北大之梦";楼大鹏以全省理科第 98 名的成绩,被清华大学录取。至今,两位学生仍然对他们的高中导师念念不忘,长年保持着密切的联系。正如余晓凯的家长所说,

第一章 品质铸造篇

从优秀到卓越

是万里老师科学细致、因材施教的培养,把他们的孩子带上了一个更高的层次。

 案例追问

1. 2006 年万里国际学校能有两位学生高考总分进入全省理科前 100 名,作为余晓凯、楼大鹏的班主任和导师,您认为主要原因是什么?

2003 年,袁湛江校长提出把"个性化教育"作为学校的核心教育理念。就在这一年,余晓凯、楼大鹏升入高一年级。为了更有力地促进每一个特长学生的全面充分发展,在高中段积极探索"走班制"与"导师制"的培养模式,学校为每个特长生配备指导教师,提供学习、生活、人际交往和职业选择等方面的帮助,引导他们主动、持续、和谐地发展。学校走出了只注重学生智力因素发展而忽视非智力因素发展的误区,个性化教育大有用武之地。

余晓凯、楼大鹏的成功,是个性化教育结出的硕果。

2. 作为导师,您认为培养这两位学生所采取的最得力的措施是什么?

明确目标,阶段研讨。带领学生坚定地、不屈不挠地向目标前进。

自始至终,这两位学生的高考目标就很清楚。在每个学期,导师们都帮他们编制一份"自我超越图",内容包括各科成绩和总成绩的变化状况。通过这份超越图,导师、家长和学生就能够全面了解学习变化的情况,从而便于"因材施教"。

每个月,我都召集学科老师对他们进行个性分析。对每个学生像对专项课题一样深入研究,让教育更有针对性,从而取得的教育效果更显著。

 读者感悟

小英雄的背后

桂维诚

导师简介

桂维诚,中国民主同盟盟员,宁波市作家协会会员,中学语文高级教师,1995年加盟万里,至今已默默耕耘18载,先后被评为首届"万里杯"教学基本功大赛第一名、校"十佳教师"、宁波市教育科研先进个人、宁波市教育信息工作先进个人,获省人民教育基金会首届"红烛奖"。

案例背景

1999年8月11日刊登在《人民日报》上的一篇题为"少年英雄浑身是胆"的通讯,开头这样写道:"瘦高个,一脸的书生气,由于刚刚脱离死亡线,整个人看上去已是虚弱不堪。可谁又能想到,就是这么一位文弱书生,居然赤手空拳与手持匕首的歹徒进行了殊死搏斗,用自己的凛然正气吓倒了歹徒。"该文报道了宁波万里国际学校中学生徐旭峰同学凛然正气勇斗歹徒的事迹,在社会上引起了强烈的反响。他被学校授予"勇斗歹徒小英雄"称号,他的英勇行为被评为"1999年鄞县精神文明建设十件新事"之一。国内外公开发行的《青少年日记》2000年第7期把他推为封面人物,并编发了他的日记摘抄:《做个勇敢、自信、乐观的人》,在编者按中号召大家向他学习。他先后被评为宁波市、浙江省优秀团员,即将高中毕业时被共青团中央授予2000年度"全国优秀共青团员"荣誉称号,成为宁波市自20世纪90年代以来第一个获此殊荣的中学生。

案例过程

时光倒退到1999年,那是7月20日午后,放假独自在家的徐旭峰忽然听到一阵敲门声,开门一看,是曾来过两次的自称某公司推销员的马某,说是来征询产品使用的意见。马某进屋后见只有徐旭峰一人,趁他转身之际迅速拔出匕首刺向他的右肋,威逼他把家中的钱拿出来。面对穷凶极恶的持刀歹徒,徐旭峰毫不畏惧,赤手空拳与歹徒进行了殊死搏斗。他身上被歹徒连刺了20多刀,其中胸部就中了7刀,喉管被割开,肝脏给刺破,右手被砍得露出了骨头。当时,早已成血人的徐旭峰先从窗台推下花盆示警,又硬是从四楼追到一楼,用流血的手指写下"401"的门牌号,然后昏了过去……经过3天3夜的抢救,他一醒来见到爸爸妈妈,就安慰他们不要担心;在医院治疗的一个多月中,他硬忍住没喊过一声痛……多么勇敢的徐旭峰!

9月1日,新学期开学了。刚与死神擦肩而过、才住院40多天的徐旭峰渴望回到朝思暮想的同学们中间,他再三恳求医生让他出院。重伤初愈,他又重返学校坚持学习。同学们在欢迎会上,送上了一曲他最爱唱的《真心英雄》:"不经历风雨怎么见英雄?"——多么坚强的徐旭峰!

在开学典礼上,学校作出了《关于向徐旭峰同学学习的决定》,并授予他"勇斗歹徒小英雄"的称号。鲜花和荣誉,反而使他感到局促不安。他在日记中写道:"当时我只是出于本能的反抗,这些荣誉我觉得实在承受不起。我真希望这件事能随着时间的流逝被同学们忘记,我真希望重新回到过去那种快乐祥和、亲密无间的生活中。"——多么朴实的徐旭峰!

开学后,天气十分炎热。他艰难地直伸着受伤缝合后还未拆线的食指,用大拇指和中指捏住笔忍痛写字,刚缝合的喉管发声仍很困难,但他从不缺一节课,还主动举手回答问题,一天下来常常汗流浃背、疲惫不堪。由于体质虚弱,他受风寒发了高烧。查夜的老师发现他躺在对着电扇的床上,紧裹毛巾被蜷缩成一团,一摸额头滚烫,可是他却不让老师把电扇关掉,他说:"天气那么热,不要为了我一个人影响了大家。"后来,经老师反复劝说,他才搬到老师的值班室躺下。

我给他补落下的课时,看到他伤痕累累的样子,不忍心地说:"听说今年暑假赴昆明的夏令营你报了名却没去,如果那天动身走了,也许就能逃过这次劫难了。"他苦涩地一笑:"如果那样,遭难的可能是我的妈妈,那会更糟!因为那个歹徒是借推销产品之名第三次上门了……"他爱妈妈胜过爱自己!

从这些平凡小事中,我们又看到一个多么富有爱心和责任心的徐旭峰!

他走过了那个不幸的夏天,以勇敢和智慧赢得了生命之花的再次绽放,他又坚强地站起来了——身上带着累累伤痕,心中更增添了几分坚毅,热情未减,勤奋依旧。在校园里,在同学中,又时时可见他匆匆的步伐,忙碌的身影。

在万里的6年中,徐旭峰曾多次被评为校优秀学生干部、三好学生、十佳学生、优秀团员。后来,他被选为校团委宣传委员,并兼任高中部团总支组织委员。在工作上,他积极主动,充满热情。在班级里,他是班主任的得力助手,作为班长,他工作认真负责,以身作则,具有高度的责任感和集体荣誉感,使班级形成了良好的学风和班风。在他和同学们的共同努力下,班级团支部被评为"宁波市优秀团支部"。

他担任校团委委员后,组建了团刊编辑部,编辑出刊了 3 期《万里之星》,内容生动翔实,贴近学生生活,起到了广泛的宣传效果,为学校共青团的宣传工作开创了新的局面。他还积极倡议全校师生开展"节约用水"活动,在调查中发现有许多水龙头是"长流水",就起草了"节约用水倡议书",制作了许多标语,利用课余时间张贴在水龙头旁,提醒同学们注意节约用水。他看到有不少同学洗澡打肥皂时图省事不关水龙头,十分心疼,即使在紧张的高三复习期间,也念念不忘怎样来杜绝这种现象。后来他设计了一种浴室可控式恒温阀门,既可随时开关,又不用重新调节水温,毕业前郑重地给学校提出合理化建议,并附上自己画的图纸。

他的助人为乐是有口皆碑的。看到洗碗槽里有没洗的餐盘,他会悄悄地洗净叠好;看到哪个同学病了,他会悄悄地帮他做好值日;甚至在中考、高考复习最紧张的时候,他仍然不厌其烦地给同学们解难题、说思路,使那些受到他帮助的同学十分感动。

他的艰苦朴素更是出了名的。同学们至今还记得,徐旭峰在万里 6 年,上学、回家始终身着校服,脚穿球鞋,从没买过名牌服装和高档运动鞋。他这样做是"抠门"吗?这并不是他家里的经济条件不容许,而是他把遵守学校"六不规定"化作自觉行动。他常说:"我们中学生要比学习,比上进,千万不要在生活上攀比。家里钱再多,也是父母辛辛苦苦挣的,我们有什么理由去挥霍浪费摆阔气呢?"话虽朴实,却说出了做人的道理。学校每年发下的校服他省着穿,不忘艰苦朴素的作风,小了旧了也舍不得丢掉,6 年间已积攒下许多套,还有七八只新书包。临毕业前,他给学校团委写信,建议大家把不穿的校服和多余的书包收集起来,捐给贫困地区的孩子们,奉献爱心,他自己一下子就捐了 6 只新书包和 10 多套各季校服,还多次向灾区捐款,一捐就是数百元,全班数他捐得最多。

在学习上,他十分刻苦,具有钻研精神,善于思考,敢于创新,在受伤后以顽强的毅力战胜伤痛,补上了落下的功课,始终保持成绩优异,是学校首批奖学金获得者,在 10 门省证书会考中成绩全优。2001 年 7 月,他经过奋力拼搏,考入浙江大学继续深造。

我们走近这个富于责任心、严于律己、乐于助人的徐旭峰——他其实普普通通,很平凡,而在这平凡中却折射出闪光的精神——平凡的他给我们最多感动!

 案例 追问

1. 桂老师,您作为徐旭峰进万里后的第一位班主任,并一直教了他 6 年,见证了他的成长过程。他凛然正气斗歹徒,您认为这是偶然的吗?

这个事件也许具有偶然性,但是他敢于勇斗歹徒的一身正气绝不是偶然的。徐旭峰同学勇斗歹徒的事迹是万里学校"人人德育,德育人人"的一个成功范例。徐旭峰的英雄行为与他本人的思想素质、家庭教育,特别是与学校和班级的系列思想教育密切相关。

古人云:"吾日三省吾身。"这就是传统道德所强调的"内省"。青少年学生正处在世界观、人生观和价值观形成的时期。英雄的榜样是青少年思想教育的生动教材。他们正是在不断地自我磨砺中闪耀出生命的光辉。我结合语文教学,一直要求同学们坚持写日记,并通过日记来进行自我教育。因为日记是青少年学生自我教育的有效载体。让他们把自己的学习心得、成长感悟和思想火花诉诸文字,每日不辍,时时对照,常常反思,无疑是一种行之有效的自我教育手段。徐旭峰同学刚开始语文基础并不好,我督促他一定要持之以恒,他一记就是 6 年。进入万里来的一篇篇日记,正是他成长过程的真实写照。从他的日记中,可以看到字字句句发自内心,无矫饰,见真情。他虽是富裕家庭的子弟,却不失平民心,毫无纨绔气,以英雄人物为榜样,树立起正确的人生方向,自觉地以日记为镜,进行观照反思,自我砥砺,实为难能可贵。

2. 万里在创办之初开展个性化教育,您认为有哪些值得借鉴的地方?

从万里创办开始,学校就十分重视孝心、感恩之心、责任心、诚信等传统美德教育。学校把道德教育过程看作教育者和受教育者不断互动的过程,看作受教育者的内在需要与社会道德规范不断对话的过程;在强调规范养成教育的同时,十分重视引发学生内在的道德需要的动力,培养他们积极的道德情感体验,提升他们的道德理性和道德智慧,从而实现从道德认识向道德行为的转化,使之逐渐内化为自觉的行为准则。我一直强调"成才先成人",要求学生首先要学会做人,做一个好人,做一个有用的人。像徐旭峰同学一样,万里学子就是在东方优秀传统文化的熏陶下健康成长起来的。

徐旭峰刚进万里时还是一个不谙世事的朴实少年,刚刚在农村小学读完 6 年书,不像城里孩子那样精明活泼,甚至有些羞涩内向。当时我看他做事认真负责,数学思路活跃,就安排他做数学课代表和劳动纪律委员,有意识地强化他的

感恩心和责任心。后来,他果然不负所望,把交给他的任务完成得十分出色。教我班数学的是一位退休返聘的邬显玲老师,十分负责,中午放弃休息进教室辅导,晚上住在学校不回家。徐旭峰热情帮助老师收发作业,对不交作业的同学几次三番地督促催交,还主动为同学解答难题,成为邬老师的好帮手。他是怀着对老师的感恩之心来做这些事的,邬老师也常常在我面前夸他。他担任劳动纪律委员,拿点心、扫地、擦黑板,样样做在前头;管自习纪律认真严格,不怕得罪人,体现了一种可贵的责任心。徐旭峰同学严格要求自己,进步很快,迅速成长为一个品学兼优的学生。

3. 您认为对这样的孩子,怎样才能使他们从优秀走向卓越呢?

万里的个性化教育无非是给他们搭建了一个自由发展的平台,提供了一个广阔的成长空间;而这些却使他们可持续发展的素质大大提高了,有利于他们毕业后坚实地迈好人生的第一步,乃至终生受益,使自己逐步从优秀走向卓越。

以徐旭峰为代表的这批优秀的万里学子,他们的可贵之处就在于有着强烈的爱心和责任心,严于律己,乐于助人。在家里,他们尽子女之责,把爱心奉献给父母;在学校,他们尽学生之责,把爱心奉献给学校、集体、同学和老师。他们能在困难面前不屈不挠,能在荣誉面前不骄不躁,健康成长,不断进步,这些都并非偶然;而是学校坚持平民化教育与准军事化管理的结果,也是他们通过自我教育不断提高的结果。

徐旭峰由衷地感谢母校6年来的培育之情,他说,是母校教会了他做人的道理、处世的态度和学习的方法;是母校给他提供了各方面锻炼的舞台,让他在关心他人、帮助他人中锻炼了能力,让他拥有了人生路上的一笔可贵财富。徐旭峰大学毕业后,应聘到浙江万里学院做辅导员,还担任了系团总支书记。他把学生工作和共青团工作搞得有声有色,屡出新招,开创了一片新的天地。他跟学生们打成一片,赢得了大家的爱戴和信任。他的结婚典礼,学生们都赶来参加并热情献歌,齐声喊出心声:"徐老师,我们爱你!"

 读者**感悟**

从万里到剑桥
——个性化教育铺就的成功之路

徐太春

 导师简介

徐太春，数学特级教师。他从教 30 多年，高中数学功底深厚，风格鲜明，深受学生欢迎。教学业绩突出，有多名学生被清华、北大、剑桥、斯坦福、哈佛等著名大学录取，有些学生成为国外著名大学终身教授或学界精英。他指导奥数成果突出，有多名学生获高中数学联赛全国、省一等奖。他有多篇专业论文在数学杂志上发表并被引用，主编或合编多部高中数学教学参考书，曾多次被评为优秀教师、优秀教育工作者。

案例背景

在 2010 届教学成果新闻发布会上，上海师范大学剑桥国际中心对外宣布，宁波籍学生陈洁同学被剑桥大学数学学院录取。陈洁同学毕业于宁波万里国际学校高中部，在上海师大剑桥国际中心学习 A-Level 课程。在众多高手的激烈竞争中，陈洁同学以其扎实的数学基本功和坚强的毅力，拿到了 A-Level 课程中国区第一名的好成绩。剑桥大学数学学院因其数学成绩特别优异，特免去面试环节，直接给陈洁同学发来录取通知书。陈洁同学由此成为近年来未经面试就直接被剑桥大学数学学院录取的第一个中国籍学生。

2010 年 9 月 8 日，宁波电视台记者对陈洁同学进行了专访。访谈持续了 30 分钟，记者详细了解了陈洁在万里的成长过程。采访结束后，电视台的编导非常欣赏陈洁所取得的成绩：很多人都觉得学数学很难、很枯燥，而陈洁不仅在国内外的数学竞赛中屡获殊荣，而且还以"免面试"的待遇考入剑桥，的确是很不容易的。在这"不容易"的背后，既浸透了陈洁同学刻苦攻读的辛勤汗水，也体现了个性化教育的独特优势。

翻开陈洁同学的求学档案可以发现,陈洁同学的中学时光都是在宁波万里国际学校度过的。可以说,是万里宽松的学习环境、超前的教育理念和先进的教学方法,尤其是独特的个性化教育,助推了这颗数学新星的成长。在培养陈洁的过程中,我们主要做了以下一些工作。

1. 量身定制——确定切实计划

和陈洁接触不久,我就欣喜地发现,陈洁身上具有一些与众不同的数学潜质:他非常喜欢解数学题,尤其是喜欢琢磨难度较大的数学题。从小学到初中,他都具有良好的数学基础。我还欣喜地在他身上看到了一种十分重要的品质,我把它概括为"能久坐得住,能静得下心",这一点对于学习数学来说尤其难能可贵。虽然,他的解题还不够规范,成绩也不稳定,数学思维还不够敏捷、变通和深刻,数学学习和研究的核心能力即数学意识也还没有形成,但这些都是可以改变的。我初步有一个印象,陈洁在数学方面可能是一个可造之才。他恰好是我的数学课代表,我们接触较多。为此,我与他进行了多次谈话,与他一起分析学好数学必备的基本素质和自身条件,然后根据学校对个性化教育的要求和程序,商讨制定量身打造的培养目标和措施。我在万里高中的数学教学是分层次进行的。对于陈洁,我专门拟订了一个有针对性的切实可行的学习计划,其中包括提高数学素养必须应掌握的一些数学知识,以及在平时的学习过程中,要求他多完成一些额外的学习任务。比如,我在进行高中数学竞赛讲座时,就会专门为他增加一些额外的"营养餐",鼓励他多学一点。而对于这些额外的"负担",陈洁也总是不声不响地按时按质按量地完成,从来不会和老师讨价还价。

2. 开阔视野——树立远大目标

我们常说,兴趣爱好是最好的老师,是一个人做事的不竭动力。但兴趣爱好一定要有远大的目标作支撑,才能牢固久远。数学学习和研究更像是一场马拉松比赛。为了使陈洁同学在枯燥、繁难的数学学习中不乏动力,我在与陈洁的个性化交流中,通过潜移默化的方式,有意无意地向他介绍一些中外数学史上执著于数学学习和研究的著名案例,让他树立数学学习和研究的远大目标,锻造他的坚强毅力。例如,英年早逝但在数学上作出过极大贡献,17岁时就提出群的概念,用群论彻底解决了代数方程的可解性问题的法国数学家、伽罗华理论创始人伽罗华的故事;解决了世界上最艰深的数学难题——"庞加莱猜想"的著名数学奇才、俄罗斯圣彼得堡一位深居简出的当代数学隐士格里高利·佩雷尔曼的故事；以及 20 岁获得数学博士学位、24 岁成为美国加州大学洛杉矶分校教授、31 岁获得有数学界诺贝尔奖之称的菲尔茨奖，从而成为当今世界顶尖数学家的澳大利亚华裔数学天才陶哲轩的故事。尤其是陶哲轩，我还通过网络搜索了描写他传奇奋斗经历的长篇报告文学给陈洁阅读。后来陈洁告诉我，这些故事都给他留下了很深的印象，给了他很大的动力，使他更加坚定了学习数学的志向和目标。离开万里前的一天晚上，他约我在万里运动场上散步，他告诉我他决定学习数学时，我故意对他说："学习数学是很苦的，你准备好了吗？"他说："准备好了。我反复考虑过这个问题，我现在真的很喜欢学数学。"他进入剑桥大学数学学院后不久，当陶哲轩来到剑桥大学作学术报告时，他第一时间把见到陶哲轩的喜悦心情用微博传达给我，使我真切地感受到了陶哲轩的故事对他产生的巨大影响。

3. 精心打造——锻造扎实内功

数学的特征是严谨、简洁和规范。数学的严谨要求学习数学的人一定要有一种追窠入巢、务求真解的态度。数学的简洁决定了数学知识的高度抽象性和高度概括性，体现了数学作为科学的独特的简洁美。但它同时也决定了数学的难以理解，甚至是常人难以接受的晦涩难懂。在培养陈洁时，我对他的要求是：对数学问题的求解一定要一丝不苟，无论是对课本上的习题，还是手头高中数学复习资料或竞赛资料上的问题，对任何一个问题都不可马虎从事，对任何一个疑点都不要放过。同时我告诉陈洁，再难的学习也还是有技巧可循的。数学学习的最大"技巧"就是要努力掌握数学定义、概念的精髓，真正进入数学的领域，慢慢锻造自己扎实的内功——建立超常的数学意识。有了这种意识，你就能独具慧眼，看到别人所看不到的精彩的数学世界。而这一切，必须通过扎实的训练才能获得。陈洁非常理解这一点，他按照老师的训练安排做了大量的练习，他的超常数学意识在逐步慢慢地形成，数学思考也不断变得敏捷、变通、深刻。在万里高中的数学课堂上，我一直主张"学"中有"教"，经常会组织同学们就某个问题展开讨论，然后请有精辟见解的同学来"教"大家。在讨论中，陈洁反应敏捷，思维严谨，常常能提出独到的见解和富有创新的解法。

4. 磨炼抗压——培养坚强毅力

数学是科学皇冠上的明珠，研究数学不可能一蹴而就，需要有一种永不言败的追求精神。在高中数学学习中，陈洁同学的成绩一直是比较理想的，但也有碰到挫折的时候。在高三时，他参加全国高中数学联赛，出人意料地只取得了宁波大市的三等奖。我怕他因此受到影响，就及时找他谈心。经过交流，他显得很平静，一再跟老师说，没关系，这只不过是我学习数学的道路上的一次考验而已，不会影响我学习数学的兴趣的。从他后来的发展来看，他是说到做到了。

回顾与陈洁在一起的日子，我感觉到在个性化培养方面，我们主要抓住了三个关键词：一是针对性，二是科学性，三是实践性。针对性保证劳而有功，科学性保证事半功倍，实践性保证日积月累，水到渠成。

1. 您指导的陈洁同学可以被看作是"英才"了，那么"英才教育"是不是只有在少数拔尖学校中才可能实现呢?

"英才教育"特指在教育中针对少部分特别优秀或有某种特长的学生施行的优质教育。在中学施行"英才教育"又往往是与获得全国五大奥赛的奖牌联系在一起的，而这些优秀学生往往集中于少数名校。因此，开展"英才教育"往往只被看作是少数名校的"专利"。那么，在一般学校需要不需要开展"英才教育"以及如何开展"英才教育"? 似乎很少有人关注这一课题。事实上，我们不止一次地发现，即使在一般学校，在某些同学的身上，可能看不到我们希望看到的那种全面优秀的品质，但在某一方面，也可能深藏着某种特优的潜质。这种特优的潜质，经过有针对性的挖掘和培养，也可能大放异彩。这就需要我们教育工作者去发现，去深挖，去培养。

2. 在普通中学开展"英才教育"，您有什么绝招?

在普通中学开展"英才教育"，个性化教育恰好是最有效的法宝。通过这种"量身定制"式的教育，正好可以使学生某种特优潜质得以挖掘，得到培养。可以说，在一般中学通过个性化教育的方式开展"英才教育"不仅是必需的，而且是大有可为的。当然"英才教育"也一定要因人制宜，因势利导，切不可违背教育规律，做"拔苗助长"的蠢事。

从万里走向世界的学生领袖

桂维诚

　　2009年的初春有点冷。寒假里我天天宅在家中上网,那天打开电脑,在互联网上看到一条新闻:温家宝总理2009年2月2日在剑桥大学发表演讲时遭遇干扰事件,担任剑桥大学第25届中国学生学者联谊会主席的戎珂同学,就剑桥大学校方在事发后的迟钝反应,照会该校校长。为此,剑桥大学校长艾莉森·理查德女士于事发次日,致信戎珂,就温总理演讲遭遇干扰事件表示"深感难过",并向所有联谊会成员转达"失望遗憾"之意:"对于我而言,温总理在如此恶劣的天气情况下,仍然坚持到剑桥参加我们庆祝800年建校的活动,这是(我们)无上的荣幸。"理查德在信件中写道,"在数百名听众中,有一个学生表现出如此恶劣的行为和对我们客人的不尊重,对此,我深感难过。我相信你们协会的成员能够体会到我的难过。事件以这样的方式发生,我想借此机会向你们传达我的失望遗憾之意。"

　　2月8日,中国驻英大使馆向剑桥大学中国学生学者联谊会主席戎珂转达了温家宝总理致中国留学生的口信:"我访问剑桥大学时受到同学们的热情欢迎,特别是大家冒雪迎送令我感动。当车队驶离大学时,我非常希望再次下车看望大家,说几句心里话,向同学们握手致谢,但外方警卫人员出于安全考虑没有停车,对此我深感遗憾。在此,我委托傅莹大使转达对同学们的问候和谢意。希望你们完成好学业,为国增光,为促进中英两国人民之间的友谊发挥积极作用。"

　　戎珂同学在万里就读6年毕业后,于2003年以优异成绩考入清华大学自动化系,2007年赴英国剑桥大学攻读硕士、博士学位,专业为制造业管理。2008年,通过普选方式投票、演说,戎珂以得票过半而当选第25届剑桥大学中国学生学者联谊会主席。他在千里之外的异国他乡,怀着一颗热爱祖国的赤子之心,作为剑桥大学的中国留学生领袖,带领大家为温总理访英热情护航,为维护祖国尊严奔走呼号,其言其行,可圈可点。他的爱国热情,值得每一个国人为之自豪!

案例过程

　　戎珂是学校创办之初走进万里的第一批万里学生。我当时带的是初中1998届,而他是低一届的,我虽然没有教过他,但那时候班级不多,接触和了解的机会还是很多的。

　　记得1997年暑假,我作为赴英修学团的带队教师第一次出国,那年戎珂读初一,也参加了这次修学团。我发觉这个圆脑袋的可爱少年,似乎与其他的同学有些不同。他的眼睛不大,但很亮,充满了好奇。刚迈出国门,异国风情扑面而来,让人应接不暇。许多同学对于购物玩乐特别感兴趣,但他却喜欢端着相机到处跑,拍田园风光,拍街头即景。当时,我们要求同学们每天写一篇日记。他的日记是这样写的——

　　我清醒地认识到,我们国家还是比较落后的,从市政建设、公共交通,到国民素质等,我看到了差距。出国的经历让我感到了资本主义的发达和我们国家的差距。怎么办呢? 我问自己。在万里待的时间长了,你就会产生一种社会责任感,明白一个道理:外国的发展固然走在我们前头,但我们国家的发展需要我们这一代不懈努力。

　　从字里行间可以看出,小小年纪的他,就已经有了一种强烈的爱国情怀。其实他从1996年进万里读初一起,在班主任程东文老师的号召下,就开始写日记了,一直坚持到高三(除了寒暑假)从没间断过,而且这些日记至今一直保存着。程老师在批改学生周记时,经常会给大家读一读他的学生许多个性鲜明的观点,记得戎珂是最敢于表达自己独特想法的学生之一。他刚进万里时的一篇日记是这样写的——

　　　　　　1996年10月25日　　星期五　　小雨

　　读完了这篇课文,老师的眼眶红了,我们几个同学的眼眶也红了。老师站在讲台上庄重地说:"山区虽然贫困,却绝对不缺乏善良。我们的同学气派这么大。我问你,你挣过3角钱吗?"我们整个班级鸦雀无声了。此时,我想起昨天同学们争抢点心,真是不应该啊!

　　我又一次觉得"山区虽然贫困,却绝对不缺乏善良"这句话沉甸甸的分量。

　　戎珂正是在不断的学习积累中,形成了这种可贵的人文情怀。他后来谈到"日记省身"的作用时说:"写日记就应该把自己放在这一天的事情当中,反过来看你做得对不对。有则改之,无则加勉。也就是古人所说的'一日三省吾身',只不过,我记性不好,只是'一省',而且用了书面形式。所以很多想法,我会写在日记本里,包括我自己原有的,或其他人给我的,或在日记中思考得出的,抑或通过其他途径得到的。那么,一些决心、一些计划、一些理想也在其中体现出来了。"

戎珂初中时个子矮小,坐在第一排,体育成绩也不理想,但是他非常有毅力,坚持锻炼,包括用踢足球的方式练体能。后来他的体育成绩非常好,曾经在我校的校运会上得过3000米长跑冠军。后来他去清华大学读书,还担任了系体育部长。

他读高中后立志要考清华,他说:"如果你很想去清华,你未必可以去清华;但如果你一定要去清华,那么你真的可以去清华!"这孩子身上就是有这么一种精神,对自己严格要求,然后不懈努力,不达目标,誓不罢休。

戎珂对万里的老师怀着十分深厚的感情,他考入清华后,2006年暑假带着同学到母校来进行社会调查。他对同学们说:"一切为了学生——这是万里老师对我们学子的承诺。万里的老师是最负责任的,他们的休息时间比公立学校老师少,但他们所担的责任却比公立学校老师大。他们起早贪黑,兢兢业业,他们没有朝九晚五的工作时间,只有和学生一样全天跟班。我从万里出来已有4年之久,对万里老师的思念一直不断,要感谢的老师太多,从懵懂的初一,到成熟的高三,是他们在指点着我朝着人生的辉煌前进。"

他在万里一直担任班长,中途也承担过团委少工部、学生会的工作。他认为,这些经历对他的工作能力、交往能力、表达能力的提高无疑是举足轻重的。特别是培养了他的责任意识。所以,他在做各种事情时,包括生活上的事情,都力求做到名正言顺,尽职尽责。他严于律己,认为自己既然是一班之长,就得树立一个良好的形象,必须是班级的表率——这就是一种责任。他有时因查零食被同学们骂,却从来没有退让,忍辱负重地扛起这个不得人心的差事。后来,同学们也大度地理解他了。读大学后,他还自觉反思这段经历,认为自己当时只知道按规矩办事,但缺少给同学们真正需要的关怀,忽视了团结同学的必要。他说:"做事情,最主要是'以人为本',应该以道德去影响人,而不应该以条条框框去约束人。这对我后来在大学做社会工作,是一个值得深思的教训。"所以,他能够成为一个杰出的学生领袖,绝不是偶然的。万里的历练为他插上了腾飞的翅膀。

他回顾在万里学习生活的6年岁月时说:"这是我人生成长的关键时期。我的性格、能力、人生观就是在万里形成的。我感谢敬业爱生的万里老师、勤勤恳恳的万里员工、个性与活力同在的万里同学们。长相忆,永难忘——成长在万里!"

说到初中的数学启蒙老师雷显亮,他一直记得老师语重心长的话语:"戎珂,初中数学你应该赶快自学完,然后自学高中数学。这里是我的初中数学藏书,你按照这个去自学,我想培养你去中科大的少年班。"正是雷老师对他的鼓励和充分信任，使他从此对数学书爱不释手，很快完成了自学任务，数学成绩也一直很好。从初二开始，舒毓维老师担任他的数学老师，戎珂是数学课代表。戎珂喜欢数学，爱思考，常常与老师讨论数学问题。令舒老师印象特别深刻的是，有时戎珂看到地上有印着数学题的纸片，他也会饶有兴致地捡起纸片完成那道数学题，如果纸上的题目条件不齐，他就会努力猜想问题本来应有的条件，并与老师讨论各种方案，每每让舒老师感动不已。但戎珂当时的书写和解题规范不是很理想，因此，有许多个中午，在舒老师的要求下，戎珂放弃中午休息，在办公室里认真地练字和练解题规范。后来戎珂的数学不仅基本功非常扎实，而且表达清晰规范，成为名副其实的数学尖子生。至今，戎珂对舒老师给他的许多关爱和帮助，一直念念不忘。

他特别认可万里的个性化教育："在万里，学校鼓励同学发展个性，培养兴趣，往自己最有利的方向发展，学校为我们的发展提供了强有力的硬件和软件的支持。现在很多同学进入大学后感到，万里的学生比一般学生活跃，有激情，有创造性，也有个性。"

我清楚地记得戎珂读高中时，曾发起办了一份刊名为《对话》的报纸。我和他的班主任梁玉萍老师在一个办公室，经常看到他进进出出的忙碌身影，他还曾向我约过稿。这是一份由学生自己策划并有一定组织机构的学生报纸。他们办这份报纸的目的，一是针对个别万里学生不尊敬老师的举动发表意见，二是就万里的管理问题展开一些讨论。

他们办报的前前后后发生了很多事情，遇到了很多困难，譬如，明确办报宗旨，建立组织机构；再比如全校范围内的约稿（包括老师和学生），排版和印刷（这还涉及经费等等问题），直至最后的发行工作。在办报的过程中，他和共同办报的同学、老师建立了深厚的友谊，深感那种同甘共苦经过锤炼的友谊是弥足珍贵的，同时他们也在办报过程中锻炼了各方面的能力。当时，他们在这张报纸上发出了一些代表学生的不同声音，意在与学校进行对话和沟通，戎珂作为最主要的发起者之一，深深感到了一个发起者所要承担的责任、所要面对的困难和所要承受的压力，这也成为他在万里最难忘的一段经历。

几年以后，他带领着清华的同学们再次走进万里时，已展现出一个学生领袖所具备的胸怀、气度和能力。他主动跟学校的方方面面联系协调，把社会实践的活动内容安排得井井有条；他组织自己的同学为万里学子们举办讲座，介绍学习经验；他还走进教室，与学弟学妹们亲切交流谈心；他又带着同学到集团找到徐亚芬董事长，进行了深度采访，并访问了浙江万里学院和宁波诺丁汉大学，探讨万里模式对中国教育的深刻影响力。最终，他们的调研项目在清华大学获了奖。

 案例追问

1. 请问桂老师,您认为戎珂的成长,与万里的个性化教育有着怎样的联系?

当时我校的个性化教育还处于实验阶段。我跟戎珂的初中班主任程东文老师、高中班主任梁玉萍老师都是同一个语文教研组的,大家过从甚密,经常聊起学生的培养问题,戎珂也是大家一直关注的对象。时任学校教育处主任的袁湛江老师也经常参加我们的讨论,那时他正在主持编写《新课程中教师行为的变化》一书的案例。袁老师结合自己重读《论语》的体会,率先提出了应该在万里推行"个性化教育"的想法:"我重读《论语》后感到,孔子在大量的教育实践的基础上总结出来'不愤不启,不悱不发'的教育原则,这里所蕴涵的教育思想不仅仅是掌握教育时机的问题,而且启示我们在不同的情境下,面对不同的教育对象,应该采取不同的教育方法,这就是'因材施教'的教育思想。因此,我们可以把孔子看成是我们民族教育家中倡导个性化教育的第一人。"袁老师的见解引起了大家的共鸣,从此,大家经常在一起剖析各个学生的个性特点,研究因材施教的方法。有许多案例还被收入《新课程中教师行为的变化》一书,此书 2001 年由首都师范大学出版社出版发行,并被教育部专家组选定为全国 38 个城市首轮新课程培训教师参考用书。

记得戎珂当时发起办《对话》报这件事,曾经在校园引起一点小小的风波,一些老师和领导也有不同的看法。但班主任梁老师还是采取了鼓励和包容的态度,从而保护了戎珂和同学们的积极性,也对他的成长产生了积极的影响。联系到后来他作为剑桥大学第 25 届中国学生学者联谊会主席,对校方在事发后的迟钝反应,敢于据理力争,立即照会剑桥大学校长艾莉森·理查德女士,这绝不是偶然的。正是万里培养了他这种敢于挺身而出的正义感和责任感,历练了他这种干练果断、有理有节的工作作风。

2. 戎珂作为剑桥大学的中国留学生领袖,对剑桥大学发生的干扰温总理访问的事件,挺身而出捍卫民族尊严,让人肃然起敬,您能不能披露一些细节?

戎珂作为现场的目击者,激愤地对记者说:"在其他国家的国土上,我们的总理,这样一位温和的老人,受到这样的对待,作为中国人,剑桥的所有中国学生都感到无比的愤怒。不过,温总理在事发后的镇定和从容令我非常受鼓舞……我相信所有在场的听众也都深受感动。"他还披露了他们为防止反对者的破坏而采取的一些预防措施:"因为场内席位有限,只有抽到签的剑桥人才能进场倾听演

讲。不过,在会场外却一直'驻守'着300多名中国学者和学生,他们敲锣打鼓为温总理打气。他们一站就是5个多小时,由于英国最近雪特别大,当天大家的衣服全都湿透了,但没有人离开。因为有20名反对者也在场外活动,我们300多名剑桥大学的中国师生将他们团团围住,不让他们破坏温总理的演讲。"

在此事件中,戎珂充分展现了一个学生领袖面对突发事件大义凛然、镇定勇敢、指挥若定的气概和才干。他在后来给学校发来的邮件中如是说:"我感觉万里的培养对我的独立能力和责任感,以及注重团结等方面有很好的推动作用。"

3. 对于具有领袖潜质的学生,你们如何针对性地实施个性化教育?

据我所知,戎珂的家长对他的要求比较严,母亲是一位坚强的女性,当时还经营着家里的生意。他刚进万里时就是一个上进单纯的孩子,学习也很好,同学们就推选他担任了班长。程老师以及后来的梁老师管理班级的办法,都是倡导比较宽松式的学生自主管理,这对锻炼班干部的能力是大有益处的。我和这两位老师在同一个办公室,经常看到戎珂和其他班干部向老师汇报他们的工作思路,班主任总是鼓励他们放手去做,程老师甚至把查零食这样棘手的任务也交给他去处理。因为万里的校规是不准学生吃零食的,而学生难免在返校时从家里带些零食来,所以查零食是很容易得罪人的。戎珂能做到既坚持原则又团结同学,这很不容易。我记得他曾组织班级讨论——"吃零食有哪些弊病?"他还建议程老师把查出来的零食存放起来,以供班级每月一次的联欢活动之用,后来老师采纳了他的这个建议,受到了同学们的拥护,也被其他各班纷纷仿效。由此可见,放手让学生自己管理自己,是对班干部最好的锻炼。

对学生干部的个性化教育,首先要让他们打好精神的底色,而不要搞"特殊化",防止其产生优越感。戎珂在万里的几位班主任都是语文教师,十分重视阅读的熏陶,一直鼓励他们多读好书,并让他们坚持记日记、写读书心得,从书中汲取精神的营养。一个人的阅读史,就是他的精神发育史。戎珂身上的爱国情怀和人文关怀,并不是凭空而来的,这与万里创办初期十分重视中华民族传统美德的传承和平民化的教育策略,是密切相关的。

此外,对学生干部的个性化教育,要重视身边的榜样的激励作用。当时我们班的徐旭峰因勇斗歹徒被学校树为典型,这对营造健康的校园文化、弘扬正气、浓厚学风起到了积极的作用。我们在宣传他时,有意识地突出他的感恩心和责任心,而不是引导学生去过多关注斗歹徒的英勇行为。当时学校组织了一次电视座谈会,戎珂作为代表也参加了这次座谈,他的发言令我印象深刻。谈到徐旭峰上学、回家始终身着校服,脚穿球鞋,从不买名牌服装和高档运动鞋,他主动找差距,认为徐旭峰不比吃穿比进步,十分难能可贵,这是一个学生高度责任感的表现。其实,戎珂在我的印象中,也一直十分俭朴,少有那种富家子弟的纨绔气。

戎珂成长为一个学生领袖不是偶然的,严于律己、宽以待人的品格是他取得公众信任的前提。他赴英留学后经过演说、投票的普选方式,以得票过半而当选第 25 届剑桥大学中国学生学者联谊会主席。这是由剑桥地区学联会员全体代表大会投票选举产生的,学联会员由当地的中国学生和当地居住华人组成,有 2000 多人,每年 10 月换届,当年参加投票的共 500 多人,戎珂的威信由此可见一斑。戎珂这个有感恩心和责任心的孩子,经过历练,从万里走向了世界,成长为一个真正的学生领袖。

 读者感悟

让"老虎"飞起来

王平杰

 导师简介

　　王平杰,中学物理高级教师,中共党员,物理奥赛辅导教师,物理学会会员,市优秀班主任,省优秀教师,全国中小学生心理健康教育委员会委员,曾被评为"全国教科研先进个人",发表论文 200 余篇,论著 10 多部,主持的课题《走班制＋导师制:理科特长生培养的双翼》曾获 2007 年浙江省基础教育优秀成果一等奖。

案例背景

　　一个很有潜质的阳光男孩名叫刘啸虎。他在高一第一次月考中,成绩很不理想,尤其是物理考得最烂。月考的失败对他来说是一次最好的教育。作为他的个性化导师,我抓住了这次教育的契机,适时找啸虎谈话:这次月考你的成绩不够理想,物理竟然不及格,这些都已经过去了,月考的失利主要暴露了你的粗心大意,细节丢分太多!"物理因我显魅力,学生因我爱物理"——这是老师留给历届学生的印象,老师有能力把你教好,老师深信:你能行,你会更好!只要你养成严谨好学、严谨踏实的学习习惯和行为习惯,你肯定还会找到以前那种名列前茅的感觉!希望你能在国庆节过后的"理科竞赛班选拔赛"中脱颖而出!

案例过程

　　我没有过多地说教,我知道出色的学生,他的前进也是波浪式的,要允许他失败。重要的是在学生失败的时候,能否给他战胜失败的自信。我在当天的随笔中写道:"给学生以失败后的勇气和信心,比一万个训斥和指责更有价值!"

　　这就是我们个性化导师共同的教育方法。在学生成功的时候,我们用冷静、平常的心绪抑制他们的兴奋和可能滋生的骄傲;在学生遇到挫折和失败的时候,我们总是要表现出一种坦然、轻松、振奋的情绪,感染学生,带领学生尽快走出失

败的阴影,并给学生以加倍的关爱。我们经常对学生讲好事和坏事相互转化的道理,鼓励学生默默地积蓄力量,昂首迎接新的挑战。因此,学生在每一次挫折和失败过后,往往总能取得又一次成功,获得又一次进步和飞跃。

在理科竞赛班选赛中,啸虎没有辜负老师的期望,顺利地通过了笔试、面试和心理测试,进入了"竞赛班"深化学习。

因为优秀源于良好的习惯和超强的意志,所以我们对进入"竞赛班"学习的学生,首先,培养他们良好的行为习惯和学习习惯:中学生行为规范必须严格遵守;学校"六不规定"必须严格遵守;每次作业必须按时保质保量完成;适合高中生的学习习惯必须养成;学校举办的各项活动必须积极参与。其次,从磨炼意志养成吃苦耐劳的精神上培养:"竞赛班"强化辅导必须参加;数理化竞赛活动必须参与;每周两次的英语听力和口语训练必须参加;每天 1 小时的体育锻炼必须坚持,假期夏令营必须参加。

啸虎就是在这样的"竞赛班"环境中培养了自己的良好习惯,锻炼了自己的毅力,增长了自己的才能。

2003 年至 2004 年,啸虎在省、市举办的各项学科竞赛中频频获奖。2003 年,我校荣获宁波市高一物理竞赛市级团体冠军,啸虎荣获一等奖。2004 年,荣获省生物竞赛二等奖、宁波市化学竞赛一等奖、数学竞赛三等奖等荣誉。在一次全国生物竞赛中,啸虎获得二等奖,他的成绩和一等奖仅 1 分之差,因为他在交卷时把一个本来做对的答案改成错的,丢掉了关键的几分,痛失了获一等奖的机会。当时,望着啸虎悔恨和遗憾的样子,我没有和啸虎一起去追悔和惋惜,只是很轻松地对他说:"能取得这样的成绩已经很不错了。不要总感觉后悔,还是你知识掌握不够准确,记住这个教训,下次竞赛和高考中就不会犯这样的毛病了。坏事变好事,把这次遗憾在今后的比赛和考试中补回来!"

啸虎是一个"外松内紧"型的学生,养成了学习的好习惯,能够合理安排学习和休息时间。该学习的时候,他绝不放松,而休息时则尽情地玩。他的兴趣广泛,爱好很多,积极参加课外文体活动。他爱好体育运动,还在学校的文艺节上表演节目并获奖,在校报《万里》上也常常有他的文章发表。在其他同学看来,他是一个十分活泼的学生,课外时间经常可以看到他活跃的身影。正因为他会合理调配时间,有张有弛,才不觉得学习很苦很累。

从高三开始,我们就把刘啸虎和韩涛等十几位特长生作为冲刺名校的尖子生进行培养。我校有一个非常好的育人环境,校风、教风、学风都不错,这为学生成绩的提高提供了非常有利的环境。为了使理科特长生能更安心地学习,我们为特长班调用了两个教室,一个教室集中辅导用,一个教室个别辅导用,另外,学校的图书馆、阅览室、实验室也都随时向他们开放。

啸虎的成绩一向优秀，每次考试他总能接近或达到老师为他确定的目标。对于学生的成绩，我们在学期初就印制了一份"自我超越图"，内容包括各科成绩和总成绩的变化状况。通过这份超越图，老师、家长和学生就能够全面了解学习变化的情况，从而便于"因材施教"。对于像啸虎这样的特长生的培养，我们主要采取"磨尖"的方式。"磨尖"对特长生而言，就是要使他们各科成绩拔尖。对于学生的成绩，每次考试后，各任课老师都认真分析。而刘啸虎的语文成绩有一段时期总不太突出。他对语文的学习也存在一些看法，有时对老师在课堂上讲的东西不愿接受，不愿去记，认为这些东西都没多大意义。为此，我就耐心做他的工作，使他认识到：尽管现在的高考制度还不够完善，存在一些急需改革的地方，但总的来说，高考是一种选拔考试，高考就是一种公平的竞争考试，你必须去适应它，不要因为自己对这个事物存在不同看法，而使自己在考试中吃亏。他心悦诚服地接受了我的建议，此后，他按照老师的要求进行复习，终于在高考中取得了好成绩。

心理素质的调整是成功的关键。过分紧张和不紧张都不利于取得好成绩。啸虎在高三后期的学习中也曾有过挫折。大约是 2005 年 5 月底的一次模拟考试，他最拿手的数学考得很不顺利，考完后有同学跟我说，啸虎数学没考好，很伤心。我马上去开导他，不要因一门考试失误而影响后面几科考试，甚至影响以后的学习。经过老师的开导，他很快放下了思想包袱，及时稳定了情绪，结果成绩出来后，他稳居第二名（数学成绩比第一名差了几分）。通过这件事，我鼓励他要有自信，要相信自己的实力，只要心态平和，正常发挥，一定能考好。

在高考前，我们对学生的工作重点之一就是帮助他们调整心态，要求他们以平常心对待考试，把平时考试当作高考，把高考当作平时考试，最重要的是要自信，轻装上阵，进入最佳考试状态。正是我们在平时和考前做了一系列的准备工作，啸虎在高考中也就发挥出了真实水平，以 652 分的成绩被浙江大学录取。在浙大学习一年后又以综合成绩第一被新加坡南洋理工大学录取（公派留学）。

1. 对理科特长生个性化教育，导师的作用是什么？

在学生的成长过程中，作为导师时刻要为学生提供学习、生活、交往和人生规划的帮助，引导学生主动、持续、和谐发展。在关注学生健康成长的同时，特别要关注学生的精神生活与个性化学习需要，并为学生建立个性化档案。导师就是学生奋飞的有力助推器，导师就是学生的精神依托！

像啸虎这样的成功案例还有多例,2005届"竞赛班"理科特长生均以优异的成绩考入理想大学。通过对理科特长生综合素质培养的实践与研究,为我校培养特长生提供了一个切实可行的方案,使特长生的特长得到发展,综合素质得到提高。

2. 谈谈"走班制＋导师制"个性化培养模式对学校特长生培养的影响？

近几年,我校在对特长生的培养上大胆创新,摸索出这一适合万里校情和学情的教育教学模式,高考成绩一年比一年好。无论是本科上线率还是重点上线率,一年上一个新台阶,尤其是2006届理科特长生100％考上重点大学,有两位同学进入全省100名之内,被北大和清华录取,实现万里办学11年历史性的突破。同时文科特长生、艺术特长生的培养上也都取得了应有的成效。特长生培养的成功在当地产生了积极的影响,为万里学校的良性发展奠定了坚实的基础。

我校面对优质生源不足的现实,在实践中探索"走班制＋导师制"的培养模式,研究如何走出对特长生只注重视智力教育而忽视非智力因素培养、只注重学科能力而忽视人文素养培育的误区;加强对特长生的个性培养,提高他们的综合素质,促进他们全面充分地发展,同时创立有利于学生发展的校本培养模式,推进导师队伍专业发展的进程;并坚持"承认差异,面向全体"的理念,以特长生的个性培养为突破口,推而广之,认真实施个性化教育,因材施教,固强补弱,整体优化,从而使不同层次的学生在各自的起点上都得到全面充分的发展。

当然,"走班制＋导师制"培养模式有的方面还不够完善,我们仍在继续探索,决心在已取得成绩的基础上,进一步加大研究的力度,挖掘我们的科研潜能,努力探索出一套普适的模式,并将这一模式推广到全校各个年级各个层次的学生,力求使所有学生都受益于这一教育教学模式,为全面提升教学质量开拓新的途径,让各层次各具个性特长的学生都得到全面充分的发展。

读者感悟

好事多磨

——亲历周迁任走过的 5 年 NOIP 竞赛之路

肖　敏

 **导师简介**

　　肖敏,女,浙江省首届中小学骨干教师高级访问学者,中学信息技术高级教师。她的教学受到学生广泛欢迎,她巧妙利用万里初高中一体化的优势,探索构建了初高中教学和竞赛内容完美衔接的校本课程,高中的信息技术会考年年通过率 100%、优秀率名列宁波大市前茅。她用 5 年的时间和同仁一起铸就了全国青少年信息学奥林匹克联赛一等奖的辉煌。她深信"因势利导"的教育是个性化教育的智慧法则,而"持之以恒"的爱心是个性化教育的最高境界。

案例背景

　　周迁任,一个帅气十足、开朗智慧、坚忍执著、"傻"得可爱的男孩子。2011年 5 月,在莘莘学子备战高考的冲刺时刻,他以优异的成绩被保送浙江大学,成为万里成功保送上国内一流大学的第一人。

　　他的父母是工薪阶层,因为工作繁忙,觉得万里的教育资源很好,就把他从丽水送到了万里就读。他读初一那年,正好赶上万里开始为全国青少年信息学奥林匹克联赛(NOIP)选拔苗子。当时他的数学成绩并不突出,也许是因为傻气可爱,他非常幸运地被选中了。他是唯一一个坚持 5 年竞赛学习的学生,也是唯一一个经历险象环生最后幸运拿到了信息学竞赛全国联赛一等奖的学生,更是万里第一个因为全国联赛一等奖而获得浙江大学保送资格的学生。

 **案例过程**

1. 选苗:你是最合适的!

　　个性化教育一直是我校的特色,而把竞赛作为我校个性化教育的亮点,是大智慧。2005 年 9 月,新学年伊始,学校将信息学竞赛作为我们学校竞赛工作的突破口,而我作为当时信息学科的骨干教师和负责人,深感责任重大。很多老师都知道我们学校的生源一般,学校在宁波是"边缘"学校,也知道我们这个学科是"边缘"学科,这个学科的教师也许会被"边缘化",但可能并不知道我们这个学科要想获奖比任何一个学科都难。先说选竞赛苗子吧,好的苗子根本轮不到我们,各科竞赛苗子选定之后,留给我们的苗子所剩无几,且多数不适合学习竞赛。我们这个学科竞赛要求学生有很高的数学天分,可是这样的学生全被数学竞赛班收入囊中。几经周折,我们学会了面对现实,确定了选苗子的三个基本标准:一是数学成绩:不求最好,但求有潜力;二是编程兴趣:兴趣是最好的老师;三是学习品质:有点傻气但不笨,不怕困难能坚持。当时的周迁任正好符合这三个条件,成为我们计算机学科个性化教育的幸运儿之一。记得当时问他什么,他都只会傻乎乎地笑,不会说话,又胖乎乎的,很可爱。关于他的执著,每一个教过他的老师都能说出不少故事。最经典的就是,他虽然唱歌总跑调,却坚持参加从初一到高二这5年的校园"十佳歌手"比赛,最后一次感动得评委为他单独设立了一个"最执著奖"。

2. 借力:在边缘区争取政策、空间、时间的最大化

多年的教学经验告诉我,时间是竞赛的根本保证。要想在边缘区争取时间,谈何容易?争取学校领导给予政策上的支持,是首要的,也是必需的。而班主任和家长的支持,也起着至关重要的作用。因此平时"贿赂"班主任是我经常用的小手段,当然这种"贿赂"不是请吃饭、送东西,但是必要的沟通统一认识非常重要;跟家长交流引导更得充满智慧。否则家长和班主任一句话,学生就不敢来参加竞赛了。争取时间,才真的是充满苦涩和艰辛,中午的时间,是唯一别人不想用的时间,我们如获至宝;接送日、节假日,别人根本不愿意用的时间,也是我们尽力争取的时间,不怕加班、不计报酬是我们的常态。周迁任是唯一一个从来都不会误课的孩子,虽然有时作业做不完,有时太累了想好好休息,有时考试受影响,有时来自各方面的压力太大,但只要跟他谈谈心,交流一下感情,他又会很开心地坚持。

最幸运的是,当时初高中一体化的团队的合作。教研活动中竞赛研讨是核心,竞赛模块大家共同承担,加班日大家轮流值守,使学生的流失最小化,使学生学习的效益最大化。

当竞赛辅导遭遇瓶颈的时候,全国NOI导刊团队平台进入了我们的视野,在经过充分论证之后,我们把"走出去,请进来"作为我们突破瓶颈的关键。周迁任初二进入复赛后,我们外请浙江万里学院资深教授和获大学生信息学竞赛大奖的学生来校指导;高一暑假,学校把周迁任他们一行6人送到郑州参加由

NOI 导刊举办的 NOIP 暑期夏令营,几个月后的全国联赛,我们就突破了竞赛瓶颈,4 人进入复赛,2 个一等奖,1 个二等奖,1 个三等奖。

3. 坚持：谁笑到最后,谁就笑得最好

信息学竞赛比其他学科竞赛难度更大,学起来非常枯燥,加上每天面对电脑的诱惑,很多孩子坚持不下来,不是因为不自觉地沉迷于上网游戏而被淘汰,就是因为畏难怕苦选择放弃。论学习竞赛的天分,周迁任不是最高的,论学习品质,周迁任却是最好的,尤其是那份“咬定青山不放松”的坚持。他从来不会迟到早退,更不会旷课,老师布置的作业,不管老师在不在,从来都不打折扣,而其他孩子多少会开些小差打点折扣;中午再累他也会坚持来上课,有时需要利用节假日辅导,他二话不说就自愿留校,而其他孩子则会叫苦连天。

• 第一次尝到甜头

初二第一次参加竞赛,他和另一位同学同时进了复赛,才学习一年就有这样的成绩,两个稚气未脱的孩子非常高兴。一个月后我带他们去绍兴参加复赛,他们的考场在绍兴一中的初中分校。当时天上下着小雨,有些凉。我把他们送进考场的时候,他们一点也没有感觉到紧张。3 个小时的考试一结束他们就很开心地出来找我。初中组的成绩一周后出来了,周迁任以不错的成绩拿了二等奖,而另一位同学因为数据的错误而被淘汰。周迁任由此像扬帆正劲的帆船,信心满满。

• 第一次遭遇失利

初三那一年,信心百倍的周迁任顶住中考压力,第二次参加初中组竞赛,因为他学习基础扎实,顺利进了复赛,而且分数不错,满以为这次拿一等奖没有问题。没有想到的是,出来的成绩最多也只能拿一个二等奖。第一次遭遇挫折,周迁任有些迷茫了,他甚至开始怀疑自己是否适合参加竞赛。

一直以来,我都认为初中参加竞赛是为高中竞赛打基础,真正的价值还在高中竞赛。如果周迁任进入高中放弃了竞赛,就意味着我们 3 年的努力付诸东流了。当时的目标就是高中进入复赛,这是我们争取各方面支持的理由。虽然我知道,竞赛更有价值的是对孩子品质的培养,会让他终生受益,但这一点不是每个人都能看得到的。

• 再一次深受打击

高一新学年伊始,我们一次次去找周迁任谈心,请求班主任去做家长的工作。我们无法放弃这个学生,因为他是第一个进入万里高中的竞赛苗子,也是 3 年来我最喜欢的苗子,更是我们当初开始实现竞赛梦想的忠实践行者。他终于悄悄回到了机房,开始了初赛的准备。

周迁任是我校参加高中组竞赛的第一人,我深知这次竞赛成败至关重要。开学不久的十一长假,周迁任主动提出留校,我们一天也没有休息过。但是高中组的竞赛难度远远大于初中组,之前的暑假没有利用,而开学一个半月后就是初赛,时间非常紧张,有些竞赛知识点根本来不及夯实。为准备复赛,我们甚至申请教务处特批期中考试免考,停课备赛,这不仅减轻了他的考试压力,而且为他争取了宝贵的时间。值得庆幸的是,周迁任过硬的基础再一次顺利帮他进入复赛。一个多月后我再一次带他参加了复赛,成绩当时就出来了,但连二等奖都没拿到,更别说一等奖了,结果虽然在我的预料之中,但学生还是再一次深受打击……

最后的绝处逢生

进入高二,学生学习强度和难度都大大提高,压力可想而知。周迁任和他的班主任及家长都担心因为竞赛影响学习成绩,如果拿不到一等奖,得不偿失。虽然我知道,每年参加竞赛的学生坚持到高三的不在少数,周迁任至少还有两次机会,我盼着他能坚持。但我开不了这个口,我也无法向他和他的班主任及家长承诺再参加一次或两次一定能拿到一等奖,如果因此孩子的学习成绩受影响,我也难辞其咎。

高一第二学期快结束的时候,我再一次找班主任谈我的想法,让周迁任再准备参加一年竞赛,准备时间充裕一点,一定有希望。班主任虽然也很为难,但肯定地告诉我,只要我做通学生的工作,他一定支持。有了班主任的这句话,我没有了顾虑,不久就顺利做通了学生的工作。

周迁任第二次走进了竞赛赛场,进入初赛依然很轻松,复赛成绩是 245 分,能否拿到一等奖很难说,多次咨询结果得到的答复都是:很难说,等待吧! 经历了近两个月的等待与煎熬,最后的结果出来了,周迁任上了一等奖的分数线,一分不多,一分不少,真是太幸运了! 我抑制不住内心的狂喜,几乎是以百米冲刺的速度跑到周迁任的班级,把正在上课的他叫了出来,把这个天大的好消息告诉了他。他几乎不敢相信自己的耳朵,重复地问了我三遍:老师,你没有骗我吧? 真的吗? 我肯定地点点头,他这才一蹦三尺高,几乎想高声欢呼……

 案 例 追 问

1. 从周迁任的个性化教育案例中,您最深刻的体会是什么?

我觉得把每一个学生当成自己的孩子才是个性化教育的最高境界。把每一个学生当成自己的孩子,即使痛苦也是幸福的;把每一个学生当成自己的孩子,

没有解决不了的问题；把每一个学生当成自己的孩子，他会像孩子一样爱你回报你。执教多年，最深的感悟是：每每碰到解决不了的困难，用对待自己的孩子的方式去对待学生，去思考问题，困难就会迎刃而解。

最让我感动的是 2011 年 5 月底，我遭遇了车祸。周迁任结束竞赛半年多了，知道后同其他竞赛的孩子一起请假专程到我家看我，见到我的时候，他给了我一个深情的拥抱，泪水流了下来，当时我的眼泪也下来了。走的时候，他已经下了 5 级台阶，又返回来拥抱我，让我好好休息，盼我早点上班，多么懂事的孩子啊，那一刻，我觉得无比幸福！

2. 解决学生的问题，有没有章法可循？

解决学生问题绝对有章可循，那就是：信任—沟通—支持—影响—改变。

3. 我们的个性化教育能为学生一生发展奠定些什么？

我们的个性化教育能帮助学生一生发展奠定些什么？是简单的高分与重点大学，还是影响学生终身的学习品质与健全人格？

一直以来，学校教育评价一个学生的主要尺度是分数，作为教师，深知这一尺度的重要。但作为一个优秀的教师，更应该关注学生的全面发展。《弟子规》里说"首孝悌，次谨信，泛爱众，而亲仁，有余力，则学文"。这是"圣人训"，也是每个教师必须用一生去践行的职业准则。

读者**感悟**

让优秀走向卓越的关键

苏锡福

 导师简介

苏锡福,数学特级教师,国家级骨干教师,省级优秀教师和师德标兵,省级德育先进工作者,市"十佳"教师和"五一"劳动奖章获得者,多次获得全国数学竞赛"优秀辅导员"称号。他所教学生中有几十位进入清华、北大深造,其中还有河南省"高考状元"一名。2004 年 8 月加盟万里,所教 2006 届高三(3)班学生余晓凯、楼大鹏被北大和清华录取,多次被学校评为"最受学生欢迎的老师"和"优秀导师"。他还撰写了多篇(部)论文论著发表并获奖。

案例背景

对"优生"的感情几乎是不需要培养的,因为教师对"优生"的爱几乎是天生的——比如,在学校组建新班时,几乎每个教师都希望自己班上的"优生"多一些。但我们对"优生"的认识却未必正确而且全面。

当我们第一次从《新生报名册》上认识"优生"时,我们应该清醒地认识到,他们并不是自己教育的成果,而是学生家长和初中老师共同教育的成果。说明这一点很重要,因为这意味着我们对他们的教育同样是从零开始的教育。而且,这种"从零开始的教育"的主要依据是这些"优生"的两重性:一方面,他们的行为习惯、学习习惯、学习成绩以及各种能力与一般学生相比(注意:只是相对)是要好一些;另一方面,他们除了仍然存在着一般学生在这个年龄容易出现的"毛病"外,也存在着他们作为老师的"好学生"、家长的"好孩子"所特有的一些"毛病"。

案例过程

当我们第一次走进教室,面对"优生"时,在深感"幸运"的同时,切不可认为"优生"教育只是"维持"教育,而应该意识到:"优生"教育的艰巨性、复杂性,绝不亚于对其他学生的教育。根据我多年教创新班(优生班)的经验,在培养"优生"

的问题上，主要做了如下几点。

引导"优生"树立志向

"优生"一般来说，智商较高，即使不那么刻苦，他们的学习也会在班上名列前茅，高中毕业也能考上大学。这就往往使一些"优生"不求上进。当然，从"应试教育"的角度看，这类学生固然是"上线生"；但如果他们仅以考上大学为目标，那么我们国家不过是又多了一名大学生而已，而绝不会又多了一名钱学森、华罗庚。因此，要让这些学生真正发挥出自己的潜力，成为祖国的栋梁之材，老师就应该引导他们树立理想，明确志向，真正做到"志存高远"。我常常通过谈心，让"优生"意识到，成绩比别人好，就意味着将来比别人多一分责任，而从现在起就应该比别人多一分努力。引导学生立志，最有效的方法之一，是给他们推荐有关伟人、名人的传记读物，使"优生"把自己放在一个更广阔的历史空间和时代背景下认识自己的使命。

帮助"优生"认识自己

一般来说，"优生"有较强的自信心，这是一件很好的事，我们应该予以保护和发展。但同时，有些"优生"对自己的不足往往认识不够，也有的"优生"对自己的人格修养、知识框架、能力结构等综合素质也缺乏科学的分析与评价，还有些"优生"对自己某些方面的发展潜力认识不足，如此等等，都妨碍着他们进一步提高自己的综合素质，妨碍着他们发展自己应有的才华，最终也阻碍着他们成长为教育者所期待的高素质人才。因此，我们应该帮助"优生"超越某些具体的考试分数和名次，通过与其他杰出的少年英才比较，通过对自己求学过程中的成功经验与失败教训的冷静分析，通过各种具体的课内外实践活动……正确全面地认识自己，进而有针对性地发展自己。

教育"优生"保持童心

我们对"优生"的所谓"思想品德教育"，固然包括随着他们年龄增长而注入一些新的思想品德养料，但我个人认为，更重要的还是教育他们应保持自己的一颗纯洁的童心。这种情况应该说不是个别现象，一些"优生"随着荣誉的增多和头脑的"成熟"，虚荣、自私、骄傲自大、心胸狭隘等心灵上的毒瘤也开始滋长，而且由于他们在班上往往有较高的威信，因而他们的这些"毛病"在班上产生的消极影响也较大。教育"优生"保持童心，单靠说教是不行的，更多的时候是要让他们通过与班上同学平等相处，感受其他同学身上值得自己学习的优良品德，让他们在为同学服务的过程中体验一种奉献的幸福，让"优生"面对分数和荣誉学会淡然处之并互相谦让，以培养自己豁达而淡泊的心境。适当淡化这类学生的"优生"意识，帮助"优生"去掉他们头上自我陶醉的"光环"以恢复他们普通学生的感觉，是使他们保持一颗淳朴童心的有效方式之一。

激励"优生"超越自我

我常常对"优生"说："本来可以得 100 分,却只得了 99 分;本来可以考上重点大学,却只考上了普通院校;本来可以成就一番辉煌的事业,却只是找到了一个谋生的饭碗……造成这种种遗憾的原因当然很多,但其中重要的原因则是本人不具有战胜自我、超越自我的勇气、毅力和能力。在未来人生的道路上,千万不要自己埋没了自己!"

对少数具有出类拔萃潜质的"优生",我们则应理直气壮地向他们提出"追求卓越"的希望。激励"优生"超越自我的要点有二:一是尽可能多地让他们在各个方面多实践,以发现并发展自己以前没有意识到的潜质;二是鼓励他们在日常一点一滴的小事中战胜自我;甚至教育者可以有意识设置一些难题去"折磨"他们,让他们在一次次自己与自己"过不去"的过程中体验到:人生的乐趣与辉煌正是从战胜自我到超越自我。

训练"优生"受挫心理

长期处在"金字塔尖"的"优生"们,很少品尝到失败和被冷落的滋味,这就使他们的抗挫力相对较弱,一旦遇到"打击"就情绪低落、悲观失望,个别学生甚至对前途失去信心。因此,优化"优生"的心理素质特别是抗挫能力,是培养"优生"的一个极为重要的内容。训练并强化"优生"的抗挫能力,首先不可将"优生"的身份和地位在班上特殊化,而应与其他学生一视同仁,这样,"优生"感到本来就是和一般同学一样,也就避免了因某些因素可能出现的"失落感";其次,"优生"担任学生干部不宜搞"终身制",而应合理轮换,使"优生"适应"能上能下"的学生干部机制;另外,对"优生"犯错误切不可迁就,而应该严肃批评,让他们习惯于挨批评,包括严厉的批评甚至必要的处分;最后,也是很重要的一点,要多给"优生"创设一些品尝失败的机会——这当然不是说要有意让"优生"不断失败,而是引导"优生"尽可能多地在不同领域不同方面摸索、尝试,在此过程中必然会有失败,"优生"对此习以为常了,将有利于他们学会坦然面对人生路上的失败、挫折和各种意想不到的打击。

培养"优生"创造能力

培养学生创造能力的重要性是不言而喻的。一般来说,"优生"的学习成绩是拔尖的,但在"应试教育"的束缚下,"高分低能"的现象也不是个别的。而未来社会对人才的能力特别是创造能力的要求越来越高,因此,我们绝不能满足于"优生"名列前茅的考试分数,而应有意识地培养其创造能力。创造能力的培养首先是创造性思维的培养。要教育"优生"敢于"让思想冲破牢笼"——培养学生追求科学、崇尚真理的理性精神,让学生大胆地冲破迷信权威的思想牢笼,冲破盲从书本的思想牢笼,冲破膜拜师长的思想牢笼,冲破固执己见的思想牢笼!

总之,让他们学会善于质疑、勇于否定、独立思考、积极创新的治学方法和人生态度。从解题的独特方法到作文的新颖构思,从独当一面地开展班干部工作到积极参与各类课余科技小制作、小发明活动……学生只要养成了创造性思维的习惯,其创造能力的锻炼机会就会是无处不在、无时不有的。

1. 苏老师,您眼中的"优生"是如何界定的?

"优生"当然应该是指品学兼优的学生,但在不少教师、家长的眼中,所谓"优生"更多的是指学习成绩拔尖的学生(也被称为"尖子生")。而我这里所说的"优生",是指品德、学习和各方面能力都优于同龄人的学生。

培养"优生"的意义显然是不言而喻的。"素质教育"并非是"一刀切"的教育,而是既面向全体学生,又针对每一个学生的个性特点的教育。尽可能挖掘并发展每一个学生的潜力,让尽可能多的学生在各方面都获得理想的发展,成为我们所期望的"优生",最终成为对民族、对国家有用的高素质人才,应该说这也是"素质教育"的题中应有之义。

2. 按照您的说法,优生不仅仅是指学习成绩,那么,您能不能谈谈优生"优"在何处?

具体说来,"优生"一般具有以下特点:

思想纯正,行为举止文明,自我控制的能力比较强,一般没有重大的违纪现象;

求知欲较旺盛,知识接受能力也较强,学习态度较端正,学习方法较科学,因而成绩较好;

长期担任学生干部,因此演说能力、组织能力以及其他工作能力都较强,在同学中有一定的威信;

课外涉猎比较广泛,爱好全面,因而知识面较广。

3. 辩证地看,您认为"优生"一般容易出现哪些方面的问题?

他们由于智力状况比较好,课内学习较为轻松,因而容易自满,不求上进;

他们长期处于"尖子"的位置,比较自傲自负,容易产生虚荣心;

在畸形的"升学率"压力下,有的"优生"容易产生互相嫉妒、钩心斗角的狭隘情绪和学习上的不正当竞争;

开启心智的钥匙
——丰富多彩的个性化教育故事

他们从小就处在受表扬、获荣誉、被羡慕的顺境之中，因而对挫折的心理承受能力远不及一般普通学生。

以上几点，只是就一般"优生"的共性而言，当然不一定每一个"优生"都是如此，但根据我的教育实践，至少多数"优生"基本如此，也许只是有的学生侧重于其中的某些方面而已，就某一位学生而言，还应该做具体的辩证分析，对症下药地进行教育引导。

 读者感悟

一个班长的成长历程

蔡成德

导师简介

蔡成德，男，政治教师，中共党员，中学一级教师。他从教 27 年，一直在高中从事教学工作，具有丰富的教学实践经验，辅导学生高考 15 年，均取得优异成绩，为此多次获得市、县级奖励，是承德"十佳教师"，"优秀教育工作者"、"市优质课一等奖"获得者。他还多次参与编写《金四导》等政治学科教学辅导资料。

案例背景

鲁迅先生有句话："教育是植根于爱的。"爱是教育的源泉，教师有了爱，才会用伯乐的眼光去发现学生的闪光点，对自己的教育对象充满信心和爱心，才能培养学生追求卓越和不断创新。

高一第二学期经过分班，我带高一（4）班，一个文科班。一拿到学生名单我就开始考虑组建一支强有力的班干部队伍。我拿着名单，向高一第一学期的班主任和老师详细询问，希望在他们的帮助下，能够快速找到自己心目中的优秀班干部。经过一番搜寻之后，结果并不理想。于是我只能凭感觉，在名单中苦苦搜寻。金锋，就在此时进入了我的视野。

案例过程

金锋的分班成绩在班级中排名第二，但我从他原先班主任那里了解到，他虽然高一时在创新班，但在班上很普通，几乎没什么声音，也没什么特长，成绩也只是一般。种种迹象表明，似乎这不该是我的最好选择。当时我也实在没有什么更好的选择，同时也抱着试试看的心态，找金锋聊了聊："金锋，我想让你当班长，行吗？"金锋首先是愣了一下，然后说："好的，我试试吧。"听了他的话，我心里也没什么底，只能试试看了。

到开学报到那天，我很早就到了教室，班里只有 2 个学生来得比较早，金锋是其中一个。虽然我事先做好了开学准备工作,但事必躬亲也是不现实的。于是我就让他帮我在教室里贴一些材料,我则回办公室忙其他事。交代给他的任务很简单,不到 5 分钟他就完成了,让我感到意外的是,他竟然又回到我的办公室,把我当时给他的刀、糨糊和宣传材料全部送回。我觉得现在的孩子很少有这样做事有始有终的,于是对他的印象一下子好了很多。

作为班长,经常要面对全班同学、老师和班级事务。开学初,我就想试试他的能力,让他和其他班干部一起组织班会课。正如我当初担心的一样,这个孩子太老实了,不会说一些冠冕堂皇的话,看上去也很腼腆,在班会课上他的语言表达和组织能力略显单薄,同是班干部的其他孩子则显得更加活跃和积极。会后,他把班会课的材料整理后交给我,其中有一些写得密密麻麻的小纸条引起了我的注意。我从纸条的内容上看出,这是他写的串台词,此时,我明白了,为了这节短短 45 分钟的班会课,他付出了整个午休时间。串台词可能不是最好的,但处处可以看出他做事的认真态度。他又一次感动了我。

几乎所有的体育生、艺术生,加上一批政史生,组成了这个特殊的班级。对于这个班级来讲,纪律是成败的关键。我虽然认可了金锋个人做事的认真、执著,但要当好班干部仅凭这些是远远不够的。我担心这样一个老实的孩子能不能驾驭这个活跃而复杂的群体。

开学初抓的头等大事就是纪律,班级中的孩子们来自高一的几个班,要想把他们在打乱重组后团结起来并在高三获得成功,班主任是要花大功夫的,班干部队伍的培养也是一个关键。我也知道教育的根本目的不是为了管住学生,而是帮助他们学会自己管住自己(培养主体性、自觉性)。我们的教育如果不能引发学生真实的自我教育,那么就是单纯的管理主义,就是形式主义。这种管理只会破坏学生的自觉性,因为管得越严,自觉性就越没有用武之地,渐渐地,人就会变成两面派。学生就会觉得:既然你管理的目的只是为了使你自己满意,那我可以立马让你满意,这不就行了吗? 至于你不在的时候,那就完全是另一回事了。一段时间下来,我发觉金锋这个孩子相当自觉,自制力相当强,而且在学习上相当刻苦。我对于他在班级同学中的表现比较满意。开学一个月后,班级班干部改选,全班同学除他自己外,全体选他做班长。他严于律己的形象在之后的两年中表现得更加充分,升入高三,再次改选班干部,他又得到了全班同学的一致认可。在我外出学习、开会期间,他更是积极主动帮我带领班级同学,做到了老师不在时比老师在时做得更好,有时如出现不良现象,他自己会给同学上个小班会课。

在我的心中,金锋这个孩子太过老实,甚至担心他因此而吃亏。果不出我所料,当时班中女生人数比男生多出很多,而且女孩子都伶牙俐齿的。一次,一位平时个性比较张扬的女孩子在饮水机旁不小心把窗玻璃搞得掉下楼去了,我又不在场,全班同学吓了一大跳,幸亏楼下没有人,没伤到人。大冬天的,教室里一扇窗子没有玻璃,不是要冻坏全班同学吗?班长立即到总务处报修,但总务处要求赔偿。班长就找到那位女同学,要求她照价赔偿,结果小丫头对着他一顿臭骂,说她自己冤枉,而且只肯出一半钱,她认为有偶然因素在内。班长最后自己垫付了另一半钱,而且委屈地趴在桌上哭了,但他竟然没有向我透露一个字。虽然有同学向我反映了此情况,但我在犹豫,我也在考验着班长,我甚至担心他会撒手不干了。最终,班长擦干眼泪继续干他的"革命工作",去擦新玻璃了,倒是班上其他同学对那个女同学"群起而攻之",让那个女同学傻眼了,一个劲说:"男生不能哭鼻子的,早知道我就不骂你了,钱还是我自己出吧。"虽然班长比较老实,但在班级同学心中,他的形象已经确立,有些时候不会说,比会说更有力。正所谓"天不言自高,地不言自厚"。

文科班的女同学人数比男同学多,也比男同学认真。但如果男生能够积极进取的话,成绩肯定能有所提高。我们班长所在的宿舍在他的带领下,没有男生好意思早晨睡懒觉,宿舍卫生工作更是比有些女生宿舍还要优秀。男生宿舍晚上讲话多,睡觉晚是比较普遍的现象,班长和风细雨般的处理让舍友们比较愿意接受,之后的"手机事件"更是让同学们对班长敬佩不已。处在老师和同学夹缝中的班长,有时也很难做。一次他在宿舍发现一位同学带了手机入校,他并没有直接向我汇报,而是做通了那位同学的工作,由当事人主动来找我处理。他是学生,也是班干部——老师的助手,有时他也要面临两难选择。在他的影响下,带手机的学生竟然也发生了质的飞跃,在高三第二学期奋力拼搏,考取了理想的大学。

不论是在高二,还是在高三,金锋的成绩在班上一直是十名左右。面对成绩,他永不满足,同时也很苦恼,因为他也想做第一。过硬的成绩能让他在同学、老师心目中更加优秀,多次的努力后仍然无法改变的状况,让他有些懊恼。从内心来讲,我也很希望他的成绩能更加优秀,但有时成绩与学生付出的努力不一定成正比,我告诉他:成绩很重要,做人更重要。而且对他来讲,考取"二本"应该没有问题,但要考"一本"几乎要靠运气了。事实上,他的成绩虽不是最优秀的,但是他的综合素质成全了他,沉稳踏实的他最后被浙江理工大学录取。我相信,他将来走入社会,他的优秀潜质将会使他有更大的发展空间。

 案例追问

1. 从这个案例中可以看出,蔡老师有着丰富的教育经验和智慧,请问,对于学生健康成长而言,怎样的教育环境才是最好的?

我有一些想法补充一下:这位老实肯干的班长十分自觉,自觉是自己对自己

的控制,在宽松的环境下才能培养自觉性;过分严格的管理,是无法培养出自觉性的。如果我们认为学生越不自觉越要严防死守,那么越严防死守学生越不自觉,倒反会形成恶性循环。好习惯不光是管出来的,它更是有好习惯的人带出来的。这就叫"熏陶"。熏陶比管理和训练更接近教育的本质。

我庆幸自己在一种宽松自觉的环境下见证了这位班长成长的历程!

2.蔡老师,请您谈一谈这个案例给我们最大的启发是什么?

长话短说,我认为这个案例给我们最大的启发是:我们干工作不怕累,不怕苦,怕的就是累得不值,苦得冤枉,怕的就是把宝贵的精力用错了方向。我们的目光应该深远一些,应该给各种类型的孩子发展的空间,而不能轻易对任何一个孩子下定论,否则,我们会抱憾终生。

读者感悟

班长恋爱了

门县东

 导师简介

门县东,男,中学英语教师,曾获宁波大市高中英语赛课一等奖、竞赛辅导优秀教师称号,所带班级曾获市级"五四红旗团支部"称号。他在各种报刊发表过多篇文章,参与编著教学资料3册。他喜爱自己的学生,热爱教育事业,全身心投入教育和教学工作。他多次被评为校优秀班主任,并获"十佳导师"、"阳光大使"等称号。教育座右铭:"先学做人,后做学问。"

案例背景

那年,我带的班级进入高二第一学期。临近期末的一天晚上,我照例去男生寝室巡查。班长朱迪已经洗漱完毕上床了,但并没有躺下睡觉,而是背靠着墙,聚精会神地看着手上的一张纸。等我走近时,他才发现,先是一惊,看着我疑惑的眼睛,之后便大方地将纸递给我,"不是啥,是歌词。""什么歌词?""真的是歌词……""我是问你什么歌的词。"他没有做声,我接过一看:是《死了都要爱》,心中顿时咯噔了一下……

案例过程

朱迪是我班的班长,虽然来自组合家庭,但很阳光、懂事,对班级工作也积极主动,是让我很放心的一个男孩。但这学期期中考试后,我发现他不但学习成绩有所下滑,而且学习、工作积极性都下降了。

后来,通过细心观察并从数学老师那里收集到"证据",我确定他和班上的一个女孩子恋爱啦!"早恋",在传统的中国教育中一直被视为洪水猛兽,而现在的中学生却轻松地挂在嘴边,好像已成为一种潮流。我想如果直接对两人进行批评教育可能收效甚微,甚至会适得其反,起抽刀断水水更流的反作用。之后,我一直在想着是否有必要找其中一人谈一谈,却一直没拿定主意,现在看来,是不

能"冷处理",再听之任之了。这两人中,朱迪各方面都比较优秀,较为单纯,我决定就先从他入手。

第二天早上,我把朱迪单独叫到办公室,笑着说:"朱迪啊,昨天晚上的那张纸……""真的是歌词啊。"还没等我说完,他急着辩解,显得很无奈。"我知道是歌词呢。坐在床上看,是心里有感触吧?"他不再做声,有点局促。然后我请他坐下,轻声说道:"可能是我班主任敏感,隐约感觉到你的变化,所以想找你谈一下。"他慢慢放松下来,我接着说:"其实中学阶段对异性有好奇,希望得到别人的关注和喜欢是很正常的事情。千万不要因为这样,自己背负心理压力,但另一方面也要注意把握这个度,这种好奇与喜欢一旦超过一定的范围,就可能使自己或双方,甚至两个家庭都受到伤害。"他显然并不排斥我的看法,若有所思地点点头。然后我便从自己学生时代的朋友、同学谈起,让他明白这并不是什么罪恶的事情,同时告诉他怎样恰当地处理这种关系。谈话的时间不短,但他听得很认真,表情也由凝重到轻松。我知道他是个有悟性的孩子,过了一会,我微笑着轻声问他:"是门老师敏感了吗?"他看着我的眼睛,摇头说:"不是的。""那我就希望你能把这件事情处理好,好吗?"他点点头。我见火候已到,便亮出了底牌:"希望你最后注意两点。第一,感谢对方,因为她能发现你身上的优点。第二,学会拒绝,既不能伤害对方,同时又不能给对方留有幻想,越陷越深。"他点头说:"知道了,谢谢门老师。"

到了期末,我又看到了那位阳光、向上的男孩,同学们的好班长。

 案例追问

1.门老师,您对时下中学生的异性交往过密的现象有什么独到见解?

独到见解谈不上,我的看法是:面对中学生的异性交往过密的现象,一味地责骂,指责世风日下,倒不如学会分析问题产生的原因,理解孩子,帮助其走出困境。这一阶段的学生,处于青春期和叛逆期,他们渴望得到同学的关注,期待与异性交往,同时对家长的叮嘱和老师的教育很抵触。因此,学生中存在的问题,在这一时期也暴露得最明显。

作为班主任,在面对学生出现的问题时,更应该多一分冷静,少一分暴躁;多一分宽容,少一分指责;多一分睿智,少一分盲目。用理解与宽容加上适度的引导,架起的心灵之桥,与学生进行有效的沟通。

2.门老师,您如何看待"代沟"的问题?

其实,代沟是客观存在的一种现实,不仅现在有,过去也有,关键在于我们怎

么把握。随着时间的推移,现在的高中生自然也呈现出诸多与我们读书时的那个时代不同的特点。对于这些变化,我觉得作为教师,尤其是班主任,应该学会思考产生这种变化的原因,从而更好地理解孩子,与孩子进行深入的沟通,最后才能对其进行有效的引导。只有如此,才能使自己之前视作不可思议甚至无法无天的行为,变得容易理解了,最后的迎刃而解,也会变得顺理成章并在情理之中了。

读者感悟

● 第二章 ●

问题转化篇

找到那把钥匙

暴力倾向、封闭心理、早恋问题、叛逆情绪、学习不专心、单亲家庭综合征、以自我为中心……在中学阶段，我们教师一定会遇到各种各样的"问题学生"。

这些学生由于受到各种问题的干扰，表现出来的行为往往会影响到一个集体，成为老师特别是班主任重点关注的对象，许多老师为了这不到 10% 的学生，往往要耗费 90% 以上的精力。他们的问题如果没有得到老师的及时指导得以化解，可能会对其人生产生长久的消极影响。"问题学生"往往成为家长的无奈和老师的心病。

本章的故事告诉您："问题学生"是怎样形成的，他们各自的"心理症结"在哪里，"问题学生"心中的期待是什么，用什么办法可以打开他们的心结，"问题学生"的矫正教育需要注意些什么，怎样挖掘"问题学生"可能存在的优势，问题解决后学生会出现怎样的可喜变化……

学生叫我"妈妈"

陈建如

 导师简介

　　陈建如,女,中国民主同盟会盟员,化学副教授。宁波市第十四届政协委员。从教 30 年来,她教过大学,也教过中学并长期担任班主任。30 年无怨无悔,她爱校如家、爱生如子;她严格要求学生又通晓教育艺术。她用爱心和投入赢得了学生、家长和学校的一致好评,树立了良好的口碑,先后被评为校首届"三八红旗手"、宁波市局级优秀教师和宁波市百名优秀班主任之一。

案例背景

　　2004 届高中毕业生小陆,小学三年级起就在我校就读。从小学到初中再到高一,一直是一个"问题学生",上课经常睡觉,迟到早退,顶撞老师。为此,老师们没少跟他家长"告状",他的爸爸一看到是万里学校老师打来的电话,手就颤抖,知道自己的儿子又闯祸了。直到有一天他接到了我的电话,感慨地说:"陈老师呀,你是第一个打电话表扬我孩子的……"之后他逢人就说:"是陈老师让我的孩子背起书包开始念书了,只要他肯读,80 岁都不晚,是陈老师挽救了我的孩子……"

案例过程

　　"老师,我就喊你妈妈吧……"这是一个重新燃起学习希望的学生对我吐露的心声。

　　2002 年我刚加盟万里时,担任高二(1)普通班的班主任。上任后我发现班上有一个学生根本就不学习,上课就是睡大觉,作业更是不做,基础很差又自由散漫不服管教;而他的家长对他要求却很高,由于什么都不会,他无法达到要求,只能破罐破摔,自暴自弃。我慢慢地接近他,从生活上学习上关心他,用教师的真诚和爱心去感化他。针对该生的情况我做了大量的思想工作,经过一次次谈

话,一次次真心的交流,终于使他回心转意,重新树起学习的信心。为避免上课打瞌睡,他坚持站着听讲;每天晚自习他都到我办公室完成作业,就像妈妈陪着孩子做作业那样,我看着他写,一点一点地教,从基础抓起。就这样,这个学生变了,上课不睡觉了,开始回答问题了。一次语文老师上公开课,听课的老师很多,当老师让学生讨论后自由发言时,他抢着站起来回答,生怕失去发言的机会,并就老师提出的问题发表了自己独特的观点,全班同学热烈鼓掌,给予他肯定和鼓励,这令老师们刮目相看。经过努力,这个学生顺利完成了高中学业,考上了一所专科学校。他爸爸高兴得逢人就说:"我儿子的老师是副教授,她让我儿子背起书包开始念书了,是她改变了我儿子……"高考前一天晚上,小陆到办公室看望我,进门就说:"陈老师,我明天参加高考了,以后恐怕不能经常来看你了,今晚来和你道个别,这几年没少让你操心,你以后要保重身体啊!"说完就抱着我呜呜地哭了起来,"老师,我就喊你妈妈吧……"

我做班主任,"爱"每一个学生,绝不放弃任何一个学生,因为我坚信"爱"可以改变一个人的命运;我做班主任,"管"每一个学生,绝不放纵任何一个学生,因为我坚信"管"可以挖掘一个人的潜力。就是在这关爱与严管中,一个严厉而可爱的老师走进了学生的心灵,塑造了一群可爱的学生。

 案例追问

1."老师,我就喊你妈妈吧!"这一声呼唤,是学生对您工作的最好肯定。陈老师对此有何感受?

是啊,这是一个重新燃起学习希望的学生对我吐露的心声! 对于后进生,最忌讳的是莫过于"放弃"和"歧视"。后进生的心理特点决定他们需要爱心呵护。许多学生出现问题,恰恰是缺乏"爱"造成的,因此,在他们身上倾注满腔关爱之情,对学生而言无异于"久旱逢甘雨",所起的作用是显而易见的。

2.陈老师,您是如何理解"教师对学生的爱"的?

教育技巧的全部奥秘就在于如何爱护学生。教师的爱应该洒向班里每一个学生,而不是只对优秀生关怀备至,对后进生则不闻不问。由于种种原因,后进生往往对教师有疑惧心理和对立情绪,对老师时时戒备、处处设防,甚至恶言相向。古人云:亲其师,才能信其道。只有消除师生间的情感障碍,达到心理相容,学生那紧闭的心扉才可能向老师敞开。而要做到这一点,教师就要给予他们更多的温暖,更多的关怀,用师爱去融化他们心灵中的坚冰,点燃他们心中的自尊

和进取的火花,引导他们一步步上进!

3. 陈老师,您是如何做后进生的工作的?

　　我认为做后进生的教育工作,没有固定的方法,需要老师根据情况,开动脑筋,进行创造性教育工作。在我看来,应该将后进生置于一个相对重要的位置,从而让大家一起来关注对他们的教育。关于转化后进生,我这里有几点建议:首先,应给予学生以真挚的师爱。其次,我们还应该创造一个适应他们转化的环境。再次,转化后进生要切实发挥课堂的主渠道作用。最后,转化后进生要注意发展智力,培养良好习惯。

读者 感悟

第二章 【问题转化篇】
找到那把钥匙

一个拥抱好心酸

鄢秋平

 **导师简介**

　　鄢秋平,男,中共党员,宁波万里国际学校历史教师。他从事历史教学24年,担任班主任工作20余年。幽默诙谐的教学风格,亲和细腻的班级管理,总是让学生不自觉地亲近,学生对他的称呼由"鄢哥"变成了"鄢爷"。他相信"天道酬勤",他践行"做学生的良师益友"。一路走来,在教育教学的征程上,留下了他厚重的背影。

案例背景

　　十七八岁的高中生对父母、学校和教师的"叛逆"、"逆反"是很常见的现象,但ZZ叛逆到否定一切,叛逆到与父亲几乎刀兵相见、水火不容的程度,确实是我做高中教师20多年来所仅见的。怎样打通直到学生心灵的道路,架起师生沟通的桥梁,是长期困扰我们一线教师尤其是班主任的一道大难题,而我和ZZ的故事,对于解决这样的问题或许能提供一些思考。

案例过程

　　坦率地讲,ZZ是那种一眼看去就不讨人喜欢的学生:长发总是遮掩着他阴冷惨白的脸,脸上终年难得一见这个年龄应该有的笑颜,偶尔从眼角散出的余光瞟你一眼,让人感觉透心凉,穿着打扮总是显得另类,很少看见他跟同学聊天。如果哪个老师不知趣,凑上去想跟他聊聊,他要么爱理不理,一副拒人千里的样子,要么冷不丁一句"我就这样,又怎么了?"噎得老师七窍生烟。上课时他就坐在那儿,也不说话,发呆发愣,是否听讲就不得而知了。

　　其实ZZ很聪明——他初中的老师都这么说。后来他老爸也这么说,再后来他自己也这么对我说。再再后来,我也这么对其他老师说。

　　很不幸,2009年高一下学期文理分班的时候,ZZ分到了我做班主任的文科班，以前他在别的班级，我仅仅是上上课，现在却是我无法回避的问题了。ZZ 上课时吃面包、喝饮料、玩手机，整箱整箱的零食和饮料带进教室，就靠这些维持生命，很少上食堂吃饭，迟到、旷课、睡懒觉、拒绝做操，高中生能犯的小错误他都犯（大错误他还真没怎么犯过），常规的做法诸如谈话、批评、表扬等都不见效。我实在没有办法了，就只有无招胜有招了。

知道 ZZ 的详细情况是在做他班主任两个月之后，他把一个功率很大的吹风机，带到学生宿舍使用，那家伙看起来像一把 AK-47 步枪，毫无疑问被生活老师没收。我恼羞成怒，一个电话把他父亲从千里之外招来谈话，我知道的真相让我心惊肉跳——两年多以前，ZZ 的母亲因为一场凶杀案被判刑，关在杭州某监狱，父母也因此离异，而 ZZ 的母亲正好是最关心他的人。ZZ 固执地认为是父亲设计陷害了母亲，因为这个根深蒂固的想法，他对任何人和事都充满仇恨，在他看来，恩爱的夫妻竟然可以反目成仇，这世界还有谁是可以信任的呢？ZZ 的父亲——一个做生意的大老板，在我这个小小的班主任面前竟说得潸然泪下。他老爸说：无法跟他进行任何形式的交流与沟通，包括亲戚朋友。ZZ 拒绝与他父亲住在一起，每次放假都是住在外公外婆家，靠电脑游戏和另类的音乐打发时间。听到这里，我感慨之余，一时也不知所措。

难题还在我这里，只是一时还没有找到解决问题的好办法，但此后我看 ZZ 的眼光多了一丝同情，或许还有一些爱莫能助吧。ZZ 还是有一个勉强能说的来的女同学，这个女生是我的铁杆粉丝，正是这个女生——我叫她 H 吧，帮我打开了与 ZZ 进行交流的大门。一次我随口对 H 说，其实 ZZ 的家事很特殊，他肯定很孤独，也很可怜，班上只有你能勉强与他谈话，你就多与他谈谈，多帮助帮助他吧。H 有意无意地把我的话转告给了 ZZ，ZZ 知道了我一直在关注着他，从此 ZZ 看我的眼光也少了些冷漠，多了些许柔情。实质性的转变在 2010 年春节，H 约了几个学生来我家给我拜年，ZZ 知道后，委婉地通过 H 表示要一起来我家，并通过 H 问我：能否接受。我对 H 说：有什么不可以，叫他一起来吧！2010 年的正月初六，ZZ 就与几个同学一起来我家，我也顺便走进了 ZZ 的心里。我给学生们做了丰盛的晚餐，让他们在吃喝谈笑中融洽气氛，给了 ZZ 一个放"心"的场所。后来，ZZ 对我说，2010 年的那一个春节，他感到特别温暖。

此后的日子，有事没事的时候，我就陪 ZZ 在学校的操场上一圈又一圈地走，但绝不谈他家里的事情，虽然这些事情我已经知道了。我相信，只要功夫到了，ZZ 自然会主动讲给我听。我有时故意弄一些小事情请他帮我做，让他觉得他是有用的且有能力对班级作点贡献的，我也不再为一些小错误责备他。以后每次放假的时候，ZZ 都主动到我家。我则陪他聊天，做饭给他吃。他说：老师，我真的很孤独。其实 ZZ 很健谈，谈自己，谈班级，谈老师，谈他自己有多聪明，谈母亲……母亲是他人生最大的安慰,每年寒暑假都要在外公外婆的陪同下,去杭州的监狱看望母亲。但他一直不能原谅他父亲,其实他母亲的事情与他父亲真的无关。

知道了问题的症结后,尤其是我觉得能把握 ZZ 的心理后,我决定主动出击了。一次放假,他前脚上车回家,我后脚就跟了上去,与他父亲约好地点进行家访——先与他父亲谈了事情的前因后果,然后我把 ZZ 叫到他父亲跟前,当他得知我已经在他家附近等他的时候,他不敢相信,或者不愿意相信我在他的家乡富阳。接着,在我的引导下,他与他父亲进行了一次恳切的交流,父亲流泪,儿子也流泪,亲情在燃烧,冰雪在融化。

之后的 ZZ 多了些笑颜,尽管还是孤独着,但他开始学习了,主动把手机交给我保管,迟到等违纪现象明显减少,尽管对父亲的误会还没有完全消除,但在父亲节等节日知道给父亲打电话问候了。一天,我在外应酬,喝了点酒,家务事也有点烦心,到学校后,我找他聊天,他突然转身抱着我,一个拥抱让我百感交集,好心酸!

心态转变了,学习也好起来了,到高三的时候,ZZ 已经进入文科重点班前十名。他说,就为我这一番心血,也要努力学习,报答我。我心里想:报答不报答,报答谁,无关紧要,最重要的是,ZZ 在改变,在成长,在成熟!尽管他仍然孤独着。呵呵——!

半年时间,可以改变一个人的世界;一点关爱,就可救赎一个灵魂。这就是我和 ZZ 的故事!

 案例追问

1.鄢老师,您在这个学生的身上花费了不少的心思,跟"问题学生"打交道,您最深切的感受是什么呢?

随着我国改革开放的不断深入,社会经济飞速发展,学生的心态与社会一样,呈现出多元化、复杂化,加上现在教育体制的诸多弊端,于是"问题青年"、"叛逆学生"越来越多,这是我们一线教育工作者必须面对的问题。但如果能够深入下去,我们就会发现,每一个看似叛逆的面孔下都有一颗孤独的灵魂,他们的叛逆其实是在乞求人们用他们能接受的方式去救赎他们的心灵。作为老师与他们打交道,不要总是用有色眼光打量"叛逆"学生,总认为"叛逆"学生就是"问题"学生。每一个学生个体都是一个鲜活的生命,他们的思想需要碰撞,他们的孤独需要抚平。这既需要教育的技巧,更是对教师职业良心的呼唤。跟"问题学生"交

流,好比登山,最初的旅程很孤独、很痛苦,学生拒绝与你进行任何交流,但一旦打开了学生的心结,就好比登上山峰,你会领略到无穷的美景。所以打开他们的心结最重要。

2. 在跟"问题学生"打交道的过程中,您是怎样把握好时机,在最合适的时机介入学生的心灵的?

人世间,唯有爱是永远不能忘记的,教育就涉及良心和技巧问题。对有叛逆倾向的学生,心理介入的时机很重要,在他们最脆弱的心灵深处找到病症,在他们最孤独的时候,不动声色地予以关注,察言观色,寻找时机。最重要的是,我们必须有一颗关心学生的慈爱之心,这样你总是能找到那个时机的。

3. 在这个学生的转化过程中,您对教师的职业有什么新的理解?

教师教书育人,教师这种职业的伟大完全可以让我们感到自豪。

 读者感悟

走过那段初春的路

张晓爽

 导师简介

张晓爽,中学高级教师,中国化学会会员,宁波万里国际学校化学教研组组长,曾获市(地)级高中化学评优课一等奖,市(地)级"高中学科带头人",宁波市"局级优秀教师"等称号。他担任高中化学教学及班主任工作近30年,善于从长远的眼光来引导学生,教育思想先进,班主任经验丰富,教学方法独特。他有多篇论文在国家级或省级报刊发表。

案例背景

小蒋同学是高一时从黄岩某校转入我班的。他父亲是个成功的商人,家境相当富裕。他从小备受宠爱,常被带出去"见世面",据说四五岁就学会了喝酒。平时下饭馆、去美容厅、穿名牌,十足的"阔少"派头。他父母生意忙将他转来宁波读书,寄宿在学校里,希望他在一个新的环境中洗心革面,重新做人。刚来的小蒋犹如一匹放荡不羁的野马突然被套上笼头一样,怎么也踏不准步子,既适应不了学校的规章制度,又不能安心学习。我担任高一(3)班班主任时,小蒋竟与同年级(2)班的小浦同学谈起了"恋爱",早接晚送,经常约会,成了全年级的焦点人物。

案例过程

我不想对小蒋的行为进行武断的批评,但作为他的老师,放任自流显然有悖于我的职责。我仔细分析了一下小蒋"早恋"的原因:(1)小蒋在家一直深受父母亲的宠爱,众友相随,如众星捧月好不热闹。突然来到了一个陌生的环境,单调枯燥的学习和生活,使他一下子感到很孤独。也许有了女友,就有了固定的倾听者,可以排解心中的苦闷。(2)小蒋从小一直过着优人一等的生活,习惯别人羡

慕的眼光,陶醉于人无我有、与众不同的优越感中,加之这个年龄特别强烈的逆反心理,出现"早恋"也就不足为怪了。(3)小蒋原本就不喜欢学习,一想到学校就头疼。如今,这儿有了个"心上人",似乎学校也变得明亮起来,课堂也似乎不那么让人生厌了。

多年的教育实践告诉我:青春萌发的男女生之间相互吸引,产生爱意属于一种十分自然的现象,但这种情感又极不稳定、极不成熟,如果不加以正确的引导,不仅会对他们的学习生活产生负面影响,甚至有可能在心理上留下深深的伤痕。因此,对小蒋的教育,我觉得必须从人性的基本规律出发,从调整其心态入手,采用综合性的辅导策略,通过倾听、分析、肯定、鼓励、提示,以心换心,求得信任,耐心细致地进行心理疏导,最大限度地避免他的抵触情绪,这样才能取得良好的效果。

在找小蒋正式谈话之前,我做了充分的准备。心理学告诉我们:每个人都渴望得到别人的理解和尊重。老师对学生的关怀,有时即便是一件小事,也可能使学生如沐春风,感到内心的温暖。对于他的学习,我也暂时放低要求,只要他上课认真听讲,懂的题目不必反复做。

这期间,小蒋因一时冲动,与一位同学打架。政教处的郑老师不顾生病的女儿,顾不上吃晚饭,和我一起教育小蒋,并买了水果等营养品,亲自陪他登门道歉。老师的良苦用心终于感动了小蒋,他开始敞开心扉。于是,我决定找他好好谈谈。

记得第一次谈话是10月10日,我先从他打架的事谈起,我说:从某种意义上说,打架也是一种人生经历、一种学习,一个男人如果一辈子没打过架,也许是一种缺憾。关键是打架之后,自己感悟到了些什么。如果一阵冲动过后,你能进行冷静的反思,能使自己走向成熟,那老师要恭喜你。总之,不要消极地面对生活中的波折,而要从中学习做人的道理……我的一席话,大大出乎他的意料,他原以为等待他的是急风暴雨般的批评。他的眉头舒展了许多,静静地听着、思考着……

一星期后,我又和他作了第二次交谈。我问及他最近的"恋情",他坦诚地告诉了我一些交往情况。我听了并不急于给他定性,只是提示他:要学会整理自己的思绪,学会从不同的角度审视这段与异性同学的交往。

大约又过了半个月,关于小蒋的"早恋",我和他作了一次深入的交谈。我首先肯定了那位女同学确实有不少优点,接着我打了一个比方:"我们坐车去目的地,途中发现一处美景,那景色美得使你忍不住想下车细细地观赏一番。然而你必须忍耐,因为那并不是你的目的地。如果你克制不住自己而下了车,等你满足欲望之后重新搭车,那已经不是原来的那班车了。也就是说,你已经为此付出了代价,耽误了你的行程。况且,你耽误的可能不止你一个人。"我进而告诉他:那女同学因为"早恋",学习成绩直线下降。如果你真喜爱对方,那么就应该珍惜对方、爱护对方,多为对方考虑。具体怎么做,老师相信你会处理好的。

另外,我还提醒他:老师不反对你与个别朋友要好,但更希望你融合在集体中。如果交往对象仅限于某一个人或一个小圈子,将会失去与大多数同学、朋友的接触机会,使自己陷入孤立与闭塞。现代青少年应该多交朋友,尤其应该善于结交性格、兴趣迥然不同的朋友,多参加集体活动。只有这样,才能为自己成人之后的社会生活打下基础,才能更加深刻地体会到人与人之间的情谊,才能形成互相帮助、共同进步的良好氛围。

为了让小蒋尽快适应学校的学习生活,真正成为集体的一员,我意识到多给他提供一些展示长处的机会是非常重要的。他年龄比其他同学稍大,身体结实,体育成绩不错,于是我就鼓励他在校运动会上多报几个项目。果然,他在赛场上如鱼得水,勇夺名次,为班级赢得了荣誉。借此机会,我在班上对他作了充分的表扬,并推荐他参加了校篮球队。同时,我把老成持重的班长安排与小蒋同桌,使他耳濡目染,起到潜移默化的作用。小蒋终于感受到了集体的存在、集体的荣耀,他穿起了校服。从不扫地的他,居然也拿起了扫帚,认真地值起勤来。

这期间,我曾多次和他家长取得联系。我从不持"告状"的态度,而是努力让他父母更多地了解孩子在学校的实际情况,共同探讨有效的教育方式,使学校教育与家庭教育更默契,两者形成良好的互动。

小蒋升到高二后,断了与那位女同学的"恋爱"关系。两人之间有一段时间的尴尬,但不久就恢复了正常,都全身心地投入学习中。我欣喜地看到,孩子们学会了抉择,学会了理智地应对情感的波澜。让孩子们在这春暖花开的时节,留下更多美好的记忆吧。

小蒋走过了那段初春的路,愿他以后的每一段路都走稳走好。

 案例追问

1. 张老师,我发现您不仅对中学生的早恋有不同常人的看法,而且能让这段青涩的故事演变成一种美好的记忆,您认识的基点是什么?

进入青春期的中学生,随着生理的发展,性意识开始觉醒,他们充满欣喜与好奇地关注着异性,他们对两性情感充满美好的向往与梦想。此时,老师和父母如果不讲方法,扣留信件,偷看日记,甚至软禁或将事情闹得路人皆知,必然会导致一些悲剧的发生。因此,我们不仅要重视中学生早恋问题,更要学会解决早恋

问题的方法。作为家长和老师,要善于发现早恋的先兆,采取措施解决学生的早恋问题。

2. 张老师,解决中学生的早恋问题应该注意些什么?

一是及时发现,善于引导。一般认为,早恋发现得越早,解决起来就越容易。及时、准确地确定是否有早恋行为是很关键的一步。

二是以案说理,实施引导。早恋常常带来不良后果,其中最直接的便是影响学习,因此早恋不能任其发展,需要实施有效的引导。发现学生早恋,老师、父母如果向学生说的话是"你们必须停止来往",学生肯定接受不了。粗暴的阻止,对学生进行压制,很容易产生矛盾。而只有让学生真正认识到问题的本质,才是解决问题的根本方法。因此,必须实施有效的引导。

三是培养兴趣,转移目标。中学阶段是学生生理发育、心理成长的关键时期,他们精力充沛,思维活跃。作为家长和老师,应该培养孩子们多方面的兴趣爱好,可以根据他们的性格特点,选择适合他们发展的文体艺术项目。

3. 以您的经验,处理中学生的早恋问题应该注意避免什么?

一是避免视早恋为"洪水猛兽"。老师和家长在处理早恋问题上常犯的一个错误就是很难接受孩子早恋的事实。许多家长认为"这简直是胡闹","不可思议的事情","不要脸","把父母的脸丢尽了"。而老师也往往认为会败坏班风和学风。

二是避免简单的封闭和禁止。有实验表明,孩子成长阶段缺乏与异性伙伴的正常交往,恰恰是造成青春期一见钟情的原因。异性之间越感到神秘,就越是好奇。因此,限制与异性交往,不是解决早恋问题的好办法,真正的解决方法,应该通过教育使青少年了解自己身体正在发生的变化,消除其神秘感,倡导男女正常的交往,并且要使青少年懂得,作为有意志、有理性的人,应该如何去控制自己的情感,从而形成建立在自觉基础上的意志力。

 读者感悟

期待:学生心中的一盏明灯

郑纯开

导师简介

郑纯开,男,中共党员,大学本科学历,高中政治高级教师,教导处副主任(主抓德育)和年级主任。从教 20 多年来,他一直主张将课堂还给学生,注重学生自主学习能力的培养,以充分发挥学生在课堂教学中的主体地位,教学风格严谨,思维缜密,所带学科和班级均在高考中取得了良好的成绩,曾被评为校"十佳教师"。"踏实做事,低调做人",是他的人生信条。他正在教育教学实践中,用行动诠释着这一人生信条的深刻内涵……

案例背景

YY,2011 届高三(4)班学生。该生在初中时曾经因厌学而休学一年。初三时,在老师和家长的双重压力下,学习有所进步,最后勉强考入万里高中。进入高中后,YY 原来贪玩而又自由散漫的特性复燃:上课迟到,自习课擅自外出打篮球,作业要么抄袭要么不交,在生活区的表现也惹生活老师生气……性格比较内向,不愿和老师进行交流。但他也有一个优点:人比较聪明,而且一旦信任哪位老师,就愿意听这位老师的话。我记得第一次找他谈心,他只跟我说不想读书,只想玩电脑游戏和打篮球,其他的不愿多谈。对自己的未来发展,他说没想过。于是,从知道要做他的导师起,我就在想怎样和他拉近情感的距离,以尽快走进他的心灵。就这样,我便开始了与他长达三年的师生"恋"……

案例过程

3 年前,当高一年级主任告诉我做高一(4)班 YY 的导师时,我对该同学并没有特别的印象。只是觉得这个学生的学习成绩较差,上课时常走神,听课的效率不高。到其班主任处详细了解后,才发现该同学有一定的厌学症,但特别喜欢打篮球,还和老师说想朝该方向发展。在初二的时候,曾经因厌学而休学一年,对学习明显缺乏应有的热情,学习节奏也明显落后于班级的整体学习步伐。

怎么办？这是我了解了 YY 具体学习情况后想得最多的问题。我知道，对于这样的学生，你和他直接去谈学习是毫无意义的。于是，我想首先应该拉近感情距离，然后才能谈学习的事情。出于这样的考虑，我和他班主任说，先不要告诉 YY 我是他的个性化导师，等到了适当的时候，我自己告诉他。于是，我决定先利用课堂的机会，有意识地多关注他：在每次上课前两分钟，我都提前到班级，走到他的课桌前问问他课前准备得怎样。在上课的时候，我总是用眼神关注他。在提问的时候，我总是挑简单的问题让他回答。由于问题都比较简单，每次他都能较好地回答。我趁此机会对他进行表扬。就这样，一个月之后，我发现他上课的时候比以往认真多了，眼神不再像以前那样不断地游离。课后碰到我的时候，也能很有礼貌地问好。不知不觉中，我和 YY 同学的感情距离拉近了。

在建立了一定师生感情基础之后，我开始和他谈心，先聊他感兴趣的体育运动（特别是篮球）。这样，又进一步拉近了我们之间的距离。然后，我向他提出了明确的学习要求：先克服对学习的厌烦心理，每节课在原有的基础上多认真听课 10 分钟，每天的作业自己会做的必须自己完成。由于要求不是太高，他接受了我的提议。之后，我有时间就去教室后门观察他的学习情况，又到各学科老师处进行了解。一旦发现没有按照规定要求做的，我就找他谈话。同时，又将他在学校的点滴进步及时告诉他的家长，以寻求家校之间的合力。一个学期之后，不管是老师还是家长都看到了他身上的变化：原来厌学的情绪没有了，上课、作业有了明显改观；在家里，他也很少玩电脑游戏，自己会主动安排学习，也愿意和家长交流自己在学校的学习情况……

时间很快，转眼间到了高二，虽然和原来相比，YY 有比较大的进步，但在班里仍然是学困生，要使他真正摆脱现状，实现在学习上的跨越，还有很多具体细致的工作要做。特别是面对一年后的高考，以他现在的情况要考取本科院校几乎是不可能的。怎么办？我找他谈话，问他自己的想法。他说想学美术，艺术专业对文化课的要求相对低些。但又有些担心，毕竟自己没有任何美术的基础，也不知道美术老师会不会同意。于是，我就去找美术老师商量，让他先试学。几天后，我和美术老师交流他的情况。美术老师说他确实没有基础，对绘画的感觉也很一般。但若能按照老师的要求去做，并持之以恒，相信他最后达到省美术联考的分数线还是有可能的。于是，我编了个善意的谎言，说他画感不错，只要坚持，一定是可以通过联考的。就这样，他便定下心来，专心学习美术，但由于基础差，他的进步并不明显。我就让同班美术较好的同学帮他，并多次谈话进行鼓励。他的美术水平艰难地进步着……

3 月初，美术专业考试成绩揭晓，他考了 75 分，高出联考合格分数线 10 分。虽说成绩不是太理想，但也不容易了。于是，我和他谈心进行鼓励，并提出文化

找到那把钥匙 第二章 【问题转化篇】

课的学习要求。根据他原来数学基础较好的特点,决定以数学为突破口,其他各科则以基础知识和基本技能为主,抓好课堂学习,制订好每天自习课的学习计划,并严加督促。经过两个月的努力,"功夫不负有心人",他在高考中正常发挥,考出了总分 406 分的好成绩,高出美术本科录取分数线 74 分,特别是数学更是考出了 125 分,在美术生中独占鳌头。

现在,他已经信心满满踏进了武汉科技大学的校门,祝愿他在大学里努力学习,能发展得更好……

1. 郑老师,您认为转化后进生,教师首先要做的是什么?

情感投入。后进生平时普遍缺少关爱,也不太愿意主动接近老师,相比其他同学,自卑感更强。此时,若老师不主动拉近和他们的距离,他们就可能自暴自弃。但要注意,老师的情感投入必须是真诚的,而不是表面的,甚至是形式上的,若这样的话,他们对老师会更加排斥,再想转化他们就很困难了。

2. 在转化学困生的过程中,您如何看待学生的反复?

后进生的形成是他们长期不良的学习习惯积淀而成的。想在短期内就让他们脱胎换骨地完成转变是不现实的,更不可能是一劳永逸的事情,而是要循序渐进,不急不躁。要允许他们有反复,不要因为他们的反复而否定学生的进步,更不应否定自己工作的成效。

3. 您认为要转化后进生,教师除了情感投入外,最需要做好哪方面工作?

我认为,教师在做好对学生的情感铺垫外,最重要的是绝不放弃。转化后进生是一项艰巨的任务,老师对他们的帮助要有耐心,要善待他们在前进中出现的问题,要相信皮克马利翁效应最终会在他们身上显现的,关键是老师不能动摇信心,更不能因为暂时效果差而放弃,要坚定信心,多想策略。只要老师是真心诚意地为学生着想,他们肯定会乐于接受,并主动走近老师的,这样,完成对他们的转变就指日可待了……

面对飞来的一枚飞镖

王平杰

 案例**背景**

2002年9月，高一新生开学第一天，我正在办公室清理新生刚刚交上来的报名单，陈洁同学就急匆匆地闯进来说："王老师，不好了！韩涛被教育处抓去了！"我一惊，赶忙向教育处奔去。

我推开门，教育处主任的脸涨得通红，而站立一旁的韩涛居然满脸不屑，歪着头斜视主任一眼，那挑衅的眼神仿佛在说：你有什么了不起！你能把我怎样！这是一个个子高大而且浑身都洋溢着过剩精力和倔强傲气的顽童形象。

案例**过程**

原来，刚才教育处主任巡视各班情况时，刚走到高一（1）班门口，就感到眼前寒光一闪，随即"铛"的一声，一枚飞镖从身边飞过，颤巍巍地扎到教室门上方的横梁上！于是，教育处主任就把韩涛"请"到了办公室……

虽然是新生开学第一天，但我对韩涛却已相当熟悉。他初中便在万里初中部就读，早已小有名气：一是因为他智商较高，成绩拔尖；二是因为他相当顽皮，常常违反纪律，有时还桀骜不驯，令人十分头疼。

显然，这是一个十分有个性的学生。而初次见面，他就以这种方式给了我一个十分有个性的"见面礼"。

教学区里甩飞镖，这行为当然十分恶劣，也十分危险，因此我完全理解教育处主任要给处分的决定；但是，从长远的教育看，处分不但太简单化，而且会给韩涛今后的成长道路设下障碍，也会给我今后的教育蒙上阴影。当然不能因为韩涛成绩拔尖，我们就迁就他；但是，对于有个性的学生，我们应该采用符合他个性的方式来教育、引导。

基于这个思考，我建议教育处暂缓处分，"冷处理"一段时间再说。

一番十分勉强的谈心，他十分勉强地承认了自己的不对，然后又十分勉强地到教育处认了错,此事就暂且了结了。

我当然知道这一连串的"十分勉强"并没有使教育深入其内心,但他毕竟低下倔强的头认错了,这对他来说是相当不容易的。更何况,我对他的教育才刚刚开始呢!

开学不久,我就明显感到,他并不因我为他解脱了处分而对我有丝毫的好感,相反,他几乎处处与我作对,仿佛我早就和他结下了不解之仇。

在第一次班会课上,我和学生们一起制定《班规》。我建议,为了保证大家的身体健康,以后晚自习第二节课间,我班集体在操场跑两圈(800米)。学生们都表示赞成。可这时,韩涛居然叫了起来:"不跑!就不跑!反正我不跑!"

同学们都惊愕地把眼光投向他,我则尽量耐着性子问道:"韩涛同学有什么不同意见吗?"

"我不想跑!"仍然是硬邦邦的吼叫。

我有点火了,但仍然没有发怒:"那,总要说个理由嘛!"

"没有理由,就是不想跑!"

我终于勃然大怒:"是这个集体的人,就得服从集体的决定!"

他瞪了我一眼,还想说什么,但终于没有说,只是在鼻子里重重地"哼"了一声……

第二天下午,班里正式开始集体长跑,一清人数,只差韩涛!

这是公然向集体挑衅!我当然把韩涛找来狠狠批评了一顿,但他强词夺理:"长跑不就是为了健康吗?我身体本来就健康,没必要长跑!"

我只好说:"那好,明天请你家长来一趟,如果你家长说韩涛可以不遵守集体的意志,我以后一切都随你的便!"

他一听"请家长",立刻软了下来:"那就算了嘛!跑就跑嘛!"他大概觉得顶撞我确实让我生气了,便又笑嘻嘻地对我说:"我对您说话不够礼貌,望您多包涵。大人不记小人过嘛!嘻嘻!"

我当然知道,"请家长"是教育者最无奈也最无能的表现。但对韩涛,我确实有些束手无策了!

有一次,我谈到社会风气不好时,教育学生们应该具有一种正气,并说现在患"软骨病"的男人太多,因而真正的男子汉太少了。当时学生们都听得很认真,连韩涛也很专注地凝视着我。

第二天早晨,韩涛一跨进教室,便递给我一本《读者》:"王老师,您给同学们读读这篇文章吧!"我一看标题:《正义呼唤男子汉!》我心里一热:看来昨天我的一番讲话真正打动了韩涛的心灵!

于是,我在班上读了这篇充满正气的文章,并特意说明这是韩涛推荐的。

从这件事上,我窥见了韩涛心灵深处正直的萌芽:他愿意成长为一名真正的男子汉。不过,从他的表现来看,他对男子汉的理解可能太肤浅也太片面了,以为粗鲁、不受约束、敢于顶撞就是"男子汉"。

遗憾的是,韩涛这样的思想火花,太少了。

更多的时候,是韩涛和我,也和班集体碰撞:几乎天天迟到;除数理化课程之外,其他课差不多都打瞌睡;也有上课不睡觉的时候,那多半是在和其他学生谈笑甚至打闹……

他特别爱发出一些"奇谈怪论",而且常常和我顶撞,因此,班上同学都称他为"持不同政见者"。

说实话,有时他与我强词夺理时,我真想踹他一脚!

但是,静下心来一想,他又和一般的"捣蛋大王"不同。首先,他对数理化,特别是对物理学习有着浓厚的兴趣,也就是说,他有着较强的求知欲(虽然他相当偏科);其次,虽然常常与集体作对,其实他也有一定的集体荣誉感,比如在运动会上他主动报名参赛,而且取得了较好成绩;第三,他心胸很宽阔,不管我怎样批评他,他从不往心上记;第四,他讲义气,而且这种义气有时甚至表现为正气,比如有一次他看见一个初一同学被初三学生欺负,他走过去就教训了那个初三学生。

显然,他是具备成为品学兼优学生的良好潜质的。问题在于,他不愿受任何纪律约束(所以常常无视班规校纪),一切都凭自己的兴趣(所以只愿意在自己感兴趣的学科上下功夫)。

他的独特性正在这里:既不是痞子似的"差生"(因为他学习成绩不错,而且毕竟还有一定正义感),也不是一般意义上的"优生"(因为他行为习惯实在太令人头疼)。如果引导得好,他将出类拔萃;如果顺其自然,他将很难成才,甚至对社会起负作用。既要适应其个性,又要让他懂得遵循必要的规章制度;既要鼓励他在某些学科上拔尖,又要引导他全面发展——这对我来说,真不是一件容易的事,但个性化教育的意义以及乐趣也正在于此!

其实,反思我的教育,也不是没有教训和失误的。其中,最大的教训就是,整整一年,我和韩涛还没有建立起像我和陈洁那种彼此信任的感情;其次,我对他批评责备过多,这也使他和我存有抵触情绪;另外,对他的学科成绩我仍然是一刀切的要求全优,这显然不太符合他的实际。

进入高二后,我决定改进方法,真正地在韩涛身上体现出教育的个性!

开学后,我从分析他的学习成绩入手,找他谈了一次心。按他的智力和学习基础,本来应该在班上获得第一名的,但获得上期第一名却是班上一个叫张若苣的女同学。"你的主要问题,一是学习不够刻苦,二是偏科。"我对他说。

一贯自负的他,居然败在他多少有些瞧不起的女同学手下,他也感到不好意思。在这次谈心过程中,他表达了一种强烈的愿望:一定要在学习成绩上来个飞跃!

"那么,你首先要端正自己的学习态度,首先是遵守课堂纪律。你看人家张若莅是怎样学习的?"我又有意拿张若莅来刺激他。

"还有,不能偏科。"我又说。

听了这话,他表示为难:"我对语文等学科不感兴趣,因此以前没学好。现在要让我一下子突破,恐怕有困难。再说,我对物理实在太感兴趣了,忍不住就要把精力往物理上倾斜。"

"这样吧!"我说,"数理化和外语,你必须达到门门优秀,考试成绩必须达到85分以上,物理应该达到90分以上。语文我只要求你不低于75分;政治、地理等其他学科,你不应该低于70分。这样,既有重点,又比较全面。怎么样?"

"太好了!"他高兴地说。

"但是,还有一条,凡有数理化竞赛你都必须给我拿奖!"

"没问题!"他信心十足。

我又说:"我知道你爱好田径,爱打篮球,这很好,我支持你!如果愿意的话,我给体育老师说说,让你参加训练。但是,不能因此而影响学习!"

他喜出望外:"谢谢王老师!"

现在想来,我之所以能够同他进行坦率甚至有些尖锐的谈心,前提是他已经和我有了比较深厚的感情基础,不然,高一时我和他要进行这样的谈话,是不可设想的!这再一次证明:师生间的感情,是教育成功的第一块基石。

由于我在学生中拥有较高的威望,所以高一时韩涛的违纪以及经常与我顶撞,便使他在同学们心目中的形象受损。因此,在我看来,要使韩涛"重塑形象",除了提醒他努力战胜自身弱点外,我还应该细心发现他的可贵之处并在班上及时公开表扬他。

春游远足的路上,韩涛的男子汉血性再一次赢得了同学们的尊敬。

那天中午,吃过午饭,远足暂停休息期间。正当我在和几个学生玩扑克的时候,听见有人争吵,好像是韩涛的声音:"老子和你们拼了!"

旁边的同学对我说:"刚才有几个喝醉了酒的地痞过来闹事,当时韩涛和他们讲理,那伙人就打韩涛,韩涛便和他们搏斗起来……"

我问:"那伙人呢?"

"刚刚走,可韩涛还想追上去教训他们……"

我及时制止了韩涛,而韩涛脸上有被打过的伤痕!

春游回来后,在同学们上交的远足见闻时,不少同学在文中赞扬韩涛的"见义勇为"。我把这些"赞扬"一一给他看,他居然还在叹惜:"唉!要不是王老师您制止我,我非追上去捶那几个小混混不可!"

韩涛的学习成绩也比过去大有进步,在一次半期考试中,他终于超过了张若苡。而且,他分别参加几次省市级的物理、数学和化学竞赛,均取得很好的名次。

在高二下学期,他在纪律、学习和行为习惯方面的进步更加稳定了。也可以说,作为男子汉,他更加成熟了!

高二学年结束前,班委换届选举。这次,韩涛勇敢地走向讲台:"我愿意在高三这个学习最紧张的学年担任班长,为同学们服务。恳请每一位同学都投我一票!"

结果,韩涛如愿当上班长。

进入高三,韩涛对我提的第一个要求是:"把我安排跟张若苡坐在一起吧!我想好好跟她学习学习。"我虽没有同意他的要求,但表扬了他的上进心。要知道,过去一贯对谁都瞧不起的他,现在竟然主动愿意拜一个女同学为师,真还是一个了不起的进步呢!

一开学,韩涛就进入了班长角色。他的倔强和桀骜,过去常常成为他违纪的性格原因;而现在却成了他作为一个班长的独有风格或者说特殊气质——谁要是违反了纪律,韩涛那魁梧的身躯和咄咄逼人的气势便让违纪者心虚了三分!

也正是靠着这种"铁腕",在我一次外出参加高三复习研讨会的几天里,韩涛在班上全权担负起班主任的工作,而且把班上各方面管理得井然有序。

韩涛当然不仅仅有"铁腕",更多的时候是一颗热爱集体、关心同学的善良之心。他经常在班上组织开展学习经验交流活动,把自己的学习方法和一些有用的学习资料介绍给同学们;他还常常耐心地辅导帮助一些学习成绩暂时不理想的同学;一位同学病了,他主动帮他抄课堂笔记;在一次体育课中,一位同学身体不适,韩涛一弯腰便背起了那位以肥胖著称的同学……

高三毕业前夕,学校给了我班一个市级三好学生名额和一个区级三好学生名额。按招生规定,市级三好学生将享受高考加分的待遇,而区级三好学生则没有这个"优惠"。

投票选举结果,韩涛得票最多,名列第一。

然而,放学后,韩涛便找到我,提出把市级三好学生的名额让给那位名列第二位的同学。他真诚地说:"他一贯表现比我好,同学们都叫他'人民的勤务员',而我不过是高三当班长才做了一些我本来就应该做的事。另外,我的学习成绩比他好一些,不需要任何加分,我想我凭实力是有把握考上重点大学的,让他享受加分待遇,这样他上重点大学更保险一些!"

当时,很难用什么语言表达我对韩涛的敬意!

2005 年，韩涛以 654 分优异的成绩被浙江大学录取，可以说这是他高中生活的完美句号；而在我心中，韩涛主动把市级三好学生的荣誉让给其他同学，这才是他高中生活也是我对他三年教育的辉煌叹号！

 案例 追问

1. 韩涛从顽童到尖子生的渐变，王老师能否和我们分享一下感想?

谈不上分享，只能说相互交流吧！

学生是身心协同发展中的人，由于个体的差异性，学生心理的发展是不平衡的。我们教师首先必须承认学生间存在着差异，但是承认差异并不是放任自流；教育必须尊重并善待差异，不能从心理上排斥差异，更不能在行为上拒绝差异。

学生身心的发展过程是从自然人向社会人发展的过程，因此在学生身上存在这样或那样的问题是正常的现象。教师对学生一方面不能求全责备，另一方面要用发展的眼光看待学生成长过程中出现的种种问题，对学生充满期待与希望。教师的角色决定了对学生应该采用宽容的态度，宽容是一种理解，是一种期待，宽容体现的是非权势的教育思想。对学生犯的错误要就事论事，要避免用概念化的定义评价学生，如：差学生、不听话的学生、顽皮捣蛋的学生等；不能因为学生犯了这样或那样的错误，就排斥他，就冷落他，因为行为习惯差或学业基础弱的学生，其内心深处也有向上的东西，也有闪光的优点。

对于学生身上存在的不足，我们要有打"持久战"的心理准备，不要指望几次谈话，几次活动就能够从根本上解决学生身上存在的问题，因为青少年学生的心理不成熟性决定了他们还可能会产生这样或那样的反复。所以，我们既需要足够的教育智慧，还需要更多的教育耐心，因为期待是需要信心与耐心的。教育必须拒绝急躁情绪，教育必须克服急功近利，教育必须以热情、信任与不倦唤起良知。

2. 在个性化教育中，我们如何理性地看待学生的"个性"?

事实上，学生身上的某些缺点并不是一定是真正的缺点，这些缺点的背后其实是张扬的个性，是成长过程中表现出的不成熟。我们所采用的一切教育的方法都必须以充分尊重学生的人格为基本前提，必须以激励、赏识为基本方法，必须以严格与宽容相结合为基本策略。当我们的教育化作雨露洒遍学生的心灵深处时，教育就会真正地产生巨大的力量。

我们教育工作者需要理性地看待学生身上存在的种种不足，还需要用智慧

的眼光发现他们身上客观存在的"亮点",对于学生身上的"亮点",我们应该真诚地、积极地和及时地给予激励与赏识。激励与赏识是一种教育智慧,更是一种优质教育力。我们需要用欣赏的眼光看待学生的优点,更需要用期待的眼光看待学生的缺点。

3. 教育是一门艺术,而这门艺术更离不开个性化教育,能否这样理解?

可以这样理解。教育是一门艺术,不可能程序化,因为教育面对的是一个个具有鲜明个性、心理特征迥异的个体。因此,教育应该是具有个性化特征的活动。针对性的教育活动往往是综合性的。教育方法不能简单化、生硬化,需要晓之以理,动之以情。教育需要我们对学生的理解与宽容,实践证明,如果我们从理解学生出发,了解学生的内心世界,宽容学生的缺点或不足,这样,教育往往会产生比较好的效果,反之,效果可能就会适得其反。

 读者**感悟**

当母爱缺失时

侯 莉

 **导师简介**

  侯莉,女,万里国际学校英语教研组副组长,首届英语创新班班主任。在教学中,她作为英语学科老师,课堂严谨但不失活跃。在教育中,她作为班主任老师,教会学生自我管理。在生活中,她作为学生的朋友,亲和力强,善与与学生沟通,帮助他们解决生活中的一些困惑。在个性化教育中,她作为导师,能聆听孩子们的心声,善解人意,给学生以亲近感,深受学生喜欢。

案例背景

  开学初始,学校又安排我当班主任。开学前一天,班上有个学生小成(化名),当时因为他随便插嘴,我批评了他几句,他当时就和我顶嘴。不是那种恶意的顶嘴,而是出于正面为自己辩解。当时我想,一个高一的学生才进校,胆子竟然这么大,当着全班学生的面和老师顶撞,我当时很生气。但我没有和他发生正面冲突。因为我对他不是太了解,如果当时和他发生冲突的话,万一这孩子脾气比较犟,于己于他都不是太好。所以当时我就叫他放学后到我办公室聊一聊。

案例过程

  我首先问他父亲在哪工作,问到母亲时,他眼睛里流露出了一种莫名的伤痛。当我另转话题时,他开口了。他说他是一个单亲家庭的孩子,从小就未见过他的妈妈,从小就缺少母爱,他和他的爸爸生活在一起。可能就是由于家庭不完整引起的自卑心理,导致他心灵世界荒漠化,才让他有了这样一种性格。这样一个孩子,从小根本没见过母亲的面,因为他当时才几个月,根本不记事,更不会知道母亲长什么样。十几年了,同龄的孩子都在母爱中快乐地成长着,而他从小就失去了母爱。还有什么比这更让人悲痛欲绝的呢? 了解以上这些情况后,我感觉到他需要我给他一份特殊的关爱,对于他做的那件事情,我再也气不起来了!

在以后的相处中,我就特别留心这个学生。过了不久,他又相继地出现了一些有违中学生日常行为规范的事情。9月4日下午第二节课上看小说,被校长巡视时发现;9月8号放学后,他的同学被别人欺负,他替同学出头,打了另一个同学;10月21日早上被值日的白主任发现有抄作业现象;10月28日英语课课练又没能完成等。才一两个月的时间,他犯的错误就不少了。针对这类学生,我们不能一味地去责骂他们,这样的教育方法是于事无补的,说不定教育不好还会适得其反,让他们形成逆反心理,以后的教育就更没法开展了。

通过分析,我认为对该类学生教育困难的原因有如下几方面:①家庭因素。母爱的缺乏对学生正常心理发育有不良影响,进而影响到孩子对世界的认知。②心理因素。学习动机缺乏,对自身没有高的目标要求,影响了孩子对知识的追求。③环境因素。不少单亲家庭没能给孩子创造良好的学习环境,他们从小就没有人好好教育,继而便使他们丧失学习兴趣,继而引起教育困难。

我觉得改变这类孩子的最根本的办法就是善待他们,关注他们,学会换位思考,多站在孩子的位置上为他们设想,引导他们"回归"。

首先,真情投入,营造温馨和谐的"家庭"

平时,我经常留心他,利用空闲时间找他谈心。我告诉他,母亲的离去不是他的错,现在的他应该好好学习,不让父亲操心,用自己的实力,让父亲晚年能享清福。平时作业上有什么不明白的或是做错的,我都会帮他讲解,直到他懂为止。用自己的真情,让他感受到老师的爱;用情感关怀的态度、亲切温和的语气、尊重理解的氛围,让他感受到老师和同学们都是自己的知心朋友,是最可信赖的人。只有这样,我们的情感才能得到交流,他也容易接受教育和指引。

其次,采用鼓励机制,增强他的自信心

开学第一天,我对班上的学生不了解,选班委时,我就让学生们自己毛遂自荐。当我说到副班长时,小成便自告奋勇地举手了。一个人生来不是什么都会的,能力是靠后天锻炼的。为了不挫伤他的锐气,鼓励他认真学习,我当时就同意了。通过后来的考察,发现他能力还是比较强的,最重要的是非常有集体荣誉感。只要班上发生什么事,他都会主动来跟老师讲。慢慢地,他成了我的得力助手。实践证明,我当时的做法是对的。每一个成长的孩子都渴望被父母肯定、被老师肯定、被社会肯定。只要能针对孩子的优点去夸他、肯定他,他必然会变得更好。通过我们之间的交流我深深地认识到,长期生活在"单亲家庭"的孩子,往往带有很强的自卑感,与此同时,他们的自尊也极其脆弱,他们往往被周围孩子的小群体冷落,幼小的心灵对周围的一切充满怀疑和抵触。我们都知道情感教育要从培养"同理心"开始。具备"同理心"的人,能够在认知自我情绪的基础上,体会他人的情绪,并进而将自我情绪传达给他人。通俗地讲,就是能够将心比心,设身处地为别人着想。对于这样的学生,我们应该多激励他们,鼓励他们,不能打消他们的积极性,应该让他们树立自信,快乐成长。

最后,善于捕捉他身上的闪光点

通过细心观察,我发现他身上有很多优点。在一次班会课上,我建议以后班会课同学们多参与,有建议都可以说出来。班上一时鸦雀无声,这时,他大步走到讲台前,向大家提出了一个好的建议:近期咱班有几个同学感冒了,建议谁最后一个离开教室都要主动开窗通风,课间操下去时及时把垃圾带下去!

当时我坐在下面,感觉只知道刚开始他确实犯了不少错,还不知道他还有这么多优点:大方、有思想、有主见。我深信通过老师的正确教育与引导,他定能成功。事后,我对他在班会课上的表现大加表扬,并鼓励他改掉以前一些不良习惯,重新做起,经过不懈努力,相信他一定会成功。

 案例追问

1. "母爱缺失师爱补",这是否意味着侯老师进入了慈母般的师爱境界?

也可以这样理解!对待缺少母爱的单亲家庭学生,他们身上或多或少有些小毛病、小问题,班主任要对学生勤于观察,发现学生身上所存在的问题,从而对学生进行及时的、必要的、有效的批评教育和指导,帮助学生排忧解难。

对缺少母爱学生的教育要付出更多的心血,只要班主任拿出真诚的爱心,把学生当作自己孩子对待,就会发现,他们也有许多可爱之处,也有许多闪光点,不失时机地进行教育指导,就能促使他们不断进步。从某种意义上说,学习成绩差、纪律涣散的学生更需要爱,这是因为他们的表现使他们在家里家外都缺少爱。对学生爱的体现,不能因为他们"差"的地方而厌烦和嫌弃他们,而是要对他们的缺点、错误做深入细致的分析,做耐心真诚的转化工作。

2. 听说您创造了一套"优点放大法"来教育学生,能谈谈归因分析吗?

可以!刚开始时,我对他倾注了许多,但他还是一味地犯错。我开始动摇了。难道我的这种爱的教育在他身上没有效果吗?因此,他一犯错,我就责骂他,因为我对他失去了信心。但我发现,我越批评他,他越逆反,有时甚至上课不听。后来我还是改变了策略,悉心教导他,不停地发现他的闪光点,我经常在上课的时候当着全班同学的面表扬他,主动给他在全班发言的机会。实践证明,老师应该更多地发现学生的闪光点,甚至可以做适当的夸大,我美其名曰"优点放

大法",而不是更多地在集体面前批评他们的缺点和错误,否则只会造成一个恶性的循环,越自卑越逆反,越逆反越爱犯错误,越犯错误越受到批评,越受到批评越自卑。

3. 请您用简短的语言概括一下学生转变最根本的原因。

在短短两个月的时间里,这个孩子树立了较强的自信心,也受到了其他同学的尊敬,变得有自信了,由于有比其他孩子更强的自尊心,所以他更懂得珍惜这种进步!

 读者感悟

你坚持教育了吗？

陈定宓

 导师简介

陈定宓，男，现年 49 岁。1985 年毕业于渤海大学物理系（本科），中学高级教师，他多次被评为优秀班主任。教育格言：小事做好再谈大事！教育理念：成功总从普通开始，说多不如做多。

案例背景

我想说说我带的学生小 S。这孩子我带的时间可不短了，算起来应该有一年半了，是从高一下学期分班开始的。他比较单纯，话不太多，有上进心，学习说得过去，是从普通班考入创新班的学生，成绩在创新班确实是很靠后的；毛病有一些，玩心挺重，在以往的很长一段时间里喜欢打电子游戏，得空就玩《三国杀》纸牌什么的，同时也有点小脾气！还好大毛病倒是没有！既然挂了导师头衔，也不能一点事不做，虽然有点样子货，但还是迫于形势的需要，跟孩子有过交流，不过效果不够明显。

由此可见，对学生的教育是一个反复长期的过程，是一个展现毅力和耐心的过程。而且不能有过高的期望，如果取得的只是点滴进步，但只要能持久稳定，你就应该知足了！这就是我的一点感触。

案例过程

如果说真正有点效果，还得先谈学习。这要从高一第二学期期末考试结束的那天开始说起。那天，最后一场的考试铃声刚落，我就气哼哼地把他从教室抓了出来，劈头盖脸臭骂了一通，原因是考前复习特意打过招呼："你物理不怎么样，多花些时间好好复习，别给导师丢人。"可结果是不但没好反倒弄了个班倒一，也太对不起我了！你说我能不来气？骂完了，看了看，孩子满脸通红，头低低

的、眼窝湿湿的,我突然意识到自己是不是有点过了,不就是你那科没考好吗?人家你那科本来就差,又不是什么坏孩子,以后好好弄不就完了!唉!骂也骂了,气也消了,还得解决问题,于是我又平心静气地帮他分析方方面面的得失,并与他达成了一个切实可行的约定!并在一进入高二的时候,我定时地落实与他之间的约定。

还好,到了高二第一学期期中考试,不仅物理有明显进步,且总成绩上升了40多名!效果有了,是不是与我有直接关系,不清楚!反正自觉没白忙活!大功告成,这就行了呗!没想到好景不长,就在我觉得不用总盯那么紧之后,期末到了,结果是不但期中的成绩没有保住,反倒比高一第二学期期末还差,总成绩倒一,物理倒一不说,还跟倒二差了近20分,此时我才意识到对他的关注还不够。既要眼光放长,又要标本兼治。正巧期末他父亲来了一下,他父亲人很好,于是就当着父亲和孩子的面,一起把孩子的情况细细地分析了一下。这次没好意思发火,觉得没啥必要,最后的落脚点就是,"成绩起伏大表明潜力还有,期末差说明这段时间过于放松,要再上来只要努力就有希望,后面怎样全看态度,现在确定目标,如若没有达到,别的我都暂且不提,别说以后我不给你老爸面子,可能会有让你老爸很难堪的时候!况且你跟我打交道的时间还长,能做到的事情你做不到,你后面的日子还能好过吗?"火是没发,但开始要挟了!管他有用没用,先摊牌了再说!

结果是孩子毕竟还行,能听进老师的话,第二学期期中考得很好,总分和物理成绩均达到了高中以来的最高水平——班级中上,又一次进步了50多名(跟高二第一学期期末比),不仅如此,第二学期期中过了一段时间后,物理又进行了单元测试,他居然拿了个班级第一,我真没想到,虽然有点偶然,但以前确实没有过,我想进步的原因应该很多,可自己是不是也起了点作用呢?

再谈规范。记得是高二第一学期开始的事,前面提到他爱玩《三国杀》纸牌游戏,按道理,教学区、生活区都不允许,他也知道。教学区是纪律严明之地,他不是一个胡来的孩子,原则性错误不会犯;可生活区就不同了,好像能模糊一下,于是一次在生活区晚熄灯前他和几个孩子玩牌,被我撞见了。我也没说什么,因为也不是什么大问题嘛,但没收是自然的。过了几天后,碰上接送回家,他来向我要,说是带回家不再玩了,我还是没多说什么,只叮嘱了几句让他拿回去了。

没想到又过了一段时间后,生活老师打来电话说《三国杀》纸牌被他收了,而且孩子还对他出言不逊,气得他没办法只好给我打电话,并让别的学生把牌带给了我。我一听火了,因为一想就知道孩子骗了我,那副牌根本就没带回家——撒谎,犯了错还无理取闹——罪上加罪,有了上次"牌"的铺垫,就有了酣畅淋漓教育的筹码,这次我是既把他损得无地自容又对他进行了一次推心置腹的成人教育:"诚信"——你骗了我一次,不会有第二次吧?"客观"——错了!你还强词夺理、胡搅蛮缠,有没有点品位和素质?"尊重"——生活老师也是老师,而且还是一个不错的老师,你已经错了还不知道尊重,将来遇事时还能指望你尊重谁?"灵活"——想办的事,只要不违反原则,是可以办的,但要注意方式和方法,要讲究规则!训斥后,我又扔给他一句话:"此事已给班级造成极坏影响,你是不是想办法补救一下?"他当时没明确表示什么,只是小声嘀咕了一句:"嗯,我知道了!"

过了一天,生活老师遇到我说:"孩子很诚恳地跟我道了歉!"再之后,又到了接送日,我还是把牌还给了他,我说:"该怎么做你知道的!"他说:"嗯!"反正从那以后,类似之事没再发生。既然喜欢纸牌游戏,那么学习机中的游戏还能被冷落吗?不可能!游戏相通嘛!他也不例外。开头我也提了一下,有很长一段时间,他拿着学习机玩得不亦乐乎,课间玩、午休玩,自习课忍不住偶尔也玩,学习机被我收过,也被值周老师收过,不过还好,经过收与被收的反复碰撞,最后还是以他的有效保证而告一段落,碰撞的核心仍是"守信"、"集体"和"高三"等常见话题,但语气、方式和切入点在反复中都是有变化和更新的,以免俗套、麻木而失去活力!

这样来回几次后到底有没有效果呢?与"游戏牌"的情况差不多,反正近阶段也没再见过!看来转变还是有的,但原因是什么?能不能持久?有待进一步分析观察,想必我还是起了点作用吧。

 案例追问

1. 陈老师,看您的教育故事觉得非常有趣,是不是你平时的教育也是这种冷幽默?

我就是这种风格,喜欢实话实说,不过时间长了,大家还是挺接受我的,师生之间的关系一直比较融洽。

2. 您认为导师的付出一定会得到回报吗?

我从不这么认为,教育之功,在于锲而不舍。必须反复抓,抓反复!俗话说:青山易改,禀性难移!塑造学生的灵魂不是一件容易的事情,否则教师怎么叫做人类灵魂的工程师呢?对导师的作用不可期望过高,更不能急功近利,要有长远打算,不能奢望立竿见影。

3. 导师的工作还要注意哪些问题?

我觉得不同的孩子,教育的标准肯定不同,不能一刀切!

一是对导师的作用不可期望过高。俗话说：青山易改，禀性难移！

二是不能急功近利，要有长远打算，不能奢望立竿见影。

三是也要讲师生投缘，互相欣赏，不能总是剃头担子一头热！还要力争学生和导师之间形成"先要"而"后给"的关系。

四是如果导师没有担任班主任，想要对个性化学生起作用确实很难；要起点辅助作用，就必须多下功夫！

 读者感悟

第二章【问题转化篇】

找到那把钥匙

爱，只是一次机会

刘拥军

 导师简介

刘拥军，男，中共党员，中学思想政治教师。他从教 16 年，做班主任也进入了第 15 个年头，先后曾被评为市"百佳教师"、"市高考备考先进个人"、"市优秀班主任"。论文《学校德育的基本点》曾获省级教科研成果二等奖。他 2002 年进入宁波万里国际学校任教，四度被评为优秀班主任，并获学校首届"五四青年标兵"称号。

案例背景

真正认识宇是在我为邻班代课的那段日子。宇是这个学期初挂着"问题学生"的处分转入我校的。据说为了进这所学校，家长也颇费了一番周折。而注意到他，却是因为那双深邃而略带忧郁的眼睛。

案例过程

当我第二次进入这个班级准备上课的时候，宇正将自己的椅子搬到前面靠讲台的一个空位子上。我略带微笑地向他望了望，他却很局促地坐下去，摆弄手中的钢笔。

我一向不习惯于采用"问题导入"式的教学模式，但这次我还是提了一个并不算难的问题，一部分同学声音或大或小地说出了基本正确的答案。

"这位同学，请你来回答这个问题！"我向宇示意。宇似乎是为了证明自己确实不是在复述别人的答案，回答之后，还分析了为什么这样回答的原因。我很满意地向他点点了头。

这节课气氛依然活跃。不知道是该归功于"情境的创设"，还是缘于学生对"新"教师"新鲜感"的延续。走出教室时，宇紧跟在我身后，欲言又止。"你还有

问题吗?"我笑着问他。

"没,没有。"说完便红着脸不再说话,背着双手靠在走廊的窗台上。"你叫什么名字?"

"宇。"他抬起头看着我。"你原来在哪个学校?""三中。"他回答时声音很低,也有些犹像。上课铃声刚好响起。"老师,我走了。"他倒退着走了几步,然后转身飞快地跑进了教室。

宇?三中?难道这就是刚插班进来的"问题学生"?可刚才站在我面前的宇很难让我把他和这四个字联系到一起。我突然记起了,宇可能便是上任秦校长暑假里所提及的。看来,宇并没有像老校长所担心的那样需要我"照顾照顾"!

原来计划只代一周的课,但由于同事老家的事情没有处理完,还要推迟一个星期。其实,我也想再有机会"照顾"一次宇,以完成老校长的委托。但我有些失望,或者说有种失落——宇的座位空着。

课后,宇的"死党"磊悄悄告诉我:"宇请假去医院了,但他没去医院,而是去网吧打游戏,已经好几次了。"我突然感觉心里莫名的一沉。如果老师发现自己最得意的学生在考试中作弊,应该也是同样的感觉吧。看来,宇可能是有"问题",而且"问题"还比较严重。"班主任不知道这事儿吗?""她?都是她的事儿!"一提到班主任,磊似乎很气愤。"宇不知道这节课还是你来上,不然他肯定不会出去的。"磊又补充说。

放学后,我故意和宇的班主任王老师走在一起。闲聊中,我有意提及宇。

"他?当初我就不同意接手,现在好了,上课打瞌睡,考试作弊,还逃课跑出去进网吧,他再这样下去,就真的没救了!"我很少听到这个干练的女人发出如此的牢骚。"跟他父母谈过吗?""他爸爸已经来过几次了,但他根本不听他爸的。他不仅是成绩很差,更重要的是不良的行为习惯和畸形的逆反心理。我已经和学校说过了,这个学生真的是不能再留了,不然早晚会出事!"

望着她渐渐远去的背影,我突然感觉有些茫然。一般情况下,考试结束后的星期天是学生打电话给老师最多的日子。这次仍不例外。

"喂,你好,我是刘老师,你有什么需要帮忙的吗?"

许久,电话那端都只有似乎紧张的呼吸声断断续续地传过来。

"老师,我,我……"

"你是宇!"我脱口而出。

"老师,你还记得我!"宇的语气一下子激动起来。

"当然!上次磊还说你去医院了呢,现在没事吧?"

"老师,我想,我想求你一件事儿!"他并没有回答我的问题。

"谈不上求,不妨说来听听,如果我能做到,我会尽力帮忙!"

"我……"只吐出一个字,便是沉默。

"班主任不想要我了,要么让我转班,要么让我退学。"他似乎有些气愤,但语气并没有太多的敌意。

"你自己知道不知道为什么呢?"班主任那天说的话看来真的"应验"了。

"还不是怕我拉班级后腿!从来的那天起她就一直没给过我好的脸色。我也知道我以前表现不好,但我改了好多了,如果不是考试前她'指桑骂槐',我也不会跑出去。转过来之后,我就一直告诉自己要静下心来学习,虽然有些时候我是听不进课,但我也逼着自己坐在教室里。总得给我点时间啊,可她现在……"

我没有插话。他断断续续讲了近十分钟。从他的语气变化中,我已经感觉到大滴大滴的眼泪正从他脸上流下。

"你自己有什么样的打算?"我缓缓地问。

"老师,你能要我吗?"

"我?"他突然冒出来的这句话,让我有些措手不及。宇也一定听出了我语气中带有的惊诧。

"老师,你给我一次机会吧,我向你保证,我一定听你话!"宇近乎哀求。

看来问题有些复杂化了。

"这,这得看学校的决定。"我忽然感觉自己反倒紧张起来了。

"我爸爸上午去过学校了,如果没有一个班愿意要我,就只能劝退。我实在是不想再转来转去的了,老师!"这是一次机会——对宇来说。这一瞬间,我只想到这一点。

"我会和学校商量的,但我不敢保证就一定能行,好吗?"

"老师,我一定会改好的,如果我再不改,我就,我就对不起你了!"

如果是在对面,我会看到宇忧郁的眼神变得快活起来——他捕捉到了他想要的信息,即使只是一点希望。

"宇,记住,不是对不起我,而是对不起你自己,明白吗?"

三天之后,宇成了我班级的一员。在"加盟仪式"上,宇收到一张我亲手制作的卡片。

后来,有同事半开玩笑地对我说:"老刘,你班干脆改成收容所算了!"

我一笑了之。的确,年级公认的几个"差生"到文理分班时,都已经先后转到了我的班级。这个最后"分"出来的班级反倒成了人数最多的一个集体。但令我欣慰的是,他们都在慢慢地发生质的变化——包括宇。虽然在成绩上,宇的名次仍然要从后面数起,但他没有再缺过一次课,即使那次生病,在校医室挂完吊针后,又赶回到教室。

两年后,宇留学澳大利亚。那时,他已经是班级的生活委员了。宇走后的第三天,托磊转交一本厚厚的日记本给我,首页夹着我送给他的那张纪念卡。日记里记载着两年来发生在我们之间点点滴滴的故事。

最后一页写着:"刘老师,五年后,你会看到一个出色的宇。我会在另一个半球想你!"

 案例 追问

1. 刘老师,你"给宇一次机会",这次机会"给"了你什么?

我给了宇一次机会!宇的确没有让我失望;同时,我从这次机会中也更深刻地理解了教育的本质是爱。没有对学生的爱心,就不可能对学生进行真诚的教育。因为,如果对学生没有爱心,就不可能去关心学生,也就不可能对学生勤于观察,所以,也就不可能发现学生身上所存在的问题,从而也就不可能对学生进行及时的、必要的、有效的批评教育和指导,更谈不上帮助学生排忧解难了。爱是人性化教育的基石,没有人性、离开了情感,一切教育都无从谈起。"没有对学生的爱心,就不可能对学生进行真诚的教育。"爱学生,就是要爱全体学生。学生的差异性是绝对的,在任何时候、任何情况下学生总会有差别。这就决定了作为班主任,接受每一个学生是无条件的。班主任的爱是博大的、精深的爱,它像阳光一样,洒向大地上每一个角落。喜爱优等生,歧视后进生,是班主任狭隘教育观的表现。

2. 你的故事很让人感动,写得也很有文采。请教一下,作为老师,应该如何表达对学生爱?

爱学生就必须走进学生的情感世界,就必须把自己当成学生的朋友,去感受他们的喜、怒、哀、乐。班主任对学生的影响,是师生之间的相互作用。尊重学生的人格、个性、尊严、权利是人性化教育的出发点和归宿。人性化教育是班主任工作理念的核心,班主任的工作对象是学生,只有充分理解学生、尊重学生、相信学生,才能让教育真正深入人心,也才能创造出让学生个性和共性全面发展的成功教育。班主任是做人的工作,而人是有感情的,也是有理性的。感情决定思考的方向,理性决定思考的结果,只有从情感入手,从人性入手,才能达到以理服人的目的。

3. 对所谓的"后进生"应该施以怎样特殊的爱?

诚然,对后进生的教育要付出更多的心血,但是,只要班主任拿出真诚的爱

心,你就会发现,后进生也有许多可爱之处,也有许多闪光点,不失时机地进行教育指导,就能促使他们不断进步。对学生爱的体现,特别是对所谓"后进生"爱的体现,首先是不能因为他们的"差"处而厌烦和嫌弃他们,而是要对他们的缺点、错误做深入细致的分析,做耐心真诚的转化工作。从某种意义上说,学习成绩差、纪律涣散的学生更需要爱,这是因为他们的表现,使他们在家里家外都缺少爱。班主任老师若再不爱他们,他们岂不是被抛弃了吗?

 读者感悟

巧用"偏爱"转化学困生

范旗帜

导师简介

范旗帜,1992 年毕业于陕西师范大学化学系,优秀毕业生。先后荣获陕西省高中化学竞赛"优秀指导教师"、商洛地区"优秀指导教师";高考成绩屡破纪录。参加过 2004 年浙江省高考阅卷;2007—2008 年参加过宁波市第三期骨干班主任培训,同时获得红十字会现场救护资格证;担任万里国际学校单科免修生导师,曾被 CCTV－1"新闻 30 分"报道过。

案例背景

高一(5)班是我 2011 年接手的班级,班级里面的学生应该是同一个层次的,但通过两个月的教学,我发现情况并非是想象中的那样。班级里有一位女生,初中时是班级的团支部书记,应该讲在纪律方面、行为方面是值得赞许的,但是原来的初中老师反映该生理科成绩不理想,有严重的偏科现象。进入高中后,月考考下来,由于高中学科与初中的差异性,她的成绩在班级里处于倒数第一,这位同学的自信心受到严重打击,一度出现怠学现象。

案例过程

孩子成为学困生有几种原因,第一类是天生的智力和同伴相比有一定距离,这些孩子反应慢,对事物的理解也慢。上课时候,当其他孩子听懂的时候,她还在云里雾里呢。旧的知识还没有掌握,新的知识更加没领会,时间一长,自然成绩就一落千丈。第二类是智力可以,就是不喜欢读书。这些孩子一般都很贪玩,他们把读书当成是一件苦差使,是由于老师或家长的强逼才不情不愿地应付上学的。

该生有偏科现象,对理科兴趣并不大。由于平时学习积极性、主动性不强,加上长期以来的理科成绩不是特别好的背景影响,造成了信心不足。这些都是

第二章 【问题转化篇】
找到那把钥匙

造成了理科成绩极大落差的原因。

策略：

1.学习生活给予"偏爱"

对学困生仅仅做到一视同仁是不够的,必须满腔热情给予偏爱,学困生由于各种原因在班集体中长期处于落后状态,故有一种不如别人、低人一等的自卑情绪,他们怕老师提问,怕教师检查作业,怕考试不及格,因而怕接近老师,有的甚至产生对立情绪。为了改变这种状况,我要求自己不断提升事业心和责任心,以多关心,多过问,多给予炽热的情与爱,以此点燃学困生心中上进的火花。为此,我平时常请班里的学困生来当面辅导,并关心他们的思想和生活,多与他们谈心,帮助他们明确学习目的,同时发动班上优等生互帮互学,共同进步,使学困生感到集体的温暖,增强学生力求上进的信心和决心。

2.课堂提问给予"偏爱"

在课堂教学中,我们都怕延误教学时间,往往习惯提问优生,把学困生冷落在一旁。久而久之,学困生听课时注意力不集中,学习效果自然很差。为此,我采取了课堂提问优先照顾学困生的措施,办法是降低提问难度,讲究提问方式,简单的问题或板演让他们完成。学困生在老师的精心安排下,经过自己的思考能够比较正确地回答问题,从而获得成功的喜悦,达到激发其学习兴趣、提高学习主动性与积极性的目的,引导他们主动地参与到课堂教学中来,使其逐步养成良好的听课习惯,这对成绩的提高可是至关重要的。

3.批阅作业给予"偏爱"

由于学困生在听课这一环节上有"障碍",因此作业马虎潦草,错误百出。对此,我要求自己做到:决不能有厌烦情绪,不能草草批阅了事,做到优先批阅,仔细认真。每节课的课堂作业批改后,在班级讲评的基础上,对那些学困生的作业,总是把他们一个个地叫到老师跟前,进行单独讲解,反复讲解,一直到他们弄懂为止。同时把握因材施教的原则,对于他们的作业划分层次,因人而异,不一刀切。对于他们的作业、试卷我尽量做到面批,对不懂的问题耐心辅导,还经常给他们开小灶,随时请他们到老师跟前来,关注他们的作业情况,做到心中有数,以及时调整对他们的作业要求。随时提醒他们做到先复习,后作业,以提高作业质量。

4.鼓励表扬给予"偏爱"

教学实践中,我刻意创造各种让后进生"立功"的机会,并努力做到鼓励表扬他们,使其在心理上得到满足和平衡。对于他们认真完成作业,某一次作业写得规范、字迹清楚,或比前一次有进步时就当众表扬。同时勉励他们再接再厉,继续努力,这一下他们可有了学习的动力。如今他们不仅每天能按时完成课堂作业,还能完成家庭作业了。虽然质量并不好,还需反复订正,但完成作业的习惯总算是养成了。

5.联系家长给予"偏爱"

学困生的转变与家庭教育密切相关,我与家长联系的目的不是告状,而是报告成绩,使家长能积极配合学校老师的工作。事实上有些后进生的家庭教育往往不是很得法,父母忙于工作,或忙于自己享乐,对孩子的思想不闻不问,孩子一犯错误,就是粗暴的打骂,其实这只能引起孩子的反感以及对学习的厌烦,根本起不到教育的作用。根据不同的家庭,我采取不同的方法,经常与家长联系,向他们通报子女在学校的表现及进步,提醒家长对孩子多激励、多引导、少斥责,多关爱、少冷落。请家长做孩子的知心朋友,为孩子们提供良好宽松的学习环境。同时提醒家长以身作则,使孩子养成良好的生活、学习习惯,健康全面地发展。

通过一个阶段的教学方法调整,该生的成绩在期中考试中有较大的提高。巧用"偏爱"转化学困生,是我对该生的一些经验,效果较好,我要继续用它感化那些稚嫩的心灵,使学困生能明确学习目的,养成良好的学习习惯,提高学习成绩。

 案例 追问

1. 范老师,您是如何与学困生建立良好的相互信任关系呢?

通常接手一个新班级我会利用课余时间与学生聊天,谈一谈学生的爱好、特长、人际交往、学习、生活习惯等,了解学生的心中偶像以及最憎恶的事。对学生的爱好、特长、学习生活习惯进行不断的观察,好的方面要进行翔实而又真诚的赞赏,不好的方面要善意地劝导,对学生所犯的错误要宽容,引导改正,给学生留下改正错误的时间和空间。在改正错误的过程中,对学生的每一点进步我都会尽情地表扬鼓励,并帮助学生想办法。通过与家长的联系交流,组成统一战线,口径一致,对学生进行真实和有效的鼓励和表扬,帮助学生在自己特长的方面取得成功,赢得其他学生的尊敬,从而帮助学生建立自信和自尊。

2. 您是如何提高学困生的学习成绩的?

帮助学生在自己特长的方面取得成功后,进一步帮助学生分析成功的原因和成功的方法,并进行迁移嫁接到其他的学习上来,并进行不断的督促、指导,比如课堂上多一点关注,多一点作业面批,方法的指导及时跟进。总体上来说,将其扶上马送一程。几年的经历来看效果还挺好!

找到那把钥匙　第二章【问题转化篇】

3. "偏爱"是您对后进生的有效教育策略,那么是不是意味着您对优生冷落了呢? 比如说你在课堂上对学困生降低难度提问的时候,是不是耽误了优生的学习?

这个问题提得好,这正好反映了我们学校个性化教育的特点,只不过我在这篇文章中重点谈的是如何转化后进生,所以没来得及展开对优生的教学过程。事实上,我们在任何一节课中都要体现分层次教学。比如说我在对学困生提问降低难度的问题的同时,我一定会让优生思考更高层次的问题,并选择合适的时机进行讨论。

 读者感悟

面对班长的自私

李志刚

李志刚，男，中学生物高级教师，省级优秀健康教育老师。他连续多年从事毕业班教学，因复习课教学设计独特、新颖而深受历届毕业班学生的欢迎。在教育中，他热衷于和学生进行交流沟通，真诚对待每一个学生，并用他乐观积极的态度感染每一个学生。在学生的眼里，他永远是一位可信赖的朋友。

案例背景

2006年当我接手这个班时，就发现珍是一位十分积极、肯为大家做事的学生，她从小学开始当班长到高中，一直都没有断过，对班级管理有着非常丰富的经验。理所当然，她很快就赢得了同学对她的信任，在班干部选举中获得票数最多成为班长。她当班长之后在我眼中十分尽职尽忠，让我省了不少心。关于班中的事情我全部放手让她做，但是不久之后，出现了一件让我始料不及的事情！以至于同学对她越来越不信任了，最后发展成全班都反对、疏远她。有很多同学写信或找我谈，说不希望她继续担任我们班的班长了。

为什么一位在老师面前如此讨人喜欢的学生会遭到同学的一致反感呢？

经过多方面的调查我发现，她在教师心目中和在同学心目中是完全不同的两个人。在我面前她非常机灵、善解人意，无论我叫她干什么她都做得非常好，而且积极主动。而在同学的心目中她则是另一副模样，如她作为班长，调、编座位这些事情都是由她去安排，可她却滥用职权，经常把最好的座位留给和她关系最好的同学，利用她是语文科代表的职务之便，偷偷把自己的语文成绩提高好几分。还利用我让她管理纪律的职务之便乱骂人，样子比班主任还"牛"。总而言之,她的自私和办事欠公正使她众叛亲离,就算是她最好的朋友也疏远了她。

　　了解到这些情况后我感到十分吃惊,无法想象我心目中的好班长竟然是这样子的。当我正准备找她谈时,她却主动来找我谈。当班长不到一个学期,就面临四面楚歌的境地,她也非常难过,但一开始她并没意识到是她错了,反而抱怨同学们不近人情,不理解她当班长的难处,处处和她作对,不听她的话。所以她提出不当班长了。

　　听了她这些话之后,我首先表扬她一个学期以来为班集体争取了不少荣誉,为同学为老师做了许多工作。然后问她:"你是否想过为什么同学们这样对你?比如是工作的方式、方法不好呢?还是自己有时有点自私欠公正呢?"她想了想说:"老师,人都是自私的啦,我有时是有点自私,但同学们也是自私的。"我听了她的话后很恼火,但我强压怒火对她说:"你说的有道理,自私确实是人性的弱点,但我们应克服它而不是任由它在我们身上发芽苗壮成长。你当班长给自己的定位是什么?是为自己和自己的好朋友谋利益呢,还是为全班同学服务?如果为了自己的一己之私而损害大部分同学的利益,试问又有谁会认同你?其结果只能遭到同学的鄙视和排斥。"

　　她听了把头低得好低。我又说:"我听说你在任语文科代表期间,利用科任老师对你的信任,不只一次把自己的分数提高,有这样的事吗?"她把头抬起来说:"是,我是这么做过,我承认,但学习委员李×她就没这么干过吗?"天啊! 这是我们教师一直以来这么信任的班干部吗?内心的震惊与愤怒让我久久不能言语,才17、18岁的年纪啊! 竟已经会利用权力这种东西了。可她们毕竟还是孩子,这么做也不完全是她们的责任,我们的社会有责任,我们教师也有责任啊!

　　心情平息下来后我问她:"你觉得自己对吗? 身为班长,做出这种弄虚作假的事情,面对老师和同学你能心安理得地享受她们对你的称赞和羡慕吗? 蛋壳这么密都可以孵出小鸡来,何况天下并没有不透风的墙,大家知道了会怎么看你? 你能无愧于自己的良心吗?"我接着给她讲了几个小故事。听完后她流着泪说:"老师,对不起,我知道错了,是我错了"。我最后说:"老师希望你能成为一个诚实、公正、能为别人着想的人。"她坚定地点了点头走了。

 案例追问

　　1. 李老师,您通过这个案例肯定有自己的深刻反思,能和大家交流一下吗?

　　通过这件事,我对自己管理班级的方式进行了深刻的反思,我感到一定要注意以下几个问题。

首先要培养好干部。学生干部的综合素质是在班级建设中锻炼和提高的，但有意识地进行指导和教育是学生干部成长的捷径。班主任应培养他们的表率意识、服务意识和合作意识。对学生干部的工作方法应提出原则性的建议，如安排、协调、指导、监督等，并给予必要的帮助，当好幕后的"导演"。

由于我接手这个新班时，没有培养他们作为班干部应具备的素质，而是让社会中的歪风邪气侵蚀了他们的思想，使班级中形成了一个特权阶级，对集体、对同学造成了极大的损害，也使班主任在同学当中的形象受到损害，甚至有个别学生向我表示不再信任我了。所以这时候我必须当机立断对班级开展整风运动。重新选举班干部，组建一个团结，工作能力强，各方面都能带头的班委。加强对班干部的思想教育，让他们在全班面前承诺：要公正无私、为人为己，为全班集体谋荣誉。

这件事使我更清楚了一个事实，就是好的班委会能起到班主任难以起到的作用，但一定得注意班委会不能凌驾于同学们之上，要强化他们的服务意识、竞争意识和危机感，能者上庸者下。

其次，班主任要做到公正。教师在学校的任何行为都是教育行为，这就要求教师要时刻注意自己在学生面前的表现，要求学生干部做到公正，那班主任也必须做到。因为人要过社会性的生活，其生活的美好程度最终有赖于社会制度和社会各方面条件是否有益于人的生活和成长。此时，公正的社会秩序便成为每一个人的追求，公正也成为每一个社会人发自内心的需要。

那如何做到公正呢？那就是要民主、公开、透明、赏罚分明。公开是实现民主教育的重要条件和手段。班主任在进行班级管理中应有相当高的透明度，以体现师生间、学生间的平等关系，从而赋予学生了解权和知情权，这样才能调动学生参与班级管理的积极性，建设好班集体。

2. 作为新任的教导处主任，您能否给我们班主任提出几点建议？

通过这件事情使我认识到，班主任工作是一项长期而又细致的工作，要全面考虑学生所面临的问题，同时又需要极大的耐心并设身处地从学生角度出发，才能让学生做到心服口服。一个优秀的班级需要全方面发展的，班主任工作千万不能厚"此"薄"彼"。在今后的班主任工作中我还会遇到许多问题，但只要以学生为本，尽心尽责，一定能够做出较优秀的成绩。

读者感悟

我帮学生"谈恋爱"

候　莉

 案例背景

上学期末的一个晚自习时间,我在教室里查看同学们学习情况,走到雨涵旁时,她正在发呆。问及原因,说英语学不进去。我便停下脚步,帮助她梳理了一下学英语的思路,然后从转变思维的角度做了一些辅导。说完后,雨涵又问:"老师,我的数学也不好,怎么学?"我当时回答说:"你先将刚才讨论的思路实践一下,以后有机会再说数学的问题,咱们一次只解决一个问题。"就这样与雨涵再也没有交流过。

案例过程

几周前,雨涵在周记中反映自己的学习问题,说自己学习没有效率、学习没有信心等。我花了近一页的篇幅谈我的观点。第二周的周记中,雨涵在感谢我对她的问题的分析与关注的同时,又说她在学习上注意力不集中,觉得很无奈。

我便在周记本上约她来谈谈情况。接下来是第一次月考,雨涵并没有来找我,直到考试结束之后,我也才抽出时间,约雨涵来办公室一谈。上周星期五的早自习时间,雨涵如约而至,我们分析和讨论了她的学习情况和存在的问题,面对她注意力不集中的问题,因为她几次都说不知道,我在辅导时便利用"平行"的原则,转而将她的问题及思路引至容易解决的学习目标上,同时也帮助她基本上梳理了一个清晰的思路。很快30分钟早自习时间就要结束了,当我总结了辅导过程之后,让她回去时,她笑着说:"老师,我还是想谈谈影响我注意力不集中的因素。"但是目光不停地游走,显得很害羞。

"马上就要上课了,那你赶快说一说。"

"我也不知道说什么。"她还是无法开口。

我说道:"既然不知道就不要说了,先回去吧,等想说的时候再说也不迟。"

"但是我想说。"这一次她抬起了头,目光显得很坚定。

"那说吧。"我只好妥协。

没想到她来了一句:"老师,你想听什么?"

我迅速回应:"你想说什么,我就想听什么。"看着她遮遮掩掩的样子,我猜到是情感的问题,但我不想点破。如果她不想说,自己打不开这个心结,接下来我对她的辅导是没有什么意义的。

她还在迟疑,这时,上课铃声响起。我只好说:"去吧,先去上课,等你想说时再来找我。"

"我想说。"她的态度又有些坚定。

我一言不发,只是看着她,我在用沉默的方式去试图打开她的防线。

雨涵的眼神不停地游走,内心似乎在做重大的决定。——说,还是不说,对她就是一件重大抉择。

"就是,就是高三那个男生……"

果然是情感问题!

断断续续,我了解了事情的大致经过:雨涵与高三那个男生(姑且称他为宇阳吧)原是同一个地方的,关系要好。宇阳高雨涵一届,两位同学都在我校读书。两人每天早自习时间,都在校园里一块读书、见面,相互之间的爱慕之意心照不宣。上学期,宇阳表达爱意,雨涵也很觉得很自然,只是因为家庭的因素(家长知道两人要好的关系,时常警告雨涵说不要来往,两人在学习上差距太大,没有结果的),有时显得很暧昧。有一次雨涵狠下决心提出分手。后来看到宇阳在那一周时间里萎靡不振、不思进取时,雨涵又答应和好。

现在,宇阳每天在学习时都会胡思乱想,无法将注意力集中在学习上。

等这些方面问题基本说清后,雨涵显得轻松了许多,但也在不停地自责。

我制止了她的自责,也没有忘记今天找她谈话的目的——解决她的学业困惑问题。尽管她已经说出了自己的情感问题,并说这就是影响她注意力不集中的主要原因。我依然回到前面谈的问题上,并只是把情感问题归为其中的简单一种,不过分关注和夸大,以免使前面的讨论前功尽弃。

雨涵认为"为情所困"是她学业问题的主要原因,如果我也继续认同她的认识的话,将会更强化她的问题意识,而且情感问题往往无理智可以解决,这样就会更加让学业问题变成一个问题。于是我避重就轻,以学业为中心,紧紧抓住"学习目标"而分析,只是给予了她必要的情感支持和理解。鉴于时间关系以及她对情感问题的梳理依然不够清晰、并没有强烈解决矛盾的意愿,我选择了搁置,并征得她同意,打算在班上开一次以"爱情"为主题的班会。

昨天晚自习时间,我正在讲台上读书。雨涵走到我身旁,把周记本重重地放在了讲桌上,然后没说一句话便回到了自己座位上。打开周记本,是雨涵对自己的情感梳理,不过逻辑很乱,就像她的内心一样。这一次她清晰地表达了出来并求助于我——想让我帮她解决一下情感问题!

就这样,我约雨涵今天早上第三节课时来找我。

坐在我的对面,雨涵刚开始说得最多的还是"我不知道"四个字,内心的矛盾和冲突,扰得她很不安宁。看得出,她找我谈话是很想解决这个问题的。

可是,我知道情感的问题是我无法解决的,而且青春期的学生遭遇情感问题本身也是生命成长的一部分,我不能用自己的经验去剥夺他们成长的权利! 但我得帮她学会用最少的成本获得最大的经验!

这一次,我无须再在情感问题上表达同理心就开始了辅导工作。根据我的优势,我还是逐一地确认了一下她的感受以及她的想法,然后从理论上分析了一下她矛盾内心的根源,她频频点头。获得她的认同为我接下来开展辅导做好了铺垫。

我:"你是想放弃还是想继续?"

雨涵:"我不知道。"

我:"那好,我们再来做个对比。想一想你放弃后,对你来说有什么好处、有什么不好处?"

雨涵:"没有什么好处,主要是会影响他高考的。"

我:"先不要说对他的影响,只谈对你的影响。"

雨涵:"对我也没有多少好处,肯定会对学习有很大影响的。"

我:"那么,再想一想,如果继续的话,对你有什么好处、有什么不好的地方?"

雨涵:"也没有什么好处,反正结果是不可能的,让我注意力不集中,影响学习。"

我:"也就是说,无论你放弃或者继续,都会对你的学习有影响?"

雨涵:"嗯。"

说到这里,我充分理解了雨涵内心的矛盾与冲突。在这份感情上,她的理智与情感(意识与潜意识)之间的斗争是有多么厉害。我开始寻找"例外情况"。

我:"我再问你一个问题,你怎么知道结果是不可能的?"

雨涵沉思了一会儿,"反正不可能。我的命运掌握在家长手里,他们说不可能就不可能。"

我:"你家长说不可能的理由是什么?"雨涵开始用逃离和转移的方式来面对矛盾,我不会给她机会的。

……

我:"你觉得你们家长的理由合适吗?"

雨涵:"其实我家长也不是明确表示反对,只是他们每次都跟我这样说的。"

我："那么,你觉得结果会怎样?"

雨涵："我不知道。"

我："我想,你和你的家长所谈的这个结果,可能是婚姻问题吧? 从发生的可能性上讲,这也是五年后你才面临的问题。那时你大学刚毕业。"

雨涵："我可能考不上大学。"

我："你怎么会确定你考不上大学?"

雨涵："以我现在的水平,就考不上。"

这一次雨涵说的是事实,以雨涵现在的水平和情况,考上专科都有问题,考上本科(我们说的考上大学)是不可能的。

我："那么,如果你要想考上大学,需要有哪些条件?"

雨涵："要学好英语和数学。"

我："有关英语学习的问题,我们谈过,是吧?"

雨涵："嗯,现在我的英语学习也觉得不错,主要问题在数学。"

我："你觉得数学达到怎样的水平,才能考上大学?"

雨涵："达到 90 分就可以。"

接下来的对话主要围绕着在一年多时间内把数学提高 30 分有没有可能性的问题而展开,自然又是在帮助雨涵树立考上大学的信心。

我："那好,现在我们来回到你的情感问题上来,让我们分析一下你们的关系。现在请你说一说,你眼中的宇阳有什么优点?"

雨涵："他对我好。"

我："你对他呢?"

雨涵："也很好。"

我："你们相互都很好,你不想放弃却担心你们不可能,是因为你把你们关系如何发展的决定权全部交给对方,这都是由于你的自卑和不自信而引起的,并不是你家庭的原因。从现在到你谈婚论嫁,大约还有 5 年时间,我们把它分为三个阶段:一是明年高考前;二是你明年高考后;三是大学毕业后。第一阶段,你说你们能不能继续下去,取决于谁?"

雨涵："我也不知道,不过如果我放弃了,对他影响会很大,对我的学习影响也很大。"

雨涵低下了头,显得很安静,没有笑容,一滴眼泪悄悄滑落。面临高考,也就是说两人关系能否继续下去可能很快会有不同的答案。雨涵不知该不该继续这段感情。为情所困,皆因"近乡情更怯、不敢问来人"缘故。

我："也就是说,在这阶段,可能不可能,决定权并不全在他手里,更何况面临高考的学生,一般情感都比较脆弱,特别希望得到别人的支持,你现在就是他的动力！好，再说第二个阶段，你觉得你们能不能继续，取决于什么？

雨涵："我能不能考上大学。"

我："好，关于你能不能考上大学，刚才我们已分析过了。你再说考上大学的条件。"我强化了一下学业意识，又一次有意识地把情感问题向学业问题转化。

我："再说第三个阶段。当你也步入大学后，你就会发现，你在身旁会有许多对你好的优秀男生，他面临的问题也和你一样。到那时，你们都会有更加广泛的交往和视线，那么多优秀的同学中，说不定还会有一两个与你们志同道合、价值观相近，到那时，你们说不定都会面临着重新思考和重新选择。

"当然，无论你如何选择，那主要取决于你。就算你不再选择他，也决不能说是背叛，而是对双方的一种尊重，因为你在重新选择的时候，也给了对方一个重新选择的机会。"

"那么，那个时候可能不可能，由谁决定？"

雨涵："那只能由自己决定。"

我："未来的事只能由未来的自己决定，你现在能决定吗？"

雨涵："不能。"

我："那么，你在担心什么？"

雨涵："我现在只想让自己注意力集中，好好学习。"

我："好，咱们再梳理一下思路。在 5 年后，你们如何选择，取决于什么？

"对，你能不能考上大学。

"你能不能考上大学，又取决于什么？

"对，数学学习。也就是说，如果你现在学好数学，困扰你的问题不就解决了？"

雨涵："嗯。"雨涵抬起头，目光中透出一份坚定。

绕了一大圈，我又把情感问题拉回到学业问题。这样不可控的问题就变成了可控、可见、可具体操作的问题了。

一节课的时间很快就要过去，雨涵的情感问题以讨论数学学习作为结束，倒是让我有些意外，回顾对话的过程，我突然有种在教学生谈恋爱的感觉，于是就有了本文的题目。

 案例追问

1. 侯老师你是如何看待学生早恋的危害的?

我认为中学生一旦堕入情网，往往难以克制自己的情感的冲动，一旦彼此表

达了爱慕之情，便立即亲密地交往起来，常因恋爱占去不少学习时间，分散精力，而严重影响学习和进步。对集体产生了离心力，和同学的关系渐渐疏远。加上舆论的压力和家长、老师的反对，往往使早恋者有一种负疚感，思想上背上了包袱，矛盾重重，忧心忡忡。这种情况给学生的身心发展造成了心理上的障碍。

2. 侯老师没有说教而是在帮学生分析谈恋爱的利弊，为什么选择这样一种策略？

中学时代是打基础时期，将来从事何种事业还没有定向，对每个中学生来说，今后的生活道路还很长，各人将来从事什么职业，在什么地方工作，都是难以预测的，一个较成熟的青年，总是先考虑立业，后考虑成家。而且随着时间的流逝，生活的变迁，各人的思想感情将不断发生变化。中学时代的山盟海誓往往经不起现实生活的严峻考验，中学时代的早恋十有八九不能结出爱情的甜果，而只能酿成生活的苦酒。我沿着这个思路与雨涵进行了交流，然后取得了意想不到的效果！

 读者感悟

第二章【问题转化篇】
找到那把钥匙

找寻失落的"钥匙"

曾延平

 导师简介

曾延平,高中化学教师,崇尚生本教育的理念,他积累了丰富的教育教学经验,共担任了 1994 届、1997 届、1998 届、2001 届、2004 届、2006 届、2008 届、2012 届等 8 届高三毕业班的教育教学任务,班上学生考入清华、北大的近 20 人。曾获"第一批化学学科骨干教师"称号。辅导学生竞赛成绩优秀,被授予"高中化学奥林匹克竞赛三级教练员"称号。

案例背景

时间追溯到高一第二学期的一节语文课,上课老师是我们学校的校长。这节课是一节演讲训练课,老师安排每位同学依次上讲台演讲,同学们一个接一个地上讲台演讲。当轮到一位女同学的时候,这位女同学不但不上讲台,连站都不站起来,静静地坐在位子上不动。老师走过去问什么原因,"不会!"她毫无表情地、冷冷地从牙缝里蹦出两个字。老师以为她不太习惯在众目睽睽之下说话,便以鼓励的方式,设法让她消除自卑心理,勇敢地走向讲台,但没想到,她毫不犹豫地冲出了教室……这就是从小被父母寄养、性格内向、常闷闷不乐、长期厌学,对亲生父母充满抱怨的女生——贾琳。

晏学,则是高一一届的学生,在家里的一次意外受伤,极大地损伤了他本来就脆弱的自尊心,到我班插班学习不到一个月,就有辍学的念头,想回到远在外省工作的父母身边。晏学和贾琳是同一个地方的,每次回家他们同乘一辆校车。不久,教室、餐厅、校园里都能见到他们的身影,什么学习、校规,早已抛之脑后!

 案例过程

有一天,课间操时间,由于天气下雨,没有做操,我得到消息,班上有一对"恋人"在玩手机,我愤愤地来到教室,就看到贾琳正在用手机和别人通话,旁边站着

晏学。我一个箭步冲到他们面前,贾琳慢慢地收好手机,放入口袋,脸转向窗外,毫无表情地看着远方。

我憋着气,正准备发作,她头也不回地走开了。这时我心里有一种莫名的难受,心想:"这种没有教养的小孩,管她干吗!"我好像马上找到了一把尚方宝剑,给她父母打电话,让父母过来写好保证书,同时接回家反省不就省事了吗?我得意地拿起手机,寻找着手机里所存的学生家长的电话号码,找着找着,忽然刚才的得意之情全无,一个寄养长大的女孩,家长会、学习情况从未有谁来过问过,父母远在天边,打电话有用吗?

我克制住自己的情绪,"打电话给你们父母,回家反省去!"我知道,我说这句话的目的是为自己找一个台阶,马上要上课了,我有一种挫败感!我灰溜溜地退出了教室。

当晚,三楼圆柱大厅,我和晏学面对面地站着,没等我开口,他从口袋里摸出一部手机,"给!"我没有去接手机。我说:"今晚我找你来,是要彻底解决一件大事,今天的手机事件和这件事来比,可忽略不计!"他很诧异地看了我一眼说:"我又没犯其他错误,有什么大事!下课了,我俩坐在一起也不行吗!"两手扶着栏杆,脸上依然毫无表情地看着窗外。我看到他不自在的脚,我知道他急着听我说。"你为什么休学?""你知道你现在多大了吗?""早恋,意味着你长大了,就应该有责任意识!""学习意识、责任意识、感恩意识!这就是我们今晚要彻底解决的大事。"他瞥了我一眼,静静地听着。许久,他对着我,也是对着他自己,回顾了他的童年,诉说着初中阶段的学习情况及受伤后自己的心理变化。我发现我们之间的距离在渐渐地拉近,他说到他的父母、姐姐、舅舅等。时间一点一滴地过去了,最后我们俩都站累了,趴在栏杆上,看着远处的月亮,"今天我们可是看着月亮说亮话,以后的路还是靠你自己来走!"

时间大概过了一个星期,有一天晚上,晏学和贾琳把我叫到三楼的圆柱大厅,晏学小声对我说:"我们两个人有一个想法,想坐到前面去,我坐第一排,她坐我后面,不知您同意不同意。"晏学身高一米七五,要从最后一排调到第一排!一对有早恋倾向的男女同学!按正常的思维,要把他们分开得越远越好,怎么可能坐在一起呢,还在前排!我没有马上答应他们的要求,我说让我想一想。

又大约过了一个星期,经过我的仔细观察,他们的行为习惯有了很大的变化,我知道,一个认识和改正了错误的孩子最需要的就是得到老师明确的认同和诚挚的赞许,我找到贾琳,问她为什么会产生去前排坐的想法。她没多说,就告诉我,"听了您的话,我们想学习了。"没过几天,我同意了他们的要求!

后来的考试成绩证明,我的判断和做法是正确的。晏学,高二第二学期期中考试成绩为年级 76 名,高二第二学期期末考试为年级 39 名(普通班年级第一

099

名）。贾琳,高二第二学期期中考试成绩进入班级前十名,期末考试班级第三名。

 案例 反思

1. 在教育过程中,宽容与放纵之间有时只是一步之遥,您如何把握?

也许这并不能算是一个成功的案例,但我认为这确实是一次心与心的沟通与交流。只要我们用一点心,就能找寻到打开学生那扇紧闭的心灵窗户的金钥匙。

宽容是一种教育,心与心的沟通就是找寻失落的"钥匙"。苏联教育家苏霍姆林斯基指出:"孩子的过失,不管多么严重,如果不是出自恶意,就不应该惩罚他。"其实,当一个人知道自己有过错,内心就会有赎罪的渴望,这是一种心理需要,如果你不加追究,负罪感往往会令其不安和愧疚。为了摆脱这一折磨以取得心理平衡,往往会主动认错或者求助于人,情愿承担责任。此时,倘若能充分理解学生的感受,相信他们认识错误、改正错误的决心,师生之间心与心地沟通,做到心里相容,即使不予惩戒也同样能够达到改过匡正的目的。所以孩子们犯错是人生成长的必修课,恰恰也是对他们进行教育的良机,而且此时明白的道理可能使他们爆发出巨大的能量,刻骨铭心,受益终身! 宽容和理解绝不是放纵和放弃!

2. 有"早恋"倾向的男女同学能坐在前后桌吗?

"与善人居,如入芝兰之室,久而不闻其香,即与之化矣。"暗喻之意说的还是外在环境对人的潜移默化的作用。一对"恋人"坐在前后桌,这不会影响学习?影响班风? 这在很多老师眼里是不可想象的。其实不然,研究表明,发生在高中生中的个别早恋现象,是同桌的却很少,相反的,早恋男女学生跨班级、跨年级的要比同桌"早恋"男女多得多。如果适当地安排男女同桌,不仅可使学生产生自强的心理和行为,在女生面前,男生的表现欲强,而且总想发挥出色,并能促进共同进步。我让贾琳坐在晏学后面,经过一段时间的观察,他们的行为习惯大有改变,两个人的学习进步了,学习成绩都稳定在班级前10名,进入高三他俩就分手了! 事实说明这种做法是可以尝试的,关键要做好换座位后面的工作。

 读者 感悟

她与家长不交流

晏 鸨

 导师 简介

晏鸨,万里国际学校高级英语教师,校长办公室主任兼外事办公室主任,民盟盟员。他先后获"校十佳教师"、"最受学生欢迎的教师"、"阳光大使奖"和"宁波市聘请外国文教专家先进个人"称号。他的英语课堂生动活泼,深受学生喜爱。他在英语教学和外事交流方面为学校作出了贡献。

案例 背景

吴颖,女,来自舟山。该生博览群书,智力好,各科成绩优秀。但爱独处,不阳光,常皱眉头,一脸愁容,很少微笑。平日里易发脾气,孤僻少语,与同学相处不很融洽,对班级活动不太感兴趣。尤其与其父母关系紧张,逆反心理表现明显:在校期间与父母几乎不沟通,甚至拒绝接听父母的电话。性格倔犟,对父母提出的观点与要求非常抵触,认为与父母沟通简直就是浪费时间,也是她觉得最痛苦的事,周末放假宁愿独自留校,也不肯回家。

案例 过程

接到颖的个性化导师任务后,我向班主任了解了她的个性特点,也仔细分析了她进入高中以来的各次大考的情况,再结合我平时的观察,我确立了对颖的个性化辅导的首要目标:打通孩子和家长之间的障碍,争取家庭教育资源,为孩子迎来生活的阳光。

1. 初识家长

高中生对家长的抵触是常见的,但颖为什么如此强烈地抵触家长呢? 于是,我首先与家长取得联系。放假前我打通了该家长的电话,自报家门,然后以导师

的身份直奔主题,聊到了孩子不愿与家长沟通、性格孤僻不合群的话题。没想到家长立刻激动起来,说父母工作是如何如何忙,女儿是多么不体谅父母的辛苦,这样的孩子还不如不养。还说到女儿从不打电话回家,居然一个半月都没回过家了。一阵激动之后,家长说比较忙,就想问我这次孩子什么时候会放假。给了家长想要的信息后,我约好晚上再和家长联系,便挂了电话。

放下电话,我明白了很多。我想颖不愿与父母沟通,的确不应该受到责备。从这通电话足以看出,其父母本身缺乏起码的沟通方法和技巧。比起孩子,家长似乎更需要个性化教育。"染于苍则苍,染于黄则黄。"孩子生活在家庭之中,朝朝暮暮都在接受着家长的教育。这种教育是在有意和无意、计划和无计划、自觉和不自觉之中进行的,家长以其自身的言行随时随地地影响着子女。耳濡目染,孩子的生活习惯、道德品行、谈吐举止等都受到家长潜移默化的影响。家长的这种沟通方式已经基本诠释了孩子叛逆的真正原因。

2. 寻找教育的契机

问题的症结源自家长,首先还是要解决家长身上的问题。如何找好切入点,耐心地与家长深入沟通,帮助家长认识并纠正自身的问题是我这位导师的首要任务。我认真地做好功课,希望与家长的第二次通话能够取得些许成效。

到了晚上,我如约给家长打了电话。从孩子出色的学习谈起,我努力营造良好的沟通气氛。有了良好的交流基础后,我给家长深入地剖析了孩子叛逆的原因,并诚恳地提出了建议。电话中,家长的态度逐渐趋于平和,认真倾听了我的分析和建议,言语中也开始流露对老师的感激之情。我抓住机会,与家长约定:如果女儿打电话回来,首先要一改往日责备的语气,学会平等地与女儿交流。家长欣然答应,我如释重负。

回到校园,我开始找寻对颖的教育契机。平日里,我有意识地关注她的学习状态和情绪变化,也努力制造一些沟通的机会。但是好一阵子,我都没有寻找到合适的话题和契机来开展关键问题的沟通和疏导工作,唯有耐心等待。直到一个特殊日子的来临,才为我真正创造了教育的时机,于是便有了接下来的一幕。

3. 孩子终于打电话了

记得与颖谈话是 2008 年 5 月 10 日的晚上,是个特殊的日子。那天适逢五月的第二个星期天——母亲节。她静静地坐在我办公室,低着头,略显拘谨。

为了缓和气氛,我和她聊起了发生在我身上的一件真实的事情:早上起床,我给我年近古稀的母亲打去电话问候。其实,我对我母亲并没有提及母亲节的事,只是想问问她近来身体如何而已。没想到她老人家一接到电话,就滔滔不绝起来:"我知道今天你为什么这么早打电话给我,是母亲节,对吧?今天家里会挺热闹的,你哥哥、姐姐他们今天都回家看我呢!"我忍俊不禁,老母亲居然如此时尚。

讲到这里,颖放松了下来,脸上开始有了笑容。我很自然地问到她今天同学们给妈妈打电话的多不多,她说反正坐在她前面的鸣同学是打过的。

"你呢?"我耐心地等着她的回答,尽管我知道答案。

"我没有!"伴随着这句话,她脸上的笑容立刻消失,又低下了头。

"那是为什么呢?"我追问。

"不知道……好像妈妈忙,不会在意我的电话。"她小声说。

我知道机会来了,孩子是愿意沟通的,只是对家长的冷漠习以为常了。

我说:"那今天试试吧,说不定是一个给你们双方都带来惊喜的机会。"我指指我桌上的电话,随后转身离开。

15分钟后我回到办公室,颖刚刚放下电话。"老师,谢谢你!"她笑着说。

"多长时间没给妈妈打电话了?"我问道。

"这是我本学期的第一次。"她说,"不过,我想好了,以后每周我都会打一次,老师,我向你汇报!"

1. 晏老师,您认为家长应该如何在个性化教育中发挥应有的作用?

个性化教育绝不仅仅限于学生,也包括对家长的个性化教育!父母与孩子之间的血缘关系和亲缘关系的天然性和密切性,使父母的喜怒哀乐、待人接物对孩子有强烈的感染作用。孩子对父母的言行举止往往能心领神会,以情通情。在家长高兴时,孩子也会参与欢乐,在家长表现出烦躁不安和闷闷不乐时,孩子的情绪也容易受影响,即使是幼儿也是如此。

如果父母亲缺乏理智而感情用事,脾气暴躁,都会使孩子盲目地吸收其弱点。家长在处理一些突发事件时,表现出惊恐不安、措手不及,对子女的影响也不好;如果家长处变不惊、沉稳坚定,也会使子女遇事沉着冷静,这样对孩子心理品质的培养能起到积极的作用。文中颖的父母没有意识到家庭教育对孩子的重要性,反过来使得女儿性格偏辟,很难真正地接受家人的意见,凡与她意愿相违背的事情,她都有着强烈的抵触情绪。

2. 很多青春期的孩子不爱和家长沟通,甚至对着干,家长该怎样和孩子相处呢?

中学阶段,是孩子从稚嫩走向成熟的一个重要转折期,孩子在人格、思想等各个方面会显现独立的欲望,这个时期往往会有一些逆反的言语或行为。这是孩子在成长过程中的正常表现,作为家长要懂得理解,更不要轻易地指责孩子,正确的做法是多关注孩子的变化,多站在孩子的角度思考问题,学会和孩子进行平等的交流,例如陪孩子一起运动锻炼,和孩子讨论他们的偶像,以此提醒什么是应该学的,什么是不应该学的。只有进入孩子的内心世界,才能相处得更融洽。

3. 万里是怎样和家长一起共同解决孩子成长阶段的各种问题的?

个性化导师要做到从点滴细微处关心和关爱学生,密切关注学生的思想变化,确保随时把握心理疏导的最佳时机。利用心理疏导、感恩教育来帮助学生树立积极向上的心态,改变叛逆、偏执、冷漠的心理,促进健康人格的形成。同时加强家校联系,和家长一起共同解决孩子成长阶段的各种问题。

家庭教育对于孩子品性、人格、价值观的形成都起着关键性的作用,是其他任何渠道、任何方式的教育无法替代的。学校家庭共同携手是万里开展个性化教育的一个重要支柱。万里不仅有家长委员会,还建立了宁波市第一家长合唱团,通过各种生动的形式让家长参与到学校的教育活动中来;学校定期举办家长开放日,全方位和家长进行互动交流;近年来举办了多期"名师进社区"活动,现场帮助家长解决各类教育中的疑难问题,受到家长和社会媒体的欢迎和好评……万里通过一系列家校联手的教育措施,共同打造孩子的健康人生和美好未来。

 读者感悟

从自卑走向自强

贺海军

 案例**背景**

　　期中考试的预备铃声响了，教室里同学们静静地坐着，我拿着试卷走进了教室，但感觉气氛有点不对，当我低头准备发卷时，发现满地是污水和废纸，显然，今天没有打扫卫生。我顿时火冒三丈，但强压怒火，说："今天，谁是值日生？"话音刚落，没想到值日生们竟齐刷刷地站了起来，我说："为什么不扫除？"他们，你看看我，我看看你，谁也不吱声。过了会，就听张强说："老师，没他们的事，是我不让他们扫的。"同时，歪着脑袋，用一种挑衅的眼光看着我，似乎在说："看你能把我怎么样！"此时我强压下去的怒火立刻迸发出来："你有什么权力阻止他们打扫卫生？"我几乎是在喊。但他仍用一种嘲笑的眼光看着我，此时，我真想立刻把他赶出考场，才解气。然而，理智使我没有这样做，这时，考试的铃声已响，我镇静了一下说："你们先考试，考完后咱们再说。"

案例**过程**

　　我坐在考场里，静静地思索着，此时，我想起了魏书生说的一句话："人是一个广阔的世界。"是啊，既然是广阔的世界，那么这世界里必然有日月星辰，也有江河山川，既有风霜雨雪，又有花鸟草虫，有真善美，有假丑恶。那么，这个张强的"世界"里是些什么呢？是什么原因促使他把那假丑恶的一面暴露给大家呢？……不知不觉中，考试结束了，我把张强叫到了办公室。

　　此时的他似乎很镇静，但细心的人会从他的眼神中体会到他的不安，我想，扮演一个什么样的角色，才能打开他的心灵世界呢？扮演一个大发雷霆的角色，使自己生一顿气，也使他生一顿气；也可以扮演一个有极丰富经验的教师的角色，帮他分析错误的利害关系，使他佩服；还可以扮演一个慈母的角色，使他感到亲人般的温暖和爱护，在温暖中改正他的错误。最终，我选择了严师与慈母的双重角色。因为我知道，张强是一个有名的淘气包，虽然我接班时间不长，才俩月，但几次找他谈话,效果不佳。如果说要找他的缺点,批评他,毫不费力气就能找到许多许多,但这样做,只能打击他的自信心,强化他的自卑感,把他推到对手的位置上,而且他还会带动一批人,成为我工作上的阻力。显然,他在自己不长的人生路上,经受的批评打击够多了。他不缺少批评,缺乏的是鼓励和肯定,是别人帮他找到长处,使他有自信心,有个落脚的地方,有个根据地。想到这儿,我和蔼地说:"首先,对今天的事情,老师应该向你道歉,我不该跟你发火。"说到这儿,我看到他的眼睛先是一亮,直勾勾地看着我,接着又暗淡下去,这细微的变化,使我感觉到了,他由惊喜到怀疑,他的心在动,我暗喜,接着说:"第二,从今天的事情中,老师看到了你身上的优点:(1)你能勇敢地站出来承担责任,像个男子汉,敢作敢当,老师喜欢这样的人,痛快。(2)你有一定的号召力,你不让扫除,他们就不敢扫。"此时,他用一种疑惑的眼光看着我,似乎在说:老师,您不要挖苦我。我看透了他的心思,接着说:"老师说的是实话,不是挖苦你,因为我坚信,每个人的内心深处都潜藏着两个自我,一个是先进的自我,一个是落后的自我,今天你之所以阻止大家扫除,我想肯定是那个坏的张强在作怪,所以你犯错误了;如果是那个好的张强占了上风,恐怕今天就会是另一番景象,你可能会成为我们全班同学学习的榜样。"我看他在频频地点头,觉着时机到了,接着说:"第三,老师还要批评你,今天这事不管出自什么原因,你都不该阻止同学们扫除,你伤害的不是老师一个人,而是全班同学。是你,造成了他们在垃圾堆中考试,试想,他们的心情能好吗?能考出好成绩吗?"此时的他,已是泪流满面,说:"老师,我真的认识到自己错了,请您原谅。"看得出他在内疚、在自责。

我庆幸自己选择角色的成功,使我心境平和了,开阔了,话也说进他心理去了,使他也能跟着一起去寻找那曾有过而又失去了的世界的另一面。我说:"老师原谅你,知道错了,改了就是好学生,不过我不明白你为什么要阻止大家扫除呢?"他反问到:"您想听真话还是假话?""当然是真话!"我毫不犹豫地说。"那……您听了可别生气,本来我是可以到三中自费的,但听说万里的教学质量不错,于是就来到了这里,但高一时,由于种种原因,我班纪律不好,所以我的基础没打好。本想到高二分班时,能上个好班,谁想创新班又没进去,所以就破罐子破摔。"原来如此,他说的是真话。我是一个无名小辈,而创新班的班主任是一个很有名望的教师,这怎么能去比呢?他们真给我出了一个难题,面对这些心灵受到挫折的孩子,我该怎么办?怎么样才能让他们信任我呢?我知道,只有用教师那博大的爱,去温暖那些受了伤害的心灵,但这很不易。因为,今天的学生不同以往,他们的自我意识很强,但缺乏认识和调控的能力,内心有了许多的隐秘,但又渴望交流和理解,空泛的说教已很难打动他们的心灵。所以,只有把真挚的爱化为与他们进行心灵沟通的那份亲切和坦诚,把抽象的道理变成对他们具体人生的关怀,我才能在他们的心目中占有一定的位置,才能达到良好的教育目的。

于是,我说:"张强,你想上创新班,说明你有着极强的上进心和自尊心,但没进去,我们就应该面对现实。在这个现实中,我们师生共同努力去创造美好的学习环境,实现自己的理想,而不应一味地去埋怨、指责外界环境,这样不仅无益,反而会助长别人的愚昧和自己的野蛮。但只要我们省下这些力量中的一份,用来改变自己,就会使自己发生变化。现在,老师迫切需要像你这样的助手,就拿今天这事来说吧,假如你把所有的脑细胞都来研究怎样把地扫好、怎样把考试考好,那将是一个什么局面呢? 我们今天的谈话将是一个什么内容呢?"他若有所思地看着我,我接着说:"老师相信你,你是个聪明的学生,只要你认真、努力,是会成为别人羡慕的好学生的。"我的话音刚落,他就抢着说:"真的? 老师,我能行? 您相信我?""不仅相信,而且还准备让你担任小组长,怎么样?"他半天没说话,我接着说:"怎么样,不愿意为大家服务?""不是,我怕干不好,因为我没有威信。""能,你会干好的,只要你努力,而且你在同学中有号召力,试试看吧! 如果有困难,咱们共同研究。""行,谢谢老师。"他怀着一种喜悦的心情离开了办公室,而留给我的却是深深的思索。我知道,他还会反复,因为后进生的上进之路是在反反复复中进行的,但最终是会成功的,只是其中包含着太多太多的曲折……最终张强在高考中以比较理想的成绩考入了师范院校,现已成为一名光荣的人民教师。

 案例 追问

1. 贺老师,张强故意犯错是一种什么心理?

在当今社会变化剧烈、竞争残酷的大环境下,在生理心理皆敏感、学习又紧张的中学阶段,许多学生都会不断地遭到自卑感的冲击,心理将会严重地失衡,那种滋味、失败的感觉真是难以忍受。可是,自卑真的不是一种过错。自卑感并非是什么坏的情感,也不是什么变态的征兆,相反是每个人在追求更大的价值和完善的人生过程中必然要出现的心理反应。自卑没有错,关键是怎样对待它。教师应当引导学生正视自卑的存在,不退缩,不蛮干,尽力克服,努力超越。帮助他们树立自信心,培养他们的自助意识,去实现他们自身价值。

2. 贺老师善于做学生的心理疏导工作,这方面能否再为我们老师提几点建议?

教师要为学生心理的健康发展创造良好的环境,应该注意以下几个方面的问题:

第一,尊重、了解学生。作为教师,应该了解基本的中学生心理特征与心理特点,学会从孩子的角度去理解他们的问题,不应总是站在成人的心理层面进行分析。要注意保护他们的自尊心,尤其是我们在安排工作时,应注意学生独立意识的发展,避免引起学生的逆反心理,引发他们的反抗行为。尽量让学生感到这是他们自己的意愿与选择,而不是别人强加的。

第二,让每个学生都能获得成功的体验。每个学生都有自己的智力优势,因此,我们要在了解学生的基础上,针对他们的"闪光"点,为他们设计成功的机遇,帮助他们树立自信心。否则,总是失败的学生很难形成健全的人格,至少不会自信与乐观。这个阶段的学生并不能正确对待失败,长期失败对成年人来说都是不堪忍受的,何况这些涉世未深,还没有经过社会磨炼的中学生。不能获得足够的成功体验,就易产生自卑、退缩、悲观等消极性格。不过对那些太过分自信的学生,也不易表扬过多,以免滋生他们骄傲自满的情绪。

第三,多组织有益的活动。活动是锻炼学生的大舞台,不同的活动可以塑造他们不同的性格,发展不同的能力。在课堂学习活动中,可培养学生好学上进的性格。课外活动中,可培养学生开朗、主动的性格。班级之间的各种比赛,可增强学生的集体荣誉感等。在各种活动中学生还可以形成助人为乐、团结一致、乐于合作的精神。同时也有利于加强学生之间、学生与老师之间的沟通与了解。

第四,做好休闲辅导。现在的学生学业压力很大,许多学生生活中基本只有"学习"两个字,经常要学习到深夜。有的学生可能经常处于焦虑状态,不会自我放松与调节。教育不仅包括教他们学习,还要教育他们热爱生活、学会生活。只有懂得休闲才能更好地工作,调节紧张的情绪,一张一弛,才能相得益彰。休闲的功用至少有三点:松弛身心;满足爱好;获得成长。现在的心理辅导又把休闲看作是自我理解、自我发现和自我发展的一种手段。因此,做好学生的休闲辅导工作,意义重大!

读者感悟

从"千纸鹤的眼睛"说起

鄢秋平

由于应试教育诸因素的影响,许多学校目前仍然存在着只注重学习成绩而忽视或不够重视思想道德教育的现象,尤其对于尖子生,致使很多尖子生出现了品德与学习反差巨大的状况。因此,对学习尖子生进行个性化教育是十分重要的。

基于尖子生个性强等特殊因素,在对他们进行培养时,要坚定而温和地抓住教育的缰绳。多沟通,多交流;多设定情景,多暗示;多靠集体的力量。同时要坚定地引领他们的灵魂走向高处,一步步,一点点,春风化雨,润物无声。在培养尖子生的个性化教育时,我认为,老师应该做一名"琴师"。

会奏"心音"

当学生有了不文明的举止时,当学生被自私的阴影笼罩时,甚至对你说"不"时,老师要压住怒火,会奏心音,因人因时,用和风,用细雨。设若每个教师都会反复地、灵巧地去弹奏"高山流水",那么,每一个学生的心定会成为"知音"。

2003年,我初任万里班主任。一天,一位同学半旧的"英语电子词典"不见了。出小偷了!这怎么行!于是在班里我轰轰烈烈地查起来,访查、谈话……几天过去了,一无所获。性急地自己决定要在班会中公开教育甚至"恐吓"了。

正在这时,一封并无署名的信出现在办公桌上。拆开,是一只精巧的千纸鹤,但却没有眼睛。还有一张纸条:老师,那本"英语电子词典"是我拿的。我家里不富裕,英语成绩又不好,便非常喜欢那本"电子词典"。有一天,趁同学不在时,我便顺手牵羊给拿走了,可我不会用,没几下,就坏了。我好怕,不敢站出来。今天我已从生活费中挤了一百元钱,连同那本电子词典已偷偷放回了同学的书包里。老师,您能原谅我吗?您愿意帮我向那位同学解释一下吗?如果您同意,请给这只千纸鹤画上眼睛。

我庆幸自己还没有在班会上公开,真险哪!

通过字体,我确认这是班上的一位尖子生写的。我不能公开,我只能跟从:原谅他,宽容他,走进他的心灵。

拿起笔,我为千纸鹤画眼睛,很仔细,很认真。感觉中,那是自己今生画得最美的眼睛。

每个学生,甚至每个人的心底都潜藏着一些细微的东西,这些极细微的东西或许就是一道精神底线、一泓激情的泉源……教育者呵护这些细微的东西,并适时给以温馨的提示,如春流绕过青草、微风掠过夏荷、阳光拂过秋叶、红梅点缀冬雪,那么也会石激千重浪、改变心灵大世界。

慢抚琴弦

对尖子生的个性化教育不可操之过急。他们成绩好,往往有几分孤傲,自尊心比较强。如果态度粗暴,方法简单,他们的心弦可能会被弹断。心弦断了,我们怎么走到他的心里去?所以,对这种情况,大多可进行冷处理。他们都是悟性极高的学生,有时多给他们设置一些情景,无须多言,只是给予一种暗示,就会收到事半功倍的效果。

张博是我班中的一位"奇人",他成绩突出,却威信很低。一天,我班中的高正同学因病早自习未到,其家长已向我电话请假。饭后当他带病来上课时,作为值日班长,张博按规定给高正扣了 2 分,高正说明了情况,张博仍执意不改。高正向我反映了情况,我就出面向张博解释,但他却认为:这件事班主任不应参与,如果我执意要改,那就是不公平。好一个"不公平",惊得我半天未缓过劲来。我不但未生气,反而认识到这是教育张博学会宽容、学会和同学交往的绝好时机。于是我先肯定了他这种认真负责的态度,然后让他换位思考。当他还振振有词、不肯原谅同学时,我便让他先不改分,把这事进行了冷处理。事后我搜集了许多关于"宽容他人、友爱互助"的文章及材料,精选了两篇,一篇《快乐箴言》悄悄贴在了教室里,另一篇《你有权,但不应……》在专题班会上让张博领读,全班同学进行了朗诵,并以"我爱……"为话题进行心得交流。交流中,当张博的话语"我这人有几分孤傲,不太会体谅理解他人"道出时,教室里响起了雷鸣般的掌声。当天,高正被扣的分数也悄悄改过来了。

个性化教育还需"和弦"

教育在集体的熔炉中更能显示出力量。在很多时候,要把尖子生的教育融入到整个班集体中,靠集体的力量卷走他们心中的尘沙,沉淀下亮晶晶的金子。同时,要促使学生形成高尚的品德并将其外化为良好的文明习惯,必须在实际工作中积极实施学生的自我教育,在思想道德建设中坚持自主育德,在行为习惯上坚持自我管理和自我发展。"班级论坛"、"成长约定"等都是有益的探索形式。"班级论坛"是让每个学生每月结合自己的常规表现和认识写成演讲稿,经全班同学评阅后,选出反思深刻、最有创意的五名同学进行演讲。"成长约定"由班长在每个学期初与每个同学签订,过程中全体同学监督,学期末总结反思。

1. 鄢老师,请您对学习"尖子生"容易出现的问题谈一下自己的看法。

纵观近几年的一些学生,特别是学习成绩比较好的学生,在世界观、人生观、价值观方面出现了错位问题,我认为其中一个重要的原因就是有的教师在进行德育工作时,往往把工作重心倾斜在后进生身上,认为德育工作主要就是教育后进生,而在很大程度上忽视了"对尖子"的德育问题。其实,"尖子生"和后进生一样,都是我们德育教育的对象,都需要进行耐心细致的品德教育工作。从某种程度上说,"尖子生"的品德教育问题是一个非常严峻的问题,我们的教育不能在培养出知识上的巨人的同时,却造就一批道德上的低能儿。

2. 鄢老师,请您谈一下对"尖子生"的个性化教育的策略。

尖子生往往个性鲜明,而个性与创新往往相伴而行。呵护个性,呵护尊严,是教育个性化学生的前提。"大棒"政策,"大一统"化管理,只会抹杀学生的个性,对他们的未来发展有百害而无一利。对尖子生来讲,思想品德教育更体现在一些具有亲和力的细节和暗示上。

我们教书育人的同时,应当多关注一下"尖子生"的品德教育问题,有计划、有针对性地培养他们这方面的素质,真正把"尖子生"培养成为符合时代需要、全面发展的合格人才。

同时,教师也应当不断学习新理论、新知识,有机地利用教育学、心理学理论,树立科学的教育观,因人而异,采用不同的教育方法。

第三章

特长培养篇

搭建一个舞台

多元智能理论认为:每一个孩子都是一个潜在的天才。真的,这个结论同样适合您和您的孩子,只不过每个人的特长不同而已。

个性化教育就是带着这样一种眼光,去关注每一个孩子,并从他们身上发现或者挖掘出那些与众不同的天才的元素,然后加以培植和强化。在这个培养教育的过程中,不仅要让孩子的特长得到强化,更重要的是要培养孩子的自信心和阳光般的心态,让他们在学习的过程中享受到教育的快乐,去拥抱一个充满阳光的世界。

本章故事的意义,不在于培养学生的职业特长技术,而在于提醒人们:个性化教育要善于发现每一个学生的闪光点。或许,在未来的人生之路上,他们未必以其特长作为职业,但是他们永远不会忘记曾经拥有一段那么美好的中学时代,永远相伴他们走向未来的是足够的信心和勇敢。

因为你很独特

刘宏斌

导师简介

刘宏斌,男,大学本科。1997年加盟万里,一直担任我校高中美术教学工作,获得校"十佳教师"和第三届万里"五四青年标兵"等荣誉。十多年来,在他的不断创新和勤奋努力下,我校美术教学经历了一个快速提升的过程:从无到有、从小到大、从粗到精、从默默无闻到声名远播、从我校教改的一个亮点到高考的一个辉煌板块。可以这样说,刘宏斌老师不仅为我校的美术教学作出了重大贡献,而且为整个学校的发展作出了重要贡献,因而被誉为"金牌教师"。

案例背景

古代大教育家孔子在教育实践的基础上,创造了"因材施教"的方法,并作为一个教学原则,贯彻于日常的教学过程中。孔子首倡"因材施教",这是他在教育上获得成功的重要原因。南宋文学家朱熹云:"孔子教人,各因其材"。可见他在教育中特别研究学生,他对学生的个性特征有着深刻的观察分析。

在美术专业高考辅导中,经我多年的细心体会和运用,我感觉"因材施教"的方法可渗透到教育教学的每个角落,并且能获得很好的教学效果。美术专业高考辅导,不仅仅涉及学生专业方面的教与学,它还涉及学生的专业报考和课后生活等诸多方面的事情。由于周期较长,天天和学生接触,人数又相对较少,因此对学生有更深入的了解,能根据学生的不同特点给以科学的教育。

案例过程

实例一:杨亚妮激情冲顶

我校2006届美术学生当中,成绩最好的算杨亚妮。她的专业高考成绩过了清华大学、中国美术学院、同济大学的录取分数线,并且在美术联考中成绩名列全省第九。她的成绩让我非常欣慰,也曾是学校的骄傲。

想起高一第一学期期末,杨亚妮来到画室说要学画画。我知道她的漫画画得不错,美术作业也做得很好。但作为专业学习,我还是有些犹豫,就让她当场测试一下。画完以后,我就感觉她很有天赋,潜力很大,用笔大气有力度,加上她又是创新班的学生,文化成绩好,我马上意识到她是我校美术专业历年来综合素质最好的学生,当时便欣然接受。

记得进入高三前的暑假期间,天气炎热,我们的画室在楼顶,并且画室顶部有八个大玻璃天窗,白天太阳光直射,门又小,空气不流通,形成温室效应,人一进去就冒汗。有一天晚上第一节自习课,我走到画室,发现其他的学生由于太热都在门口吹电扇、聊天,只有杨亚妮一人在画画。我走到她的身边,在稍偏暗的灯光下,我发现她的衣服全是湿的,脸上全是汗珠。我假装生气地说,洗澡也不能这样,把全身都浇湿。她大声说:"这是汗!"这着实让我有些触动。流这么多的汗,她怎么能坚持下来!我暗想,这不是一般的学生,是学校明年高考希望所在。

为了更进一步调动她的积极性,第二天她们班刚好上素描欣赏,我把她的素描作品拿到她班级让全班同学一起欣赏,同时与达·芬奇等世界大师的素描一起比较、讲解。当天晚自习第二节课,我走到画室,我第一眼就看到一块画板上用红色水粉颜料写了"激情"两个醒目的大字。我猛地看到,心里很生气。心想:又是谁干坏事了,弄脏了别人的画板。再走近一看,还有些小字,板后面还画了一个小女孩,再仔细一看,这不是杨亚妮的画板吗?!

一面写上"激情",另一面画的小女孩应该是代表自己,旁边还写了"激情"、"信心"、"不懈努力"、"加油"、"我疯,我可以!"等小字。我马上意识到,是因为白天美术课上表扬了她,她现在很高兴、自信,并且确实有激情!贴近一看还是湿的,就是前一节课写的。这事让我感触很大。我想,老师的肯定,对学生自信心的建立是多么的重要。恰到好处的鼓励是因材施教的重要方法。

因材施教的前提是要深刻了解学生,在最佳的时候,寻找最佳施教点。孔子的"不愤不启,不悱不发",就是指只有当学生具备了"愤、悱"状态,才能准确地把握好时机,有利于在情绪和思维的最佳突破口拨响学生心灵的乐曲,点燃学生智慧的火花。

由于她的专业和文化课都很优秀,我建议她参加了清华大学的冬令营考试。在专业考试前一天晚上,我们住在清华园宾馆。晚上十点多,我安排杨亚妮画她妈妈。冬天的北京外面很冷,杨亚妮爸爸突然说:"刘老师,我们去散散步吧。"我们走在清华校园内,可能是触景生情吧,她爸爸内心很激动,一口气说了很多家事。他说:"亚妮的妈妈小时候家里经济不好。结婚之前她在清华大学校园门口附近打了3年工。时间真快，没想到今天亚妮又来这里考试，真是不容易。要是亚妮能考上就太好了！"（现在杨亚妮家有一个很大的企业，她妈每天开辆白色的宝马，很时髦。）我当时看他的神态，似乎把我当知心朋友，很真诚。我想，这些事情杨亚妮应该知道，她家确实与清华有特殊的情缘。为了再一次为她创造良好的外部条件进而调动她的激情，我特地请了我校前几届毕业的清华在校生与杨亚妮进行交流与辅导。由于是校友，大家都倍感亲切。她们滔滔不绝地谈了许多高三时怎样学习、怎样做难题的诀窍以及清华的情况。我注意到了杨亚妮那专注与崇拜的眼神，就知道她对考入清华是多么的渴望。回忆起来，至今历历在目。

家校沟通、共同协助也是非常重要的。为了给杨亚妮一个安定和安全的环境，我建议在杭州培训这段时间家里请一个人来照顾。她父母听后觉得很有道理，尽管很忙，她妈妈还是暂时放下她家的企业不顾，跑到杭州一直陪着她，直到专业考完。这对她情绪的稳定有很大的作用。

功夫不负有心人，在各方努力下，她终于取得了优异的成绩。

实例二：高阿丽圆了清华梦

2003年，我校招收了一批韩国学生，学校领导很重视。美术、音乐兴趣小组有很多韩国学生参加。其中，有一名学生叫高阿丽，加入了我的素描班。开始，她甚至连拿铅笔的方式都不对，但很认真，对人也很有礼貌。由于外籍学生有较多的课外时间，一有空，她就到画室与报考美术专业的中国学生一起学画画。

2004年下半年开学，我校国际部的陈老师来电话说，高阿丽想考美术专业。我当时一愣，因为她是外籍学生，如何报考？如何考试？难度如何？这一系列问题我都不得而知，心理压力很大。开始，我表示不愿意接收，但是陈老师说，她报考美术专业态度很坚定，其父母也同意。我又一想，外籍学生考中国的美术学院，是一件大好事，对我来说也是一种尝试。于是我同意了。

高阿丽确定报考美术专业后，我对她的要求和前一年就不一样了，完全按照我们中国学生的标准来选择学习的内容和学习的时间。几个月下来，我发现就学习的内容，特别是色彩练习，由于涉及的专业术语较多，很难用语言与她正常交流，而且感觉她的成绩渐渐落在中国学生的后面，我有些着急了。没办法，我只有多花时间帮她多修改，多示范，让她多看。虽说效率不是太高，但是她的悟性确实不错，进步很快。最重要的是，她有充足的学习时间，这是中国学生所没有的。

又是半年过去了，将要面临报考了。起初，我本人包括高阿丽的父母都认为能考上中国美院就不错。突然有一天，我冒出一个大胆的想法：是否可以报考清华大学？如果能考入清华那是最理想的了。清华是我国最好的学府,是每个学子都向往的地方。我开始查找有关清华招生的信息,果然外籍生也可以报考。我感到有些兴奋了。如果高阿丽能考上清华,不管对她个人还是对学校都有着非常大的意义。于是,我把这想法告诉了袁校长,希望得到学校的支持。没想到袁校长很高兴,也特别重视,后来他经常关心并询问高阿丽的学习进展情况。在这种氛围下,我对高阿丽的美术学习不敢有半点松懈,每天花很多精力找来静物,摆上各种各样的瓶瓶罐罐、水果进行写生,扎扎实实地不放过每一天。果然,没过多久她的专业成绩突飞猛进。2月初,她参加中国美院考试顺利通过,更增添了我对她考清华的信心。清华大学专业考试比中国美院要晚很多,珍惜这段时间,专业成绩肯定会更好。之后的日子应该说每天都是废寝忘食。特别是韩国的学生,都很配合,每个学生轮流做模特,非常认真,为高阿丽的人头像写生在时间上做出了百分之百的牺牲。衷心感谢那些韩国小朋友们的热情帮助。

考试时间渐渐临近,为了万无一失,我向学校要求亲自带队去。袁校长再三叮嘱,我更加意识到这次考试的重要性。我必须认认真真,为高阿丽创造最好的学习、考试环境。专业考试完后大约二十多天,终于收到清华的专业录取通知书。在一千多名外籍考生当中,录取 25 名,她排在第 3 名。最后,她终于以优异的成绩,顺利被清华大学录取。

 案例追问

1. 刘老师,作为一位美术老师,怎样在教学中体现个性化教育?

美术教学最能体现个性化。面对一个物体,每一个人即使采用同一种技法,表现出来的效果也是不一样的。因为每个人的审美都是有自己的个性特点,作为美术老师就是要培养这种个性,这样美术才能丰富多彩。在教学中,我在强调基本功等共性的基础上,特别注重学生个性特点,因材施教,所以通过多年的努力积累,我校美术高考成绩在不断进步,有不少学生考入了优秀的美术院校。

2. 具体来说,您对上面两位学生是怎样做到因材施教的?

上面两名学生,从画画不会拿铅笔到考入清华,她们的具体情况差异很大。我仔细体会,为什么她们能取得这么好的成绩?除了她们都具有很好的天赋并且刻苦以外,与我根据她们各自的特点,进行因材施教也有很大的关系。杨亚妮的潜力很大,教学时我除了注意技法辅导外,更注重调动她的积极性,不断鼓励,树立信心。高阿丽作为一名外籍学生,专业高考整个过程我一开始是完全陌生

的。通过积极探索,根据她的实际情况,在不同的阶段,我都非常准确、科学、有创造性地采用了正确的教学方法,最终才得以使其进入清华。因此,我感觉到教学中要研究学生,对每个学生的不同特点进行深刻的观察分析,才能找到准确的教学方法。

3. 您怎样认识个性化教育?

我认为教学活动的一个典型特点是它不容许有千篇一律的现象。因为我们面对的是一个个思想、性格、智力、技能均不同的学生。家庭、社会、学校等方面的影响纵横交错,在每个人身上发生着综合的效应。因而对他们的教学方法、教学过程不应该是一种固定的模式。可见,充分理解、运用因材施教的个性化教学法具有重要的意义。

吹 B-box 的男孩

侯　莉

案例背景

　　蔡宇翔,原高三(3)班的一名学生。在 QQ 群里被朋友称为:孩子、好人、乐圣、劲爆小子、歌神、音乐鬼才、博士。他是我们班级的电教委员,负责管理电器设备。对工作他认真、负责。在别人玩的时候,他拿着抹布去清洁电器设备。在学习上,他刻苦、努力。高三整个 9 月份,为了迎接第一次月考,他上课聚精会神,中午不睡午觉,独自在教室里自习。但就是这样,成绩却还是全年级的倒数第 3 名,总分 384 分。2010 年 9 月 22 日夜晚(中秋节之夜),举行班会,教室里关掉了灯,每一位同学思考三分钟后慎重地对着全班同学说出自己的梦想。蔡的梦想:数学近期能赶上点。人生目标:能成为一个有着自己曲风的音乐家。人不能不明不白地死去,活在这个世界上就该有点贡献,争取考上西安音乐学院。

案例过程

艰难抉择

　　期中考试结束后,我找到蔡。他说他很喜欢音乐,可是爸爸觉得这个职业将来谋生很艰难。我们年级主任李志刚老师告诉我,高二时就曾经劝他去读音乐,可是被他爸爸挡了回来。于是我去问了音乐老师崔茵,她说虽然蔡没有参加过任何形式的音乐专业培训,但他有这个天赋。然后我就打电话给他爸爸,他爸爸还是很强硬,不同意。看着孩子努力了却见不到成效,我也感觉很痛苦。在和同事闲聊中,他们给我讲了很多生动的例子。于是我告诉他爸爸:如果孩子到时勉强考上一个他不喜欢的大学和专业,那他到时拿着钱在大学里混,岂不是更可怕。至于孩子将来出来干什么,那是有很多可能性的。但我相信,如果孩子读上了他喜欢的音乐专业,他肯定能利用好这些时光的。他也不会埋怨家长没有给他实现梦想的机会。就这样,他爸爸同意了。但是,孩子反而犹豫了。因为当时已经是 10 月了,12 月就要报名,他怕时间太短。但我告诉他,崔老师是专业老

师,崔老师觉得他行,他就肯定行。他相信了。在离开万里去上海读专业的那天,我让他把电话号码留下,因为可能报名的事情要联系他。其实,我知道这个孩子独自一人在外面学习,肯定需要不断的鼓励。我想到时可以多和他沟通一下。

释放潜能

中途联系过几次,他说老师表扬他学得很快,我也不停地鼓励他。有一次,都晚上11:00了,他很兴奋地打电话告诉我,老师模拟了一下,他的分数已经很接近前几年的录取线了,专业学习初见成效。等他回学校报名,来到我的办公室时,他脸上已经绽放出了自信的笑容。我相信他肯定能成功。

第二年1月,在成人仪式那天,在我一再地催促下,他爸爸还是没有写信,只发了一张传真过来:"祝贺孩子长大成人"。我想在全年级同学都在看信的情况下,如果只有这样一行字,他肯定会很失落的。于是,我赶紧趁中午时间在办公室写了些鼓励他的话,一同放到了他的信封里。在读信的时候,我特意瞅了一下他,他有些惊喜。

3月,他一直担心的专业成绩终于下来了。虽然联考成绩不理想,但他在西安音乐学院的考试分数相当高,排名第二,而西安音乐学院正是他特别希望能进的那所院校。他一直悬着的心终于落下了。他爸爸告诉他,在上海培训已经花了很多钱了,如果文化课成绩过不了,就前功尽弃了。于是他开始紧张起来了。西安音乐学院的文化课成绩按往年来算,至少要考到330分。他怎么算,分数都要相差30分左右。这时我就发动班级的力量,利用我们板报中的英雄榜,对他进行了精神和物质奖励。在本子上班委写道:祝贺音乐专业过关奖。

全力冲刺

4月底,在毕业典礼上,节目单上赫然印着蔡的名字,有他的节目。我问他是什么,他说保密。在一位同学唱歌时,这边伴乐响起。哦,原来是蔡独自一人在表演B-box。看到他在台上的那份忘我和自信,我告诉自己,一定要帮这个孩子实现梦想。他缺的不是文化课成绩,他缺的是自信,对自己潜能的一种自信。仪式结束后,我把那张印有他名字的粉红色节目单作为成人礼物送给了他。

5月份停课复习期间,他爸爸不断地打电话过来,询问孩子的学习情况。这也给我增加了很大的压力。因为是我主张孩子去读音乐的,万一文化课成绩没有达到分数线的话,就相当于浪费了时间和金钱。但这个孩子很懂事,他说老师你别紧张,哪怕今年考不上,我明年也要考音乐。他很会想办法帮自己和同学解压。在炎热的教室里,他头缠湿毛巾,椅子上放了一块玻璃,用类似古人"头悬梁,锥刺股"的方法进行学习。偶尔他走到走廊上,拍打墙上的蚊子来释放压力。

6月7日,第一天考下来,他明显很累的样子。他觉得自己考得不好。他说前一天晚上几乎没有睡着。我告诉他,凭他的毅力和决心,肯定能将明天撑过去的。第二天,他很淡定地上了考场。理综考下来觉得还行。最后高考总分349分,超出音乐学院录取分数线10分。在志愿表上他只填了一个:西安音乐学院。他的音乐梦想终于实现了。

7月,他的QQ签名:"大学5年好好干"。

1. 作为高三学生的个性化导师,你觉得除了关心学生的学习外,还需要关注什么?

高三的学生已经有很强的学习欲望了,他们渴望成功的同时,也舍得花更多的时间。这个时候,导师要关注每个个体的心理变化,挖掘他们内在的动力和恒心,帮助学生寻找适合他们自己的成功的方法和阶梯。

2. 你怎样理解学生的潜能和成长的关系?

个性化教育的实质是让孩子主动学习,发挥潜能。心理学家的调查表明,一个人成功与否,只有很小的一部分取决于智商。实际上,大部分人只发挥了自身潜能的5%～10%。潜能,这个词的意义既明确又模糊,人在现实中体现出来的能力和素质,只是冰山一角,而潜藏在"水面"以下的,就是巨大的不为人知的潜能。帮助学生挖掘潜能,这会成为他以后人生的一笔宝贵财富,为将来的成功奠定基础。

3. 如何挖掘学生的个性化潜能?

根据教育对象的性格特征、兴趣爱好和最佳才能,充分发展个人特长,使个人专长和能力更突出,从而推动学生学习与成功。在平常的教育和教学中,通过与学生的交流,以及与他的同学和家长的接触,老师也就有更多的机会帮助他们发掘自身的潜能,带领他们学会主动学习。在这个过程中,导师要不断地给孩子信心,让他们有毅力坚持下去。如果我们能多一双智慧的眼睛,就有可能使孩子们身上处于休眠状态的潜能发挥出来,创造出连他们自己也吃惊的成功。

游戏大王的意外收获

肖　敏

 案例背景

王同学,男,外表看起来胖胖的,笨笨的,其实很聪明,尤其理科是他的强项,数学和科学经常是满分,中考他的科学就以满分取得了全校单科第一名。他的父母文化程度不高,开着一家公司,很忙,顾不上他,于是就把他送到了万里。学校两周一次的接送,都是他自己坐车回到家里,陪他的也只有电脑,因此他特别痴迷于电脑游戏。他自己很小就习惯于在家自己照顾自己,由于缺少家长的关心和引导,他的生活习惯和学习习惯都存在很多问题。尤其是进入高中以后,虽然他进入了理科创新一班,但对游戏的热情依然不减,每次我向班主任和科任老师了解他的情况,很少听到对他的夸奖。

 案例过程

1. 用"游戏"作诱饵也算是"因势利导"

初一的时候,信息学竞赛选苗子,来报名的男孩子居多,大多是冲着游戏来的。每次上完课都要让他们玩会儿游戏,否则就不想来。当时的王同学看起来有点笨笨的,但绝对是游戏高手,只要老师不在场,他是一定要开小差玩游戏的,就是老师在场,他也经常跟老师玩猫和老鼠的游戏,让老师也很头痛,同学们都尊称他"游戏大王"。一开始,老师很想把他开除,但上过一段时间的课后,觉得他的竞赛思维能力高于其他孩子,是一个不可多得的竞赛苗子,又舍不得,于是只好继续跟他斗智斗勇。

说心里话,竞赛班里有这么个人物,对其他同学都带来不好的影响,怎么办?我和老师们反复商量,商量结果是,对他这样的孩子,不妨用"游戏"作诱饵,也算是"因势利导"。于是干脆拿游戏作为条件,每次完成一定量的学习任务,就让他玩一定时间的游戏。这样协商好了之后,只要老师在场,他都做得很好,而且学

习进步很快。只是班主任的工作不太好做,因为游戏影响到了他的学习,他只要有时间就想到机房,对其他学科的学习则是能应付就应付。

2. 一次电话家访带来的改变

王同学进入高一之前的那个暑假,我给他母亲打了一个电话,本来是想让她平时多督促孩子,好好利用这个难得的长假准备一下高一开学不久的竞赛,同时想争取家长的支持,利用这个难得的长假组织竞赛集训。没有想到性格直爽的王妈妈不等我开口,就开始一大通地数落孩子,说孩子整天玩游戏,说什么都不听,还对父母的态度非常不好,求我帮她好好管教孩子,他们实在管不了他啦。不由分说就把电话交到了王同学的手里。

王同学接了电话,一听声音就知道情绪激动。喜欢说教是很多当教师的通病,我也不例外,但这次我还是极力忍住了不去说一通大道理,只是让他说说他这个假期都在忙什么。他支支吾吾地说不利索,心虚得很。问他有什么计划,也是说不出。我问他一个人在家待着烦不烦,他说很无聊,也很烦。于是我就把我的想法说了。让他同几个学竞赛的同学联系好,在开学前搞两次活动:一是到学校集训近二十天,有同学陪着学习和玩游戏。二是在学校表现得好就送他们到NOI导刊在郑州举办的全国信息学奥赛夏令营集中学习十天。王同学一听,那个开心就别提了。

我让他把电话交给了他的妈妈,说了我的想法,王妈妈如释重负,说她正愁着不知道怎么打发他儿子呢,这个机会正好。我向她保证一定好好做孩子的工作,让他学会管理自己,同时我也恳求家长在孩子难得的回家休息期间,尽量放下手里的工作,多陪陪孩子,多和孩子沟通,王妈妈也欣然保证。

没有想到的是,这次电话家访让王妈妈一改以前不闻不问的态度,把我当成了一个最好的倾诉对象。不管是工作上的事情还是跟老公有什么不开心,一律打电话向我诉苦,风格永远是粗声大气,听久了会让你耳朵发麻,电话时间至少是半个小时,当然诉完苦也少不了关心关心她儿子。

王同学的改变也是我意想不到的。我经常有意识地把他妈妈跟我诉苦的内容渗透给他,他懂事了很多,对父母也关心多了,对游戏没有以前那么着迷了,对竞赛的期望值高了,有了目标驱动,学习也用心多了。

我也有了改变,我开始心疼这个孩子,对他格外地关注。他很小的时候就住校,放假回家也多半是一个人在家自己照顾自己,他脚上的大脚趾甲长出来就会嵌到肉里,痛得他没有办法走路,过一段时间就得去医院拔一次趾甲。我也拔过一次,我知道那种连心的痛苦。所以每次看到他一瘸一拐地来到机房,我都会拍拍他的肩,给他一点小恩小惠,让其他同学帮他买饭到机房,给他买他喜欢吃的零食。

3. 游戏大王的意外收获

王同学进入高一之前的那个暑假,虽然参加了近一个月的竞赛集训,相当于平时一年的竞赛辅导时间,但高中组的竞赛难度比初中大多了,因此并没有想过他第一次参加提高组竞赛能拿一等奖,只是想让他多经历一次实战,反正高二还有机会。

开学不久的 10 月中旬,他和另外三个同学顺利通过初赛进入了复赛,在我们的意料之中,他的初赛成绩在这四个同学里属中等,也在我们的意料之中。没有想到的是,他在一个月后的复赛中超常发挥,以 265 分的成绩拿到了一等奖,这大大出乎我们的意料。他自己也没有想到这个结果,这个意外收获让他的父母和他本人感到非常骄傲。

我特意组织了一次庆功会,买来他们喜欢吃的零食,为两位获得一等奖的同学庆功,也算是他们结束竞赛的告别会。他们请来了所有曾经参加过竞赛中途退出的同学,还有未获得一等奖仍需继续努力的选手,还有辅导他们多年的老师。庆功会上,老师对他们提出了更高的期望,希望他们结束竞赛后全力以赴备战高考;他们给老师赠送鲜花并致谢词,给仍需努力的竞赛选手传授竞赛经验,并表示在以后的竞赛培训中只要需要他们,随叫随到。以后的日子,我不时地给王同学布置讲课任务,他只要有空,就会到机房帮助师弟师妹们做题,甚至还给他们送来好吃的,他把竞赛组和机房当成了他的一个家。

4. 人走茶不凉——家校师生不了情

王同学告别了赛场,但没有走出我的视线。他母亲的电话还是经常的,风格依然是粗声大气。我也时时通过他的班主任了解他的情况,他也经常到机房找我,主动帮我做很多事情,他学习生活中有什么困难也是第一个想到我。

进入高三前的那个暑假,他因在家玩游戏跟母亲闹翻了,母亲气得不行,打电话给我,让我好好教育他。我让他接电话,没有跟他讲太多的大道理,只是告诉他虽然有了竞赛一等奖,但目前的学习成绩与保送名校还有距离,仍需要努力,不能让四年竞赛辛苦拼得的一等奖白白浪费了,再说父母为了他的高考把公司的工作都暂时放下了,不能让他们失望,伤心。几天后他的母亲打电话告诉我,孩子游戏不玩了,主动把电脑交给父母保管,学习也知道用功了,非常感谢我,我也觉得非常欣慰。

5. 保送与高考的得失

那年高考前的保送,王同学最后还是为自己的贪玩交了学费,笔试没有通过,保送未果。他知道保送结果后,第一时间到了我的机房,很沮丧。我帮他认真进行了分析,鼓励他以饱满的状态冲击高考。几个月后的高考成绩出来了,王同学有竞赛加分 10 分,最后考入了中国农业大学,结果虽然不尽如人意,但总的来说还是令人欣慰的。

 案例 追问

1. 当初您想过用"游戏"作诱饵可能带来的负面影响吗?

负面影响,我肯定想过,因为游戏是学校明令禁止的。当初竞赛的学生可以玩游戏也曾引起某些学生的羡慕嫉妒举报,也有班主任和家长的不理解。如果王同学没有拿到一等奖,成绩也因此受到影响,大家把一切都归因于电脑游戏,我可能百口莫辩。但我一直觉得教无定法,每个孩子的个性都完全不一样,因材施教才是个性化教育的精髓,我认为用什么方法"因势利导"不重要,重要的是出发点必须是有利于学生的个性化发展。

2. 您认为学生参加竞赛,会影响学习吗?

一直以来,学生参加信息学竞赛最大的阻力来自于家长,老师也担心影响学习,因为毕竟要占用一些学习时间。其实我们也一样时刻关注学生的学习成绩,如果学生的成绩下降了,竞赛就失去了价值。正因如此,我们平时严格要求学习竞赛的学生把其他学科学习抓得更紧,如果学习成绩明显下降就取消参加竞赛的资格。

事实证明,我们的担心是多余的。凡是参加过信息学竞赛的学生理科思维能力都明显强于一般同学,学习成绩也因为竞赛变得更加优秀。很多同学上大学的专业选择也因为竞赛而改变,他们在大学的专业学习也明显胜过其他同学。

 读者 感悟

体育:不仅是四肢发达

刘学军

 **导师简介**

刘学军,中学高级教师,省级优秀篮球教练员,学校首届"阳光大使奖"获得者。他重视体育教学的研究工作,学以致用,不断提高教学质量,研究教法,根据所教班级学生的年龄特点和兴趣爱好,因材施教,注重实践,不仅使学生在体育课上获得体育健康知识、技术技能,并将这种教学活动延伸到学生的生活中去,达到始终关注学生健康发展的目的。

案例背景

学校体育是终身体育的基础,运动兴趣、动机和习惯是促使学生自主学习和终身坚持锻炼的前提。因此,体育教学内容的选择要十分关注学生的运动兴趣和需求,只有这样才能激发和保持学生的运动兴趣,才能使学生自觉、积极地进行体育锻炼,才能实现体育与健康课程的目标和价值。学生以爱好、兴趣为基础,主动参与体育课堂教学以及课外体育活动,能享受运动乐趣,掌握运动技能,学会健身方法,认识自己的优势,发挥自己的潜能。

 **案例过程**

1."我们赢了"

自开展高中选项模块教学以来,学生参与体育运动的积极性得到了极大的调动,经常自发地组织一些小型球类比赛。2005级高二学生在课外活动中组织篮球赛,高二(7)班的茹阳、张鹏、毛园园等同学组成的班级篮球队,由于技、战术水平低,训练时间短,比赛经验少,经常以失败告终。其实本人也一直在帮助他们寻找解决问题的办法,寻找弥补教学漏洞的契机。在观看比赛过程中,我的脑海中突然间迸发出这样的一个想法:就抓住这样的活动,利用这样的机会,指导学生学习篮球的基础攻守战术,一定会比在课堂上教学篮球基础攻守配合更有效。于是,我便开始指导高二(7)班"传切、掩护、策应、夹击、换防"等战术配合,鼓励学生举一反三找到适合本队的打法,在失败中不断总结经验,不断虚心求教,不断演练战术,使他们的整体作战能力在短时间内得到了迅速提高,最终取得了比赛的胜利,他们兴奋地高喊:"我们赢了!"2006年以他们为主力的校队参加宁波市高中篮球比赛获第三名;在大学期间他们都成为系、院级篮球明星。

2. "我要去学习模特专业了"

2004级高二年级的一次课外活动时间,校学生会组织篮球三对三半场斗牛比赛。六班的小阮同学成了同学们议论的对象,该学生身高1米88左右,篮球技术虽不是很高,但拼抢积极,每球必争,在他的影响下,同伴也顽强拼搏,比赛的结果是不仅战胜了对手,而且也赢得了热烈的掌声。可是有谁知道该学生在高一时,不爱活动,不爱讲话,走起路来是含胸驼背有气无力,上体育课时也从不与其他同学一起参加分组活动。进入高二阶段,经过多次与他交流谈心,劝他参加了健美选项小组的活动,并帮助他制定详细的训练计划。一个月之后,他的身体形态发生了明显的变化,背不驼了,身体素质提高了,自信心加强了,篮球也爱打了,运动时的伙伴也多了。进入高三开学时,他兴奋地对我说:"老师,谢谢!我要去上海学习模特专业了。"

3. "我都可以当教练了"

体育教学在培养学生技术和技能的同时,更注重提高学生自主学习和合作探究的意识。乒乓球、羽毛球项目运动由于受场地和器材的限制,一直没有得到真正意义上的普及,更谈不上提高了。2005年选项教学开展后,学生选择参与意识大大增强,对乒乓球、羽毛球项目的理解也更加深入。相当多的学生不但自己积极参加,而且还主动带动身边的同学也参与进来,尤其是董哲、陈辉同学,常常利用课内外活动时间找"高手"切磋,借机引导他们不仅自己学练,还要积极组织爱好者一起比赛,共同提高技术,使我校的乒乓球、羽毛球水平有了大幅度的提升。好多学生甚至骄傲地说:"我都可以当教练了!"

1. 您怎样让学生喜欢上体育课?

第一,丰富学生的体育知识,增强健康意识

读书,尽管能帮助我们获得理论知识,但不能使我们的体质增强;看电视,虽然可以丰富我们的业余生活,但不会练出健美的形体,所有体育成绩都来自于运动。从事体育运动有着极其细微的、复杂的智力活动,并能给人们以各种体验和无限的快乐。应当使学生充分理解体育活动对人体生理、心理健康、社会适应能力的作用;教给学生体育锻炼的方法,增强健康意识;使学生养成自觉锻炼身体的习惯,为终身体育奠定基础。

第二,关注学生的主体地位,培养运动兴趣

要培养学生的运动兴趣,提高学生的健康水平,教师应以学生发展为中心,在教学过程中遵从学生的年龄特征、身心发展规律及体育兴趣爱好,精心设计适合学生的内容,通过体质锻炼、体育游戏、体育比赛等,使每个学生享受到体育给身心带来的欢乐。如在学习时掌握某些技术、技能(难度要求适当)而产生的愉悦感;在激烈的比赛对抗中,获胜的成就感等等,从而激发学生的学习动机和体育运动兴趣,使体育成为学生生活的一个不可或缺的组成部分,直至相伴终身。

第三,钻研新课程标准,改进教学方法

体育教学无论是在教学对象、教学范围、教学内容的深度和广度上,还是采用的教学方法、手段上,都在发生着变革。学生获得体育知识的渠道之广打破了教师垄断知识的局面,使传统教学面临着严重的挑战。"拼版玩具的诀窍:如果你能先看清整个图案,拼版就变得容易多了。"教师和学生了解教材内容也是同理,应全面了解新课程标准精神,明确每个学年、学期和每本教材的具体任务;适应社会和学生需求,结合课程特点,树立新的教育理念;对所教的年级、班级学生有全盘的规划,设计课程教学过程,制定可供学生选择的目标;完成教育学生和教会学生锻炼身体的方法,使学生掌握体育活动必要的技术、技能,培养体育运动兴趣、习惯,提高运动能力,不断增强体质,增进健康的任务。

2. 您认为提高体育教学质量的基础是什么?

众所周知,体育教学中学生体能、技能的增长和心理健康水平的提高,是依赖学生积极参与体育锻炼来实现的。学生从总体上了解体育的本质及体育对生理、心理的良好影响,能自觉运用已经掌握的知识、技术和健身方法,指导自己参与锻炼和自觉投身于全民健身的行列,获得终身受益的储备,真正学到和学会体育,使教学内容充分体现时代性、娱乐性和特长性。

第一,有备而来,事半功倍

体育教学重视学生课前准备。课前向学生公布教学内容,让学生通过看书自学、查找资料、收集信息、小组合作等手段,对所学内容有充分了解,教学时,便于学生积极主动参与活动,这对于培养学生自主、合作学习探索的能力有积极的意义。课前准备教学基本模式是:选择项目——制订计划——收集信息——互相交流。

第二,合作探究,巩固拓展

体育教学是教与学的互动,师生教学相长,教师充当教学的组织者、引导者、服务者,让学生自主探索、互相促进、和谐发展、共同提高。课堂合作教学基本模式是:自学自练——合作探究——展示升华——巩固拓展。

第三,课后延伸,受益终生

课堂向课后延伸具有循序渐进三层含义:其一,课上内容还需继续练习,巩固提高,即课余时间的自觉锻炼等。其二,课上内容还需合作探索,互相切磋,即课外活动的比赛交流等。其三,学生所学课上内容可进入家庭、走向社会,即在节假日期间指导家人或社区群众共同参加体育锻炼与活动等。课后延伸教学基本模式是:巩固提高——相互切磋——发挥特长——服务社会。

读者感悟

全国冠军之路

张庆森

张庆森,高中英语特级教师,中共党员,市模范教师,省优秀教研员。他教育思想朴实,教学功底深厚,对工作一丝不苟,对学生满腔热忱,出版书籍30余种,发表论文百余篇,在学生个性化教育培养中独树一帜。他帮助问题生找到问题,提高勇气,迎头赶上;他鼓励优秀生保持优秀,不骄不躁,更上层楼;他对学生的深爱之情赢得了师生的赞誉;他对英语口语、演讲教学的独到见解和执著催开了全国、省、市多个冠军之花。

在一次"校园十佳"英语演讲比赛中,一位语音纯正的初二小姑娘吸引了我的目光,她就是吴可。从此,我开始关注她的学业和个性发展。她是一位勤学好问、关心集体、志趣广泛、品学兼优的好学生。

自2007年吴可上初三始,我就一直担任她的英语演讲指导老师,陪她走过了无数次演讲训练和参赛过程,收获了多个冠军荣誉。这正是我们学校个性化培养的典型案例,是个性化培养催生了这朵鲜艳夺目的英语演讲冠军之花。

1. 发展个性,冲击巅峰

2007年是我作为任课教师和指导教师把张楠(现留学于澳洲)培养成为浙江省"走进西澳"高中英语口语竞赛一等奖获得者(口语第一)的一年,也是我正式成为吴可英语演讲指导老师的一年。

是年,中央电视台在全国范围内开展迎奥运"希望之星"英语演讲比赛。我承担了指导吴可参赛的任务。我首先认真研读了竞赛主题、内容、形式等,并对时为初三学生的吴可的英语综合技能和文化知识等作了详尽的分析,而后,针对演讲主题和内容以及演讲风格做了充分的准备。演讲训练一直持续了三个多月,演讲话题从一个增加到数百个。训练时间从每天一个课外活动增加到每天一个课外活动再加一个晚自习。一次次的训练磨砺了她的意志,一次次的模拟增强了她必胜的信心。功夫不负有心人。成功的桂冠永远只属于锲而不舍的人。吴可果然在宁波市选拔赛中一举获得冠军,并获最佳语音和表现力奖。此后,她又在浙江省决赛中荣获唯一特等奖和最佳语音奖,并代表浙江省赴北京参加全国总决赛。

她能否继续取得好成绩?不同的人持有不同的看法。"全国像吴可这样的学生多得很,到了北京,哪能显出她来?""我们一个小小的民办学校,怎能与全国许多名校比?"一时间,就此止步的看法和悲观失望的论调在校内盘旋。我们不信这个邪!我与吴可做了一次认真的长时间的交谈。此次谈话坚定了我们的信念。此后,我们针对全国比赛要求做了更加详尽的准备。在北京比赛期间,因为白天吴可要参加赛事和准备第二天比赛,我们师徒二人总是在夜深人静时以手机短信的形式互通情报。我在不同的晋级阶段,给予她不同的指导,提出有针对性的意见和建议,而最多的还是给她以鼓励。决赛的那一夜,我几乎不能入睡,我期待着我们一起努力的结果。

"我们赢了!我们冲顶成功了!"吴可把赢得全国总冠军的消息以短信形式第一个发给了我。

浙江省大赛组委会网站在其 2007 年 6 月 19 日"浙江选手征战北京纪实喜报"中描述道:"吴可的表现受到所有同伴的一致好评,大赛现场观察员对她的评价也特别高,认为她具有一定的领导潜质,并且反应敏捷,同时她是一个很好的聆听者,因此她直接晋级全国三强。而在冠军争夺赛投票环节,她的出色表现更是成为冠军第一人选的焦点,最后,5 个评委和评审团(5 名往届冠军)同时将各自神圣的一票全部投给了吴可。"

2. 量身定做,打造特色

2008 年我们又在浙江省"走进西澳"高中英语口语竞赛中创造了辉煌!

"走进西澳"英语口语竞赛拼的不仅是口语,还有听力,同时更重要的是:除了有关澳大利亚及西澳洲地理、历史、人文、社会、自然等知识外,还囊括作为一个中学生应该关心和了解的所有知识!

吴可已经具备了很好的口语能力,因而上述知识也应是她充分准备的内容。为此,我们在通读高中英语所有教材的基础上,归纳出 200 多个话题,用来作为演讲主题和素材。同时,我们又围绕中学生关于学习、生活、家庭、学校、社会等所能想到的 100 多个话题进行模拟训练。

量身定做的培训内容和形式打造了吴可的英语口语特色。吴可连续拿下宁波市城区冠军和宁波大市冠军荣誉,胜利进军杭州,并在浙江省大赛中以口语第一的成绩荣获一等奖。

吴可代表浙江中学生走进了西澳洲,并作为学生代表受到西澳洲州长的亲切接见。

3. 不断进取,再接再厉

2009 年,吴可已经是上高二了。高考的压力,对每一个中国学生来说都是同样的沉重。吴可也被这种氛围压得喘不过气来。她本来应该是要静下心来学习功课的,然而,当她听到由中国日报等多家媒体以及英国文化协会、国际英语联合会等共同承办的第七届"21 世纪杯"全国英语演讲比赛的锣鼓已经敲响时,她按捺不住内心的那股斗志,又跃跃欲试了。何况这是她一直梦寐以求的赛事:它代表着国内中学生英语的最高水平,并且由于有包括港澳台学生的参加,它也是国内同类比赛中规模最大、档次最高的赛事;由于它受到国内外英语教学界的关注,并为出席伦敦世界中学生英语演讲比赛选拔选手,该赛事实际上是一个难得的交流平台,是国内外英语教学界一项重要的文化和学术交流活动。

于是,我们又为参赛做准备了。参赛的第一阶段是没有指定话题的。为此,我们不得不重温我们所熟悉的那些话题,并就那些话题做灵活机动的模拟训练。不出所料,我们在浙江赛区预赛、决赛中都获得一等奖,以第三名的身份代表浙江省参加在杭州举行的全国总决赛。

总决赛话题是"It's a small world(这个世界真小啊)"。我们为该话题做了精心的准备,演讲稿十易其稿之多。有时晚上辗转未眠,突然想起某一个要点,我会下床把它写下来。我们也为即席演讲做了相关话题的充分准备。吴可模拟演讲的话题不下 200 个。口干舌燥没能使她却步,知识浩瀚更使她奋进。吴可终于以她地道的语音语调、深厚的文化底蕴、亲和的舞台表现力以及机智深邃的思辨能力赢得了评委的认可。她最终荣膺总决赛的特等奖,并获唯一特别奖——"国际文化交流大使奖"。

作为吴可的英语演讲辅导老师,我深为我的这位学生感到骄傲,为她所取得的丰硕成果感到骄傲。她的确是一位非常具有潜质的前途光明的学生。这种潜质在万里这块个性培养的沃土中得到萌发,而她的光明前途是在万里的大道上开始的!

 案例 追问

1. 您是如何实施个性化英语口语培养,使学生在各种演讲竞赛中崭露头角的?

一尊雕塑在成品之前,需要有多个雕琢步骤和过程。首先,要选好材料,即使在我们这样的学校里(比之重点中学的生源素质,我们的起点较低),也有大可雕塑的学生。英语成绩较好、口语地道流利、语音语调准确的学生,就像埋在泥土里的玉石,需要我们去发现,需要我们去发掘。一旦发掘出来,我们就要用百倍的努力和热情,量身定做的技巧和技艺,一步一步打造他们。学生要有吃苦耐劳、百折不挠的精神,辅导老师也要有锲而不舍的精神。否则,在很多步骤或过程中,你会望而却步,你会知难而退,或因某个原因而前功尽弃。

除文章中提到的张楠、吴可同学外,我们还挖掘、培养出诸如周安、王逸雪、叶露瑶、张莉、潘颖达等一大批同学。他们都曾是一块质朴的玉石,都曾经历无数次的培训雕琢,而后在宁波市及浙江省中学生英语演讲比赛中崭露头角,建立起我校一座座英语口语丰碑。

2. 作为英语特级教师,您的个性化英语教学是什么?

每个人都有自己的教育、教学风格,每个人都有自己的教育、教学个性特征。我认为,我的个性化英语教学就是英语学习方法的教学。我不用大量的学习内容压学生,我只把巧妙的而且经过自身或他人验证的行之有效的方法教给学生,让他们自己去学习,去实践,去提高。比如,我们用语块教学法学习、记忆、使用词汇;我们用批判性思维方式阅读、理解语句与短文;我们用批判性阅读方式做单选题、做完形题、做阅读题;我们用学以致用的方法练习英语写作。总之,我的个性化英语教学就体现为,针对每一个不同学生,采用的不同教学方法。

3. 您认为如何才能实现学校个性化教育的最佳效果?

要实现学校个性化教育的最佳效果,首先要理解什么是学校个性化教育。严格说来,学校个性化教育,就是通过对学生进行综合调查、研究、分析、测试、考核和诊断,根据社会环境变化或未来社会发展趋势、学生的潜质特征和自我价值倾向以及其利益人(家长或监护人)的目标与要求,量身定制教育目标、教育计划、辅导方案和执行管理系统,对学生的心态、观念、信念、思维力、学习力、创新力、知识、技能、经验等展开咨询、策划、教育和培训,从而帮助他们形成完整独立

人格和优化自身独特个性,释放生命潜能,突破生存限制,实现量身定制的自我成长、自我实现和自我超越的教育和培训系统。(曹晓峰教授)

基于上述观点,要实现学校的个性化教育,其一,就要在"目的个性化"、"过程个性化"、"结果个性化"和"前提个性化"上下功夫,这是一个系统工程;其二,学生是个性化教育的中心和主体,因此,个性化教育应该是包括家庭教育、学校教育和社会教育三大教育系统的融合和统一体;其三,个性化教育的本质是一个教育和培训系统,而不是一种单纯的教育理念、教育目的和教育形式。因此,任何把个性化教育简单化为单纯追求"分数"、追求学生的"好学或肯学"等,都是有悖于学校个性化教育的本质的,同时,也是有害的。我们不能把个性化教育堕落于千篇一律的"普遍化"和"大众化"。我们推崇"因材施教",但我们不能在强调"目的个性化"的时候忽略了过程和结果个性化的内涵;我们希望进行"个性化教育",但我们不能在强调目的和结果个性化的时候忽略了过程的个性化内涵;我们推行"一对一教育",但我们不能在强调"教学组织个性化"和"教育过程个性化"的时候忽略了"目的个性化"和"结果个性化"。

我们相信,当我们把学校个性化教育当作一个科学的系统工程做足做实时,当我们把"目的个性化"、"过程个性化"、"结果个性化"和"前提个性化"纳入整个个性化教育的系统中去,并一步一个脚印地坚持走下去时,我们离个性化教育的最佳效果就不远了。

 读者感悟

第三章【特长培养篇】
搭建一个舞台

心有多大,舞台就有多大

白红亮

 **导师简介**

　　白红亮,男,汉族,内蒙古呼和浩特市人,硕士研究生,中学数学高级教师,省教学能手,市级优秀教师、优秀班主任,数学竞赛优秀辅导员,他多篇论文在全国核心期刊发表并被转载或在各种论文评比中获奖。他1998年加盟万里,一直担任班主任至今,多次被评为优秀班主任、优秀教师。他教学成绩突出,在万里的14年中,带了6届毕业班,成绩斐然,所带的2009届文科创新班重点率超过60%,该班胡梦婷同学考入清华大学。

案例背景

　　胡梦婷是2009届文科创新班学生,当年以浙江省艺术考生第一名的身份考入清华大学,取得了骄人的成绩。但这样一个学生在高一文理分班时成绩也只是在年级中等偏上,高中几年下来也只能拿到二等或三等奖学金。所以,把这样的孩子打造成一流名校的学子,倾注了每位老师的心血。对于她的成功,大家都很感慨:每一个学生,心有多大,舞台就有多大!

案例过程

　　胡梦婷是一位踏实勤奋、待人真诚的学生,而且对艺术非常痴迷,理想是进入世界名校去专门研究艺术。根据她的特点和爱好,导师组给她制定了争取考上清华大学的目标。但是清华大学美术学院的招生要求很高:既要有非常出色的专业水平,还要有很高的学科成绩,并且她最理想的专业在全国只招收15名学生,而且每个省最多招生1名。根据这个目标,老师们把对她的培养分为三步:高一、高二在学习文化课的同时,专门抽出整块的时间来学习美术,并且利用假期时间加强专业课的学习;高三第一学期专攻专业课;第二学期,强化文化课。

每位老师都针对她制定两年半的学科培养计划,具体到每个月,由班主任统一协调、监督、落实。每个月召开班研组会总结各个学科的落实和效果,对产生的问题提出解决办法,加入到下个月的计划来解决。每月的培养计划都要让她本人参与,并且她要根据老师的培养计划写出自己的月计划和周计划,每周末给班主任汇报完成情况。

有了周密的计划,关键还在实施:在高一、高二每周利用 5 个下午或 2 个晚自习学习艺术,由美术刘宏斌老师负责。其他时间上文化课,或完成作业。学艺术丢掉的课利用自习由各科老师来补,以此来兼顾好专业课和文化课,争取做到专业课和文化课齐头并进;高三第一学期全力准备艺术考试,由刘老师带领去北京和杭州进行专门的艺术课学习,备考清华大学的专业校考;第二学期在专业课已经考过的基础上,全力准备高考。

保持专业课与文化课平衡发展很难,高二第一学期她因为急于提高专业成绩整天泡在画室,结果在期中考试中掉出了班级前 10 名,自信心受到了很大的打击。导师组根据她的表现,通过讨论及时作出调整:做好她的思想工作,在提高她信心的同时还要让她明白不可急于求成,一定保证各科平衡推进;然后,对本次考试不理想的科目及时做出弥补;并对学习计划作出调整。因为教学区在每晚 22:30 清校,没有了学习地点,而她又想多利用时间学习,所以她就在生活区厕所里学习到很晚,天天如此,这件事感动了生活处徐老师,徐老师把自己值班的办公室留给她来学习,而她坚持每天学习到 24:00,两年多的高中学习她一直都坚持了下来,没有坚强的毅力和学习品质是很难做到的。

学习上,导师培养她在平时要多用心,细心掌握每个知识点,把自己犯的错误及时纠正并记录在案,争取以后不再犯;要有主动学习之心,主动质疑,并主动寻求答案,特别是学习专业课必然会影响到文化课,所以自己要有把丢失的时间追回来的决心和行动,而且这样的努力是长期的,所以这孩子本人从高二开始基本每天都要有 5 个晚自习,每晚基本要学习到半夜 12 点,没有地点,她都能坚持在生活老师的办公室学习,这样的努力与坚持为她的成功奠定了基础。

刚开始学习时,因为要把很大的精力用在专业课的学习上,所以不可避免地使学科成绩受到影响,常常是课不能按时上,作业不能按时交,成绩起起伏伏,甚至有的学科考试成绩还会出现挂科。针对这样的问题,导师组研究决定每天在第四个晚自习(21:40—22:30)专门给她补课,把几节的重点内容整合在一起,形成专门针对她的个性化指导,然后再由她来挤时间强化巩固。一段时间下来,她才慢慢恢复过来,使专业课和文化课齐头并进。

 案例追问

1. 胡梦婷同学取得这么好的成绩,与她在艺术方面的天赋是分不开的。您作为导师,是怎样发现她的特长并做了哪些引领?

刚开始接班时,我发现她有很好的美术功底,画的人物头像栩栩如生,而且还很痴迷,所以在个性化指导时就给她介绍了国内的一些美术院校,她听得非常专注,自己还回家查了全国所有这方面的资料,所以我觉得这样有特长的孩子,应该让她做自己喜欢的事,就介绍我校专业水平很高的刘宏斌老师给她,让他从专业的角度来做个性化的指导,没想到她如鱼得水,在艺术的道路上一发而不可收。

2. 您认为在对这样一个成功的学生的培养过程中,最有效的措施是什么?

袁校长在个性化教育中提出,每个学生都是独特的个体,没有教不好的学生,只有不会教的老师。作为胡梦婷的班主任和导师,三年的清华学生培养之路,确实感触颇多。从胡梦婷的这个案例中,无论是人才的发现还是培养过程,都是一个个性化教育的成功案例。所以,我认为,学校倡导的导师制是个性化教育的核心,是最有效、最有生命力的措施。

 读者感悟

校园里的"生意经"

李志刚

 案例背景

在一个全寄宿制的学校里,孩子们接受着"准军事化"的管理,每天都必须穿整齐划一的校服。处于个性张扬的青春期的孩子们绝不仅仅满足这样的装扮,但学校对校服穿着的检查、扣分、评比,使得学生们不得不统一着装,于是孩子们便在鞋子上大做文章,今天你穿耐克,明天他买阿迪,更有甚者买绝版的……家长觉得花销大了,就对孩子们实行经济封锁,但孩子们还是为自己仅有的穿着权利抗争着……于是有"聪明"的孩子想到了网购,并把网购来的东西卖给自己的同学来赚自己的"第一桶金",于是,校园买卖产生了。

案例过程

小号是一个非常聪明的孩子,同学关系非常好,平时班级搞活动也积极参与,尤其搞活动产生费用时他都能和同学们算得一清二楚,有时资金缺一点时他还能主动垫付,所以他在同学中的口碑非常好。就因这我还在同学面前多次表扬他精明,像个男子汉。

学校要求学生们返校时必须接受零食检查,之前小号都是坐校车返校的,今年前两次的接送还是坐校车的。后来他突然向我提出自行离校的请求,我征求了他家长的意见后便同意了,现在想起来我和他家长竟成了他在校园卖鞋子的"帮凶"。

最初我根本就没想到这个孩子竟会在校园内做生意。每次学生返校时我都注意到他会背一个大包裹到校,等晚上我到他们寝室检查时发现同学们在一起看鞋子,我还以为是他们每个人买回的,后来才知道都是他给同学们"带"回来的,价格比市面上卖得便宜些。同学们也都觉得物有所值,自然也就不会告状了。直到有一次他卖给同学一双鞋后,由于这位同学没有及时从父母那里拿到钱给他,他威胁了人家,这位同学把他告到学校,他在学校卖鞋的事情才"败露"了。

他的事情"败露"后,学校方面让我通知学生及家长,学校要严肃处理。我当时真的觉得有点对不起孩子,如果我的敏感性高点,平时多关注点他的行为,就可能早把这件事情化解掉了。但既然事情已经出了,就坦然面对吧。我向学校保证我一定会处理好这件事。

我首先找到班上的几名学生干部,问小号在学校卖鞋子的事情他们是否知道,他们爽快地告诉我都知道。当我问他们怎么看这件事时,他们都觉得很正常呀,没什么了不起。当我找到小号想把学校要处理他的意见告知他时,还没等我开口,他却拿出一本《民法通则》,并且告诉我,学校如果处分他,他将和学校打官司。他的举动还真吓到了我,太有"思想"了,我下决心要驯服这头犟牛。

于是,我首先找班级的每个同学谈这件事,了解他们的真实想法。其实绝大多数同学还是反对在学校做生意的,这为我召开下面的班会课找到了强大的群众基础,少数认同的同学就让他们保留意见。精心准备的班会课在同学们一起学习《中学生守则》的基础上开始了。我告知同学们,《中学生守则》是学生的起码道德准则,然后就"中学生可不可以在学校卖东西"的话题进行辩论赛。由于充分做了前期准备,认同可以卖东西的同学只有几个坐到一起,有的还觉得不好意思偷偷地往对边跑。我庆幸我的学生还是有正义感的。

班会课后我找小号谈对本次班会活动的感触,他虽然有点后悔但还是有些嘴硬,于是我又做了大胆的体验:当时正是冬季,咱班正好在楼道口,我抓住这个契机,从校外买了些棉鞋、坐垫放在班级卖,还故意鼓动每个女生来买。这样,他们的反感越强烈,我就越有"成就感"。当然最后还是把钱退还给了他们。之后,我又找小号,让他对这件事加以评价,小号低着头说了一句:"老师,谢谢你的良苦用心!"

从那以后,小号再没做这种事了,但对他拿《民法通则》和学校"讲理"的事,我对他的经济头脑和法律意识还是给予了高度的评价。得到鼓励的他,学习劲头也足了,最后考大学也上了自己喜欢的经济学专业。

 案例追问

1. 教师在教育过程中,应该如何看待"教"和"育"?

我觉得教育就是两个字:教和育。教,不是单纯的知识传送,而是言传身教。育,不是填鸭,不是吃饱了就可以成长,你需要花时间和孩子一起玩耍,看看他们是怎么想的,听听他们是怎么说的,了解他们的世界和我们的有怎样的不同。总之,你不能太功利。教育不是复印机,爱和自由比什么都重要。

2. 教师如何才能做到诚心诚意地让学生做主人？又怎样严肃严格地进行基本训练？

在教学过程中既要诚心诚意地让学生做主人，又要严格地进行基本训练，把学生合作与教师参与、学生展示与教师激励、学生探究与教师引领、学生达标与教师测评融为一体。

我们的孩子是未来世界的建设者，教师们的教育事业一定要着眼未来，摒弃旧的方式，采用发展的方式；教师们在实践过程中要敢于和学生一起不断挑战自我，发展自我。

 读者感悟

第三章【特长培养篇】

搭建一个舞台

鹰,就要飞翔

邹小云

 导师简介

邹小云,中共党员,学校"五四青年奖章"获得者。他践行"讲练结合,生为主体"的教学模式;营造师生平等、畅所欲言的课堂氛围;治学严谨、语言幽默的教学风格赢得了学生的喜爱和尊敬。他在班级工作中注重"用智慧的爱触动学生的心灵",致力于学生非智力因素的培养,并根据学生的学习、心理发展各阶段的特点,开发了一系列主题班课,成效非常明显。

案例背景

在教育教学改革中,广大教师在自己的本职工作岗位上兢兢业业、无私奉献,并致力于教育科研,努力优化自己的课堂教学,在学生的智力与能力的发展上想千方出百计,真可谓殚精竭虑,一腔赤诚!然而,许多人却发出这样的怨声:"费力不讨好啊!"其症结何在呢?综观其教学的全过程,虽然一般地都注意到了对学生的学法指导,但却没有深入研究学生学习的自觉自愿性,也就是说,没有充分重视非智力因素的作用。每一个孩子都是尊贵的、独一无二的生命个体,他的发展都应该受到尊重。教育者不仅要做一个倾听者,关注学生的全面成长,更重要的是呵护孩子的自尊心,帮助孩子建立自信。

案例过程

H 刚分到我们班级的时候成绩并不理想,学习没有热情,班级的各项活动也很少主动参加,她的各种表现与当时任校团委副书记的姐姐(H 的姐姐是我校优秀毕业生)有着巨大的反差。为什么在同样家庭和教育背景下成长起来的孩子有如此大的反差,我的好奇心被燃起。于是我决定做她的个性化导师,去深入地了解她。

为了对 H 有较全面的了解，我和 H 的父亲进行了一次长谈。在她父亲的眼中，H 是一个有个性但又非常聪明乖巧的女孩。她从小独立性就很强，各方面素质优于同龄的小孩。H 具有冷静的头脑，思维敏捷，因此父母对她寄予了厚望。她的爸爸甚至认为他的三个女儿中 H 的综合素质是最好的。但是，自初二以来 H 的学习成绩一直不理想，H 跟家里的交流也逐渐减少，H 的爸爸感到非常困惑，却又束手无策。

　　通过与她父亲的谈话，我对 H 的成长历程进行了简单的梳理：H 在小学阶段非常优秀，不仅成绩好，而且是班级主要干部，她对各项班级活动的参与热情都非常高。由于她的优异表现，在小学 5 年级时 H 直接跳级升到了初一。可是面对以前的学长、学姐变成今天的同学，H 开始变得不再自信，总是认为其他人比自己做得更好，对班级活动的参与热情也逐渐下降。初一时还能勉强跟上，到初二时，H 无论是学习，还是班级管理都谈不上优秀。而且据 H 父亲介绍，那段时间他的工作也非常繁忙，对 H 的关注也较少。学习上遇到了挫折，父母的关注又减少，H 变得有些消沉。进入高中以后，成绩一直在年级 150 多名，H 甚至产生了通过出国来逃避学习的想法。此时的 H 已经对学习毫无热情，对自己的未来充满了迷茫。

　　此外，我又找到了 H 以前的老师、同学了解她的情况，并与她本人进行了多次交谈，了解到 H 钢琴过了八级，并在初中英语希望杯口语大赛中获过奖。通过这一系列的谈话和观察，我认为 H 是一个学习上非常有潜力，行为上非常乖巧的女孩。但由于长时间学习成绩的不理想，自信心明显不足，从而导致学习上缺乏主动性，找不到兴奋点。当然，我也感觉到 H 文史类知识较匮乏，这导致她视野不开阔，志向短浅，从而学习上缺乏刻苦精神，但一切问题的根源在于自信心的不足。因此，我认为要帮助 H 同学，首先要帮助她恢复自信。因此，我采取了以下培养措施。

　　挑担子、树信心

　　我利用班主任工作的便利，让她担任了文艺委员。然后我悉心地指导她怎样做好文艺委员这项工作，并提出了许多具体的要求。她凭借着良好的悟性和较好的音乐基础，出色地完成了班级交给她的各项任务，我乘机在班会课公开对她进行了表扬。

　　表扬她后的第二天，我对她说：“学校的‘红五月’歌咏比赛还有 1 个月就要举行了，你作为文艺委员有些工作就要提前准备，比如说指挥谁来担任。”

　　H 说：“我们班好像没有人会指挥。”

　　“你能不能试试？”我试探着说。

　　“不行，老师！”她的头摇得向拨浪鼓似的。

　　“不会可以学嘛，我帮你联系崔老师，你的音乐基础那么好，我相信要不了半个月,你一定可以胜任班级指挥的!"我鼓励她说。

她尽管有些犹豫,但还是答应了。接下来我几次看到她去找崔老师请教,自己也常常跟着歌曲打打拍子,最后在比赛时她的指挥在学生中已经算不错的了。比赛完后,我站在舞台旁等她下来后,我兴奋地告诉她:"你指挥得太棒了,全班同学都被你调动起来了。"

她激动得不停地说:"老师,真的吗?"

这时她的眼神已经充满了自信。

树目标、订计划

H 的自信心慢慢得到恢复,学习热情也逐渐高涨。我想应该让她树立自己的学习目标,这个目标要有可行性,又要有挑战性。于是我在一次谈话中有意识地谈到她两个姐姐,然后问 H 她的高考目标是什么。她想了很久,说如果只考上三本她是不能接受的,但以目前的成绩考一本又没希望。我说:"好,那我们就把目标定在保二争一。"然后,我们一起协商,形成了一个阶段性学习目标:高一第二学期期中考试进步 15 名;高二结束进入文科前 15 名;高三一模、二模稳定在文科前 10 名。

目标确定后,我明确告诉她,以她现在的成绩和学习状态不要说确保二本,三本也有些危险,所以我们要达成目标,必须改变我们的学习状态,H 也认同了我的说法。

而怎样才能改变我们的学习状态呢? 我建议她从制订每天的学习计划做起。同时,告诉她学习需要有突破口,对高中文科生来说英语和数学最为关键,而她的数学又比较弱。因此,我要求她的学习计划中每天都要留出半小时自己钻研数学中的薄弱环节,多做例题,头一星期每天交给我检查。

团队合作、家校合作

H 的数学较弱,但学科知识我无法解决。我事先和数学老师侯老师打好招呼,然后叫 H 拿着进入高中以来能够找到的试卷和数学作业去找侯老师,让侯老师进行诊断,指出她哪些知识点比较弱,提出复习建议。

期中考试后,我又进行了一次家访。此时,H 的爸爸非常兴奋,因为 H 在期中考试中进步了 30 名。他说:"孩子以前回家都不谈学校的事,现在回来会主动讲,而且她现在学习明显有信心了。我也重新燃起了希望,想好好打造她。"

在老师和家长的关心与鼓励下,H 的学习小宇宙爆发了。晚自习后,其他同学都睡了,而她则向学校申请了一个看书的小房间,每天复习功课到深夜。"功夫不负有心人",H 的学习成绩在不断提高,逐步按照我们预定的轨迹在前进。高三第一次模拟考试她名列年级第 11 名,市第二次模拟考试年级第 6 名,高考成绩年级第 9 名,最后顺利考入重点大学——宁波诺丁汉大学。

1. 从这个案例您得到的最大感受是什么?

H学生的成长历程给我的触动非常大,她让我从骨子里相信"没有教不好的学生",这取决于我们教育工作者为孩子们做了什么。的确,每个孩子都是一只雄鹰,而鹰原本就是要飞翔的,我们教育工作者只需要给他们一片天空。她的成功也让我更加坚信:教育者只有充分重视非智力因素的作用,并将其与智力因素密切配合,才能最大限度激发学生的学习热情。这不仅对素质教育有积极的推动作用,也为学生的终身教育打下了坚实的基础。

2. 什么是非智力因素,您认为非智力因素对学生的成长有什么影响?

非智力因素是相对智力因素来说的,一般认为智力因素包括六个方面:注意力、观察力、想象力、记忆力、思维力、创造力。非智力因素,指与认识没有直接关系的情感、意志、兴趣、性格、需要、动机、目标、抱负、信念、世界观等方面。这些非智力因素,在人才的成长过程中,有着不可忽视的作用。一个智力水平较高的人,如果他的非智力因素没有得到很好的发展,往往不会有太多的成就。相反,一个智力水平一般的人,如果他的非智力因素得到很好的发展,就可能取得事业上的成功,作出较大的贡献。

3. 作为学生的个性化教育导师,您是如何对学生的非智力因素进行培养的?

从整体看,要培养非智力因素的五大品质:自觉性、主动性、积极性、独立性与创造性。具体而言,导师要注重学生动机的培养、兴趣的培养、情感的培养、意志的培养和性格的培养。学生学习的自觉性和主动性取决于学生的学习动机,培养动机的主要方法是:目标与反馈、表扬与批评、期望与评价。积极性以兴趣、情感和意志为心理机制,培养兴趣、情感、意志的方法主要有:发展情感、培养乐趣、师生交流、以情育情,自我激励、自我监督。独立性是性格的一项基本品质,性格的培养主要是鼓励学生投入集体生活,加强实践活动。

第三章 【特长培养篇】

搭建一个舞台

用班级议事解放自我

范旗帜

 导师简介

范旗帜，1992 年毕业于陕西师范大学化学系，优秀毕业生，先后荣获陕西省高中化学竞赛"优秀指导教师"、商洛地区"优秀指导教师"；高考成绩屡破纪录。他参加过 2004 年浙江省高考阅卷以及 2007—2008 年宁波市第三期骨干班主任培训，同时获得红十字会现场救护资格证；他担任单科免修生导师，曾被 CCTV—1"新闻 30 分"报道过。

 案例背景

现在班主任非常忙，常常有喘不过气来的感觉，的确需要"解放"。客观上说，的确有许多事情需要班主任去做，因此"忙"是很正常的。问题是，有没有可能让学生也来帮班主任分担一些"忙"。"解放班主任"可行吗？能否争取"自我解放"？

案例过程

1.这学期刚开学，我就尝试着让学生和我一起"忙"，在一定程度上解放了我自己。我主要是采用了"班级议事"的方法，尽可能多地让学生参与班级事务。

2."班级议事"是指利用班会课公布班级的重要事务，在集体讨论基础上形成统一决议，再付诸实施，最后再对实施的过程与结果做一个总结，并使之完善的一种班级管理活动。不要把班级建设的重任一个人扛，要让每一个学生和老师一起扛，让每一个学生都参与班集体的建设和管理。在班级管理中应该引导学生、发动学生，让学生参与管理，直至成为班级管理的主体。班主任角色应从班级管理的"大班长"转为"参谋长"。

3.班主任的思想观念至少应实现三个转变：

一是变事务应付为教育科研。班主任随时以科研的态度来对待自己的每一项工作,把自己所带的班级当做自己的教育科研基地。要根据实际情况,善于提出科研课题,并紧紧围绕课题去思考与实践,减少各种事务对自己的干扰。

二是变个人权威为集体意志。一些班主任之所以感到太累,原因之一是他们过分注重自己的个人权威,对班上的什么事都不放心,非自己亲自过问不可。一个班当然离不开班主任的个人权威,但个人权威应该通过健康舆论、班级法规转变为集体的意志。使班级由"我的"变为"我们的",这样,班级凝聚力才会形成。

三是变孤军奋战为师生合作。这是教师个人权威转变为学生集体意志后的必然结果。孤军奋战的苦与累,想必每一位班主任都体会过,但未必每一位班主任都能醒悟这种"苦与累"是自己的错误观念造成的!

4.让学生一进校就参与班级管理。在班集体初建时期,就要引导学生的民主意识,尊重学生的自主愿望。

新的班级一成立,学生间彼此陌生又新鲜,此时许多学生会有"一切重新开始"的向上的心理,这就成了我调动学生积极因素的切入点。第一次班会课我这样说:"现在的你们在我的心中像一张白纸,过去的成就或缺点都只能说明过去。从今天起,你就是我们班的一员,新的一页已掀开,我希望你们能用出色的表现在这张白纸上描绘出最美的图画。"经过这样一番鼓励,许多学生的积极性与表现欲被调动起来。

5.一个新班建立之初工作繁杂,可以说是千头万绪,会出现一些忙乱。在这个时候,班主任应该信任学生。拿值日工作来说吧,虽然我开始布置得很详细,但几天下来,学生仍存在不知道扫哪、怎么扫以及效率低等问题。后来,我先发动学生找值日中的不足之处,让班长、劳动委员、生活委员带头发言。在他们的带领下,学生你一言我一语,把存在的十几个问题都找了出来。第二步,让学生说一说解决问题的设想,找解决问题的方法。学生找到的问题比我发现的多,解决问题的方法比我好。这样,第一个值日制度就初步产生了,因为它是集体讨论产生的,大家心悦诚服,心情舒畅,实行起来也容易多了。

6.这个"班级议事",是让每一个学生都来"议事"。

在班级议事中,我特别注意鼓励学生勇于对班级工作提意见,找差距;保护他们的积极性,给予肯定,使学生参与班级事务的热情不断提高。在班集体形成的初期,我用班级议事解决了许多重要问题,如班级目标、纪律制度、卫生制度、班训设计、班委会竞选方法等等,使越来越多的学生关心集体,积极自觉地参与班级管理,自主意识得到发展。

选举班干部竞选的方法,班干部竞选的过程也是一次激发参与热情、展示学

搭建一个舞台　第三章【特长培养篇】

生个性、增强集体凝聚力的过程,尽管最终只有少数学生当选,但实际上每一个学生都感受到了主人翁的自豪感和责任感。

实践证明,班级的议事活动成为了学生们参与班级管理的舞台,也成为班级向下一个目标前进的阶梯;形成了班级正确的舆论,统一的意志,向上的班风,更为班级的不断前进提供了不竭的动力源泉。在议事中,学生个体的民主意识得到提高,集体的荣誉感、凝聚力得到加强,学生逐步成为了班级管理的主体。

1.范老师,您让学生来帮班主任分担一些"忙",是如何引导学生建立共识的?

上述案例充分说明班级管理不是班主任一个人的事情,也不应该是他一个人就能做好的,而需要班级全体成员的共同努力。因此班级规章制度要经过学生反复讨论与筛选,不能由学校、班主任或班委会一锤定音;要对学生进行宣讲,让学生明了制订这些发展目标的意义,在争取学生意见后进行试行,最后才能成文。班主任在管理中,应留有余地,发挥学生集体对学生个人的影响功能,努力提高整个班级对各学科的学习兴趣,调动整个班集体的学习积极性。

2.您是个善于总结经验的老师,除"帮忙"之外,还有什么经验让我们分享?

可以的,我总结几条带班经验供大家借鉴:

(1)坚持抓同学和班干对班级的双轨管理,使他们充分发挥互相监督的作用;

(2)坚持不定期召开班级核心组和班干、团干会,研究班级动态及解决问题的对策,尽可能把问题解决在萌芽状态上;

(3)坚持对班干和团干的工作指导、集中培训,不断提高他们的管理水平;

(4)坚持在生活上关心,在思想上严格要求学生,尤其是对落后学生的问题尽量在本班内"消化"、解决,以免伤害他们的自尊心,使事态恶化;

(5)坚持写好工作日志,阅读与班主任工作有关的书刊,以不断指导和改进自己的工作;

(6)坚持建立班级文书档案管理,以利于班主任和班干开展管理工作。

提前返校的风波

——一个毕业班班主任和班长的故事

郑　忠

小葛，男生，身高 1 米 90,高三(2)班班长。该生综合素质较高,智商与情商兼具,感情丰富,口才极佳,在班级中有极高威信,可以说是该班的绝对灵魂人物。(2)班在上高三前整体班风不是很好,学风不浓。小葛作为班长,在班级管理上力度不够,怕得罪人,容易妥协迁就部分学生。他本人学习成绩在班级前列,但是和年级优秀学生相比存在明显差距。

返校风波

那一年高三,学部有一个新举措:大接送的时候高三学生提前一天返校,目的是为了让学生返校以后高效学习,提早进入学习状态。因为事先就预计到这项举措在(2)班实行起来肯定有困难,所以在第一次放假之前,我就在班上反复叮嘱学生,务必在返校当天晚上 6 点半以前准时赶到学校,超过这个时间,作自动放弃这次补课处理。

不出所料,返校日的晚上,离规定时间还有 10 分钟,我到教室查人,发现有 5 个男生还没到,其中就有小葛。我正在想怎么处理,电话响了,是开学初就退学准备出国的一个学生打来的,他在电话里说他和小葛等 5 个男生在外面吃饭,可能晚一点回来,向我请假。我非常恼火,心想:离规定时间只有 5 分钟了才想起请假,而且打电话的还不是本人,世上哪有这样请假的? 我当时就在电话里让他转告那 5 个男生,叫他们不必来学校了。

放下电话我就想,小葛身为班长,带头不按时返校,如果这次原谅了他,以后高三的提前返校制度在(2)班肯定是形同虚设了,而且我在全班公开说过的话如果第一次都得不到执行,以后班主任的威信也荡然无存,高三这一年也没法管理了。所以我还是打电话给小葛家长,让他们把孩子接回去。

后来我进一步了解到,当时小葛是想返校而不吃饭的,但架不住其他几个同学的劝,加上好友要出国了,最后一次聚会不参加好像也说不过去,最终还是去了。但是他毕竟是班长,觉得这个事情还是要给班主任说一下,自己不好意思打电话给我,就让好友给我打电话请假。我了解了这些信息,虽然认为他这么做有苦衷,但是迟到的事情发生了就没有任何借口,我还是坚持让家长把他带回家。

辞职风波

不久的一天早上,我一到校发现桌上有一张纸条:"老师,因我能力有限,不能胜任班长之职,特辞去班长职务,望批准。小葛。×年×月×日。"

我心里一动,沉思起来。这肯定是"返校风波"的后遗症。我知道(2)班只有小葛能当班长,而且没有任何人能替代他。他不当,这个班级肯定要乱,这是作为毕业班绝对不能承受的。而且像他这样的学生做出这样的决定恐怕也不是轻易能改的。所以,我经过深思熟虑之后,在班上宣布:"小葛不愿意当班长可以,但是不能说不干就不干。马上要期中考试了,小葛的班长当到期中考试结束那一天,待期中考后,再由全班同学投票选出新班长。如果没有合适人选,就轮流坐庄,人人当一天班长。"

我之所以这样做,完全是缓兵之计。我知道这个班不能没有小葛,但我不能去做他的工作,因为这个时候我们两个不宜直接面对面。我知道虽然我不去做但自然有人做,至少班上很多学生是不会答应的。而且大家心里都清楚,这个班除了他没人能当这个班长。他如果非要坚持不当,事实上也是得罪了全班同学。我心里很清楚小葛的个性和为人,他是不会不负责任。我和其他任课老师也陆续找他谈话,果然,这之后辞职的事他也慢慢不提了,他还是(2)班的班长。

经过这次"返校风波"和"辞职风波",提前返校之日我们班再也没有发生不愉快的事情。这次事件也促使我和小葛还有班上的学生都进行了反思,我们互相摩擦、互相碰撞、互相对抗的历史也从此一去不复返了。班级管理也越来越得心应手,师生感情也越来越融洽。

后来小葛考上了二批。但他没有去读,而是去了英国。半年后他回国来看我,问及在国外的情况,他说在英国每天非常辛苦,除了学英语,还要学他们高中的课程,他不想读预科,因为在英国读预科不能上好的大学,他的目标是英国排名前十的名牌大学。在我们交谈期间,我感觉他日渐成熟,见识更广更深了,不仅对近期目标有清醒的安排,更有长远的规划。我衷心地祝愿他学有所成,并且我也相信将来有一天我必以他为骄傲。

 案例追问

1. 在部分班主任当中有一种现象:学生犯了错动不动就请家长。通过这次"返校事件",您如何评价班主任的这种处理方式?

首先班主任请家长来校一定要慎重。要知道学生对请家长来校一般是比较反感的。所以如果不是特别严重的错误,最好不要请家长。这次"返校事件"我之所以坚持让家长来校带孩子回家,是因为在放假前班主任事先在班上反复强调过,并宣布了相关纪律。其次,这个班在高一、高二的时候就比较自由散漫,高三已不同于过去,必须加强管理。再次,班长带头违纪,不处理不足以服众。基于以上理由,我坚持让家长把孩子带回家反省,也是着眼于高三整个一年的管理。从事后来看,这个事件还是留下了一些后遗症。好在班主任及时跟进一些后续措施,才算较好地处理了风波带来的消极影响。

2. 有些学生对待老师的处理一时不能接受,并且用比较极端的方式比如辞职来表达抗议,那么老师应该如何面对呢?

首先,老师一旦宣布了处理决定,除非发现确实是处理不当,否则就要严格并坚决地执行。但是如果老师发现自己的处理方式会带来一些负面影响,就要及时跟进一些后续措施来化解和弥补。小葛在高一、高二的时候就是班长,在班级有较高威信和地位,马上同意他辞职,恐怕会引起同学猜测,不利于毕业班学生的情绪稳定。其次,班长毕竟在返校时间来到之前给我电话请了假,事后也马上赶到了学校,说明他心里还是有纪律观念的。再次,在当时的情形下,没有代替小葛的合适人选。所以我采取了"缓兵之计"的策略,最终取得了较好的效果。

3. 从这个事件中我们能得到哪些启示和思考?

首先是尊重。教师,尤其是班主任,在任何时候都要尊重学生,师生关系应该是平等的。班主任不仅要站在自己的角度,也需要站在学生的角度思考问题,有些班主任有时候不够尊重学生,过分维护个人的"师道尊严",给学生以一种"不近人情"的感觉。这也说明个性化教育必须要走进学生的心里。其次是沟通。师生间出现了不快或是隔阂其实很正常,因为双方所站的角度不同,思考的方式不同,甚至立场也不尽相同。除了彼此尊重以外还要多沟通。只有及时交流,双方敞开心扉,坦诚相见,才能消除隔阂。

 读者感悟

恩威并重有分寸

陈建如

 案例背景

2011 年暑期,学校为了满足部分学生的需求,开设了竞赛辅导班,学生自愿参加。来上课的同学主要来自理科创新班,其他班级也有十几个同学参加,原高一(2)班的小齐同学也在其中。在学习期间,他多次违反纪律,甚至触犯班级底线,他虽然不是我班上的学生,但是我还是对他进行了深刻、耐心的思想教育,使他从思想上和行动上都有了很大的转变,并且建立了信心,树立了远大目标。

 案例过程

我和小齐同学的故事印证了那句老话"不打不相识"。

今年暑假学校组织学生进行"竞赛辅导",学生自愿参加,小齐同学也来了。但是当我上班课时问道:"大家都是自愿参加竞赛辅导的吗?"这时小齐同学举起了手,说:"我不是自愿的。"班课后我就找该同学了解情况,于是就有了后面的故事。

原来他是高一(2)班的学生,放暑假时他听说我要接任(1)班的班主任,又听说我是一个非常"严厉"又"不太好惹"的班主任,所以他想借这次"自愿参加竞赛辅导"的机会"看看庐山真面目"……

班课后我把小齐同学叫到教室外面,耐心而又关切地询问:"既然你不自愿,为何还来到学校?"他支支吾吾地也说不出什么理由,但看得出来他没有些许的愧疚,而就在此时我对他已经有了心理准备。经过一番苦口婆心的说服教育,我让他回教室上自习去了,第一次较量就这样平静地结束了,而我感到对他的了解和教育才刚刚开始。

果然不出我所料,第一天晚自习后,他就组织了四个同学去一间空教室打扑克,值班老师通过电话告诉了我。第二天早读时,我把他们四个叫到那间空教室并递给他们一副扑克,说道:"今天你们四个尽情地玩,没有我的许可谁都不能

停下来，什么时候玩累了再来找我。"这时小齐同学第一个站了出来："老师我错了，你原谅我这一回吧，以后保证不犯了。"看得出来他极具有表演天赋，这一次我是不会轻易让他过关的，对他进行了严厉的批评，连同他昨日的表现，分析了他的心理，指出了他的用心，挖掘了他的错误根源，告诉他这样做的后果。他哭了，表示要改正缺点，遵守纪律。我与他约法三章，让他回教室上课去了。

他仅仅规矩了两天，第三天一位老师告诉我："小齐在走廊上打手机。"这一次他触犯了班规的底线"严禁带手机进校园"。看来他的思想意识里就是没有纪律观念，必须对他动"大手术"！我把他从教室里喊出来，什么话都没对他讲，只是把手伸到他面前，他也什么都没问，顺从地从裤兜里把手机掏出来递给了我。我们之间的配合如此默契，彼此心知肚明，看得出来他有些怕了，于是，我抓住了教育的良机，说服、教育、批评，他痛哭流涕，彻底认识到了自己的错误。针对他的表现，本着"治病救人"的方针，给他一次机会（因为其他同学不知道这件事，所以就破了一次家法）。但小齐同学提出要回家反省半天，我同意了。第二天他早早来到教室，早读课上，他非常专注地、声音洪亮地朗读着，仿佛是在向昨天告别，或许是在呼唤他的未来！

从那以后他就像是变了一个人似的，上课听讲非常专注，自习课上自己独立完成作业，决心通过自己的努力考入理科创新班。通过暑假半个月的努力学习，结课考试时他的成绩达到了班级平均分，他找到了自信。

竞赛辅导结束时，小齐递给我一封信，信中写道："亲爱的陈老师：您好！做过思想斗争后，我还是决定用书信的方式来表达我的想法。经过和（1）班同学一起学习的十五天，尤其是在那次事件发生后，我觉得在您的带领下，我才有真正的学习动力和劲头，我想我需要您的严格管理！说实话，过去一年里，虽然我有了一些进步，但却没有明确的目标，自由散漫。这些天在您的教导下，我意识到什么才是真正的学习，怎样才是班风正、学风浓，中学生应该如何刻苦努力，拼搏进取！我多么想加入（1）班这样一个班集体，聆听您的谆谆教导，希望您能够接受我并给予帮助。对于竞赛辅导期间发生的事，我深表歉意。谢谢陈老师这些天的辅导，谢谢陈老师能带病上课，希望老师身体健康！"

在我的争取下，新的学期开始后，他来到了我的班。进班的那一天，我跟他谈了好久，从行为规范到意志品质，从学习方法到学习目标，从学会做事到学会做人到最后成才等等，他不停地点着头，似乎暗暗下着决心。我想在我的不断教育和监督下，他会创造奇迹！

开启心智的钥匙
——丰富多彩的个性化教育故事

1. 陈老师从与小齐同学"不打不相识"到从思想和行动上改变了他,您对此有什么体会?

我觉得作为教师最幸福的时刻并不是什么荣誉和奖励之类的东西,而是学生真心的"谢谢"。每一年我都会收到一大批新年贺卡,令人奇怪的是,写贺卡的往往不是原来班里的优等生,而是一些"不起眼的学生"。这是为什么呢? 我想有一个非常重要的原因是我尊重了他们,信任了他们。不以分数取人,不以身份取人,在言行上纠正他们的错误,在思想上端正他们的态度,不歧视他们,不贬低他们,关注他们的心灵,用关爱去培养他们的自尊和自信,为他们撑起心灵的一片蓝天。

2. 陈老师是受学生爱戴的优秀班主任,对教育有深刻的理解,您能否谈谈自己育人的理念?

教育是技术,更是哲学,是艺术,是诗篇,是思想与思想的碰撞,是心灵与心灵的交流,是生命与生命的对话,教育需要用我们的热情和生命去拥抱。每一位从事教育工作的人,都可以通过努力成为一名教育家,而不是教书匠,关键在于要有对教育独立的理解,有对教育的理想,有对教育的持久追求,并逐渐形成自己的风格。

育人时机时时有,育人时机处处在,正像罗丹所言:"生活中不是缺少美,而是缺少发现美的眼睛"。身为班主任,做一个有心人,及时发现时机,把握时机,了解学生在学习、生活和情感上所出现的各种问题,使学生在前进中有方向,挫折时有信心,困难时有支持,在成长的道路上少走弯路。这样的育人过程不仅会变得自然从容,更重要的是能收到事半功倍之效。

寓教育于活动中

裘冠群

 导师简介

　　裘冠群,中学一级教师,中共党员,校团委书记;工作十余年来,有多篇论文分别荣获宁波市一、二等奖。她负责学校团委工作 5 年来,每年所开展丰富多彩的校内外活动,受到师生好评,学校团委被评为市基层团建示范点,连续 5 年被评为市先进志愿者服务站,她负责的学生会连续两次获得宁波市优秀学生会荣誉,她本人也多次荣获市志愿工作先进工作者称号。

案例背景

　　Y 女孩个性开朗、能干,是我的得力助手,是一名工作能力极强的学生干部,也是我十分信任的学生,而且我一直教她班上的课,所以也是她的导师和朋友。但是一次学校的六不规定检查,却让她和我怄起气来。

　　学校的六不规定中有一条就是不能带零食,这是为了让学生能够更好地吃一日三餐和课间水杲,但是总有学生违规。没有想到的是,在学生返校日,Y 所在班级的学生带了大量零食来学校,而 Y 本人则在一个崭新的鞋盒里藏满了巧克力,而且把盒子伪装得很好,但是最终还是被发现了。在对 Y 批评教育中,Y 却不以为然,而且对把零食上交一事愤愤不平,连上我的课也不配合了,用爱理不理的眼神扫向我,对我那几天布置给她的工作当然就更没有激情了,总是避着我。

　　这种感觉让我们彼此都感到不舒服,于是我在课后问了她的挚友,原来是她的一位好友这周要过生日,所以他们就违纪带了大量的零食,现在都上交了自然心情不好。可是按照学校的规定,在校期间这些东西是不能让学生吃的。而且这次学校收到的零食很多,都堆在我们办公室的一个角落。

第三章 【特长培养篇】

搭建一个舞台

怎么处理这些零食，才能够让学生不会产生逆反心理，而且还能起到教育作用呢？于是一个活动就应运而生了——把这些食品整理好送到孤儿院，并且让Y来策划这次活动。

当我找到Y把这个任务交给她时，她一下子激动起来，"好的，老师。参加这次活动的同学就安排我们班的吧。""当然可以。"我爽快地答应了，其实这时我也知道Y的想法，到校外去和同学们开个派对也不错，在心里她还惦记着她的巧克力呢。

于是，我和Y以及她班上的同学一起对这些食品进行了分类，一共装了9大纸箱，在整理的时候还告诉他们哪些东西小孩子吃了不好要清理出去，他们吃也不健康，他们听了都表示赞同。就在那个周六我和他们一起带着满满一车的食品去了特地给他们联系的恩美福利院。到了那里，Y充分施展了她的组织才能，把活动安排得十分完美，而且将她的巧克力亲自分给了那些孩子，其他同去的同学们当听到那里的孩子喊他们"叔叔、阿姨、爸爸、妈妈"时，早就没有了吃零食的想法，都激动地把自己的东西分给了那里的孩子们。仿佛一瞬间，他们都长大了，成为了家长。

在回来的路上，我问那个过生日的同学："CC，你这次生日过得快乐吗？""快乐！Y之前就说要给我个惊喜，没想到我能过这么难忘的生日，这比在学校里有意思多了。今天有个小孩一直让我抱着她玩，我走的时候，她还叫我妈妈呢，哈哈——""看你美得，我有两个小孩子叫我妈妈呢，比你有魅力吧。"Y大笑着说。一路上大家欢声笑语，40分钟颠簸的车程变得那么的短暂，他们竟然没有想过偷偷吃一颗巧克力或是要求在途中买点吃的。

那天回来后，Y跟我说："老师，您知道吗？我原来想趁着去福利院的时候吃点零食的，但是到了那里，看到那里的小孩子那么可怜、那么可爱、那么热情，我自己都不舍得吃了。而且CC说这次生日派对特别棒，非常感谢您！原来我一直生您的气，生学校的气，现在我发现，我们的生活真好，学校的饭菜太好了，还有点心吃，我们应该好好吃饭，不应该将零食当正餐吃，更何况在整理零食的时候，我才知道，有的零食对身体不好，我会和我们班的同学爱惜自己，好好吃饭的，下次不带零食了。""好的，我相信你们！感谢你们让我也参加了这个特殊的生日会，而且你安排的表演和游戏很棒哦！"我笑着对Y说。我发现，Y脸上的敌意找不到了。

在随后的一年里，Y不时给我提出一些新建议：老师，我班的同学有很多衣服,品牌的,9成新的,还有我妹妹的衣服、玩具,我们捐给贫困地区吧;我们快毕业了,有很多课外书,都是名著啊,要不要收集一下啊?她还教同学们练习哑语"感恩的心",带领我校的韩国学生和我一起去敬老院慰问演出,做义工。后来她被评为了宁波市优秀青年志愿者。

 案例追问

1. 融教育于活动之中,您做了有益的尝试,也产生了良好的效果,请谈谈您的设计原理。

其实,很多时候严肃的事情严肃地处理并不一定就会有效果,因为太过生硬,彼此都会觉得疼痛,而且还会再度摩擦。如果没能让学生从心底认识到他们的错误,认可学校的规定,他们的行为还会再次与规章相左。我们何不换一个方式,利用一些活动作为平台,让我们的孩子们在自己的亲自体验中去明辨、评判和规范自己的行为?而教师则扮演好引导者的角色,并为他们创造这样的机会。在我们特设的活动中,抓住时机进行引导教育,帮助他们理解学校的规定,学会换位思考,在轻松的气氛中实现德育,是多么快乐而有效啊。

2. 高中生正处在血气方刚的年龄,请问您如何看待他们的"叛逆"现象?

这些学生毕竟只有十六七岁,有那么一些自我,有那么一些叛逆,但也有那么一些善解人意。他们的冒进,正是因为他们希望被他人关注,希望彰显自己的个性,希望被他人认同。他们有时会遇到阴霾,会在其中无法辨析方向,但只要我们给他们一点阳光,多一些倾听、多一点关注,按他们的方式去跟他们对话沟通,一切就会云开雾散。

 读者感悟

一语成谶　天上人间

苏晓红

 导师简介

苏晓红,女,万里国际学校高中英语教师。她的教学风格严谨细腻,课堂氛围活跃民主。她亲和力强,善于与学生沟通,被学生们亲切地称为"苏苏"。个性化教育中,她与学生拉家常般的谈话,深受学生喜欢,让学生感觉不到代沟。在关切的交谈中,她实施"润物细无声"的教育。由于她本身就是一个非常有个性的老师,所以带出的学生也个性鲜明。

案例背景

孔钟鸣,高二(3)班学生,高一第一学期末分班时被分到我所带的班级,原来他是创新班的,可期末考试后,诸多原因,未能如愿继续留在创新班,而来到实验班。该生性格怪异,在老师跟前不善言辞,在同学面前却口若悬河,极具个性,极有特点。一个学期,他的经历起伏跌宕,令人深思。

案例过程

第一节课,我喊他"钟鸣孔",全班哄堂大笑,于是,我知道了,他其实姓孔。

第二节课,为了弥补这个过失,我又特意喊他回答问题,这次,牢牢记住了人家姓孔不姓钟。"孔鸣钟"依然是哄堂大笑,这次,姓氏喊对了,名字却反了。

就这样,直到第三天才把他的名字喊正确。这个极具个性的男生,最后成了我的个性化教育对象。

这一波三折的名字经历,却如谶语一般,仿佛印证了他后面一波三折的成长经历。

第一阶段:接手他时间不长,我发觉这小子很聪明,接受能力极强。顿时暗生欢喜,觉得孺子可教。这样的苗子,若肯用功,方法又得当,假以时日,必成大器。第一次和学生进行交谈,一般我都不谈学习,只谈心态。先解决心的问题。

佛家讲一切唯心造,还是有一定道理的。我要求我的个性化学生,第一,心态要平和。无论是做人还是做事,平心静气去做就是。成不骄,败不馁。第二,做任何事,不能有功利之心。做人要厚道。把复杂的事情简单化。第三,做事情,要有目标,有计划,定好后,踏踏实实去做,把每天该做的事做完,至于结果如何,不要太看重。其实,该做的事如果能一步一个脚印,认认真真做好,加上坚持,一日三省,不断完善,结果一定不会差。这次谈话后,师生关系拉近了许多,因为我说的,他比较能接受。这个阶段的他,成匀速上升状态。月考前,我要求他制定考试目标。按照他的实际情况,他认真做了。这个目标是冲入年级前四十。结果,考完后,他考出了全班第一、年级 20 来名的好成绩。这时,我们都有点飘飘然了,觉得没怎么花大力气,就如坐火箭一样冲上去了。

第二阶段:有了初战告捷的胜利,我对他精力投入上有些放松,觉得他应该是那种自己知道该怎么做的学生。可是,过了一段时间,班主任于老师和我沟通时叮咛我:最近对孔钟鸣要盯紧点,这小子自月考后尾巴就翘天上去了。我也发现了,他作业也马虎了,上课也有些心不在焉了。于是,我立即找他来谈话,也许是我当时还没发现问题的严重性,因此那次谈话不够深入,顶多就是叮咛嘱咐安慰式的,再说,只是课间那么几分钟时间。很快,到了期中考试,看到他成绩的那一刻,我真是大跌眼镜。居然倒退到了班级 25 名,年级就找不着他了。于是,趁热打铁,我赶紧找他来分析失利原因。我告诉他:"这绝不是你的真实水平!因此,虽然这次没考好,但你一定不能自暴自弃、妄自菲薄,觉得灰心失望。失败并不可怕,可怕的是失败后的一蹶不振!"由于谈话及时到位,又能点中他的命脉所在,他也很有感触。这个阶段,他从高峰跌入了山谷。

第三阶段:有了期中考试失利的教训,他终于意识到"逆水行舟,不进则退"的道理。高中毕竟和初中大有不同。人啊,似乎与生俱来都是不撞南墙不回头的贱命。任何事任何话,老师或家长无论怎么苦口婆心地讲给他们听,只要自己没经历过,他们是绝不会动心的。只有亲身经历了,碰壁了,他们才能深切地体会到老师往日的苦心和谆谆教导,也只有这个时候的谈话才最具说服力。这个孩子是极聪明的,也极有个性,表面看来随和宽容,也礼貌有加,外表看似有些孤冷,其实内心极为孤傲。他不认同的事情,任你磨破嘴皮,也只是表面上虚与委蛇、勉强应付罢了。但若真的走进了他的内心,他其实是一个有着火热性子的孩子。作为他的导师,我很惭愧,我至今不认为我已经走入他的内心深处,他还未对我完全敞开心扉。我们之间,其实也是需要长时间的磨合的。

但无论如何,他总算是意识到自己的问题了。这个阶段,是他奋起直追、再次上升的过程。

终于,期末考试,我们再见曙光,他又取得了班级第四、年级第 24 名的好成绩。只是,考完试匆匆忙忙就放假了,没来得及与他谈话沟通。那么,期末总结的谈话,将是我这学期新学期的首要大事了。

短短一个学期,他忽如惊雷,转瞬谷底,心忽在左,寻之已右。就这样起起伏伏,升升落落。这是一件绝不能忽略的事情。

我明白,这学期,我的责任更加艰巨……

案例追问

1. 经过一个学期与学生的磨合,您对个性化教育有什么更深的体会?

个性化教育,如果不深入到每一个老师的心灵深处,不是老师发自内心的意愿去做的话,终将流于形式。因此,要把个性化教育真正做成一张王牌,必须要让老师这个群体发自内心地主动去做,才能达到预期的目标。

2. 这学期您的个性化教育还有什么新举措?

到了高二,学生要面临三科会考的重任,计划这学期更多采用一些笔谈的形式与学生交流,这样,谈话可能更深入更频繁,更能起到督促鼓励的作用。

3. 找学生谈话,要不要提前"备课"呢?

一定要提前备课。由于谈话的时间有限,所以,谈话时的重点以及目的都要很明确,谈哪些问题,老师的观点,给学生的建议,甚至相关数据和例子,都要提前备好,一来直击主题,二来可以让学生更深刻地体会到老师的良苦用心,从而使谈话效果更佳。

4. 个性化教育工作会不会影响老师的正常教学工作?

"磨刀不误砍柴工"。学生的思想工作做好了,学习态度问题解决了,努力方向明确了,更会促进教学工作。另外,当老师真正走进学生的心灵时,心灵与心灵之间的对话自是其乐无穷,如果说影响教学工作的话,一定是积极的影响。

5. 对这样忽上忽下的学生进行个性化教育,您有什么体会?

这样的学生是属于那种非常有天分,又极有个性的。首先要做好他的思想工作,让他认可导师的一些理念和做法。其次,对他的关注应该落实到平日的点点滴滴,用一种强大的温暖去包围他、感化他,从而激发他的内驱力。一旦他的内驱力被调动起来,剩下的事就好办了。这学期,这个孩子相对是稳定的,月考竟然考到了全年级第 19 名。再次,这样的工作要常抓不懈才能看到最后的辉煌。愿与学生一起同甘共苦,共同成长!

 读者感悟

精诚所至　金石为开

刘拥军

开学之际，学校让我中途接手一个新的班级。据介绍，这个班级有几个学生比较特别，需花费一番心思。因为自己有近十几年的班主任工作经验和心理辅导技术，能够解决好学生中经常出现的一些问题，所以，我有思想准备，更是充满着信心！

不愿穿校服的女孩

我怀着满腔热情开始了我的班主任工作。当我上好第一节班会课还沉浸在得意中的时候，有位女同学从座位中突然蹿起来，神情显得十分不屑，很不友好地说："你讲的观点我不同意。"我心里一愣，这么大胆无礼，提问题连基本的礼貌都没有，我脑海中马上想到这位学生可能就是任课老师经常提到的令很多老师头疼的女生。尽管我受挫的内心有了些许不安，但为了维护她的自尊，我当着全班同学的面肯定了她敢于发表自己观点的勇气。第二天我早早到教室，检查班级工作。当团支部书记、班长向我汇报班级情况的时候，又一次提到了她，从高一到现在她都拒绝穿校服。当我走近她友好地提醒她在升旗仪式穿校服时，她很不礼貌地瞪了我一眼，并冒出一句话："我不会穿校服的，我从来没穿过！"语气很生硬。我的心又一次揪紧，看来这个学生的确有点"另类"，因为我还不了解具体情况，没有再进一步追问，但她的表现引起了我的重视。那一晚我难以入睡，这个女同学那冷漠的神情，一直浮现在我眼前，到底是怎样的一个女孩？为什么如此桀骜不驯？我惊讶又好奇，职业的敏感告诉我，这中间一定有故事。

很快地，我了解到有关她的一些具体情况。她叫李丽，一向学习成绩优异的她由于初中填报志愿出了问题，没有考入市重点中学。因没有填报区重点中学，在父母的安排下，几经波折，一个多学期连续两次转学后来到万里中学。转来之后，她对立情绪非常严重，稍有不顺不是哭就是大发脾气，甚至不执行学校的规章制度，学校规定不准戴耳环，她偏戴；不准挂首饰，她偏挂；不准吃零食，她偏吃，有时还大摇大摆拿到教室吃，谁提醒她，她就与谁对抗。由于她的行为，班级的荣誉受到影响，她的"另类"成了大家的话题。我从同理心的角度思考着：这样一个转学的过程，对她意味着什么？对于一向是老师、同学心中的佼佼者，又是一种怎样的失落和打击？我心中原先的那种怨气慢慢消失了，取而代之的是理解和心疼，我思考着自己该怎么做。

走近内心世界

我慎重地请她到办公室，她侧着头，板着脸，表情很倔，一副拒人千里之外之势，还不时用余光瞟我，颇有点挑衅的味道。

"什么事让你显得这样烦躁？"我试图用这个问句让她宣泄心中的不快。

"烦死了。"

"你能接受我的帮助吗？"

她低着头说道："不需要，你和其他老师没什么不同。"

我正希望这个时候她能像第一次班会课上的表现，哪怕和我争论起来，但最终还是没有。第一次交谈就在这种看似无功的结果中结束了，这个结果也在我的预料之中。我仍然关注着她，宽容地对待她的表现。

一个星期后我又约她到办公室，她没有拒绝，但仍然是不屑一顾的神情，谈话还是不顺畅。但我感受到她的内心是需要关心的。就在我思考对话如何继续下去的时候，看到她脖子上挂着超女李宇春的照片，我估计她是李宇春的"粉丝"，于是我马上话题一转说：

"你是李宇春'粉丝'吧？"

"你怎么知道？"她马上抬起头，眼神有点软化。

"我也喜欢李宇春，我有第六感应呀，我曾经发过短信支持李宇春呢。"

"你？"她疑惑地看了我一眼。

"她下个月好像有场演唱会。"

"我知道，就下星期四。"

有关这样的话题维持了几分钟，她说话的语气终于带有点温度了，我内心一阵开心。我便关切地说："这一段时间来，老师发现你情绪波动比较大，不太合群。你心理是不是有解不开的结，如果我们哪里做得不对也可以改呀，能和老师聊一聊吗？"

"说了也没用。"

"我想知道你不愿意穿校服的原因。"我直接切入正题。

说到穿校服，她突然脸涨得通红，情绪变得很糟糕，边哭边说："烦死了，穿不穿校服我不在乎,我又不想在这里读书。"语气中还带有几分不耐烦。"为什么呢? 我想你这样想一定有你的理由,老师能理解你。"在我耐心、真诚的引导下,她终于边哭边说:"中考填报志愿失误,连普通高中都未能就读,我好像是一个没人要的孩子。一个多学期转了三所学校,我觉得我是多余的,我感到自己很失败,如果不是考虑到父母的心情,我真不想读书了。""我能理解,这样的过程让你多为难,你能顾及父母的情绪坚持到现在是不容易的,但老师要告诉你的是,现在你由于不适应新的环境,很大程度上是情绪影响了你的心态,我们一起努力,一切都会好的,但也需要你的配合。"我积极地关注,真诚地安慰着。她还断断续续地告诉我初中是如何如何的优秀,现在是多么的失落和不开心。在谈话过程中我不断点头回应,认真聆听,引导她宣泄积累已久的负面情绪。宣泄之后,她平静了许多,我的每一次安慰和引导她都能积极回应。谈话结束时我布置了作业,请她回去采访身边自己认为成功者的成长经历,并写下采访后的心理感受,并以表格的方式罗列出平时能让自己快乐的事,如"听音乐能使我快乐"等,并建议下周一起交流。她疑惑地看了看我说:"这还有作业? 我没有心情。"我解释道:"我知道当大多数人遇到问题时会觉得一点心情都没有,这是人们的一个误区,认为人快乐的时候才能做快乐的事,其实人在不快乐的时候更应该做平时认为自己快乐的事,这样才能迅速恢复自信和力量。"她点了点头,看来她对我开始有点信任了,一切似乎朝好的方向发展。

建立合理信念

几个星期过去了,她碰到问题开始能主动找我,每次交流都比较顺畅,和同学的关系在逐渐改善。我知道她所有的表现是心理防御机制在起作用,她用否定一切的方法来掩饰内心的脆弱,事实上她的内心是渴望成功、渴望关怀的,她的这种表现也是想引起我的关注。我告诫自己:"面对这样一个受挫折的学生,我一定要用我的真情去感化,无论我遇到多大的委屈,都不能感情用事。"

于是,我再一次约她到办公室,她欣然答应。话题直接从她的偶像开始,就李宇春的歌、台风表演、成为超女所遇到的各种挑战、包括网上对她的各种负面评价等方面,进行了交流,同时也进行自我表露,讲述自己在工作中的失意和成功,又列举了许多同事及学生所遇到的挫折,引导她正确面对挫折,像李宇春一样以积极的心态迎接未来。另外,针对上次的家庭作业"采访录"进行评估和探讨,并对她耿耿于怀的中考失利,我采用认知质疑方式,帮她找到"别人可以失败,我必须成功"等信念。

生:"我付出这么多的努力,却没有考上市重点,真不公平。"

师:"只要付出努力,就一定会成功吗?"

生:"我想应该是这样。"

师："不管环境如何,方法如何,只要努力就会成功?"

生:(沉默)……

师:"你的同学中就你一个人在努力学习吗?"

生:"不是,有很多同学也非常努力。"

师:"那么,那些同学是否都考得非常好呢?"

生:"也不完全是.但我应该考得更好一些。"

师:"别人都可以失败,为什么你不能?"

生:"也不能这么说。"

师:"你家庭作业采访了谁?"

生:"我父亲和阿姨。"

师:"有什么感想?"

生:"他们现在事业比较成功,但都是从失败中走来的。"

师:"是不是每个人都会有成功的时候,也会有失败的时候。"

生:"是!"

……

这次谈话非常顺利,临走时她很有礼貌地说了声:"老师,谢谢!!"(以前从未有过)我能感受到一个多小时的交流,对她的内心是有所触动的。

重建支持系统

她不愿穿校服是由于不能接受现实而产生的一种投射心理,实质问题是典型的升学挫折引起的自卑心理,过高的自我评价、自尊、与现实的失败,使她内心无法解决矛盾冲突,除了让她宣泄不良情绪,转变消极的认知之外,还得帮她构建更强大的心理支持系统。我思考着以马斯洛的"需要层次理论"为依据,寻找她的真实需要。

人是有个性差异的,特别是处于青春期的学生,"一把钥匙,开一把锁"是个性化教育的关键。我引导班级同学珍惜同学的缘分,宽容对待身边的同学。在德育操评时如果按照班级规定,她的考核结果是不理想的。但班级同学一致同意破格给她"良好"的成绩,我感谢我的学生,他们用宽容的心对待这么一位曾经受伤的同学。一次学校有重大活动,正巧是她初中同学的聚会,为了顾及她的心情,同意她去了。随后我发了信息给她:早去早回,大家期待你回来参加活动。她也回了信息:知道了,刘老师,我一定赶回来。两个小时后她已脸带笑容坐在教室里,嘴里还喘着粗气。在工作比较难做的情况下破例为她调了她喜欢的寝室和班级座位。在调动宿舍的那天我动员与她同宿舍的其他女同学积极主动帮她整理东西;生日时不忘送上暖暖的祝福。我经常及时反馈任课老师对她的肯定,强化她积极向上的行为。创造机会请她和全班同学一起为班级出谋划策。

在社会实践中,大家积极鼓励她参加全年级性的科普知识竞赛,她为班级取得了第二名的成绩。

她穿上了校服

随着时间的推移,小李身上发生了可喜的变化。她终于把自己当作集体中的一员,融入了大家庭之中。本学期她学习成绩突飞猛进,取得年级前 10 的优异成绩,并主动承担了第三小组的学习组长,工作十分出色,经常主动为周围的同学答疑。她的小组无论是学习还是纪律都得到大家的赞扬,她被同学们推选为"最佳组长"。她的表现得到同学的充分认可,往日的刺猬正在变得和顺。漂亮的校服穿上了,灿烂的笑容荡漾在她的脸上。在那节以感恩为主题的心理课上,最后的活动是"想说⋯⋯",她这样说道:"两周后大家可能不在一个班级,我要珍惜这份缘分,对那些我曾经伤害过的同学和老师说声对不起,我爱我班,我爱⋯⋯"在学雷锋的日子里她以身作则,慷慨捐款,积极参加义卖活动。在她谈到要报考上海外国语大学的时候,我为她有明确的奋斗目标而感到高兴,看到曾经桀骜不驯的女孩又恢复了往日的风采,我感到十分欣慰。她使我坚信:再冷的石头也能捂热,再偏的学生也能感化。精诚所至,金石为开!

1. "精诚所至,金石为开"。刘老师,您能谈一下你对小李个性化心理辅导的体会吗?

这个个案辅导使我体会到:

(1)在辅导过程中时刻关注当事人的情绪是十分重要的,只有在当事人情绪平稳或积极的前提下,老师的辅导才会发生作用。

(2)心理辅导中,老师对学生心理状态急于求成的主观判断和引导,都可能使辅导陷入僵局,老师必须耐心,必须和学生建立和谐的关系,取得对方的信任,获得对方的接受,这是辅导成功的基础。

(3)充分调动自身积极的资源。每个人的内心深处都有一股积极向上的力量,辅导的目的在于唤醒和开发学生内在积极的力量,使她恢复自信。

2. 小李同学不愿意穿校服,是叛逆行为还是心理因素?

小李不愿穿校服,对老师的逆反情绪是由于中考失利、不能接受现实而产生的一种投射心理,实质问题是典型的升学挫折引起的自卑心理。在辅导过程中,我没有急于判断当事人的心理问题,而是通过和当事人的深入交谈,去了解其内心需要。除了让她宣泄不良情绪,支持她重建合理的认知,改善自己对自身和新环境的看法之外,还得帮她构建更强大的心理支持系统,并以自己的真诚去换取她的信任。在辅导的时候坚持"尊重、理解、真诚"的原则,并遵从"一把钥匙,开一把锁"的理念,走进她的内心世界,开启她的心扉,使她找回迷失的自我,投入正常的学习生活之中。

3. 刘老师,您如何理解"生命的发展需要自爱"?

老师不是医生,不能总是看学生的不足与缺陷;老师不是警察,不能总是像盯着可疑的人那样,只看学生档案中的阴影。老师应该是寻找宝藏的人,在学生心灵的土地上,寻找生命的精神资源,并把这种潜在的资源发掘出来,变成精神财富。老师不仅要发现学生的闪光点,而且要引导他们去发现自己的闪光点,使他们形成自爱的心态,使他们相信自己就是最好的,自己有许多可爱的地方。我们经常教育学生要爱他人,可从来没有告诉他们要爱自己。学生因为找不到自己的可爱之处,于是就放弃了许多追求。所以,生命的发展需要自爱!

 读者感悟

特长帮她找到自信

门县东

案例背景

冬梅,坐在班级第一排,身材矮小,其貌不扬,不喜言语,很不起眼。但是,她是鄞州区的推优生,材料中展示的是她认真的学习态度、很强的活动组织能力、良好的人缘。难道名不副实?可是,差距也不应该如此之大吧?通过多种渠道的了解,我发现,真实的她其实正如材料上所说,非常优秀。为什么高中里的她变得如此默默无闻呢?原来,进入高中后,她没有很快适应高中生活而导致几次小型考试她都没有取得理想的成绩。初中名列前茅的她如今竟然落在班级的后面,她不自信了,开始怀疑自己了。因为怀疑,她也变得越来越怯懦了,这种怯懦带给曾经光芒四射的她无尽的煎熬,在煎熬中学习生活,怎么会优秀呢?要优秀,首先要自信!但是怎样才能让她重拾自信呢?

案例过程

我试着接近外表胆怯内心火热的她,经常和她聊聊天,试图让她从过去的辉煌中重拾自信,更希望她能够坦然面对现在的失落。但是,我发现我精心安排的谈话显得很徒劳,因为她固执地认为现在的她真的是不行了,学习带给她的自卑像是一块胎记,没有办法去除!

终于,一次偶然的机会,我发现她非常热爱摄影,而且在这方面很有天赋。经过进一步的了解才知道,从小学三年级她便开始摄影,其摄影作品到现在已经是非常丰富了。终于,在学习之外,她还有一个值得我们所有人都赞赏的闪光点!我一定会紧紧地抓住不放!于是,我开始和她聊有关摄影的话题,开始让本来较为沉默的她变得滔滔不绝。我鼓励她参加学校的摄影协会,让她在学习之外找到自己的另一片天地。

今年"五一",我给她布置了一项特殊的作业——"五一"放假后在班级举办一次个人摄影展!她笑了,又有些惴惴不安。"冬梅,你一定行的,全部由你来设计,如果一节班会课不够,我可以再给你一节课的!如果你信得过老师的话,有想法就给老师电话……"她笑着点头了。

"五一"长假很快结束了,那天班会课,冬梅怯怯地走上了讲台,声音颤抖着开始主持个人摄影展。班上的同学都被那美轮美奂、充满智慧的摄影作品吸引住了,不禁啧啧称赞。慢慢地,她脸上有了笑容,她主持的声音也开始响亮了,我感受到她心底的自信在同学们的赞美中慢慢地重建起来了。

更令人欣喜的是,在欣赏她的摄影作品时,我们还发现,冬梅更是一位制作幻灯片的高手,有着精湛的技术和高雅的审美观。我趁势追击:"老师还发现你制作幻灯片的技术很高啊,同学们也发现了!你以后可要忙了!"

果真,后来班级活动中要制作幻灯片时,同学们会马上想到冬梅。于是,她那娇小的身影在班级活动中出现得越来越频繁了!她脸上的笑容也更加灿烂了!但是,这主要表现在她所擅长的摄影和制作幻灯片方面,而面对学习时,她仍然显得怯怯的……

在一次难得的三天社会实践活动中,很多同学积极参加手工制作,大胆展示自己的作品,但她还是默默微笑地注视别人的作品,仍然不能很主动地拿出自己的作品……

"三年高中,我们就只有一次机会来到美丽的藤头村,真难得,怎么样,你负责我们班的摄影工作吧!"我不经意地跟她提到。"好啊!"这次,她很爽快地答应下来了!于是,在三天社会实践活动中,她忙碌的身影穿梭在同学间,而同学们也总是好奇地围着她看那些照片,笑声不断地传开来,她是笑得最开心的那个!

"我们班要办一张班级小报!"我刚说出口,就有一位同学说:"门老师,我向你强烈推荐一个人!""谁?""冬梅!""对的、对的、对的,她动作可快了,而且设计得很漂亮!"看到同学们争先恐后地赞赏她时,我心里很欣慰。至少,她已经赢得了同学们的认可!

"冬梅,同学们都推荐你来为我们班办小报呢!""啊?"她很惊讶,却又掩饰不住地开心。"呵呵,看看,藏不住了吧,同学们都知道你很能干,他们就相信你啊!"她应该心里甜滋滋的吧,我猜测,优秀的人也需要别人的认可哦!

"冬梅非常有才艺,而且又吃苦耐劳,她用一颗美丽的心灵,用一双善于发现美的眼睛,为我们留下了美好的时刻。同学们,我们应该感谢她!我们应该向她学习,而她呢,应该自信满满地来展现自己,来为班级服务!"

现在,我的办公室经常有一个身影主动出入,携着满满的自信,不卑不亢地做着自己。朋友,想必你已经知道是谁了吧?对,就是那个找回自信的女孩!

1. 门老师，请谈谈您对冬梅个性化教育取得成功的进一步认识。

此次帮助冬梅找回自信，亦让我对这一问题有了更深一层的认识。

其一，德育的宝贵时机蕴藏在学生拥有的经验和教训中，蕴藏在学生现实生活需要、生活态度、生活遭遇、生活方式、生活行为之中，蕴藏在学生内心世界的情感、价值冲突中。进入高中，冬梅完全不同于初中的表现，引发了我对她的关注，而同时在这个过程中，我找到了冬梅失去光芒的真正原因所在——那便是在初中和高中的比较中，她丧失了信心，这是一切的根源，也是我教育的重要切入点。

其二，学生的生活世界是重要的德育资源，也是重要德育课程资源，开发和利用学生的生活世界是开掘学生道德品质生成和发展的源头活水。正因为对冬梅个人生活世界的了解和开发，我发现了她爱好并擅长摄影这一特征，借此，我引导她认识到了个人优秀所在，带着她一步步从失落走向自信。

其三，构建生活课堂，渗透生活德育，把学科教学生活化和德育生活化与信息技术整合起来，形成以生活为基点的德育模式。在对冬梅的引导中，一个很重要的环节便是那一堂班会课。这节班会课其实是冬梅个人生活的展示，利用多媒体之便，让她在向全班同学的展示中，对自己有了更深的认识，在其他同学的认可中，她才能慢慢找回自信。

2. "经师易得，人师难求"，门老师，请谈谈您的"入师"观。

在工作中，我十分看重对学生尤其是差生哪怕是微不足道的成绩的正面肯定和鼓励，树立他们的信心，让他们感到"天生我材必有用"。

学生无论哪一方面产生困惑，感到力不从心时，班主任都要及时了解学生的情况，稳定学生的情绪，帮助学生认清自身条件、找出差距、确定适当目标，指出达到目标的具体途径。为他们的航行指明航向，并推波助澜。

"经师易得，人师难求"。育人时机时时有，育人时机处处在，正像罗丹所言："生活中不是缺少美，而是缺少发现美的眼睛"。身为班主任，做一个有心人，及时发现时机，把握时机，了解学生在学习、生活和情感上所出现的各种问题，使学生在前进中有方向，挫折时有信心，困难时有支持，在成长的道路上少走弯路。这样的育人过程不仅会变得自然从容，更重要的是会收到事半功倍之效。

● 第四章 ●

习惯养成篇

功夫在诗外

做事不专心,上课不听讲,经常往教室外面看,做作业耳朵上塞个耳机,或者拿支笔,在指尖转来转去,边玩边学,上网成瘾,吃饭浪费,不讲卫生,厌恶劳动,周末把脏衣服带回家或者随意丢掉……我常常听到许多家长朋友的抱怨:今天的孩子怎么了?

这类不良学习习惯和生活习惯在现代孩子身上常有发生。

然而,在我们身边却发生了另外的故事。

有一次,2006届考入北大的余晓凯同学回母校看望老师,我们邀请他为在校的高三学弟学妹们做了一次演讲,演讲之后的提问中,其中一个问题给大家留下很深的印象。

学弟问:"学长最受益的学习习惯有哪些? 这些习惯对你的人生有什么影响?"

晓凯答:"第一,上课不受任何干扰,集中精力注意听讲,这样我在课上接收的老师精心为我们准备的信息就比别人多,而且养成了我做什么事情都能专心致志的良好习惯,让我受益终生。第二,盯住"纠错本"。作业批改和考试结束之后,我绝不会放过任何一道错题,一定要把所有的错题弄懂弄通为止,特别是本该做对却做错了的题目,我绝不允许曾经犯过的错误再一次发生在我身上。"

学长的话给学弟学妹们带来很大震动。

本章故事讲述的就是不同层次、不同特点的学生,在平时的学习和生活中如何在老师的指导下纠正不良习惯,并逐步养成良好习惯的。

爱的力量

王丽营

 导师简介

王丽营,女,中共党员,浙江大学教育硕士,2000年加盟万里,"脚踏实地、志存高远"已根植于她的内心,她已渐渐成长为一名优秀的人民教师。她一直在学习"做个好人、做个实在人、做个有性格的人",在班主任工作中,她工作踏实认真、方法得当,深受家长和学生的好评。她深信用爱让学生成长,用心与学生和家长沟通,共筑和谐、高效的教育。

 案例背景

小Y,男,儿时就随父母在宁波生活,父亲在码头开装卸公司,全家就住在员工宿舍里。父母年纪很大时才生了这个孩子,因此对孩子十分宠爱。小Y熟悉电脑操作,父母都没什么文化,公司给工人发工资的账户都是由他替父母操作电脑进行管理,但他从来没有因此私自拿过账上的一分钱。他的本性很善良、很诚实。小时候,父亲常带他和一些文化水平不高的生意人接触,时间长了,小Y渐渐地形成了"读书无用"的错误认识。因此,与繁重紧张的高中生活相比,他更喜欢NBA、电脑游戏等娱乐活动。每次的NBA比赛,他都会想尽办法去观看,放假回家,他除了打篮球外就是玩电脑游戏,从来不做作业。就这样,高一分班时,他已经是班中成绩较差的学生了。

案例过程

1. 有些"习惯"可以改变

一进高中,小Y就是我班的学生。他不爱学习,调皮。无聊时他常和几个同学拿班里的女生开玩笑逗乐。我找他谈话,他一脸的诚恳,表示悔改,可回去

又是老样子。

一次放假，我发现他父亲正在校门口接他，我很想和他父亲沟通一下，他却连忙说："老师，我爸就路过这里，马上还有别的事情，没时间见老师。"被他推托掉了。

又到了学校放假休息的日子，这次我提前约见他父亲。见面时我才知道，由于小 Y 的表现不好，以前的老师每次把他父亲"请"到学校，都是一番批评，小 Y 也怕老师向他父亲"告状"，这样，小 Y 的爸爸被儿子蒙混阻止，再加上本身又没有兴趣见老师，与老师的联系就愈来愈少了。

这一次，我打破了他们的"习惯"，见到他父亲后，一不指责二不告状，多说小 Y 的正面表现。在轻松的交谈中，我了解到小 Y 父母对他还是抱有期望的，只是心疼儿子，并缺少正确的管教方法。我建议他父母把自己的过去和对孩子的期望都和小 Y 谈一谈，他父亲欣然答应了。此后，他父亲常来和我交流，开始渐渐形成了家校合力。

2. 一次家访，改变了小 Y 和我的关系

高一结束的那个暑假，马上要分班，学校要求我们先家访，深入了解学生和他们的家庭。小 Y 也是我家访的学生之一。自从他爸爸常与老师联系后，他以前那些无聊的行为没有了，但在学习上还不用心，对我也似乎多了些防备。另外，他在期末考试前突然腰椎间盘突出，在家躺了一个月，虽说已经好了，但我还是非常牵挂。

家访那天，小 Y 和他父亲在家门口等了我们很久。我见到了他妈妈——一个胖胖的农村妇女，生活的劳苦和岁月的沧桑都写在了她的脸上，这让我更多了一份想要帮助这个孩子的愿望。他的父母确实是实实在在做事的人，为了工作方便，把家也安在了工人宿舍里，屋外很嘈杂，房子也破旧狭小，小 Y 在家里除了在床上玩电脑，确实没有别的地方可以待。

大家聊了一会儿，我委婉地建议他爸爸，要给他弄个单独的房间供他安静地学习。他爸爸被我的关心感动了，立即说，有个办公室可以给他用。告别时，他妈妈拉住我的胳膊不放，非得拉着我们一起去吃饭。婉拒不成，只得同意。

在餐桌上，我又了解到小 Y 腰疼是旧伤，经中医推拿针灸，效果不错；他是过敏体质，肠胃又不好……这些信息在我以后对他的教育和关心中起了很多作用。告别前，我把饭钱悄悄放在他爸爸汽车的座位上，却被小 Y 发现了，他爸爸要还给我，我说这是学校规定，不能让家长请客吃饭。这时我看见小 Y 对我有了异样的眼光。凭我的直觉，我觉得我的行为赢得了他的尊重。

这次家访后，小 Y 和我亲近多了，也很愿意听我的话，乖巧了许多。但是，尽管他已经很努力地要求自己，还是抵挡不住 NBA 和游戏的诱惑……

3.飞行员面试,彻底改变了他

转眼进入高三,小 Y 已完全没有了高一时的顽皮,开始抓紧学习了。他虽还不是全身心投入,但很聪明,长进很快。在学校接到飞行员招生通知的时候,他的成绩还很差,为了鼓励他,我还是同意他报考,而且为他跑前跑后,做了很多准备工作,很认真地分析了他的现状和要尽快改进的地方。面试那天,是我陪他去的,我先把面试程序都了解清楚,把注意事项和他讲好。他进去面试的时候,我被一个穿军装的人问得一愣:"您也是陪您儿子来面试的啊?"我不置可否地笑了笑。

他因为过于紧张,而且在视力检测时又耍了点小聪明,结果就被刷下来了,他很后悔不该耍小聪明。我告诉他要严格要求自己,对待任何事情都不能耍小聪明。为了让他开心点,我还和他讲了军官和我的对话,他终于笑了:"我哪有这么年轻漂亮的妈妈呀!"

在后面的学习中,我明显感觉到他还是有些失落,但我一直关心着他,鼓励他迎难而上,勇于克服困难。因为他的语数英成绩较差,我帮他请老师给他补课,自己也见缝插针帮他补习理综。功夫不负有心人,通过我们的共同努力,高考时他考上了他梦寐以求的本科院校。

 案例 追问

1. 王老师,您作为青年教师刚开始担任班主任,最深刻的感受是什么?

我觉得"爱是教育的灵魂",用好了它,不仅对处理学生问题行为作用很大,而且其综合效力也是巨大的。小 Y 的故事只是我对学生进行关爱教育的一例。今年的教师节,他给我发了一条很长很长的手机"短信":

"老师,时间过得真的很快,嘿嘿,还是没有辜负你的希望的,我上大学了。回想那次你带我出去体检,你细心的指导与帮助,你亲切的微笑与照顾,让我深深感受到老师对我母爱般的关爱。当时特骄傲,瞧,我有'妈妈'陪我来,很幸福。但是不重视学习的我,一直都在和你们玩小聪明,每当我出了毛病,你总给我补过的机会,引导我用心学习,让我返回正轨。哎,都过去了,回忆是多么美好,起码我的过去是幸福的。老师,今天又是教师节了,我敬祝老师节日快乐!"

读着他的信息,我感动得眼泪都流出来了,他真的长大了,听同学说他在大学还当了班干部。我在教师节收获的也不止他这样一封"长信",从他的信里,我收获了作为老师最大的满足。

第四章 【习惯养成篇】

功夫在诗外

2. 为什么"关爱教育"是帮助学生成长的有力推手?

这是因为受社会大环境的影响,现代的学生面对着许多诱惑,使得内心处于一种动荡不定的状态。这时,教师的积极影响和正确引导尤为重要。每个学生心理都渴望得到教师的爱,这是学生生活与成长中非常重要的精神力量。这种教师对学生的关爱是最高境界的爱,是至爱,是必须深刻全面地了解了学生的情况后才能以正确的方式给予的爱,它包含着严格要求和耐心指导。教师的关爱能使学生如沐春风,茁壮成长。

3. 您认为"关爱教育"要从哪些方面入手?

要从学生的生活、学习、心理等多个方面去关爱学生,这是我们学校对个性化教育的一贯要求。教师应以一颗体贴入微的母亲般的爱心,对学生的一言一行,一举一动保持敏感性。让学生"亲其师,信其道"。教师应该成为学生学习道路上的导师和楷模,并善于用自己的言行,点燃学生智慧的火花。

4. 那么,"关爱教育"对教师有哪些要求?

关爱学生,教师应该言行一致、表里如一、情真意切,真正关心学生的成长,做学生身心发展的关注者和守望者,教育好学生的现在,铺垫好学生的未来,对学生负责,对学校负责、对社会负责!

5. 王老师,你去家访,当你把饭钱坚持还给家长的时候,你是怎么想的?

很简单,我是一位教师,教师就有责任维护自己的职业尊严。尽管家长请我吃饭是很诚恳的,而且在家访中正好赶上吃饭的时间,从家长的角度来说,合情合理,但是对我来说,我必须把饭钱给人家,我觉得这样做我心里很踏实,用自己的行动维护了教师的形象。

读者感悟

宽容的分寸

张晓爽

 案例 **背景**

在多年的班主任生涯中,经常遇到一些性格特殊的学生,他们共同的特点是独立意识强,不易倾听别人的意见或建议,凡事从自己的角度考虑得多,站在对方的角度考虑得少。在面对老师的管理时,他们很易冲动,往往会发生正面的冲突。在这些同学身上,即使教育起了作用也很容易发生反复。这样的学生会使班主任感到非常头痛,处理不好也会在班级管理中产生很强的负面作用。

案例 **过程**

那是深秋的一个早晨,我刚一上班,值周老师就来"告状":"你班张杰同学太不像话了!"我心中一惊,张杰是我们班上有名的"调皮大王",经常在老师或班干部安排工作时唱反调,以前有几次对老师不礼貌,曾因辱骂老师受过警告处分。但经过我苦口婆心的工作,最近已经大有进步,不知又做了什么"惊天动地"的事会把老师气成这样。我连忙问:"出了什么事?"值周老师向我讲述了头一天晚上发生的事。

原来,头天下了晚自修后,张杰并不是值日生,但迟迟不回寝室,在值日生拖地时不停捣乱,值周老师进行劝阻时张杰很不以为然,称自己在和同学开玩笑,根本没有"不尊重别人的劳动",认为值周老师多此一举。在老师离开不远时,他竟然口出不逊,甩出一句"你懂个屁",并在老师叫他回来时装作听不见,扬长而去。

我听了这事后很生气,在向值周老师表示歉意的同时,真想立即到教室把这惹是生非的小子揪出来。张杰以前所犯的错误还历历在目:前些天,张杰在自习课时,因为老师说话的声音大了一些,就当众说老师"真没礼貌";在我外出由别的老师代理班主任时,他对老师说:"你也不是班主任,有什么权力管我们?"不过我感觉经过耐心细致的引导,他在处事态度方面大为好转,许多老师都说他有进步,难道以前的教育心血全都付诸流水?但转念一想,没有生命的物体尚有惯性,何况活生生的人呢?学生犯错误,尤其是习惯性的错误,做老师的,做家长的,应该有发生反复的思想准备,绝不能够急于求成或丧失信心。不管别人怎么看,依我对张杰的了解,他虽然固执、冲动,但却也是一个有正义感、知错能改的好学生,我相信他在事后会有所醒悟。我过早介入此事未必能达到最好的教育效果,还是等一等吧。

果然,第三天,值周老师告诉我,张杰已经真诚地向她道歉,并感谢我所做的工作。我说,其实我什么也没有做,我只是做到了等待和宽容,我有的只是对学生的信心和耐心。

在当周的班会课上,我没有批评张杰,而是将此事加以放大,在全班同学面前表扬他知错就改的好品质,并说老师认为他在学习上的潜力很大,相信他也会在学习上令人刮目相看。那一晚,我看到了张杰眼中闪亮的东西,那是被人信任后激动的泪花。

 案例 反思

1. 张老师,应该如何对待学生在成长中的错误?

如果说"没有教育不好的学生"是唱高调,那么"没有不能教育的学生"则是实实在在的道理。尽管高中学生接近成年,但他们毕竟还是孩子,孩子的天性就是渴望独立,就是爱犯错误。班级不可能不出问题,学生也不可能不犯错误,如果问题出在班风或学风方面,就必须特别重视。而对一般性的问题,要适当"容错",只要学生意识到并努力改正就行了。

2. 对学生是否管得越严越好?

对学生严格要求,不放松常规管理,但绝不是管得越严越好、跟得越紧越好。对于高段学生更是这样,否则可能引起学生的逆反心理。教育首先是服务,管理首先是尊重,相处贵在信任。我坚持一切班务都和班干部商量、和学生商量,既讲原则,又要充分听取学生的意见。大到自主管理各岗位的设立及确定人选,各项全班活动的安排,小到值日组的调整、座位的调整、寝室的分配都是和学生商量完成的。要充分相信学生,逐渐从事无巨细中解放出来,从早晚跟班中解放出来,不要总怕出事,如果什么事情都不出,还要班主任干什么?在循规蹈矩之中培养教育出的学生一定缺乏创造力。

3. 怎样理解和把握"教育的时机"?

教育时机的把握非常重要,这就像烧菜的"火候"或军事上的"战机",往往稍纵即逝,而恰当地把握住时机则可收到事半功倍的效果。

4. 看到您的案例,让人联想起老子的哲学思想。您对此有何体会?

我的确非常欣赏老子的"无为而治"的思想,老子的《道德经》是我非常喜欢的一本哲学著作。但是我理解"无为而治"并不是"不作为",而是不能"乱作为",乱作为有时候比不作为还糟糕,只有因材施教,才可能有合适的作为,最后达到"无为而治"的最高境界。

 读者感悟

当教育遭遇尴尬

刘巧铃

 导师简介

　　刘巧铃，女，中学英语高级教师，高中英语教研组长，教导处副主任。她曾获宁波市局级优秀教师，宁波市城区教坛新秀，校三八红旗手，校优秀教师等荣誉称号。她因为热爱教师这份职业而全身心地付出，也因此连年获得优秀班主任称号，所带班级高考成绩屡创校纪录，每学期学生百分之百的满意率更是最好的慰藉。学生眼里的她是一个个性鲜明、魅力非凡的英语教师，具有高效独特的教育艺术。

案例背景

　　这件事情已经过去近一年，但我还是决定把它写下来。在平时的教育教学中，老师和学生之间可能会发生一些意想不到的问题，有时事情发生得很突然，出现了意气用事的处理方法；师生双方在矛盾出现后各自感觉委屈，老师自认为出发点很好，而且在事后做了许多的努力和工作，学生固执地用无声的语言来坚持自己的想法，这样就导致了僵局的出现。教师怎么处理在工作中遭遇的尴尬事件，不仅需要师德，更需要智慧。

案例过程

　　2010 年 9 月 7 日，星期三，高二(1)班的英语课。按照每天的惯例，英语课一开始是学生用英语做一个 3 分钟左右的 Daily Report(每日报告)。今天轮到沈寒，掌声过后，并没有人到前面来，我问："今天是轮到谁了？"沈寒站了起来，我问他："你没有准备好吗？还是忘了？"沈寒回答说："不是，我不想做。""为什么？""不为什么，就是不想做。""同学们，老师要求你们轮流做每日报告，一是希望给每一个同学用英语表达和展现自己风采的机会；二是每个人一生中都需要

在别人面前说话,别看就这么短短的几分钟,可以帮助我们学习如何在公众面前说话,如何得体地在人前表达自己的想法,如何做听众。我们需要的不是演说家,但我们可以通过类似这样的课堂活动来学习。沈寒同学,你如果今天没有准备好,老师明天再给你一次机会。""不要,我明天也不要做,我就是不想做。"沈寒的声音不大,也有一点似乎是愧疚的东西在里面。教室里突然变得异常安静,大家都看着我们两个,有些同学鼓完掌的手都还没放下来,很尴尬地举着。我的脸开始挂不住了,带着情绪地脱口而出:"既然大家都认可这种课堂活动的安排,而你的拒绝也没有任何的理由,老师无法理解,所以,我拒绝你听英语课,除非你给出合适的理由,或者明天改变心意。现在我们开始上课。"沈寒拿着英语书从座位上走到了后门站着。而我,也上了一堂最糟糕的课,课前充分的准备都因为我不时的走神而变得无序无趣,其他同学也不知怎么的,课堂表现很反常很沉闷。

下课铃响了,我把沈寒叫到了教室外面,想和他再做些交流,沈寒什么话都没说,但从他的表情,我看到了 45 分钟站下来后的一丝敌意。再次看到他坚决的态度,我本来想和他好好谈谈,并且准备收回不让他上英语课的决定,就这样被我咽了回去。回到办公室,我先去查看沈寒高一时的英语成绩和学科成绩,发现他英语成绩很弱,在班级属于倒数的位置,理科还不错,总分在班级中等偏上,我又查看了高一老师留下的关于学生沈寒的各项记录,性格内向、不主动。按道理,沈寒并不是一个无理取闹和老师对着干的学生。

第二天的英语课一开始,上来做 Report 的是另外一位同学,而沈寒默默地拿起英语书和笔自己站到后门去了。而我,没有说任何的话,也没有阻止沈寒的行为,只当作一切没有发生,尽量不受任何的影响,让我的课精彩地呈现。就这样,沈寒一连好几天都站在后门听英语课,这一站就到了要回家的日子。在这期间,语文老师、班上同学、我都和他进行过交流,但都遭到了拒绝。这段时间,我的心情糟透了,沈寒在路上看见我,也是头一低,装作没看见,更不用说打招呼。班上其他同学则从一开始觉得老师做事有点过头,到最后一边倒地支持我。总之,我感觉做了二十年教师,第一次在处理学生的问题时如此束手无策,如此尴尬。

两个星期过去了,我发现每天英语课后,沈寒第一件事就是找同学去要英语笔记抄,这个课间他从不休息。而单元测试的结果是,本来英语学科就弱的沈寒,考了班级倒数第一。我找来了沈寒,问他:"沈寒,这就是你要的坚持后的结果吗?"沈寒不吭声。等沈寒走后,我也在反问我自己:"这些日子,我坚持的又是什么呢?既然做 Daily Report 是为了帮助学生英语学习,那么我的坚持就是让学生在英语科上挂红灯吗?沈寒并不是一个调皮或爱和谁对着干的孩子,每天英语课后他宁愿不休息也要把英语笔记抄上,说明他很在乎自己的学习,可能他的坚持就是因为怕自己英语弱而不愿在他人面前丢脸吧。我总是说做这件事是为了学生好,又觉得自己在事后做了沈寒大量的思想工作,那么我的坚持不也有面子的成分吗?"我决定要想个办法解决这件事情。

返校后,高二英语开始会考复习,第一次的模拟考试,沈寒又一次考了班级最差,我看到了沈寒上课前拿到自己试卷时的沮丧表情。上课了,沈寒又拿起书和笔主动站在了教室后门,我对全班同学说:"我们开始会考复习了,老师总是对你们说,要利用好会考复习的机会夯实基础,对于英语学科较弱的同学来说,这是一个最好的补弱机会。大家别忘了我们提出的班级目标之一,高二消灭弱科。沈寒,看到你昨天的模拟考试成绩,我都担心不要说会考拿 A,这样下去能不能通过都成问题,不过看到你下课后默默地去抄别人笔记,说明你自己也很担心,所以今天开始回到座位去上课,我可不希望等到高三时,英语成了你弱科我再给你补课。"听了我的话,沈寒很意外,站在原地不动,以为自己听错了,于是我说:"如果你还留恋站在后门听课的日子,等会考结束,你可以选择继续站着。"沈寒笑了,跑着回了座位,班上其他同学哄堂大笑,我听出了笑声中的轻松,也看到了不少同学眼中对我的尊敬。我也笑了。

接下来的日子,沈寒对英语学习特别用心,课后经常主动问我问题,我发现他因为英语基础弱,上课有很多听不懂的地方,所以每天利用课间问他当天有没有课堂没听懂的问题,还另外送了本自编的资料给他,额外布置一点作业给他开"小灶"。沈寒学习英语的主动性达到了空前的积极,除了主动提问,他也开始利用小组学习的机会到讲台前来发言,课后遇到我,都会主动问好。有一次,他还对我说:"老师,你喜欢看原版的美剧,我给你推荐几部电影,怎么样?"沈寒在会考中英语得了 A,现在的英语成绩是班级中等偏上水平,课堂讲解的知识,他是全班掌握和落实得最好的学生之一。我们再也没有提起过那次 Daily Report 的事情,但是,从和沈寒的交流中,我获得了他的尊重和信任。

 案例追问

1.刘老师,首先对您在案例中勇于披露教训表示敬意,其实这样的教训每位教师都可能遭遇过,但是汲取教训,不仅需要勇气,也需要智慧。您是怎样想的?

我是一个性格鲜明的人,正如学生评价我的那样,既然教训能够形成一种教育资源,能让我们思考一些更深刻的东西,为什么不可以拿出来供大家借鉴呢?

2. 老师在教育教学过程中遭遇尴尬,首先该做的是什么?

从这个案例,我认为作为老师,我们需要主动地退一步和理性地包容。这种退一步和包容不仅不会有损我们的师道尊严,反而会为我们赢来更多的尊重。这种赢也是一种双赢。老师面对的是几十个甚至上百个学生,对我们而言,某个学生的得与失可能只是几十分之一或上百分之一,而对于学生本身而言,就是百分之百。所谓"感动人心者莫先乎情",对学生包容的确能够打动人心。作为一名教师,我们对于"学高为师,身正为范"以及"师德"等这样的词并不陌生。直到做老师二十年后的今天,我仍然觉得这是一门需要我永远秉承和研究的学问,它需要我不停地探索,同时也给了我无穷的回报。

3. 如果老师在遇到尴尬事件时主动退步和理性包容,会不会被学生看作是无能而导致更糟糕的结果呢?

不会。在冷静和理性的背后,更重要的是,教师要善于想办法找台阶。唐太宗李世民说:"智者取其谋,愚者取其力,勇者取其威,怯者取其慎"。在这个案例中,我抓住了学生沈寒非常在乎自己的学习成绩的关键,给了他合理的台阶。而且,只要老师真正想要去解决问题时,就一定能想到很好的办法,起到意想不到的作用。我们收获的不仅是这个学生的问题得以解决,还将收获所有学生对老师智慧的肯定!

读者感悟

功夫在诗外

第四章 【习惯养成篇】

邮件往来连心路

刘巧铃

 案例背景

"一个人如果能够勇敢地面对现实,执著于自己的追求并为之不懈努力,就是一个强者,就是一个成功者。在人格上全世界的人都是平等的,真正的自信应该来自于深植于心的这种信念。"这是摘自芮成刚的《三十而励》中的一段话。其实学生不也是如此吗? 当自信在他们的心里生根、发芽并疯长,就如同让他们获得了一个能够撬动整个地球的支点!

案例过程

认识小夏是从聊林语堂开始的。开学第一天,我刚接任高二(1)班的班主任,经过教室就走了进去,所有的同学都因为我的到来开始窃窃私语,只有小夏,仍抱着一本《京华烟云》目不转睛地看着。我坐到她面前,和她聊林语堂《京华烟云》笔下的姚木兰,说林语堂的生平,不到十分钟的时间,我和小夏就拉近了距离,知道了她是个爱看书却固执地只爱几个人的书的女孩,也看到了她说起自己是文学社成员时自豪的神情,还了解到她最想做电视编导。我趁机说,那就把中国传媒大学编导系作为你的高考目标吧。小夏欣然应承,眼睛里充满了向往。

随着更多的接触和了解,我对小夏有了更为清晰的认识:小夏爱书,却容易受书中人物的思想所左右,做事沉不下心,凡事想得过多,遇事敏感。在学习上,理科是她的弱项,独立性不强,强烈依赖他人,越弱越怕出错,而爱看书并没有使她的文科成为优势,成绩在班级靠后而且一次比一次不如意。再提中国传媒大学,小夏的眼睛里满是怯意和茫然。

高二最后一次期末考试,小夏考了班级最后一名,而且在年级的排位与她前面的一位同学相差近二十分。成绩出来那天也是放假的日子,其他同学都开心地整理着自己的物品,小夏却坐在座位上,机械地反复拨弄着手里的几本书,眼睛看着窗外。

我知道她的心里在想着什么。期末考试前半个月,是小夏一年来最难受的一段日子,她的同桌要求调换座位,虽然反复强调不是因为小夏,但敏感的她却在我面前哭了。为了让小夏在学习上更为独立,我强行撤除了她所有能依赖的力量。因为这两件事,在最后一次接送日,小夏主动来找我,我们一起非常坦率而且彻底地分析她在性格、思想、学习上的优势和不足,最后,我对她说:"小夏,刚才的半小时,我俩做了非常全面彻底的分析,而且达成了共识,最后,老师真诚地对你提出两个建议:一是你不要沉溺在书的虚拟世界里,让自己在现实生活中成为一个有故事的人,作为一个成年人,老师告诉你,简单快乐才是幸福的真谛;二是对你而言,在学习上做到静心、独立就是迈向成功的最坚实一步。但实际上怎么做完全是靠你自己,谁也帮不了你,这次回家,你给自己一个思考的空间,好好想想我们这次的谈话和我的建议。"返校的那天,我一进办公室小夏就跟了进来,从她阳光的表情中我就知道她要说些什么。小夏就对我说了一句话:"老师,一切就让我从这次期末考试的准备做起吧,你看着。"我给了她一个心照不宣的微笑和一句"加油"。半个月来,小夏在努力地践行着她对我说的话,我也看到了她脸上更多的快乐。现在,我在小夏眼中看到的是怀疑和否定,还有为了强忍泪水倔强地咬着的嘴唇。

我走过去,"手上的书都要被你弄破了,如果东西整得差不多了,早点回家。"小夏轻轻地说了声"老师再见",很快背着书包走出了教室。看着小夏瘦小的背影,我知道这个时候她不想要任何的安慰,只想找个属于自己的地方哭一场。

回到家,想到小夏,我心仍不安,于是我想到了邮件,平时我都是让学生通过邮件向我汇报假期计划完成情况的。我和小夏就开始了我们的空间对话。

两天过去了,我没有收到小夏的回邮。第三天在天一广场,我意外地遇到了小夏,我问她是否收到了我的邮件,她说这两天没查邮箱,回去她就会看。晚上,我收到了小夏的回邮。

暑假补课一开始,我和小夏有过多次短暂的交流,指导她每一门学科的学习,帮助她定位、制订大学目标和各学科分数目标,检查和督促她每天的计划和完成情况。一个月下来,无论是班级的任课教师,还是小夏的家长,或者小夏自己,都看到了她的两点变化和进步:小夏在学习和生活中变得更平实、独立和快乐;各科的阶段性测验成绩已紧跟班级其他同学,甚至有时达到班级中等或中上。回家的那天,小夏来找我帮助她制订假期学习计划时,说:"老师,其实只要下定决心,把'练习当考试、考试当练习',学习也不是这么困难。还有,我在假期会把重点放在学科基础知识的复习、梳理和纠错上,把复习的每一步做扎实。"说完,小夏和其他同学说笑着挥手说再见。再一次看着小夏的背影,我轻轻地说:"孩子,一颗坚定的心是你走向自信和成功的第一步,加油!"

 案例追问

1. 刘老师,您认为在个性化教育过程中导师的作用是什么?

我的理解是,学生要有个性,就要有远大理想,有学习欲望,有自己特长,有一定作为。所以,老师要关注学生心理,关注学生学业,关注学生特长,鼓励学生作为。当学生感到幸福和获得成功时,他(她)愿意和导师分享;学习和生活上出现困难和存在困惑时,第一个想到的是向导师求助,渴望从导师那儿获得帮助。作为高中学生,正值青春期,如果这个时候一直有个人在他(她)身边,伴随着坚实地走好每一步,身心健康地成长,这就是导师的作用。

2. 个性化导师与学生的交流可以有哪些方式?

在与学生的交流中,谈话是一种比较常见的方式。由于学生的性格不一,所遇到的问题也各异,所以和他们交流的方式也可以是灵活多样的。在这个案例中,我和小夏用邮件对话的方式延续着和她的互动,二十多天的假期几乎每天我们都有交流,我检查她的学习计划实施情况,对她提出的学习上的问题提供力所能及的解决办法;我们还谈人生,谈理想,谈我们看的电影,谈她喜欢的张爱玲和三毛……相信她有些迷茫的心会越来越坚定。个性化教育不只是简单意义的一项工作,而是与学生的一种互动,面对着一群有思想、有热情的孩子,老师自身也能从中受益。

3. 在学生的成长过程中,自信是最重要的因素吗?

自信对于人的重要性相信任何人都不会怀疑。记得李开复先生在他的"开复网校"中说过的一段话:"自信是一种感受,我不认为有绝对的标准。如果我对自己的认识很充分,能客观评估自己的能力、状况,毫不迟疑地欣赏自己的长处,也开放地接受自己的不足,通过积极学习来拓展自己,这样你就有了自信,与他人的关系也会变得和谐。"所以,学生有了自信,会更客观地审视自己,用更平和的心态去接受自己的不足和外部压力,更积极地鼓励自己不带任何附加值地去做事。

我经常对我的学生说:"10个手指有长短,我们不会因为大拇指最短而不要它,相反,大拇指有时是10个手指中最有用处的一员。每个人对待生活和学习也应如此。"看案例中的小夏,我不敢说因为我们的交流,因为更有自信,她一定能考上心中理想的大学。但是,我能肯定的是,从此以后的她会更快乐地生活,

更主动地学习,是因为她的更为自信,她不再不敢接受和面对挫败,不再不断怀疑和否定自己,她的心里洒满着阳光,她在努力地做最好的自己!

【附件】 两封邮件

老师的邮件:

主题:你好吗?

时间:2011 年 7 月 2 日 21:05:20

小夏,这两天放假,其实很担心你,你好吗? 我能理解你付出努力后对结果的失望和挫败感,但如果你能从这次不如意中去总结自己的亮点,去发现自己的收获,可能你会更豁然开朗。而且,我常说,学习不能求速成,如果半个月的努力就能得到期待的收获,这种成功会让你更心慌。其实,学习就是做事,你认真地对待它,把每一步做好,就不要有遗憾,而对现在的你来说,不完全是知识的问题,而是自信,既然你叫 Summer(夏天),那么你应该让自然与一切生物接受你的洗礼,接受你的炙热与酷烤,而不是你首先低头认输。至少,Linda 很相信自己的眼光,也相信自己的判断,这场战斗,是我们一起的战斗,所以你不孤单,一定要加油! 我准备在回到学校后,主动做你的导师,让我们一起面对,一起努力,一起奋斗,一起笑着哭,一起累却奔跑,一起享受成就感,好吗?

Linda

小夏的回邮:

主题:Re:回复:你好吗?

Linda:

展信快乐!

如果可以的话,你愿意打开音响,放一首王若琳的歌 *Time of your life*,我相信你会喜欢的。

我觉得人真的需要缘分,如果真的不是今天在街上遇见你,也许我就不会发现邮箱里竟然还有你的来信(老实说,我也不知道为什么它会被我忽略了……)。

前几天也有给你写信的念头,可是写到一半,怎么也写不下去了。这几天,我想了很多。爸爸说,他有点后悔没让我选文科,他心疼我,不希望看到我这么累,学得这么辛苦。刚开始我没有想哭的,可是听到这句话就忍不住了。我从未后悔过我的选择,我现在依然认为我能学好理科。可是想到我的背后还有爸爸妈妈,他们那么关心我,不希望我受委屈,不希望我受累……我很矛盾……爸爸说我好倔,好多事情就是不肯接受别人的意见。因为我跟他说我不喜欢那么多老师找我谈话,除了 Linda。我知道还有很多老师真的很关心我,他们也都在帮助我,我也知道我应该以一种积极的心态去接受别人的意见,可是却控制不了自

187

第四章 【习惯养成篇】

功夫在诗外

己。我知道这一点我能改。

想想高二，我做了什么。玩也玩过了，学也学过了，我不后悔我做过的事情，你告诉我要抓住每个时段的美好，我抓住了，我还在继续努力地抓住未来的美好。前段日子的迷茫，现在想想，毕竟也是一笑带过。今天下午，我坐在一家咖啡店里，看咖啡的制作过程。那种浓缩咖啡 Espresso，用很小很小的杯子装着，很苦很苦。可是当我喝一口咖啡，然后再喝一口水，好甜好甜，是说不出来的释然。以后的日子，不就是一杯 Espresso 吗？我相信高三的日子，我将能承受一切的苦，当然也就能享受到必然的甜。

老师，能为我选一所大学吗？一所让我感觉更为现实的大学，我自己无法选得很好，中国传媒大学仍会是我的梦想，但我更想更为现实地走出第一步。我还想给我的各门学科定个保底的目标分数，我觉得这是我需要的。在学习的过程中，我会更为关注老师们时时提醒的重视基础，也明白为什么爱看书的我语文成绩却不能显示出优势，因为我并不重视一些看似基础的东西，比如选择题，以后不会了。

看过一本书——《情书》，最喜欢里面的一个片段：一个女子对着满山的雪喊"你好吗——？我很好——！你好吗——？我很好——！你好吗？我很好——！"这种想念和被关心的感觉，就是幸福。

谢谢 Linda！你的邮件让我的心更加坚定！

小　夏

 读者感悟

"太极式"班级管理

蔡成德

案例背景

去年9月接手一个新班级时,我告诉自己在班级管理中不仅要对学生付出老师的爱,同时所做的每一件事都要让学生体会到老师对他们的尊重和浓浓爱意。全班40个人,每一个人都有不同的个性,这就决定班级管理不是一帆风顺的,肯定会出现种种问题。当问题发生的时候,老师切忌急火攻心,大发雷霆,而应该静下心来,先进行"冷处理",从学生的角度仔细分析问题,找出他们认为合理和你认为不合理的地方,然后将两者进行比较,最后得出正确的做法应该是什么;也可以用归谬法,假设他们的做法是对的,最后会得到一个怎样的结果,相信最后推导出来的错误结果肯定要比简单说教和严厉训斥要好,因为很多犯错误的学生在内心深处是很希望得到别人的理解和尊重的。这种静中有动、柔中带刚的教育方式不仅在问题发生时能最大限度地避免老师和学生的"正面交锋",让学生在老师"四两拨千斤"的智慧下不知不觉地深刻认识到自身的错误以及树立自觉改正错误的决心和信心,而且,还能在日后的管理中产生长久的效果。所谓"家和万事兴","太极式"管理营造的和谐、民主的气氛必将使班级走上可持续发展的健康之路。

案例过程

案例一

我们班是全校男生最少的班级,全班40人,只有8个男生,再加上他们性格内向,以至于在班级中显得无足轻重,其中两个又因为一些小事产生了误会,8个人就此分崩离析。但是,这看起来可有可无的8个人在五项竞赛中严重地拖了班级的后腿,屡教不改,任何形式的处罚对他们也都很少起作用。特别是有一次全年级学生在报告厅开会,这8人中有3人离开班级的位置坐在会场最后面,还有2人竟然逃会去打篮球。当时的情况令我很气愤,恨不得会议一结束就把他们叫来狠狠批评一顿,老账新账一起算。但是,在开会过程中,我渐渐冷静下来,狠狠的批评恐怕是收不到良好效果的,只能是发泄一下自己的愤怒而已。所以,我仔细思考了一下,决定在晚自习时把他们都召集到办公室。我先不露声色地问他们今天都坐在哪里,结果他们都老实地交代了去向;接着,我就给他们讲了当时很火的《士兵突击》中的几个片段,尤其是许三多所做的那些在别人看起来"很傻"的事情,以及从这些事情中表现出来的精神品质,然后又讲到王宝强从一个名不见经传的农村小伙通过自己不懈的努力终于获得成功的故事,也许是这个故事深深地吸引住了他们,我看到了8个人脸上专注的神情;最后,我趁热打铁,真挚委婉地批评了他们目前的做法对个人和班级乃至班主任造成的伤害,引导他们好男儿就应该像许三多和王宝强一样积极进取,做有意义的事,让理科班的男生看看文科班的男生照样可以活得很精彩! 或许是最后几句话说到他们心坎里去了,我发现他们的眼睛里都似乎涌动着一些不一样的东西。谈话结束时,一个男生站出来说,老师,一星期有两天没人值日,我就多值一天吧;寝室长也表态说另外一天也会安排好人员,决不会再给班级拖后腿。其实,到最后,我自己也被他们感动了,在轻轻松松地谈话过程中就解决了这么大一个问题,是我从来没有做到过的事。事实证明,后来他们真的做得很好,我们班在期末五项竞赛评比中获得了第三名的好成绩。

案例二

在全校"一二·九"汇演中,参演的同学通过积极准备,获得了第一名的好成绩。同学们很高兴,有一个学生快嘴快舌地说:"老师,你要请客。"当时我随口敷衍了一下,说:"好,周末。"周围的学生一片欢呼。到了周末,我以为学生已经忘了这件事,但没想到,一个女生来办公室交作业时又问起了这件事,望着她期待的眼神,我肯定地告诉她:"老师的承诺在任何时候都有效,周六下午我请全班同学吃水果,我请客,不过你先保密。"等到第四节课快结束时,我宣布了这个消息,顿时教室里乐开了花。到了周末,我事先在水果超市批发了几箱学生爱吃的水果,全班同学坐在教室里,本身的气氛就很温馨。恰巧,那天有两位同学过生日,40多个人一起为她们唱响了生日快乐的歌曲。在声声的祝福声中,我看到了那两位同学激动而幸福的泪花。更让我难忘的是,同学们齐声唱起了那首深情动人的《每当我轻轻走过你窗前》,在婉转的歌声中我情不自禁地流下了感动的泪水。原来,做一个平凡的老师也能如此幸福。回忆起那温馨的一幕,至今我还心潮涌动。第二天是圣诞节,同学们将自己的祝福写在或贴在一张贺卡上由班长交给了我,读着那些发自内心的话语,我的眼泪又一次夺眶而出。曾经,我也为了班级而流过泪,但那是委屈的泪,而今,我却一次又一次被这些可爱的学生深深地打动,一次又一次体验到做班主任的幸福与骄傲。我知道,自己是被这些学生爱着的,而我,也越来越爱他们了。

这样的例子还有不少,总之,在和谐有序的氛围下,经过同学们的努力,这个学期我们班取得了德智体美劳全面发展的理想成绩(如在校运动会上获得全年级第五名,在校"一二·九"文艺汇演中获得年段第一名,五项竞赛取得年段第三名,学习成绩也有很大突破,有三名学生获得校"奖学金",其中一名二等奖,两名三等奖)。虽然成绩属于过去,但是,我相信借着这一股东风,和谐融洽的师生关系、团结一致的班级凝聚力必将让高二(4)班的明天更美好。

 案例 追问

1. 蔡老师是不是受了太极拳"独具静态、化而不打、轻松自然"的特点的启发,从而迁移到班级管理的?

是的! 尽管我不会打太极,但当我看到万里那么多老师在练太极拳时,我就想到:无极即太极,无招即高招,只要你怀着一颗真诚的心,想学生之所想,急学生之所急,以温和、冷静的态度去化解而不是去打击,相信这一招数不仅能让班级管理更加得心应手,而且更重要的是,能让你体验到做教师的幸福和快乐,而快乐和幸福不就是生命之树长青的源泉吗?

2. 蔡老师,您多年担任班主任工作,最深刻的一点体会是什么?

在班主任工作中,我觉得对于学生来说,养成教育是基础、成人教育是关键、成才教育是核心。这也是我班主任工作的目标。

养成教育就是要养成良好的行为习惯。当然这不是一天两天就能实现的,是一个多次反复的过程。成人教育是关键,就是要学生学会做人,做一个负责任的人、一个认真的人、一个文明的人。成才教育的核心,就是要提高学生的成绩,成绩是硬道理,如果学生的成绩上不来,不要说家长,对谁都交代不了。要实现上述目标我觉得最简单的办法就是紧盯、盯紧。紧盯就是在时间上与学生同步,做到有学生在就有老师在,这样班级的任何风吹草动都能了然于心。特别是一天中的几个关键点,如早操、上、下午课前 10 分钟、晚自修前我都准时、准点出现,这样,学生也不敢打折扣,时间长了,就会养成好的习惯。盯紧就是学生在进行各种活动的同时,老师必须及时指导,培养学生养成良好的习惯。比如,早操时间结束,早读时间还没有到,学生只要到教室就要迅速进入状态,不管是语文还是外语,虽然我不懂,但我可以检查,学生出现的问题也能及时地处理。

3. 有一个情景,深深感染了每一位读者,就是您请同学吃水果的那个晚上,同学们自发地唱起了那首《每当我轻轻走过你窗前》,作为当事人,您认为这一刻有什么意义?

这个镜头我终生难忘,而且让我感受到了教师这种职业的光荣和自豪。在物质上我们可能不是富有的,但是在精神上我们一定是高贵的。我们要用平凡的一生去点燃每一个孩子心中的明灯。

 读者感悟

当班干部带头违反纪律时

周红卫

 导师简介

周红卫，宁波万里国际学校一级物理教师。他从教 10 年来，先后多次获奖，发表论文 20 多篇。他倡导课堂教学"以学生为主体、以学生为本位"的教学思想。在教学实践中，他探索出了针对不同课型的《导学设计》，使学生在教师有效的引导下，通过自学或讨论，提升了自学能力，掌握了学习目标。他希望认识更多专注于学生自学能力培养的教师和乐于提高学生学习效率的朋友！

案例背景

上午第一节课是我的物理课，我走进教室的时候英语课代表就大声告诉我："老师，张宇辰的英语作业没有做，是早上过来现补的。"我一听，一股无名之火油然而生。因为张宇辰是我们班的副班长，昨天英语课上被老师赶出了教室，我和他谈过，他答应我一定改，不会再出现第二次。可是，今天又发生了这样的事情，我能不生气吗？

课堂上学生在做练习题的时候，我在下面来回巡视，走到地理课代表旁边的时候，我看到一份记录着昨天的地理作业没有完成的学生名单。我停住看了看，发现没有完成的人员中除了一些学习不是很好的学生以外，还有一个名字——张宇辰。我的脸上掠过一丝不快，心中暗想，一个班干部连续两天带头不完成作业，而且还被老师赶出教室，这是我教学 7 年来第一次遇到的事情，我该怎么办？当众批评让他在全班学生面前威信扫地，还是我课后单独和他谈谈给他一次机会，在全班学生面前给他留点面子，让他自己改过来？我犹像着……

案例过程

下课铃声响了，我把张宇辰叫到教室外面的走廊里（我习惯和学生在教室外面的走廊里谈话，很少在办公室里批评学生，因为学生对上办公室接受批评，心

里存在着抵触情绪,不利于形成好的教育效果),问他:"英语作业你做了吗?"

"没有,是早上现补的。"

"那地理作业为什么也不做呢?"我接着问道。

"我的地理填充图册和英语同步练习册放学时没有带,忘在教室里了。"

"这就是你的理由,难道昨天被赶出教室的那一幕你已经忘记了吗?作为副班长,这样接二连三地违反班规,你在班里能起一个什么作用,你知道吗?"

"我知道,在班里起一个负面作用!"

"让我痛心的不是你作业忘带了,没有完成作业,这种情况谁都有可能发生。真正让我痛心的是你作为副班长这样给全班学生做表率,你让我怎么处理这件事情,难道当着全体同学的面把你痛批一顿,让你在同学面前威信扫地吗?"

他没有言语,只是摇摇头。

我心中明白不能那样做,那样做的话也许能解我一时心头之气,但很可能就此把一颗积极上进的心给伤害了(张宇辰在我们班是前十名的学生,而且是主动站起来承担副班长职责的人,把我从当时自己任命班干部的尴尬局面中拯救出来的人)。这件事情我又不能不处理,怎么办?忽然一个想法从我脑中冒出,我何不把坏事转化为好事呢?我应该让他自己找到解决问题的方法,在全班同学面前帮助他树立起一个良好的威信,以利于他今后开展班级工作。

"这样吧,你自己想一想如何解决这件事情?你自己总该给大家一个满意的答复吧,不止我一人看见你从教室里被赶出去,也不止我一人知道你的英语与地理作业没有完成呀!"

"老师,我已经是第二次违反班规了,我想当着大家的面做一次自我批评,让大家能够引以为戒!"

我暗自为他高兴:"什么时候?"

"下周一班会时间!"

"好,一言为定!"

1. 班干部违反纪律是一件令班主任头疼的事情,在处理时应如何把握分寸?

学生违反纪律恐怕是班主任很头疼的事情,班干部带头违反纪律应该是班主任最头疼的事情。如果处理轻了,全班学生会认为你故意偏袒他;如果处理重了,班干部的威信会在同学面前大打折扣,对他们今后开展班级工作不利。我去年曾当着全班同学的面不点名地狠批班长,结果造成班长在班级里开展工作很难,因为他的威信被班主任当着全班同学的面给打得支离破碎。我不想再重蹈覆辙,因此采取了这样的一个办法,让违反纪律的班干部当着全班同学的面做深刻的自我批评。这样可以收到两个意想不到的结果:一是违纪的班干部肯定会深刻反省自己,改正错误;二是全班学生也能受到教育,并且认为班主任对任何犯错误的学生都一视同仁,不偏袒任何一个人。

2. 您认为班主任与班干部之间应该建立怎样一种感情?

班主任与班干部之间良好的关系能增强班主任的号召力,有效地减少和降低贯彻班级规定的阻力和难度。如果班主任对班干部有着真诚的信任与尊重,班干部就会感到一种人格的尊严。一旦班干部对班主任产生了朋友般的信赖,他们就会主动地向班主任敞开心扉,诉说自己的喜怒哀乐,这就有利于班主任随时了解学生的心灵,及时帮助他们排忧解难。

3. 怎样建立和谐的师生关系呢?

班主任首先要正确认识和理解自己扮演的"角色",班主任的工作是以促进学生的健康发展为基本任务的。在伴随学生人生发展的过程中,班主任所担当的是引路人的工作,班主任所扮演的是良师益友的角色。因而,在班主任工作中,要端正对学生的看法,充分重视学生的个性,淡化教育者的角色痕迹,建立朋友般的师生关系,做到师生相互悦纳。要注意平时的感情投入与积累,要善于与学生一起活动、一起神吹海聊、一起嬉笑玩耍——用学生的大脑去思考,用学生的眼光去看待,用学生的情感去体验,用学生的兴趣去爱好……最后,班主任还应充分理解并尊重学生的一些独特的、奇妙的甚至错误的想法,这并不是说班主任放弃自己的责任而一味迁就学生,而是要让学生在班主任面前有一种人身安全感和思想自由感,不然,学生不愿对班主任说真话,教育又从何谈起呢? 对学生来说,他们需要的不是声色俱厉的威严,不是喋喋不休的说教。他们需要的是理解、信任,伴随他们成长的引导者、解惑人。这就是班主任的角色。一个优秀的班主任,首先应是一个值得学生信赖和亲近的朋友,学生不仅可以向他求教学习上的问题,而且可以和他共同探讨做人的学问、人生的哲理。当学生犯错误时,要循循善诱,要在思想上开导、在心灵上抚慰,让学生看到班主任在关爱着他,让学生看到希望、感到温暖,促使其发自内心地觉悟,发现自己的不足,改掉自身的错误。在无痕迹的教育中,使学生受到教育,不断进步。

一位有缺点的好同学

张晓爽

 案例背景

　　那些好动、顽皮、不守规矩的学生学习成绩可能平平,却不时有独到之处,与那些好学生相比,带有明显的个性差异。有的时候学生的一些不良表现未必是品质问题,而是个性心理和行为问题,需要予以理解和治疗、启发和帮助、教育和宽容……

 案例过程

1. 个性分析

姓 名	闪 光 点	不 足 处
方 磊	讲义气,人帅,篮球打得不错;个性出众,有情有义,沉默中的爆发者;爱好运动,待人诚实,头脑灵活,懂得人情世故;做事负责干脆,自信心强,口才较好。	个性过于强烈;上课迟到较多,太随便,太自由;有点霸道,太讲义气,喜欢把责任揽到自己头上;太情绪化,易怒,有时做事不顾后果。

2. 个性教育策略

　　像方磊这样一个个性凸显、思想叛逆、桀骜不驯的学生,不听话,和老师顶撞,不把同学和老师放在眼里,是很平常的表现。如果把他的个性问题当做"政治思想"、"道德品质"问题来解决,对他或热情地教育,或严肃地批评,这些"牛头不对马嘴"的思想工作,是很难奏效的。

　　个性教育是雕琢心灵的艺术。对这样的学生,只有用心贴近他的心进行沟通,方可奏效,我对他的教育是从倾听开始的。我和他谈心时,常常给他留足表

达的时间,我带着朋友般的热忱去静静聆听他的倾诉,在倾听他的诉说中去感受他的情绪的温度,听出折射他个性的弦外之音、言外之意,发现他谬误中蕴涵的新奇,琐碎中寄予的真切,荒诞中包裹的合理。

拒绝老师居高临下的训导和指责是他的个性,他希望能够与老师平等对话,心与心默默地靠拢,情与情悄悄地对流。

上学期他和校警因为提前返校发生冲突,在这件事的处理上,我没有拿出班主任的威严去惩罚他,严厉批评他,而是让他把事情的经过详细地讲给我听。然后让他谈谈自己的想法。对他而言,我能够理解并尊重他的一些独特的甚至错误的想法,这样做,并不是说我放弃自己的原则,而一味迁就他,而是要让他在班主任面前有一种人身安全感和思想自由感,不然学生不愿对班主任说真话,"个性教育"又从何做起呢?

我认为,从长远的个性教育来看,简单的处分,会给学生个性的发展设下障碍,也会给日后对他的个性教育蒙上阴影。这同样也不是因为他个性强,不好驯服而迁就他,而是对像他这样有个性的学生,我们应该采用符合他个性的方式来教育引导他,让他真正口服心服,真正达到个性教育的目的。

总的来说,我对他的个性教育还算是成功的,通过我的教育,他从年级 168 位进步到 142 位,再到 97 位,直到目前的 61 位,说明他的学习成绩在不断进步而且进步较大;他从自由散漫、我行我素到严于律己、成为班主任助理,说明他的个性在趋向良性发展,思想在逐渐趋于成熟。

 案例 追问

1. 有人认为个性化教育就是"彰显个性",而忘了"和谐发展"。您怎么看待个性化教育?

现实生活中不少学生动辄要平等、要理解,好像社会、家庭、学校天天冒犯他们似的。殊不知正是他们自身的偏激、执拗在作祟……如果一味听任他们这种论调和行为的发展,那么势必在为学生的不良个性发展鸣锣开道,这实则就是一种纵容。

所以,我们在注重学生个性发展的同时,一定要加强对学生的集体主义教育;在高喊增强学生自主意识的同时,一定要思考该张扬哪些优点,又该避免哪些缺点。尤其对于现在的"独生子女"更应帮助其克服"自我为中心"和太强的个性,使学生正确、全面地认识自我。教育既要唤醒学生的主体意识,也要塑造其健全的人格。

学生的个性发展离开了老师和家长的引导，必然是艰难曲折的。现在我们很多学生在价值取向上不能明辨是非，受社会不良风气影响严重，有的甚至崇尚极端……如果老师不能予以必要的指导，势必影响个性化教育。所以，我们在个性化教育中，张扬个性，绝不是盲目服从。相反，老师应该用理性的眼光看待并解决学生个性化教育中出现的问题，为学生的个性发展创设尽可能多的有利条件。所以，个性化教育不是淡化老师的作用，相反老师身上的责任更大。我们应该看到我们的学生还不成熟，我们的个性化教育模式还不健全，学生的自主行为、自控能力、自我评价能力还需良好外部条件的引导和推动，而其中老师的作用是不可低估的。

总之，简单地、一味地彰显个性，不是真正的个性化教育。真正的个性化教育，既要彰显个性，又要和谐发展。

2. 2005 年您负责的"个性发展虚拟班"，在个性化教育中起到了什么作用？

2005 年根据学生的个性特长，高二部成立了"个性发展虚拟班"，试读生包括特长生、单科免修生，旨在让这些具有不同个性特长的学生在相同的时间段里接受不同的特长教育，每天利用晚自习两节课进行强化教育和强化训练。通过虚拟班的操作让学生按照自己的方向发展，根据自己的基础学习，学然后知不足，老师教然后知困，进而达到教学相长。如果让这些有特长的学生任其发展，放任自流，学生的个性潜质很难被发掘出来，学生的个性发展也得不到有效的保障。那几年，我们"个性发展虚拟班"的学生都取得了理想的成绩，我们学校"个性发展虚拟班"的科研成果还获得了省基础教育教科研成果一等奖。

 读者感悟

特殊的教育给特别的他

王丽营

 案例背景

唐滔同学在高一、高二年级都担任班级的化学课代表,化学成绩优良,数学成绩也还不错,但是文科的成绩相对较差,特别是英语,在高一、高二年级就存在脱节现象。但是进入高三以后,化学和数学两门学科的学习成绩都有不同程度的退步,特别是化学。所以,高二分班以后,没有再担任过课代表。而英语和语文,退步就更大了。高三的几次联考都不理想,"3+1"四门学科一直处于班级的倒数几名。高三第二学期开始的时候,唐滔同学的学习状况依然很糟糕。对于即将到来的高考,无论是唐滔同学自身,还是其父母,包括我们老师都相当担忧。是放任他,还是一起帮助他,让他在高三的最后一个学期中能够在自身的基础上有所进步,有所提高,考上理想的大学,是我们老师和家长一起研究和分析的问题。

案例过程

唐滔同学在高一、高二(第一学期)时候的学习,特别是理科学习方面还是比较好的,在班级中也能起到一定的带头作用,说明他的理科基础还是可以的。至于为什么在后来的学习中有较大的退步,关键在于:一是比较容易自满,取得了一点成绩就自我满足,觉得可以了,对知识点缺乏深入的钻研。二是唐滔同学的惰性较重,自觉性差,不能控制自己,学习效率低下。三是缺乏明确的学习目标,学习动力不足。针对唐滔同学的以上问题,采取的具体措施主要有:

1. 扬长避短,帮助学生树立自信心

由于高三第一学期的学习成绩下降明显,唐滔同学在自信心方面遭受到了很大的打击,甚至一度产生了厌学的情绪,因而扬长避短,帮助他重塑自信心显得尤为重要。因为他的理科学习比文科要好得多,基础也还可以,所以平时我在与他的交流中,会较多地肯定他的学习。无论是课堂上,还是课后,只要有机会,

我都会有意识地多给他机会表现自己,让他觉得其实他的化学并不像他在平时周练或是联考中表现得那么糟糕,老师对他还是抱有很大的期望的。

2. 化弊为利,激发学生学习的动力

文科学习的不理想会在很大程度上影响将来的高考,到了高三第二学期,这个问题如果不能得到很好的解决,6月的高考就很难指望了。但事实既已存在,逃避也没用,唯有勇敢面对。所以,必须认清自己的薄弱学科,从最薄弱的地方下手,至于具体的方法包括自身的努力,充分重视,参加课外辅导,多与任课老师交流等,变不利因素为有利因素。

3. 恰当的批评,也是一种爱护

批评也是关心、爱护的表现。俗语说得好:"没有规矩,不能成方圆。"唐滔同学平时就有自控能力差、懒散的问题。虽然进入高三第二学期,他在这方面有所改观,但难免有时候又会故态重萌,所以恰当的批评也是必需的。当然,劈头盖脸地指责,也未必能收到应有的效果,批评学生要言语准确、恰如其分。艺术的批评是老师奉献给学生的一份财富,用鼓励的话语激励学生健康地成长。

高三第二学期开始,唐滔同学的学习劲头明显比之前要足了,当然,这里也有高考日益临近的缘故。虽然也有情绪低落的时候,但主要是因为懊恼自己没有抓紧时间学习而造成知识点的脱节。唐滔同学的家长会经常与我联系,差不多平均两周一次。他的家长也反映他在家中的学习情况比高三第一学期要好很多,以前他晚上在家的学习时间不是很多,而且学习时容易分心,一碰到难题就放弃,没有毅力,只会怨天尤人,不会找自己原因。而现在一是学习的时间长了,二是不大听到叹气声了,很多时候看到的是埋头做作业。在学校里,主动问老师的次数增多了,周练成绩也处于稳步上升之中。高考前两个月,据他父亲反映,他在家拼命地背外语,而这在以前是根本不可能的。在6月高考中,唐滔同学考出了令人满意的成绩,进入了自己理想的大学。

案例 追问

1. 王老师,您对唐滔的个性化教育,为什么用"特殊教育给特别的他"这个标题?

唐滔同学这个教育案例,让我感到了班主任工作的重要性。而班主任工作的前提是必须了解同学的情况。因为我们的工作对象是学生,是一个个活生生的人,而且各不相同,所以势必导致工作方式的各不相同。好比唐滔同学,虽然他存在着很多这样那样的不尽如人意的缺点和不足,但是我在工作中,尽量缩小他的这种不足,而是放大他的优点。当然,缩小并不等于完全避免,放大也并不等于无限夸大,我只是力求让他在被肯定的前提下,能认识到自己的缺点,无论是行为规范还是学习,从而自己严格要求自己,迎头赶上其他同学。事实证明,这样的教育方式是比较恰当的,或者说是比较适合唐滔同学的。所以,我对唐滔的个性化教育用"特殊教育给特别的他"这个标题比较贴切!

2. 新课程理念以它强劲的态势冲击着我们的教育,个性化教育是否在顺应新课程理念?

教育要从"人性"出发,从每一个活生生的人出发。从"人性"出发的教育,满足人的发展的多方面的需要;从每一个活生生的人出发的教育,使每一个人的个性都能得到充分发展,从"人性"出发,提出"人性化教育"是时代的需要,是我们的明智选择。"人性化教育"包含诸如宽容、民主、平等、激励、赏识等多种教育艺术。也只有在"人性化教育"的氛围中才能诞生丰富个性的个人。允许多样化的存在是现代人现代意识的重要体现,作为学生引路人的班主任应首先具备这种意识。从这个角度讲,个性化教育与新课程理念完全吻合。不过,我们学校的个性化教育到今天已经走过 16 年的实践历程,那时,新课程的理念还在孕育之中。

3. 对新课程背景下的个性化教育,班主任应该具备怎样的自觉意识?

新课程理念以它强劲的态势冲击着一些陈旧的观念,也不可避免地洗礼着班主任的工作。班主任肩负着教育和管理学生的重任,要想把学生教育好,把班级管理好,必须不断地学习和探索,尤其是转变自己的工作理念,适应"以人为本"的教育理念,以人性化的教育促进学生个性化的发展,跟上时代前进的步伐,与时俱进,才能把班主任工作做好。

 读者感悟

第四章 功夫在诗外【习惯养成篇】

班风:班集体的个性化打造

鄢秋平

 案例**背景**

　　班主任刚接手一个班级,特别是在起始阶段时,一定要集中精力搞好班级建设,把几十名同学迅速融合成一个具有强大凝聚力的集体。集体形成的好坏将对班级发展的趋势产生巨大的影响。集体形成得好,基础打得牢,班级工作就会蒸蒸日上,同学们的聪明才智都能最大限度地发挥出来,集体的潜力自然也就会发挥出来;反之,随着时间的推移,各种问题、矛盾将层出不穷、花样不断,班主任老师只能充当"消防员"和"灭火队"了。

 案例**过程**

　　首先,明确班级奋斗目标,并使之深入人心。
　　在课堂教学中,都讲发挥学生主体作用,我认为在班级建设中更要发挥学生的主体性。因为学生是班集体的真正主人,必须得调动学生的积极性,发挥他们的主观能动性。因此,我在第一次班会上让同学们共同讨论,制定班级的奋斗目标、班训、口号等。大家都可以畅所欲言,充分讨论,然后再按照民主集中制的原则,把大家的意见汇总起来。首先,一个班级要有个目标,就像一个人要有理想,有了目标,才会有方向,有动力,才知道朝哪儿努力。其次,这个目标如果由老师确定,通知给学生,学生会认为集体的事老师说了算,自己没有发言权,必然会压制学生主动参与班级建设的积极性。然而由学生讨论发言,共同制定的目标代表了同学们自己的意愿,因此同学们就会有实现目标的强烈愿望。其实,这个目标最终能否实现并不是最重要,实现了可以总结经验,实现不了可以分析原因、重新努力,关键在于实现目标的过程中,一个团结、向上的班集体就会慢慢形成。因为只要有了共同的追求,就能把几十名学生迅速凝聚在一起,步调一致地共同努力。
　　其次,充分发挥班干部的主动性,形成领导核心。
　　一个好的集体需要一个坚强有力的领导核心,因此在班干部的选拔、使用和培养过程中,班主任老师一定要下一番功夫。在班干部的选拔上更要在实际班级生活中仔细观察,反复比较,综合起来考虑,班干部不一定是学习上最拔尖的,但为人一定要正直、热情,在同学中有一定的威信,并且有一定的组织能力,能够开展工作。在接班以后,我查阅了大量的学生档案,了解学生的个性、特点、学习成绩及工作经历等信息,然后列出干部名单,反复斟酌后,在班级中宣布任命,并同时公布干部录用的试用期,在试用期结束后进行民主评议和选举,最终确立正式班子。例如,去年8月我在接班后,经反复阅档,初步圈定了以肖洁同学为班长的班干部队伍。在翻阅肖洁同学的档案时,我发现这是个工作能力极强的女孩,在初中时就已担任校学生会主席等多项要职,而且因成绩优秀直升进入我校学习,我便果断地让她担任班长,相信她定有能力协助我管理班级。果然,肖洁同学没有辜负我对她的期望。在去年炎炎夏日的暑期军训中,她已初露头角,在全班同学还不熟悉相识的情况下,能协调各方有条不紊地做好每一项工作,令同学们十分佩服。在以后的岁月中,我们经历了许许多多的实践活动,在每次活动中,我班同学正是在肖洁、孙凌等全体班干部的带领下,顺利地完成了一个又一个任务,成绩显著。同时在学校的日常学习生活中,也是在这些班干部的带领下,同学们取得了许许多多的佳绩。

对于犯了错误的同学,在进行耐心细致的思想教育的同时,一定要指出错误不论大小,都会或多或少地影响集体荣誉,使犯错误的同学有一种对集体的愧疚感,这也是一种教育的力量。班干部也不是完人。有些班干部就是因为对自己要求不严,思想麻痹大意而犯了错误。在受到批评处理后,离开了干部队伍。例如,我班原团支部书记刘倩同学,在平时工作学习中,对班集体漠不关心,团支部工作搞得毫无生气,本人学习也不努力,成绩大幅下降,我与之谈心,并给予机会,让她振作精神,迎头赶上。但几番谈话后毫无改进,在这种情况下,我召开了班干部会议,在我的建议下,全体班委一致通过免去了小刘的团支书职务。通过这次教训,刘倩同学开始醒悟,她十分后悔失去了自身发展机会。于是我抓住时机,再次与她谈心,告诉她只要改进了,成绩提高了,还是会有机会的,发展的大门不会永远向她关闭。在我的鼓舞下,她调整心态,学习比以前努力了。在本学期期末考试中,成绩有了明显提高。又如我班原学习委员,平时工作十分认真,学习也很努力,成绩突出,被普遍认为是工作能力很强的一位干部。但就在本次期末考试中,自己思想一时糊涂,犯下严重错误,被罢免了职务。就此事件,我在班中说道:作为一个班干部,应时刻以为班集体服务为己任,一定要严格要求自己,在工作学习中不断提高自身素质,反复督促自己,切忌骄傲自满,一旦犯了严重错误,一定会受到严厉批评,做到功是功,过是过,绝不含糊,对不称职的干部坚决不用,及时调换,确保班干部队伍整体向前发展。

作为老师,我充分信任班干部,放手让他们开展工作,同时加以悉心指导。

比如工作前让他们把自己的想法对老师说,老师提出一些建议或意见,在工作中老师应经常询问进展的情况,让班干部感觉到老师是他们的坚强后盾,隔一段时间可以对工作的状况进行小结,总结经验,改进不足的地方。每当组织一些大型的活动,如主题班会、外出参观、运动会等时,一定要把班干部召集起来,让他们先发表自己的意见。有了方案后再讨论是否可行,哪些细节需要改进,拍板以后要注意周密布置,仔细分工,让班干部都明确自己的职责,各司其职,各负其责。活动后一定要有总结,谈一谈得失,为以后再搞活动积累经验,通过一段时间的训练,班干部的工作能力就会逐渐提高。

再次,以班干部为骨干,全班同学共同参与班级管理。

既然有了班干部,是否班级中所有工作都是由他们来承担呢?如果都是由他们来做,那其他同学不是没事干了吗?而这些班干部岂不累死?班级是大家的,每一份工作,每一项任务必须靠全班同学的共同努力才能完成,人人都是班级的主人,班干部起着组织领导作用,而不是一两个人唱独角戏。那么,怎样才能调动全班同学的积极性呢?我班同学各人有各自的特长,我想,应该将他们的这些特长在班级管理建设中发挥出来。于是我建议在班中组建各个职能部门,每个部设两名部长,部长自然由班干部担任,隶属于班长、书记。开学伊始,我便确立了每个部的部长人选(部长不分正副,以便管理),然后请部长们根据自己部门的工作特点在班级内招聘,规定每个同学必须至少参加一个部门的工作,有特殊才能的,还可以跨部门工作。这样一来,同学们的热情一下子高涨起来,他们纷纷觉得自己有了用武之地,便积极地向有关部门报名。在那短短的几天里,班中热闹非凡,除了紧张的学习之外,他们投入最多的就是班级工作,班级荣誉感很强。很快,每个部门的成员已落实到位,接着,每个部在部长的主持下,开会、订计划、立方案等,各项工作全面铺开,并有条不紊地进行。例:生活部出色完成了高一新生的校服发放工作及每次费用收缴工作,由部长每月一次将班会费清单贴于班中公告栏,做到财务公开;劳动部安排好每天值日及每周大扫除工作,并建立劳动质量监督体系;学习部成员做好每次考试动员工作,安排好学习、复习计划;文娱部成员成功地主办了每次主题班会……

诸如此类的工作数不胜数。在平时的工作中,我狠抓班干部建设,紧紧依靠广大同学,以德育为核心,抓德育促学习。在教学生学会做人、学会生存的同时努力提高他们的科学文化知识。在这一年里,经过大家的努力,我班创下了许多奖项,如行为规范示范班、校优秀班集体、卫生五星级班级、班班有歌声第一名等佳绩。同时学习成绩在年级中有了大幅提高,尤其是语、数、外三门课成绩名列前茅,而所有这一切,都是以一支高素质的班干部队伍为中心,全班同学共同努力所创造的。

我相信，一个班集体只要有了明确的奋斗目标，有了强大的凝聚力，有了正确的舆论，有了坚强的领导核心，有了严格规范的管理，一定会向着既定的目标，不断前进，走向成功！

 **案例追问**

1. 鄢老师，您是如何想到用个性化教育的思想来打造集体个性的？

因为个性化教育具有很强的针对性，又具有实效性，我想如果把一个学校比做是一个生物体，那么一个班级便是学校的一个细胞，是学校进行教学、思想品德教育、技能训练以及课外活动的基本单位。一个班良好的班风和学风就是集体个性，应该重点打造！用个性化的教育方式去教育班集体，良好的集体个性一旦形成，它就转化为一种班级文化，是最高层次的班级管理！

2. "良好班风的形成，与班集体的建设密不可分！"这是您的经验之谈吗？

这既是我的教育观点，更是我的实践经验。班主任的工作就是对班集体进行综合治理，班主任既是班集体的教育者和组织者，又是学校领导进行教学工作的得力助手和骨干力量。一般来说，学生学风的好坏，素质能否全面提高，关键在于班主任工作态度如何、教育艺术水平的高低、教育是否恰当等。在学生的成长中，班主任起着导航、催发、定向的作用，基于班主任工作的这种重要性，就要求我们班主任要有科学的工作方法和较强的管理能力。衡量一位班主任老师工作质量的高低，只要看一下他所带的班级是否具有积极、健康、向上的班风就一目了然了。而良好班风的形成，又与班集体的建设密不可分。因此，班主任刚接手一个班级，特别是在起始阶段时，一定要集中精力搞好班级建设，把几十名同学迅速融合成一个具有强大凝聚力的集体。

 **读者感悟**

第四章 【习惯养成篇】 功夫在诗外

微笑，人性的教育

张晓爽

 案例背景

许多人都有这样的感受，一旦发现班级中有惹是生非的学生，班主任老师常常采用各种教育方式，急于找他们"磨嘴皮"，采取"围、追、堵、截"的办法，动用一切可以利用的外界力量，想在一两天内解决问题。我也曾经是其中的一个。

 案例过程

记得三年前我带的高三(5)班，那是大事没有，小事不断。到了第二学期最后冲刺阶段时，绝大多数的学生都在埋头苦学、尽力拼搏，但也有个别"大势已去"的学生偶尔闹出"恶作剧"来干扰正常的学习秩序。

一天，晚自修铃声响后不久，我进班巡查，刚到教室门口，奇怪？教室里一片漆黑，门也被关上……?!

突然，我好像听到里面在叫："大事不好了，老师来了，这下惨了!"

面对此情此景，我是怒从心生，真想破口大骂，这帮小子，真是无法无天……但理智告诉我：别发火，发火是教师无能的表现。在片刻的冷静后，我决定抓住这一契机对影响班风、学风的"捣蛋者"进行教育。我轻轻地推开教室门，鸦雀无声的同学们屏住呼吸，仿佛正等待一场"电闪雷鸣"和"暴风骤雨"。而我却清了清嗓子，面带灿烂的微笑，极其柔和地朗诵道："黑夜给了我黑色的眼睛，我却用它来寻找光明。"两句诗一下子放松了同学们绷紧的神经，拉近了与同学们之间的距离，全班同学都会心一笑，很快就有一位同学上前拉亮了日光灯。我扫视全班，同学们都为我一脸的笑容而露出又惊又喜的神色。于是，我又笑着说："让光明来得更猛烈些吧!"同学们又是一阵拍掌大笑，余下的白炽灯也亮了……随后，我利用学生自习的机会，开始观察几位"重点生"的表情，我发现好几次第二组的周萧和我目光对视的一瞬间，总是赶快避开，甚至把头伏在桌子上。我心中有数了，微笑着向他点头，似乎暗示他"敌情已被我发现了"。

我回到办公室坐下不久,周萧就耷拉着头进来了,我的脑海里瞬间又闪现出《班主任工作纵横》中的论断"如果班主任能像古希腊'含笑的哲学家'德谟克利特那样,以微笑迎人,不用语言训人,那他能取得事半功倍的效果"。为此,我始终面带微笑与他深刻地交谈,正面指出了这一做法的危害性,希望他以此为戒。入情入理的微笑教育,得体适时的启发诱导,收到了"随风潜入夜,润物细无声"的教育效果,终于在此后的时间里,再也没有发生类似的恶作剧现象,反而出现了很多有利于班级建设的很好的创意。

1. 微笑在教育中的力量,有时真的可以"四两拨千斤"吗?

我们经常听到学生说:"那道题目的答案我本来是记得的,可被老师冷不防的一喊,站起来时就全忘了。"所以,教师在向学生提问时,要以"微笑"来期待学生回答问题,这样学生站起来时心理上就不会太紧张了。如果学生回答问题遇到困难,教师要微笑着对他说:别紧张,你一定能回答。学生在你的鼓励下往往会"蓦然回首,那人却在灯火阑珊处",最终给你一个满意的答案。

西方有句谚语说得好:"教师就是面带微笑的知识。"微笑在师生之间架起一座沟通情感的桥梁,教师灿烂的笑容,能给学生带来亲切感,更能赢得学生的爱戴,而且成为学生笔下的素材,给学生留下长久的影响。学生是有丰富情感的,也最珍惜相互尊重、相互关心、相互友善的感情。用微笑面对学生,不仅仅是班主任老师的个人修养,更为重要的是一种魅力无穷的教育方法。"微笑"体现了对学生的宽容与坦诚,"微笑"流露出对学生的爱心与希望,"微笑"显示了对学生的尊重与鼓励,"微笑"创造出轻松、和谐的教育氛围,能收到意想不到的教育效果。

2. "微笑教育"的背后是什么?

通过这件事,我深深地体会到了微笑的教育效应。的确,微笑能以柔克刚,起到"滴水穿石"的功效。对一些有意惹是生非的学生,班主任老师不妨改变教育方式,不要急于找他们"磨嘴皮",也不要急于用"围、追、堵、截"的办法,更不要"请"出各路"诸侯"来助战,而是要冷静地观察,耐心地等待,当发现这类学生有"闪光点"时,就恰到好处地表扬他,恰如其分地向他提出希望,并始终以亲切的微笑关注他,在这种微笑力量的感召下,"问题学生"粗野的"刚性"将被"柔化","乱窝里也将开出大红花"。

　　总之,微笑具有特殊的教育功效,体现了以人为本的素质教育。如果说微笑是一缕春风,那么它会吹散郁积在心头的阴霾;如果说微笑是一抹阳光,那么它能温暖受伤苦闷的心;如果说微笑是一剂良药,那么它能让学生在心底重建一份自信。我们应该建立新型的师生关系,在强调学生要尊重老师的同时,教师也要尊重自己的学生,在人格上把学生置于同自己完全平等的地位。如果每一位教育工作者都能在微笑中做人、待人、育人,我们的学校教育将出现更为可喜的景象。让我们在教育学生时,多一些充满希望、饱含深情的微笑。

读者感悟

当学生对我出言不逊时

郑 忠

 导师简介

郑忠,1991年毕业于湖北大学中文系中文专业(本科),中学高级教师,多次被评为优秀班主任。教育理念:尊重、平等、宽容、沟通。教育格言:让每一个孩子抬起头来走路(苏霍姆林斯基)。

案例背景

一天,我正在办公室辅导参加作文比赛的四位学生,小雨笑嘻嘻地走进办公室,从四个学生的后面探出脑袋张望着。我刚想问他有什么事,忽然发现他手中拿着语文课本。想起来了,这几天正在教一篇需要背诵的课文,上一次他背诵落后了,我"将了他一军",他背诵课文的积极性被调动起来了。我想,他一定是想到我这儿来背诵那篇课文的,是想让我知道他正在努力。我微笑着问他:"小雨,是否想到老师这儿来背课文?""废话!"小雨的脸上是得意的笑容。我被小雨的回答怔住了。参加作文比赛的四位学生似乎也不知所措地先望了一眼小雨,然后不约而同地将目光聚焦于我。对面正批改作业的同事也被惊了一下,用责备的目光望着这位调皮得近乎过头的学生。办公室因小雨那一句脱口而出的"废话",变得那么安静,大家都等待着我的反应。

案例过程

当着四个学生和一个同事的面,有学生对我如此出言不逊,我一时心里真不是滋味,很想当场发作,将小雨劈头盖脸地批评一通,以挽回自己的面子,同时也能教育小雨今后说话要注意分寸。但我终于忍耐住了,因为我想到小雨随口说我的问话是"废话",或许他不是故意的,是长期说话不注意分寸的自然流露;另外,他是在我询问他"是否想到老师这儿来背课文"的时候说的这句话,或许是因

为他对背出课文充满了自信,是得意忘形所致。我急风骤雨般的批评一方面会使他与老师的距离一下子疏远,抑或还将使他产生抵触心理,使我的教育无效;另一方面,还有可能使他背课文的积极性从此消失殆尽。因此,我又一次微笑着对他说:"你要背课文,请你等老师辅导完这几位同学的作文再进来,好吗?等背完课文,老师还想与你探讨一下你刚才说的'废话'是什么意思,请你先想好了。"对面的同事和四位参加作文比赛的学生都用惊讶的目光望着我,我知道他们目光中的意思。

辅导完学生作文,小雨来到我面前背课文。果然,他已经将课文背得滚瓜烂熟。看来,我刚才不急于批评他是对的。听他背完课文,我在他的课本上打上了一个大大的"优",小雨的脸上有了自豪的笑容。当我批完后抬起头与他的目光相遇时,他像明白了什么似的,将眼帘合上了。其实,这说明小雨已经知道了自己的错误。但我还是应该利用这一契机教育引导他以后说话要注意的地方,因为这是我做教师的责任。我开始和小雨探讨"废话"的话题。我先告诉他,老师并不因此而生气,然后请他换位思考,想象听话者会有怎样的想法。小雨不好意思地说:"我知道自己错了,是因为说这话我已经习惯了。我想,老师听了这话心里一定是非常不好受的。"我趁热打铁:"作为一名高中生,要学会与人谈话讲文明,特别是与老师或长辈说话的时候更要有分寸,这样,你才能受到别人的欢迎。"小雨心悦诚服地点着头:"老师,我知道了,以后,我一定要把不文明的口头禅给改了。"我摸着他的脑袋说:"懂了就好,回去吧。"小雨开心地一摆手:"郑老师再见!"看,他已经学会讲文明礼貌了。

在为自己这一成功教育细节得意的同时,我想到了以下两点:第一,师生平等并不代表着让学生说话可以肆无忌惮,一旦听到他们不文明的话语,我们教师还是应该利用合适的机会、采用适当的方法进行教育;第二,当孩子出言不逊时,尤其对着我们相对"尊严"的老师,我们千万不能首先考虑自己的"面子",而应该冷静下来,走进孩子的心灵,理解孩子,这样,我们选择的教育方法或许才是最有效的。

 案例追问

1. 郑老师,您的学生许多是您的粉丝,因而深受您的影响。形成这种现象的基础是什么?

对学生要有信赖感。真正的教育就在于沟通教育者和受教育者之间的信任。彼此之间相互信赖,才会有共同的情感、愿望和语言。尤其在学生做了错事

并产生了一种痛悔心理之际,教师应有肯定学生认识和纠正错误行为的愿望,并给予鼓励,表示出充分的信任而不能没完没了地批评和指责。思想上的耐心疏导,方法上的热心指导,言语上的亲切开导,都会使学生感到老师对自己的关切和信任。

2. 老师的思维方式对处理问题有什么影响?

探究起来,人们一定会说,我的脾气好,有涵养,爱学生,所以能够如此。这么说当然不错,然而我以为,我们不应忽略一个重要的维度——思维方式。

我之所以如此处理问题,与我的思维方式大有关系。当学生对我出言不逊的时候,我是这样想的:小雨随口说我的问话是"废话",或许他不是故意的,是长期说话不注意分寸的自然流露;另外,他是在我询问他"是否想到老师这儿来背课文"的时候说的这句话,或许是因为他对背出课文充满了自信,是得意忘形所致。正是有了这样的估计(设想、假说),我才不着急发作。如果我认定(作出结论)小雨这个学生是"成心捣乱,向老师挑衅",那我下一步别无选择,只有批评。发脾气不过是情感强烈的一种批评方式而已。我们知道,人都是先做了结论才会发脾气的。在没有得出结论之前,人们总是倾向于探究,而不是发作。

3. 您希望这个案例给大家带来什么启示?

我的这个案例告诉大家:遇事不忙做结论,换位思考一下,估计几种可能,你就不容易发脾气了。可见,良好的心态,良好的涵养,是以正确的思维方式为前提的。没有正确的思维方式,就不会有"好脾气"。想得开,心态才能平和。

读者感悟

第四章 功夫在诗外 【习惯养成篇】

面对爱睡觉的学生

贺海军

 导师简介

　　贺海军,中学物理高级教师,物理教研组组长。他工作勤勉,敬业务实,开拓创新,教学 12 年来,在教学、科研、高考、竞赛、个性化辅导等领域,取得了一个又一个突破,赢得了广泛赞誉,先后被评为市教坛新秀、市优秀教师。他以自己的智慧和汗水,诠释着"做得要比说得好"的人生信条。

案例背景

　　2012 年 3 月,天气极为反常,阴雨连绵,有点倒春寒。周三下午第一节课,我在上物理课,正讲得有滋有味时,突然发现第四排的女生王琳在埋头睡觉,这样的情形我一般是不允许的,并且当即会狠狠批评睡觉的学生。然而,今天我却没有发火去批评该生！ 这是为什么呢?

案例过程

　　当时我在想,若是发火批评王琳,不但解决不了问题,还会出现对课堂负面的影响。首先,王琳没心情听课;其次,全班同学也会受到批评的影响而不愉悦,最终影响整体课堂气氛。

　　怎么办,必须冷静,简单粗暴的发火未必有效！ 我轻轻地走到王琳的座位旁,轻轻地敲了敲她的课桌,她马上抬头看了看我！ 我急转身走向讲台,边走边说:"生命诚可贵,上课莫要睡,一旦着了凉,花钱还受罪！"话刚说完,全班同学会心地一笑,我观察到王琳也在笑！ 睡神驱走了,课堂气氛也活跃了,接下去学生听课状态也出奇的好！

　　课后王琳主动到办公室告诉我:"贺老师,对不起,我今天胃有点不舒服,刚趴一会,就被您老人家给抓住了,我这节课一直在听,都听懂了！ 谢谢您送给我的打油诗！"

　　我们不去研究发火是对还是错,我们对发火大概都不陌生,遇到不顺心的事

情,大发雷霆真是感觉非常痛快,老天爷有时候发起脾气来,一阵电闪雷鸣过后是倾盆大雨,接着雨过天晴,这是人人皆知的自然现象。人有七情六欲,内心世界也应该有阴晴圆缺,大概发脾气也是一种正常的心理习惯。我们要承认,在我们的工作中,发火有时候效率很高,学生看起来害怕了,懂得遵守纪律了,上课安静了,成绩也上去了,似乎是皆大欢喜。但是我们也要知道,发火对自己对学生、对工作在多数情况下是有害而无益的。如果靠发火来维持我们的威信,是可悲的,这样的威信其实不要也罢;如果靠发火来管理学生,是可怕的,因为后果可能更为严重;如果靠发火来从事我们的事业,是可怜的,因为教育是心灵的艺术,因为教育是对学生的心灵的小心翼翼的抚摸和呵护。

时代在发展,客观环境也对我们提出了更严格、更苛刻的要求,我们必须提醒自己自觉,用自觉来激活理性,用理性来改变我们的思维方式和行为模式。具体地说,用理智的分析来代替一时的冲动,用平心静气来消除雷霆霹雳,用真情实感来化解各种危机,是我们经常需要提醒自己的事。

1. 贺老师,教师应该如何在心灵中筑起一道防火墙,用理智来代替冲动?

如何在自己的心灵空间筑起一道坚固的防火墙呢? 首先,查查自己怒气的根源。使人发脾气的事件往往只是导火索,其实我们心里早就憋着一股火,那才是最重要的。比如家庭矛盾、同事矛盾、与领导的矛盾,都容易在处理学生问题时引爆,古人称之为“迁怒”。如果我们能找到令自己不愉快的根源,做适当处理,则发火问题就比较好解决。

其次,在我们自己的心灵上筑起一道防火墙很有必要。当你想要发火时,你若能这样问一问自己:“这件事到底是谁的责任? 真的怪这个学生吗? 我是不是需要再调查一下?”也许我们不需要追问到第三个问题,我们的火气已经减轻了一半,接下来的问题解决起来自然容易多了。

最后,经常告诫自己,遇事先冷静,对学生中间发生任何事都要有一定的心理准备。与社会上发生的那些无奇不有甚至令人瞠目结舌的事情相比,学生身上发生的事要相对简单得多、平常得多,解决起来也肯定容易得多。我们教师都是成年人,大千世界里的那些稀奇古怪事都不太能引起我们过多的惊讶,就更不应该对学生中的那些“鸡毛蒜皮”大惊小怪。学生也是人,是人就会犯错误。学生是未成年人,犯错误更属于正常现象,不犯错误的学生是不存在的,不犯错误的学生也是不正常的。因为种种原因,我们有的老师对学生存有偏见,往往会小题大做,小事放大,结果搬起石头砸了自己的脚。教师如果能够做到时常对自己的内心保持警惕,特别是具有这方面的心理准备,一旦遇到情况,内心已经有了比较充分的免疫力,解决问题也一定能够得心应手。

2. 用平心静气来代替雷霆霹雳,对于一位年轻教师来说难能可贵,贺老师,您是如何修炼的?

做任何事情坚持一段时间,就可以养成习惯,做教师需要太多的好习惯。我以为,小而言之,不发火是教师身上一个非常重要的好习惯;大而言之,不发火是教师的人格中的一个很具魅力的光环。我们都知道,教师和学生之间的关系其实说穿了就是某种人际关系,或者说是一种特殊的人际关系。说到人际关系,有人就特别紧张,因为人际关系恰恰正是不少教师的"死穴"和"软肋"。他可以熬个通宵来备课,然后早晨精神抖擞去上课;他可以批改作业到深夜,而且乐此不疲;他能够和学生苦口婆心地谈上半天,但是学生对他的感觉就不怎么样,甚至并不买他的账,对他还有反感。原因很简单,我们有的教师不愿意在人际关系上动脑筋,或者说是在有意无意地回避这个本来不应该回避的问题。他们简单地以为,只要自己兢兢业业地工作,任劳任怨地干活,领导一定会了解,学生也一定会感动。如果学生犯了错误,那就全是学生的责任,自己是一片好心。这种心态其实是害人又害己。让我们还是去听听孔子吧,他教给我们的东西实在是太多了。他说:"己所不欲勿施于人。"说穿了就是将心比心,遇到麻烦事,先别忙发火,先分析。如何分析呢?

比如我遇到某个麻烦事,我心里立刻就会问:为什么会这样?奇怪!必有奥妙在其中,我得研究研究。然后我就开始调查询问,分析思考,制定对策。我还有工夫生气吗?没有了。所以,保持好奇式的探究心态,是制怒的最好办法之一,因为生气显然不能使人更聪明。

如果我们遇到事情就一下子钻入一个死胡同:"你怎么这样不听话?怎么又是你?遇到你这样的学生,我真倒霉!你真是不可救药!"一旦产生这样浅层次而且是错误的疑问,就会让原本简单的问题变得复杂,就会让原本容易解决的问题变得棘手。

古今很多成大事者都将"制怒"作为座右铭来提醒自己。教师每天所做的事,看起来都是小事,但从长远来看,我们从事的职业,是件大事,一件很神圣的大事。要想把这件大事办成功,我们也必须养成制怒的好习惯。

 读者感悟

用理智去战胜情感

刘拥军

刘拥军

导师简介

　　刘拥军,男,中共党员,中学思想政治教师,从教 16 年,做班主任已有 15 个年头。先后被评为市"百佳教师"、市高考备考先进个人、市优秀班主任。论文《学校德育的基本点》曾获省级教科研成果二等奖。2002 年他进入宁波万里国际学校任教,四度被评为优秀班主任,并获学校首届"五四青年标兵"称号。

案例背景

　　异性间的感情本身就是微妙的、不可言传的一种心理体验,涉世未深的青少年"初次触电",当然会不知所措。如果班主任生硬地介入这块学生的心理"禁区",不尊重学生的隐私世界,采取封杀、羞辱、公开等手段,其后果将无法预料。

　　如果能以理解代替怀疑,以信任代替审问,以引导代替要求,以平等换来交流,就能够帮助他们健康地走过情感的沼泽地。

案例过程

　　琼是我班里的文艺委员,文静中透着天生的灵气。在月考后的一段时间里,我明显感到她情绪有点不对,作业做得特潦草,听课不在状态,做事敷衍! 直觉告诉我:"琼出现分心的事情了!"

　　一天晚自习,我就把琼叫到我办公室谈话。我问她:"是不是最近有情况?"她说:"老师,你怎么知道的?"其实一个老师,要看学生是不是谈恋爱,你不用看她跟男孩怎么样,看她的某些心态、学习的表现,你就能感觉到。

　　我说:"就你那点事,还瞒得过我,快说说怎么回事!"琼并没有直接回答,也没有给自己任何的辩护,她说:"这次月考没考好,结果你(班主任)在月考总结班会上,把那些成绩比较优异和成绩比较靠后的学生轮番点评并表扬了一遍,对退步比较大的我,不问不理,让人挺失落和伤心的!"

这也是强人所难,我在班会上作月考总结,怎么去表扬退步很大的学生啊?这就反映了学生的一个心态:这个学生期中考试没考好,她心里很难过,再一看她那些同学都被表扬了,她没被表扬着,又很失落。所以我后来就琢磨出来了,每一次考试,真正最需要班主任做的应该是安慰那些没考好的学生,而不是说拿出精力来表扬那些考好的学生。你当然可以表扬,但是更多的精力应该用在那些没考好的学生身上。

结果琼就闷闷不乐,情绪低落,就想到办公室找我聊聊天,因为我的学生,一般比较郁闷的时候,都想到办公室找我。可是那天刚考试完,很多学生都想去找我,她过去一看,同学比较多,只好走了。接送回家以后,妈妈一看琼的脸色不好,一问怎么了,琼说这次考试没考好,妈妈不问什么原因没有考好,就把她数落了一顿,琼的心情就更加低落和难受了!

我班一个男孩叫宇,在琼情绪低落的时期走近了她,给了她急需的安慰。宇跟琼讲:"你这次虽然考得不理想,但是其实我们都非常佩服你,你看你学习能力有多强,你的基础有多扎实,各方面都很优秀,这次数学考试失误,我们都非常同情你!我的数学呢,应该说比你好一点,以后我来帮你,你一定要鼓足勇气,争取下次赶上!"

因为女孩在这个时候,最需要别人的鼓励和帮助,结果来自老师的帮助没有及时到位,来自家长的又是一种冷落和白眼,这个男孩适时走到她跟前,这个女孩简直把他当知音了,这辈子非他不嫁。这两人就进出火花了。

一听这个过程,我心里有数了,我要抓住这个契机对琼进行教育和引导。我对琼说:"很多中学生一旦涉足恋爱,时间看似抓得很紧,但是成绩总是急剧下滑!为什么哪?!就是因为心乱了,非静无以成学!你看,在一片非常平静的湖面上,哪怕掉下一片树叶,也能荡起无限的波纹,长久地消散不去;但是在一个浊浪翻滚的湖面上,你就是抛下一块大石头,溅起几朵浪花,也会立即被浪给吞没了。所以一个学生一旦涉足恋爱,他的心里就如同一个浊浪翻滚的湖面,这时候外部的刺激就很难在他的心里留下痕迹,而且原来学习的那点沉淀,也全部被淹没了,所以他的脑子就处在一片空白中。你现在的学习,与其叫学习,倒不如叫麻痹自己。因为你现在上着课,也在想着那个男孩,是不是?"她说:"是。"我说:"你现在做作业,也想着那个男孩,是不是?"她说:"是。"我说:"你的学习从此没有一刻的宁静,所以你原先虽然有比较好的基础,但是已经被这个浊浪翻滚的湖面完全吞没了,你现在没有沉淀,过去学的东西都想不起来了,你的问题就在这儿。"这个孩子感觉到事情的严重性,就对我说:"老师,你说得确实对,我再也找不着过去那种心态非常宁静的感觉了。"

她说:"老师,我现在很烦恼,我在暗恋宇,我和宇说咱们俩谈吧,他老是不回应,逼急了,他说他已经有女朋友了。"我说:"你这个小姑娘,真是太有眼光了,我告诉你,宇这个男孩确实很优秀,我也看出来了。他优秀在哪儿呢?你看他平常在班里,表现那么朴实,那么本分,那么严于律己!这个男孩确实很有责任心,更重要的是,据我所知,这个男孩没有女朋友,但是当你追他的时候,他说他有女朋友,他的负责任就体现在这儿。为什么呢?他清楚地知道,你们俩的学习现在都处在困难的状态,拼了命地学习都不一定能学好,一旦再涉足恋爱问题,你们俩就彻底完了。这个男孩能够清醒地认识到这一点,所以他不想跟你谈。但是看到你的热情,他又没法儿拒绝,又怕伤害你,怎么办呢?就找了个借口,说我现在有女朋友了,你说这个男孩,多么聪明,多么智慧,多么有责任心!所以你跟这样的男孩谈恋爱,绝对很好,但是你能不能把对这个男孩的好感先保留一段时间?"她说:"老师,我保留到什么时候?"我说:"你就保留到高考以后,我向你保证,在高中这个阶段,这个男孩绝对不能谈恋爱,只要我发现他跟谁谈,我立即把它灭掉,给你留着。然后你在这一个阶段好好地把你的学习搞上来,这个男孩呢,不会因为谈恋爱受影响,我相信他的学习成绩也能搞上来,走过这段人生的关键之路,如果两个人还能保持这种美好的感情,我倒很愿意祝福你们。"她说:"老师你真好,那就照你说的办。"后来这个女孩就把对那个男孩美好的感情,深深地埋藏在心中,把它化为学习的动力。

 案例追问

1. 既要解决早恋问题,又要为学生的将来着想,我们该如何把握这个尺度?

由于社会的发展,大量传媒的出现,校园里的孩子们在不知不觉中悄悄地给教师出了一个不大不小但又十分棘手的难题——早恋。对这个问题处理得是否恰当,将直接影响学生的学习和身心健康发展,甚至会改变学生的一生。那么怎样处理中学生的早恋问题呢?作为人类灵魂的工程师,我们担负着神圣的职责,对这个问题必须有高度的责任感,严肃认真对待,耐心说服教育,掌握原则,讲究方法,慎重处理。

中学生早恋,其形成因素虽然很多,但归根到底有三个方面,即生理、心理和社会环境。十六七岁的中学生从其生理发育阶段的特点来说,正是长身体、长知识、长智慧、立志向,初步形成人生观和世界观的时期,他们身体的生长发育必然会影响心理和行为的变化。交往、友谊便成了中学生心理上相容,思想上彼此吸收力量,观点上寻找支持的内在需要。随着生理机能的逐渐成熟和社会生活中

男女情谊的影响,他们渐渐地认识到了爱情问题,产生了对异性的爱慕情感,并表现为心理上的向往和追求,同时也开始在内心自觉不自觉地留意相互的相貌、身材、气质、性格和能力等,一旦遇有与自己相容或自己敬佩的异性,就会产生一种强烈的情感体验力,并表现为行为上的接近。而社会环境和心理素质的不同,则使这种情感体验力和行为上的接近以不同的方式得以表达。心理素质好、自制力强的学生表现为友情;心理素质差、自制力弱的学生在一定环境下,若难以抵抗心理的诱惑,就很可能导致早恋。比如失落时得到安慰,不幸时得到帮助,过错时得到理解,或同处一种境界,受他们影响等都会让中学生产生感情冲动,但受年龄、知识、阅历等条件的制约,他们的感情还比较幼稚,不具备爱情意义上的持久性、稳定性和深刻性等特点,在一定的条件下经过老师的耐心说服教育是可以转化的。作为老师,我们一定要充分认识到这些方面,从中学生发育阶段的特点出发,从学生的身心健康发展出发,掌握情况,分析原因,对症下药,慎重地处理中学生的早恋问题。

2. 刘老师,对学生个性化教育,您如何看待"灌输"与"引导"的关系?

在个性化教育时,灌输与引导都是需要的,对此大概不会有什么争议。问题在于,以什么为主? 一味灌输的结果,教育未必随之被真正强化。我们并不一概反对灌输,在某些时候,动之以情而晓之以理的灌输,往往会收到震撼人心的效果。但是,作为教育的常规方法,还是以引导为主,这不但符合教育中因势利导的原则,也符合学生的心理特点。苏霍姆林斯基在《给教师的一百条建议》中,最后一条便是"保密":"在自然而然的气氛中对学生施加教育影响,是使这种影响产生高度效果的条件之一,换句话说,学生不必在每个具体情况下知道教师是在教育他。教育意图要隐蔽在友好和无拘无束的相互关系气氛中。"我们的教育目的一定要明确,但我们的教育痕迹最好淡化,而春雨润物的教育感染往往比慷慨陈词的说教更为奏效——教育辩证法正是如此!

我对琼的早恋引导还是比较成功的。中学生谈恋爱百分之百地会对他的学习造成负面影响。所以作为一个中学生,要尽量避免这种事情,但是一旦出现了类似的事情,老师和家长也不要把它视为洪水猛兽,只要正确引导学生用理智去战胜情感,我们的学生是能够理智地从这种状态中走出来的。

 读者感悟

在化学实验中培养良好习惯

沈迪之

 导师简介

　　沈迪之,高中化学特级教师,省级劳动模范。他教育思想朴实,教育过程中信奉并实行的是"对学生捧着一颗心来,不带半根草去"的理念。他教学功底深厚,对工作一丝不苟,对学生满腔热忱。特别是对高中化学实验教学独树一帜,创新实验曾经获得省级二等奖。在对学生个性化教育培养中,他帮助学生找到"瓶颈",改进方法,突破"平台",取得了长足的进步;使优秀生更优秀,后进生迎头赶上,并在师生之间建立了深厚的感情。

案例背景

　　培养学生良好的习惯是培养学生科学素养的前提。由于受应试教育的影响,加之教学手段的现代化,一些中学对化学实验没有给予应有的重视,或以实验视频代之,或以谈实验代之,导致化学实验教育与教学功能弱化。相当多的学生对化学实验往往是纸上谈兵、会讲不会做,甚至害怕做实验。

　　高中化学课程标准研制组对近 1000 名高中学生的调查显示,实验结束时只有 26.4％ 的学生能主动收拾实验桌 。可见目前高中学生的化学实验习惯是不容乐观的,而良好的实验习惯不是一蹴而就的,需要在实践中不断改正,逐步养成。针对学生化学实验中的不良习惯,分别从课堂纪律、规范操作、卫生习惯、课前预习、分析现象、科学态度等方面阐述了对高中学生化学实验习惯的培养。

 案例过程

遵守实验课堂纪律的习惯

　　一旦进入实验室或在教室进行分组实验,学生往往不能保持安静。进入实验室后往往是说话声、吵闹声响成一片,在实验室吃东西或自由走动,就像进了菜市场;有些学生有可能很快就被实验室的仪器、药品等吸引,老师还没讲开始

做实验,很多学生就已先动上了手,由于不懂实验要求,就会出现损坏仪器、浪费药品的现象,严重者还会出现事故;有的学生总觉得化学实验会出事故,对化学实验存在畏惧心理,坐在那里只看不做,一点麻烦就发出惊叫。

为此,教师要做好前期的宣传与实验进行中的督导工作。制定人性化的实验室守则,人手一册,明确要求,宣讲一些不遵守实验室规则导致的事故和观看违章操作引发事故的录像。让学生明白在实验室盲动可能会造成的严重后果,同时告诉学生只要按操作规程规范操作,完全可以放心大胆地去做实验。当然,要使学生不盲动,还需要老师在平时的教学中反复地强调和进行实验操作示范。

基本操作规范的习惯

一些基本的实验操作在初中虽然已进行了强调与训练,但我发现仍有相当多高中学生的基本实验操作习惯存在较多的问题。如火柴不会擦;酒精灯对点燃;药品用手抓;许多学生总以为所用药品越多,反应的现象越明显,实验的成功率越高,因此,在用试管取液体或固体时,往往是将试剂加到占试管 2/3 以上,造成药品的用量普遍偏大、浪费严重,缺乏珍惜药品的良好习惯;另外,取用药品的用量,没有准确量的概念,如试管内要加入 $1\sim 2$ mL 试剂,没有量筒就不知所措;加热时试管夹怎么夹? 夹何处? 试管夹怎么拿? 试管的倾斜度多少? 试管口应朝向哪边? 试管内液体如何振荡? 等等。说起来知道,做起来茫然。

在教学中师生要重视实验基本操作的训练。首先,教师在每一次演示实验中应特别注意自己的这一角色,做好示范作用,对"点燃酒精灯,灯帽别乱扔"等等细节,认真规范做到位、做好,通过老师规范、熟练、灵巧的操作,整洁、美观的演示,给学生以美感,让老师的一举一动成为学生学习的榜样。其次,不要认为有些实验操作在初中时学生已学过,就不重视了。对实验基本操作光讲不行,要让学生在实验活动中学习、领会实验基本操作的要领和作用。老师当深入学生实验中反复纠正、强化,也可发挥同学之间相互的监督作用,使不良习惯及时得到纠正。在每次实验课中,教师课前讲要求,课中多检查,课后多总结,并使学生能把从化学实验中学到和形成的正确的、规范的基本实验操作迁移和应用到日常生活中,使学生的行为习惯从他律变为自律。

保持整齐清洁的习惯

很多学生在实验过程中没有保持整齐清洁的习惯。例如,用过的药匙没有洗净擦干,又用来取其他药品;又如已用自来水洗干净的玻璃棒接着用抹桌布擦干;粉状药品向试管中加入时没有使用纸槽,而用药匙直接加入,造成药品撒落于试管口外,试管内壁从上至下粘满药品;实验桌上摆放试剂开始就零乱无序,使用时乱拿乱放,没有及时放回原位的习惯,导致实验过程中桌面混乱,难以实验,且易打翻试剂瓶,弄坏仪器,易造成伤害;试剂用后瓶盖不及时盖回或瓶盖

"张冠李戴"，导致试剂玷污而变质。

实验完毕没有养成清洁整理的习惯，实验用过的玻璃仪器不清洗，药品、仪器不归位，废物废液没有倒入指定的废液缸，随便扔、随便倒，一节课下来遍地是水，实验台上也是水渍斑斑。纸屑、火柴梗等随便扔进水池，使下水道堵塞等。给后续班级的实验带来麻烦，也给教师、实验员增加了工作负担。

要使学生改掉这种陋习，形成良好的习惯，首先，老师在每一节课和每一次实验中要以身作则，作出示范：如我的每一节课、每一次实验，都要事前将讲桌或实验桌擦得干干净净，所有课堂用品都摆放得整齐有序，每一件实验用品或仪器都擦洗得纤尘不染、锃光发亮。这种长期的坚持让学生在耳濡目染中潜移默化；与此同步的是加强实验前的准备工作，使实验室内的环境具有示范性。其次，在学生进入实验室时，室内整洁有序的环境给学生以示范。让学生感受到实验室是神圣的，是进行科学实验的殿堂，使学生自然地产生保持这一整洁美观的场所的意识。再次，经常地、反复地向学生讲清道理，严格要求，使学生从主观上加以重视，客观上感到压力，直到良好的习惯形成。当然，制度的建立与执行也是不可或缺的，刚开始时，可把学生分成互助小组，每组选出一个组长，学生实验结束后必须经过组长检查才可离开实验室。教师进行总把关，发现不合格者，要求其课后回来整理。最后，经过多次的强化以后，学生就会养成一种自觉的习惯。有了这种自我要求，才能使实验水平达到一个新的高度。

课前预习的习惯

在有些学生的意识里，认为做实验只是为了调节紧张的学习，做不做实验不影响高考，所以进入实验室只是为了好玩或应付差事，对该做实验的实验目的、所需实验试剂和仪器、成败关键、实验程序等都毫不在意、漠不关心，这就造成了做实验的盲目性，也埋下了实验事故的隐患性！

学生只有预先了解实验的目的、内容和步骤，才能在实验课的有限时间里，把主要精力用在实验的基本操作上，并能在正确操作的同时，积极思考、观察实验的过程、分析产生化学现象的原因，从而提高实验效果。教师必须把实验课前预习的内容提前布置给学生，并要求他们阅读教科书中的有关内容，引导学生复习与实验有关的原理和实验内容，使学生明确实验目的，清楚实验步骤。同时，教师要做好检查落实工作。根据时间和实验的要求程度，每次实验课前可进行全查、抽查或让同学们互查，使学生对实验做到充分的预习和复习。而我总是喜欢将课本上《活动与探究》的内容分解成：实验目的、反应原理、所需试剂和仪器、实验步骤、实验现象、实验总结和反思等内容，以表格的形式提前发给学生，要学生填写除实验现象、实验总结和反思之外的表格内容，经我审查合格后，方可进入实验室按表格的实验步骤进行实验操作。这样学生在实验时才能克服盲目性，胸有成竹地去完成实验。久而久之,学生就会明确其重要性,而逐渐养成为习惯。

细心观察、记录、分析实验现象的习惯

近年来,高考化学试题中的探究性实验试题,对真正、认真做过实验的学生和"纸上谈兵"的学生,其考查的区分度非常明显! 如 2002 年的高考化学实验题是制取氨气并完成喷泉实验,(3)、(4)两题都考到引发水上喷的操作,如果学生平时做实验时只停留在看热闹的程度,而对具体的操作不留意,对实验的原理不思考,就很难完成此题。因此,在做实验的过程中注意加强培养学生既能够正确叙述现象,又能够通过现象分析本质,得出正确结论的良好的学习习惯尤为重要。

首先,要引起学生思想上的重视。可举一些例子,如做物质鉴别题时,一些学生由于没有及时记录而最终无法识别物质,从而让学生明白及时记录的必要性。其次是方法的传授。实验前应提示什么是观察、观察什么、怎么观察,实验过程中应不失时机地指导学生全方位、客观敏锐地观察实验现象,掌握正确的观察方法,并促进良好的观察品质的形成。教学时教师可给出问题型的观察提纲,逐步启发,做好引导。如做钠与水反应,学生有可能只停留在看到反应的剧烈程度这一步,教师可逐步追问,使学生的多种感觉通道发挥作用,最后总结出钠与水反应的现象是"浮、游、熔、嘶、红(如水中有酚酞)"。得出现象以后,继续引导学生探究原因,培养学生透过现象看本质的科学方法。学生实验时教师可设计一些针对性的问题,让学生及时记录,分析原因,表现优良者可作为典范,对其进行讲评,使学生感受到科学研究成功的快乐。

实事求是,科学探究的学习习惯

化学实验中往往会出现一些与书本描述不同的现象、结论,这是很正常的。很多学生有可能对这些异常问题视而不见,照搬书上填写实验现象,错过了很多科学探究的机会,也阻碍了创新思维的培养和发展。如做乙醛与新制 $Cu(OH)_2$ 的反应,随所加试剂的顺序不同、溶液的酸碱性不同、试剂的浓度不同、反应的温度不同,就不一定出现砖红色的沉淀,有可能出现黑色的沉淀[$Cu(OH)_2$ 分解造成];也有可能出现黄色的沉淀($CuOH$);也有可能出现"铜镜"(Cu_2O 在酸性条件下发生歧化反应生成 Cu)。如果不善于去分析,就会错过问题探究与创新思维能力培养的大好机会。

对于出现的异常问题要实事求是,可重做实验,查找原因,这是对待实验的科学态度问题。教师可以讲一些科学家善于抓住一点实验的火花,最终作出杰出贡献的事迹去感染学生(如库尔托瓦发现碘元素、弗莱明发现青霉素、舍勒发现氯元素等事迹),激发学生的科学探究精神。老师可做学生学习的协助者,及时为学生排忧解难。除了课堂实验教学要重视学生的思维训练,以提高实验教学质量,培养学生的学习习惯外,还要倡导学生配合课内学习,在课外日常生活

中,联系实际开展力所能及的化学小实验和家庭小实验。

除了以上习惯外,教学时还要注意培养学生独立操作的习惯,与同学合作交流的习惯。良好习惯的养成非一朝一夕之功,这就要求教师在平时的教学中多观察、多发现、多训练、多指导,还要有恒心、有耐心,从小处着手,一点一滴地培养。最终让学生明白做化学实验不是随心所欲的,它有一定的操作规范、操作技能。在实验过程中,蕴含着科学原理、科学方法和科学态度。良好的实验习惯创造了科学的实验环境,使我们能够科学地、高质量地完成化学实验,使我们能更加深刻地领会化学知识的内涵。具备良好的实验习惯,对于学好化学科学知识具有非常重要的作用。

1. 沈老师,您是一位资深的特级教师,您的治学态度和科学素养对学生怎样潜移默化地产生着影响?

我只是万紫千红教育百花园中的一棵平凡而幸运的小草。幸运一,在我从教的生涯中,凡是我所执教的学校,都能受到各级领导的关心和支持;幸运二,所有和我搭档共事的同仁(老师和后勤教工),对我的工作都给予了全力的帮助和支持;幸运三,我所施教的学生,不管是优秀的还是一般的,都和我很投缘;幸运四,我所施教学生的家长,对我的工作总是那么理解和支持。这些幸运的协同作用,形成了润物无声的高能"教育场",正是这种"教育场"的辐射氛围,对学生产生了潜移默化的影响。

2. 沈老师,再请您谈一下,化学实验习惯对科学素养的形成有何重要性?

化学实验蕴含着丰富的甚至是复杂的化学原理,化学实验有着神奇美妙的一面,同时也有着变化莫测的另一面。所以"制碱工业之父"侯德榜先生曾有"对同一化学实验要进行 30 次以上,才可能取得较可靠的数据"之说。一项化学实验由偶然到必然,仅靠有充分的化学知识、熟练的实验能力、敏锐的观察和思维能力是不够的,更为重要的是须具备为科学献身精神和百折不挠的顽强意志,才可能达到更高境界。十年树木,百年树人,一个人将来要成为社会的中坚分子,要成为社会的有用之才,其科学素养是不可或缺的。而良好化学实验习惯的养成是铸就其终身科学素养链条的重要一环。

用兴趣点燃激情

王丽营

 案例背景

我带这个班半年来,发现王锷同学聪明但不好学,上课不是打瞌睡就是走神。多次谈心,掰开揉碎地分析危害,结果总是保温瓶一阵热,三天一过,江山依旧。我一时感到一筹莫展。怎样才能触动他呢?

有一天,下课后,历史老师拿着几本《兵器世界》杂志来告状,原来是王锷身在教室,眼看兵器,心游世界。我心一动,知道机会来了。

 案例过程

在随后的家访中,我发现他长期订购有关兵器的图书杂志,亲眼看到他的书桌上、书柜中摆着不少飞机、坦克、兵舰的拼图和模型,他的小屋简直是个兵器展览馆。我眼一亮,心一动,何不因材施教,利用他的兴趣来刺激他奋发学习呢?主意一定,于是请他给全班同学介绍兵器以扩大同学们的视野。在历届老师的眼里他都是差生,没有资格主持班会。听到我的这个决定,他开始觉得太阳从西边出来了,不敢相信自己的耳朵。看到我信任的目光,他才点头答应了。经过认真准备后,他走上讲台给同学上了新奇的一课。

"85-III 型主战坦克是我国北方工业公司新近推出的一种新型主战坦克,重42.5 吨,发动机功率为 735 千瓦,最高时速为 65 千米/小时,装有 125 毫米火炮。它具备自动装弹机,乘员减少到 3 人,而发射速率却达到 8 发/分钟。它还采用了稳像式火控系统和适宜夜战的第二代微光夜视仪,车上还装有 GPS 全球定位系统,炮塔和车体前部挂装复合装甲块,车内还装有三防和灭火抑爆系统。"讲解人停了停,又挂出一张飞机模型图片,接着讲解起来:"这是一架国产歼击机,代号是 8-IIM,于 1993 年 3 月在沈阳首飞成功。其作战效能与 F-16 为代表的第三代战斗机相当,它机长 21.59 米,翼展 9.34 米,高 5.14 米,最大起飞重量18.3 吨,最大挂载 3000 千克。有 7 个外挂点,可挂装各种导弹、炸弹。它装有先进的脉冲多普勒雷达,可同时跟踪 10 个目标。它的火控系统装有平视显示器

和多功能显示器。另外，它还装有全球定位组合导航系统。"介绍完飞机，他又有条不紊地介绍起驱逐舰、航空母舰……讲解人有图片，有绘画，有模型，有准确而通俗的讲解，为同学们展示了神秘多彩的兵器世界。滔滔不绝的讲解持续了整整一个小时，全班同学聚精会神地倾听，教室里鸦雀无声。看着王锷一副学识渊博的兵器专家的神态，听得津津有味的我也抑制不住地抿嘴笑了，原来让王锷主持这个特殊的班会也是我的一个计谋。

在热烈的掌声中，王锷对着全班同学、对着我深深地鞠了一躬。我趁热打铁，说："今天，王锷是我们大家的老师，当然也包括我。感谢他为我们打开了兵器宝库。今天王锷掌握了如此丰富的兵器知识，明天他一定会成为兵器专家，为中国实现国防现代化而贡献聪明才智。我提议，让我们再次以热烈的掌声感谢他精彩的演说，并预祝他早日实现宏伟的理想。"王锷的眼睛闪着兴奋的光彩。

课下，我又趁热打铁，点拨他说："兵器是综合的科学，是高科技之一；兵器研究需要高素质的尖端人才。现在扎实学好各科文化知识，是为将来从事兵器研究奠定必要的基础。"我看见王锷虔诚点头的样子，知道这一次真真打动了他的心。从此以后，告王锷状的没了，王锷的学习也如芝麻开花，节节高。

 案例 追问

1. 王老师，您如何想到用兴趣去点燃学生激情的？

天生其人必有才，天生其才必有用。每个青少年都有爱好、兴趣，这是大树的萌芽，这也是学习动力的源泉之一。我对学习暂时差的学生不厌烦，而是千方百计地挖掘其长处、寻觅其闪光点，然后给他创造展现才华的机会，调动其内驱力，调动他的兴趣，而兴趣是最好的老师。人一旦对某事产生了兴趣，那么干好它所必然，即使遇到重重困难也不在话下。利用兴趣的办法实在高妙，而那种苦口婆心的劝诫、声色俱厉的训斥、掰开揉碎的说教，确实难以解决所有问题。

2. 王老师，您又是如何引导学生从"兴趣"发展到"志趣"的呢？

业余爱好过热以致冲击了正常学习的情况也是屡见不鲜的，同时这也是棘手的问题。我没有采用简单的压制方法，也没有采用没收的方法，而是发动全班同学讨论，又采用了比较的方法，并且教给痴迷者以顽强意志来抑制的法宝，既治标又治本，最终比较彻底地解决了问题。

 读者 感悟

第五章

心理保健篇

山不转水转

俗话说："心有多大，舞台就有多大。"这句话也可以反过来说：心，一旦出了问题，可能一事无成。后者所说的"心"的问题，首先就是心理健康的问题。

现代生活的节奏加快，各种社会问题激增，人们的心理压力越来越重，引发了大量的心理健康问题。自卑、自闭、自负、叛逆、焦虑、烦躁、嫉妒、猜疑等种种心理问题，不可回避地摆在了我们面前。这些问题的出现，不但影响了人们的学习和工作，而且已经干扰了人们的正常生活，甚至降低了整个社会的幸福指数，严重冲击了教育的发展。

本章的故事告诉您：心理问题常常有哪些表现，可能会带来什么后果，"心病"如何用"心"来治，如何使教育艺术和心理科学结合起来发挥作用，如何让孩子面对现实来有效化解心理障碍……

让心灵拥抱阳光，生命才能展翅飞翔。

心　桥

朱永健

 导师简介

　　朱永健,万里国际学校副校长,中学数学高级教师。他从教30年来,不断探索教学改革的变化,始终把课堂教学的有效性放在首位,在教学上,他主张"学法指导重于传授知识"的教学观念。在教育上,他主张有效教育是在师生之间、家校之间搭建一座"桥",一座通往彼此心灵的"桥",让教师、家长、学生都能感受到"心桥"畅通多么美好。

 案例背景

　　不少学生上了高中,就以为比初中长大了很多,对教师和家长的教育感到厌烦。他们越来越不愿意跟老师、跟家长沟通,加之教育方法不得当,老师和家长很难走近他们,越是不了解他们内心的真实想法,越是难以实施有效的教育。那么,我们作为教育工作者,怎样才能打开他们的心扉,走进他们的内心呢?

 案例过程

心声传递

　　我是小D的个性化导师,为了避免小D也有这种情绪,我就设计了一张表,标题是:愿意让我进一步了解你吗?(愿意者请填下表)内容主要有:生日\性格\特长\志向\让你父母成为我的朋友,把他们介绍给我\是否愿意剖析自己\有想对老师说的话吗(或需要老师在哪些方面的帮助)\你的目标(一个学期或一学年或三年等)\实现目标的措施\是否愿意让我与你父母一起参与你的目标和计划的修正\你同意把"学做人"放在第一位吗\在你成长过程中愿意听听我的一些建议吗?小D很高兴地填写了这张表,我也获得了小D更多的信息。小D主动找我说:"老师您很特别哦,其他学生被老师找去谈话了,您只让我填张表,让我感

到新奇，老师让我当您的科代表吧，这样以后我可多接触到您。"小 D 的几句话让我感到她与我拉近了心的距离。心与心的靠近，有利于开展个性化教育。

在做小 E 的个性化导师期间，了解到她正在与妈妈闹别扭，我装作不知道，在学校大接送的前几天，我拿着一张设计好的信纸，信纸边沿画着一颗心，边上写着"心声传递"的字样，最下面画着握手的图案，对小 E 说："小 E，用我设计好的信纸，给父母写封书信吧，现在信息很发达，人们很少用书信交流情感，其实书信最能表达人与人之间内心深处的情缘。"小 E 说："老师，从小到大我都没有给爸妈写过信，我怕写不好，前段时间还与妈妈闹别扭了。"我觉得时机到了，就半开玩笑地说："我会指导你写，但真情体现可要靠你自己啊。"我建议她可以回顾一下从小到大的成长过程，多从感恩方面来表达自己的情感。一天后，小 E 把写好的信给我看，我很满意，她的文笔挺好，从小学写到高中，从自己的不足写到改正的措施，从自己的成长过程写到对父母和老师的感恩，从目前状态写到预期目标和理想，等等。返校日的晚上，接到她妈妈打来的电话，从电话里能感受到她妈妈很激动："朱老师，读到小 E 的信，我与她爸爸太激动了，其实小 E 原本并不是一个很听话的孩子，但自从进你们学校后，我们都从点滴中感受到她的进步，这封信让我感触很深，我连夜给孩子写了回信。你们这种引导家校沟通的办法真好，你们学校真有办法！"

在这里共享一下小 E 妈妈给小 E 的回信。

女儿：

看到你给妈妈的信，爸和妈真的很高兴，因为从字里行间处处都能看到女儿的成长、学业的进步、思想的进步。知道原谅他人，知道感恩，能发现自己的缺点并有勇气有能耐去改变它。女儿真的长大了！

女儿，爸爸和妈妈读书也不多，更谈不上写信的文采，只能凭借妈妈几十年来的人生经历和你谈谈心吧！

首先，与人交往时，要多站在对方的角度考虑一下问题，也就是换位思考，这样更能赢得他人的支持和配合，做任何事千万别只考虑自己的感受啊。

其次，妈妈也知道读书是非常辛苦的，但现在的社会环境，若不把书读好，掌握一定的文化技能，要想在今后自己喜欢的事业上干出成绩是非常困难的，这也就是老一辈人所说的——打铁还需自身硬。

最后，你的每一个进步都有不同阶段老师所付出的辛勤汗水，从你的信中我们也体会到了，所以要懂得感恩，永远感谢老师，感谢陪伴你成长的同学。

女儿，升入高中了，学习更累了，更要与老师、同学们好好配合，明确自己的目标，相信我的女儿一定能行！

妈妈于午夜

学会沟通

一天晚上,我走进高三教学区,看到小 F 站在平台上,似乎情绪不好。虽然我不是他的个性化导师,但与他很熟,便走了过去,发现他心情真的不好。我便与他聊了几句,他似乎有话跟我说,好像又很为难。我表示可以帮助他,他便说出了真相。

原来上一节晚自习课,他的班主任找他说:你近期思想有问题,我知道你在想什么。然后,班主任一一摆出了他心里的预想。小 F 越听越不高兴,因为班主任所说的事与他近期发生的事相差十万八千里(近期他心情不好,主要是因为家里出了一点事)。班主任滔滔不绝地说着,小 F 又插不进话,所以现在一个人在这里生闷气。其实他的班主任是一名很优秀的老师,同学们都比较尊重和喜欢她,但听说有些学生对她也有看法,主要是她在找学生谈话时,她自己说得多,甚至主观猜测学生心里的想法。

我给小 F 一个建议:你给班主任写一张纸条,把对她的意见委婉地暗示给她。同时也开导小 F,我说:"你们班主任她很聪明,一定会改正的。老师有时也会犯错误,也需要学生的帮助。"小 F 采纳了我的建议,给班主任写了张纸条。在一次偶遇小 F 时,他主动说:"朱老师,你的建议很有用,我们班主任现在每次找学生时,都让我们先说说心里的想法,然后她开导我们,还给我出谋划策。"听到这里我与小 F 都欣慰地笑了。这位班主任为此还写了一篇《静听学生诉说的启示》的班主任心得。

1. 朱老师,您这个案例中提到的"桥"有什么深意?

个性化教育,应该体现在点滴之中,应该把教育渗透在日常的行动中。

有一位作家这样说:"桥,不是稳定的停驻,它是此岸和彼岸间的连接,是一个过渡,是短暂的,是转瞬即去的一段风景。"因此,人与人之间应该建起一座"心之桥"。每个人的心中都有一座桥,每当人与他人沟通时,互相沟通的桥就会连接在一起。就像海,无论海是多么深不可测,无论海是多么汹涌波澜,都可以很直接地从海的这一端,到达海的那一端。育人就像建桥,或纵或横,串联贯通,不仅有态度,更有方法。

"心声传递"是个性化教育的有效途径之一,家庭教育更是个性化教育最不可缺少的一部分。我在万里做班主任期间,学生每次回家,就让他们通过"心声传递"的书信,与家长进行真诚的沟通,并取得了很好的效果。我还一直保留着这些孩子成长的心路历程的记录。

2. 现在很多孩子不善于沟通,您认为怎样才能给他们补上这一课呢?

我们现在的学生,都是"90后"的一代,独生子女居多。他们中的确有不少人在遇到与人沟通、独自处理问题等情况时能力有所欠缺,社会上经常用"自我中心"等语词评价这一代的孩子。然而,我们在抱怨和对这些孩子口诛笔伐的同时,是否反思过,我们的社会、学校、家庭又给这些孩子多少机会去学习处理这些问题呢?

古人云:师者,传道授业解惑也! 作为学生的导师,教给学生做人的道理,帮助他们从学校开始形成各种实践能力,有时候甚至比传授他们知识更为重要。这也是个性化教育过程的重要内容,是每一位个性化导师给学生上的必修课。

3. 学生与老师进行交流有时候会出现抵触情绪,那么导师应该如何处理这种情况?

由于身份的原因,学生在潜意识里会把老师当做对立面,因为老师的形象是"说教者"。我们自己也曾是学生,回想起来也是如此。所以,学生一开始对老师有抵触情绪是可以理解的。其实老师的角色可以有很多种,把自己当做学生的朋友,那就是倾听者;作为一个成年人,那就是帮助者;对学生提出要求并加以监督,那就是管理者;把自己的知识和经验传授给学生,并针对性地有效指导,那就是指导者……总之,作为老师,一定要有很强的"学生意识",把学生装在心中,并能真切地从学生的角度去关心、帮助和要求他们,相信学生一定会"亲其师,信其道",所谓的抵触自然而然就化解了。

 读者感悟

巧用"谎言"激自信

白红亮

 案例**背景**

文理分班后,我所带班级是文科创新班。班级中有 20 名女生,8 名男生,其中在年级前 50 名的学生有 3 人。总体来说,这些学生学习都很自觉,但基础水平很一般,而且女孩子比较多,心理问题比较重。这个问题在高一、高二时并未凸显出来,但到了高三,问题就渐渐浮上水面。市第一次模拟考试时我们班在一本预测分数线上的只有 5 人,二模时也只有 7 个人上线。面对这样的分数,大多数学生对高考心怀紧张和悲观的情绪,甚至有一部分学生已经开始有放弃的迹象,认为反正努力也没有什么希望,于是心灰意冷,自暴自弃。

案例**过程**

针对这个问题,我进行了仔细的分析:不是学生不想努力,主要是他们的自信心受到了打击,觉得自己能力有限,无法和别人竞争。市分数线是在一周后通知到学校的,学生本来就对自己的分数不满意了,如果我再把实情告诉他们,会有什么样的后果也就可想而知了。

为了避免对学生造成的负面影响继续扩大,同时也为了增强他们的自信心,提升士气,在一模总结主题班会上,我有意把市预测分数线压低了 19 分,如此一来我们班的"上线"人数达到 10 人,同时我还着重强调离"线"很近的还有 4 人,只要大家再加把劲,我们大有希望。比起老师空洞的说教,市的预测"分数线"的影响对于学生来说更加直接有效。这样便给学生们传达了一种"原来我并不比别人差"的信息,加上"客观事实",也容易让学生相信。学生的信心得到了鼓舞,干劲又足了,学习也更加努力了。会后学生的周记明显反映出了这一点,"原以为我们望尘莫及,现在看来别人并不比我们强,我要全力冲刺,拼了",类似的语句层出不穷。二模后,我们班实际上线人数变成了 9 人,有了些许进步。在我不失时机地"降线"后,这次我班上"线"人数变成了 15 人。我根据两次的成绩,预测我班高考中将有 20 人考上一本。学生的信心得到了空前鼓舞,拼劲也鼓到最足,这种积极的暗示发挥出了相当不错的效果。在最后的高考中我班实际考上一本的人数是 17 人,一本率是 60.7％,考出了学校历年来文科班的最好成绩,最为可喜的是还有一名学生考入了清华大学。

 **案例追问**

1. 白老师,针对高三学生心理变幻莫测,您是怎样发现他们在自信心上出了问题的?

其实学生在学习过程中如果自信心不足会有非常明显的表现,比如:突然的自暴自弃;明显的分神、发呆;有的学生还会出现精疲力竭,像打了败仗的士兵,失去了精神支柱。当我看到班级中较多学生出现这种注意力不集中、浮躁情绪抬头时,我就敏感地意识到学生一定在心理上出了问题。而这又出现在模拟考试后,很显然是一种失落情绪,因为对高三学生来说,如果考得比较满意的话,他们会越战越勇。所以当我班第一次出现这种现象时,我分析应该出在自信心不足上。第一次"谎言"的成功运用证实了我的判断,所以在之后的工作中就更加得心应手了。

爱默生曾说:自信是成功的第一秘诀。其实很多平时很努力的学生,他们对自己到底处于什么水平,是不太了解的。而这正是我们教育的契机,让学生鼓足信心,才能创造奇迹,所以有时一些善意的"谎言"也会起到超乎想象的作用。

2. 学生心理的变化是一个长期的过程,您是如何追踪其心理逐渐转化的过程的?

说实话,初次使用这个方法,我自己心里也没底,所以"总结会"后我就让每位学生写了模拟考试总结,从他们的感受中能体会到那种如释重负的感觉。我还通过学生的周记来观察每位学生的心理转变;另外,作为班主任,我从早到晚都跟着学生,可以从他们的行为中来作出判断,准确诊断他们的心理变化。

 **读者感悟**

当家长忘记了孩子的名字

刘巧铃

我们经常会遇到这样的家长,他们认为:自己文化程度不高、不懂教育,把孩子送到学校家长就不需要为孩子的教育问题操心。在孩子的教育过程中,尤其是对待在寄宿制学校学习的孩子的教育,家长应该扮演什么角色? 起到什么作用? 我就曾经遇到过这样不可思议的现象:有一次,这位家长竟然连自己孩子的名字都写不出来了。

晓东的父母是商人,在省外的一个城市办厂。做晓东的班主任一年多,仅接到过他父母两次电话,见过一次面,其中他们说得最多的是"晓东全靠老师了,我们只是商人,没读过几年书,离得又远,一年只回宁波一次,没法管孩子,也管不了",至于我说了什么,从他们的回应看,都没听进耳朵里。

我同时是晓东的个性化导师。自从知道他从小是在爷爷奶奶身边长大,一年只能见到父母一次,我对晓东就有些特别的关心,一方面是出于老师的责任,另一方面是作为母亲的一种心疼。可能是成长环境的原因,晓东平时话不多,一说话就脸红,由于人聪明,理科思维不错,学习上,虽然从考试成绩并不能看出他有什么优势,但他对理科有些小自负,对文科则很不屑。惰性和对事情(包括对学习)无所谓的态度是他成长中最大的敌人。最意外的是,晓东是一个很懂得察言观色而且知道怎么样不会给自己带来麻烦的学生。我记得晓东是我做班主任后第一个谈话的学生。被叫到办公室,他很意外。我让他坐在我旁边,他坚持站着。从表情我看出他心里在搜寻自己是不是这几天有什么违纪行为。我笑了笑,直接点破他:"晓东,老师并不是只会找犯错的学生谈话。今天我们只是来聊聊你。"

"我?"

"是的。关于你,老师把自己的看法用三句话概括:第一句,作为一个十几年由爷爷奶奶带大、在寄宿制学校学习的孩子,你能有今天的人品、学习成绩、待人做事态度,老师认为非常难得。第二句:懒惰和没有目标是你个性中最大的敌人,它让聪明的你'不为人前,甘于人后',制约着你自己能力的展现。第三句:多给父母打电话,有时间多和他们相处,世界上没有不爱自己孩子的父母,以后你也有为人父母的时候,你就能体会。晓东,如果你认可这三句话,我们今天的谈话就到这儿,你回去消化一下。下次就该你主动来找我,我们一起讨论怎么做的问题了。"就这样一来二往,晓东和我无话不谈,我看得出他很信任我,也很听我的话。

回忆历历在目,可今天晓东的邮件,让我心情变得复杂,且久久不能平静。

"Linda,抱歉,那么久才给你发邮件。去Z城就是个错误!见到我的父母我完全变了一个人,十几天了,我没笑过,几乎没说过话,我无法面对自己的父母,其实我早就知道了。记得你叫我给我妈打电话的晚上么?我又抱着不应该有的希望,没过两个小时就失望了:他们打电话来问我的名字如何写。那时我不知道该说些什么。作为父母居然忘了他们自己给孩子取的名字如何写!我再也无法忍受了!以前,我可以在他们面前,至少可以面对。现在,我完全做不到了!我天天把自己关在房间里,什么都不想干,暑假计划泡汤了。我从来没期望过他们什么,我几乎对他们没要求!但他们总是让我一次次失望!从小在他们那里,我几乎没得到过快乐!不想说了,作业我会努力完成的。

晓东"

每次学校放长假,我都建议晓东去父母那儿。这次暑假,晓东本来不想去,觉得飞来飞去浪费练习英语听力的时间。我劝他:"晓东,这是你高中时代最后一个暑假,也可能是你这一辈子最后一次有机会和父母在一起这么长的时间。去吧,我是做妈妈的人,和你父母有同样的心情,肯定希望和孩子在一起。"晓东听从了我的劝告。

读完邮件,我有些自责:难道真是我不该让晓东去和父母团聚吗?更多的,是陷入思考……

 案例追问

1. 作为老师,您常常需要和家长打交道,能否谈谈大多数学生家长是怎么看待自己对孩子的教育责任的?

作为一名教育工作者,我深知教育的力量不仅仅来自于学校,来自于老师,

还需要家庭和社会的加入。和很多学生的家长接触过,其中不乏明白家庭教育对孩子的影响至关重要的家长,也有许多想走进自己孩子心灵却颇感无奈的父母。但同时,有相当一部分家长持有以下一些说法。

说法一:我平时工作忙,所以把孩子送到万里学校,这里的老师很负责,我就什么都不用管了。

说法二:孩子越来越大了,我们管不了他。学习上我们不懂,性格上他有自己的主见,我们也不知道怎么管。

说法三:我们做家长的,只要在家和孩子谈学习或其他的,他就不会听我们的,两个人说得不好还会吵起来。孩子半个月回来一次,犯不着和他争吵起来,我就给他提供物质上的东西,比如:出去吃点好的,买点他喜欢的东西。学习等方面的事就交给你们老师了。

说法四:我们做父母的这么辛苦地工作赚钱还不是为了孩子。家里事情又不用他管,只要学习就够了。如果学不好说明学校没管好,教育孩子本来就是学校的事。

晓东的父母无疑是这类家长中的一分子,否则他们不会忘记自己孩子的名字。

2. 面对这样的家长,您最想和他们说的是什么?

此时,我真想对这些家长说:你们的孩子是人,不是产品。在学校,即使老师再负责,孩子再信任老师,但父母在孩子心中的地位是无人可以替代的。丰裕的物质和学习不只是孩子们一生中唯一重要的东西。在他们的心里,他们非常在乎你们的关心,需要你们关注他们的成长,希望你们分享他们的成绩,愿意被你们"管"。而同时,你们只有在和孩子交流时,才能让他们体会到做父母的辛苦和不易,才能学会懂得珍惜,才能让你们了解他们成长路上的快乐与烦恼,才有机会和孩子一起分享、共同面对。你们只有在教育孩子时,才能让他们从另一角度去明辨是与非、善与恶,才能开始清晰地树立他们人生中做人做事的态度,才能逐渐明白责任与担当。你们只有真正了解他们,走进他们的内心,才能不断地体会到作为父母的幸福与欣喜,这种爱将绵绵不绝。这一切,对于你们的孩子来说,是他们在学习和生活中不竭的动力!作为家长,你们还需要学习,甚至需要接受再教育!

想到这儿,耳边响起女儿常常唱起的一首儿歌:"妈妈总是对我说,爸爸妈妈最爱我,我却总是不明白,爱是什么……爱我你就陪陪我,爱我你就亲亲我,爱我你就夸夸我,爱我你就抱抱我……"

读者感悟

教育要走进心灵

周红卫

案例背景

学校工作的两条主线：教育和教学。教育跟不上的教学，效果没有保障；教学落后的教育，没有好的结果。当一个学生触犯了学校纪律和制度时，怎样才能利用最佳契机和方式进行有效教育，是每一位老师必须面对的智慧思考和行动。

案例过程

外表看去，小 M 是班上一位高大、帅气、阳光的男生，交往中感受到小 M 偏偏的，和同龄高中生相比更孩子气。从背景来说，他是一个典型的从文理分科前的普通班走向文理分科后的普通班的学习一般的学生。

记得那是一个周末的最后一节课，由于学校工作安排的需要，班级最后一节课改为自习。由于很多学生要坐动车而提前离校，班级显得有点空，大多数学生的心已经不在学校了，教室里更加显得有点浮躁。我去教室巡视时发现小 M 戴着耳塞看小说，说明他必有 MP3 或手机类的东西，这些都是学校的禁用品（学校有严格的"六不规定"）。我走向他的座位，说了他两句并伸手要他交出听音乐的东西，他的表情显得很惊奇和意外，随口说道：很多人都提前走了，听点音乐也犯纪律呀？我说是的，随后收走了他的 MP3。等放学后他直接来到我的办公室和我理论，对于类似的问题我从来是不含糊的，严厉指出了他的错误，而他则对自己此情此景下的行为做了最大努力的辩护。在没有结果的情况下他愤然走出了办公室。我在瞬间意识到，半个月里都不让学生回家一次，这会带给他不快的情绪。我紧随其后，在楼道告诉他如果自己觉得不服，可以先将东西带回去，随后我们再沟通，也可以让其他人参与进来，比如同学、家长，甚至和领导沟通对此类问题的看法。没想到他涨红着脸说："没什么，我不要了。"最后竟将那个旧 MP3 扔到了楼道的窗户外面。看来，我的希望落空了。我很意外，也很生气，但他更在气头上，我没有再采取进一步的行动，想着先让他回家后消消气再说吧。

周末的第二天,小 M 的妈妈打来了电话。小 M 已经把发生的一切给他妈妈一五一十地说了,而且和事实完全一致。因为我知道他的妈妈是一位非常懂教育的母亲,他们母子俩向来是以朋友关系相处的,小 M 对发生的任何事情从来是原貌反映的。在与学生母亲的通话中我了解到,小 M 其实已经知道自己的错误和冲动了,只是不好意思道歉。随后我和小 M 的妈妈进行了长时间的电话交流,并交换了后面针对这一事情的教育意见。由于和家长多次沟通,家长和孩子用心交流,小 M 在返校后的当天晚上就主动走进我的办公室。我们从学校制度、班风建设、个人感情、价值观等角度进行了深入的交流,最后从他有点发红的、湿润的眼睛中,我看到了一个学生的触动和成长。也就是那次深入的交流,我们成为了无话不谈的互相信任的师生和朋友。

接下来我想改变他的学习状况。

在我的心目中,学生大概分这么几种类型:一是有很强的进取精神和自我管理能力的人,对这类学生老师需要真正起到思想引领的作用,他们就会根据自己的思想理解顺利前进,他们属于优生。二是没有很强的自我管理能力,也没有多大主见,但是一旦和老师建立起互相信任的关系,就会不打折扣地按照老师引领去做的人,这类学生需要老师时刻陪伴引领,但潜力大,进步大。三是自以为自己有个性、有办法,其实他的办法和个性不是使他走向进步和成功的好办法,但他们又缺少对老师的信任,不按照老师的建议去做,最终以失败居多。四是压根就属于没想法、没要求也不求上进的一类,也是让老师头疼的一类,这也是普通班班主任永远耗费大部分精力而效果甚微的群体。很幸运,小 M 属于第二类。不过再加上一条:思想特别纯净。这一点也是通过和他妈妈长期交流后形成的共识。

有了对他的全面认识、有了和他建立起的信任关系,接下来的个性化教育方法和途径就水到渠成了。首先是目标的确定。在以前的学习成绩中,他基本排在年级的 120 多名(理科生总共 200 人),成绩属于中偏下,在上学期的期末考试中,他的物理竟然只考了 40 多分,在班级中属于"差生"了,既然他想学好物理,而物理老师就是我,他也很信任我,那么工作就很好做了。我们一起制定了物理学习的目标:达到班级平均分;物理学习的方式和途径:每天多花 20 分钟,每次假期作业在常规的基础上另加一套试卷(由我安排),试卷的讲评在返校后的三天时间内完成;反馈:通过正常假期作业和额外的假期作业,寻找漏洞,成为下阶段学习的对象,再不会的由我进行专题指导。随后一段时间,我感觉到他的学习状态越来越好,成绩在悄悄发生着变化。我借此把物理上用到的方法让他推广到其他的学科上去。慢慢地我发现他的精神状态越来越好,只要一个人的精神状态得到了提升,做事的能力和积极性马上就会被最大限度地调动起来,这个时候没有做不成的事,没有过不去的坎。这个时候我就不再具体地指导他的学习问题,而更多地关注他的思想状况和精神状态的逐步巩固和提升。他表现出了前所未有的激情,而且这种状态一直持续着。期中考试后,当我看到他的成绩时,我真的不敢相信自己的眼睛,总分竟然是班级第二,年级 47 名。天哪,不可想象,物理成绩竟然成了班级第一。当我在教室当着同学们的面把这个成绩告诉他时,他笑得嘴巴都合不拢了。当我把这个成绩第一时间告诉他妈妈时,我强烈感受到电话那头的喜悦。

小 M 期中考试取得了令所有人未曾想到的成绩,成为了班级的英雄,成为了很多同学学习的榜样。但是我找到他,向他表达了自己隐约的担心,这种突飞猛进、扶摇直上的变化,对下次的成绩是一个更大的挑战:退易进难。我更害怕长期没有好成绩的他会一下子不知所措、飘飘然起来。但是他的表现和反应很积极,达到了我的预期设想。接下来他依然充满自信,积极快乐地学习着。事实证明了我给他的一句反传统忠告的精神动力:"成功是成功之母。"奇迹在一次次地出现:随后的两次物理单元考都是班级第一!! 借此调查他的其他学科,他也保持了比较好的状态! 好的状态得到持续不断的优化培养,最终必然会结出沉甸甸的果实:期末考试小 M 竟然是班级第一,年级 40 名!

做他的导师让我感受到了什么是走进心灵的教育,我们一起感受到了能够真正走进心灵世界的个性化教育是一种巨大的成功。而今的小 M 是我的自豪和骄傲:他生活单纯、活得快乐、学得自信,我相信他的明天一定很美好!

 案例追问

1. 面对犯错的学生,您认为有没有一成不变的处理方法?

学校教育中不可能有不犯错误的学生,而每个学生的个性相差很大,怎样充满智慧和耐心地处理问题,取得最大的教育效果,是我们思考问题的出发点和落脚点。本案例中,一开始我并没有成功地找到最佳的处理方法,但在后期的交流沟通中,我觉得很成功,因为我们成为了值得互相信任的师生和朋友。每个学生的情况不同,我们可以有处理问题的大原则,我想任何情况下这个原则都是不变的,但是具体的方法一定要因人而异。

2. 对待后进生的学习指导,怎样才能做到行之有效?

对于学习方面的指导,一定要找到一个和学生性格及接受程度相匹配的策略和方法,在老师和学生互信的基础上,进行全程监督和管理,肯定会产生好的

效果。但之后并不能马上撒手,因为学习方法和自信心的培养需要长期的"跟踪服务"。特别是"后进生",一定要有一段搀扶着走路的过程。对于已经使用的方法和改正的错误,允许反复,但必须减少。

3. 怎样看待教师、学生、家长之间的沟通对教育的作用?

家长的参与和帮助,是教育成功的根本保障。本案例中,我非常庆幸和感激我遇到了一位善于思考和沟通的智慧母亲,没有她的帮助,不会取得如此大的效果! 在平时的接触中,我发现他们母子的交流很畅通,甚至是无障碍的,他们的相处是以朋友关系为基础的。在对该生的教育过程中,孩子的母亲起到了关键的作用。

4. 您觉得案例中的小 M 会一直这样好下去吗? 他现在的情况如何?

是的,我坚信! 时至今日,他的心态和学习依然是班级最棒的,实际上他已经成为班级的一个精神领袖!

 读者感悟

换个身份走近她

程　凡

 导师 简介

　　程凡,男,1988年毕业于浙江师范大学中文系汉语言文学专业,中学高级教师,20余年一直从事语文一线教学工作。他是资深网络爱好者,对语文教学与信息技术的整合进行了长期有效的探索,他将多媒体及网络技术运用于语文教学,取得了一定的成效。

案例 背景

　　晚上,正在电脑上准备明天的课,人人桌面的好友新鲜事栏一闪一闪的,分散了我的注意力。我习惯性地点开消息,一条好友"龙的传说"的状态跃入了我的眼帘:"无聊,真的好无聊!"呵呵,这不是小贝吗? 这个时候正是晚自习时间,小贝应该在教室里自习啊? 接送回校已经两天了,手机早就应该交到生活老师或者班主任处保管了,怎么在人人上啊? 我有些疑惑地进入了小贝的人人主页。

　　呵呵,更新的频率还真高啊。一整天三十八条新鲜事,后面还有许多评论,有问必答。仔细看看这些帖子的发帖时间,就是今天,从昨天早上五点多,到现在,许多都是上课时间,简直就是一个现场直播。这个小贝,该是又把手机带到学校来了,而且胆大到在上课时玩手机,发人人。有点不像话,记得她可不是第一次了,为了手机的事,可是挨过处分的啊。

案例 过程

　　于是,我拿起电话,准备给小贝的班主任打个电话,问问情况。

　　"喂,郑老师吗?"当电话那头传来郑老师的声音时,我脱口而出,"今天小贝在学校吗?""在啊,怎么啦?"正当我想告诉郑老师小贝在课堂上玩手机的事,人人桌面的图标又开始闪动了。"别让老师发现了,否则你就惨了!"一条回复,在

刚才那个帖子下出现。是啊，郑老师是教导处管德育的主任，是以抓手机严格出名的，要是他知道小贝又在课堂上玩手机，等待小贝的肯定又是一张处分的布告。"……没什么，我想找小贝聊聊，我不是她的个性化导师嘛，呵呵。"我把刚才想说的话咽了下去。和郑老师随便扯了几句，就挂了电话。

小贝已经有过一次处分，如果再因为手机的事情出问题，结果真的会很惨。

回到小贝的主页上，仔细地浏览起帖子的内容来。

"不交又怎么样，大不了再处分我！反正我也不想上这个学了！"这是昨天刚返校不久发的一条人人状态，看来这孩子心里有事啊，我又接着往下看。

"别理我，没有你我还不活了？不过心疼的感觉好难受！"

"半夜了，我怎么一点睡意也没有，满脑子都是你！"

"为什么要这么对我？以前说的都不算了吗？"

小贝喜欢班上的一个男孩，这事我知道，我们有过一次长时间的交谈，当时她答应我把这份感情放在心里，和那个男孩做普通的朋友，看来小丫头还是没有控制住自己的感情，否则这会儿也不会有这样的情绪。

原来在感情上碰到问题了，难怪憋出去了，居然在自习课上公然上人人发状态。

怎么办呢？明知道小贝违反"六不规定"，视而不见显然不行。但这个时候我如果打电话过去，收缴她的手机，肯定不是最好的办法。我有些犹豫了……

"老师你也有人人？够潮的啊！"记得第一次和她交谈的时候，我们的话题就是网络和人人社交网站。

"是啊，在人人还叫'校内'的时候我就注册了，怎么样，我们加好友吧？"我趁机向她发出了邀请。

"不行，那样我不是就没有秘密了吗？"小贝带着点坏笑说。

"你别把我当老师就行了，在网上我叫'c_fan'，朋友们也叫我'稀饭'，你也可以这样叫我。呵呵！"我半开玩笑半认真地说。

她有些犹豫，但我看得出来她有点动心。

那次谈话后的一个休息天，我收到一条人人邀请："龙的传说"想和"稀饭"成为好友。

……

想到这，我突然有了主意，我点击小贝的头像，在留言栏里发了一句悄悄话："小丫头，失恋了？呵呵"一条署名"稀饭"的留言发出去了。

也许这个时候的小贝，更希望和网友"稀饭"聊聊吧！

 案例 追问

1. 程老师,您这样做会不会纵容了小贝的错误,是不是有点是非不分呢?

呵呵,我们这一代做老师的,在还是学生的时候,就被教育要敢于揭露身边的"坏人坏事",要敢于和"丑恶的现象"做斗争。发现同学做了错事,告诉老师,是对班级负责,告诉老师,是对同学负责。久而久之,现在自己做了老师,也就习惯性地把自己放在了孩子的对立面,简单化地认为向班主任反映情况,向家长反映问题,这是为了孩子好,是在帮助他们走正道。

我一直在想,如果当时我拨通了电话,把小贝带手机、上课玩手机的事告诉班主任郑老师,那么后来会发生什么呢?当然,也许善良的小贝会理解老师的用心良苦,不会怪罪老师的"背叛",但是,在我和小贝之间,会有一条无法逾越的鸿沟,在小贝的心里也许会埋下防人之心不可无的种子。那份在她犹豫了很久才向我发出邀请时的信任将不复存在。

2. 您怎么看待孩子在学校所犯的诸如违反校纪,私自带手机进校这样的错误呢?

在老师看来,违反学校纪律,私自带手机进入学校,并且上课玩手机,男女交往过密,这是多么令人无法接受的错误。但是在孩子的一生中,这也许就是他们成长的一部分,我们可以批评教育,帮助孩子选择更有利于他们成长的道路,但我们更应该呵护他们对周围世界的那份信任。

在校园里,孩子身边不缺少正义凛然的教育者,他们更需要的是在迷茫的时候有一个能够倾听他们声音的朋友,那么我们这些做教育工作的人,是不是应该常常提醒自己,你是孩子的老师,但你更是他们的朋友。换一个身份走近孩子,你收获的是一份来自孩子纯洁心灵的信任,这才会为你的教育奠定一个坚实的基础。

 读者 感悟

心灵,是这样沟通的

张亚容

 导师简介

  张亚容,宁波万里国际学校语文老师。"静若处子,动如脱兔";为人率性耿直,乐观上进,善于反思。她热爱书籍,《徐訏全集》《时间与自由意志》《沉重的肉身》《安娜·卡列尼娜》《三国演义》《论语》等,按照先后排列的顺序,在她人生的不同阶段,总有几本是她爱不释手的书籍。她撰写的《时空意识下的生命体验——徐訏小说论》获硕士优秀毕业论文奖。

  案例背景

  倩倩是一个天资聪明、思想早熟、性格内向的学生。她把周围的一切都看得较灰暗,学习懒散,缺乏上进心,而且对家长、老师的教育有着强烈的逆反抵触情绪。像这样的学生,要了解她的真实思想是很难的。考虑到她擅长写作,我便决定在她身上尝试一种新的工作方法——师生通信。

  案例过程

  在给她的第一封信中,我谈了与她通信的目的:"进行朋友式的思想交流,以互相理解、互相启迪,同时也进一步提高写作水平。"我有意识地隐蔽了我的教育意图,还与她商量"约法三章":"第一,我们既是师生,又是朋友,各自的看法、观点绝不强加于对方;第二,通信是自由的,什么都可以谈,是否继续通信也完全由自己决定;第三,我们的通信是保密的,内容绝不让第三者知道。"信中,我还就她的性格特征、精神面貌、举止爱好等谈了我的看法。

  一周后,她回了信:"惊讶地收到您的来信,觉得挺好玩的。我当然愿意与你进行这种有趣的通信。读了您的信,我觉得您似乎像小学生一样幼稚而纯真——原谅我的不敬……我想向您申明:我不是个纯洁的女孩子,哪方面都不

是！上次您来家访，说我与班上同学一样，是'心清如水'的孩子。我要向您坦白，我一点儿也不纯洁，我过早地明白了许多不该明白的事……我想搞好学习，但不知怎样才能获得上进的动力，您能告诉我吗？……"

她向我敞开了心扉，我在欣喜中给她回了信："虽然你自认为过早地知道了一些不该知道的事，但我认为你的确是纯洁的，因为不纯洁的人不会如此坦率。另外，过早地知道一些事未必是坏事，只要自己思想意识健康，便是'心清如水'……"

看了电视《迎接挑战》后，她又给我写信："我感到恐慌，越看越感到自己很有可能被历史所抛弃，跟不上时代前进的步伐。因此，我很想奋进，可是……"

"恐慌可以理解，但不必担心自己被历史抛弃，因为你已经'很想奋进'了，这极可喜……当然，仅仅'很想'是不够的。既然你征求我的意见，那我给你提两点建议：一是要有远大的志向，把自己的未来同民族的前途联系在一起考虑。二是看待周围的事物不要老盯住阴暗面，只有善于发现生活中的美好，才能使人乐观向上……"我这样给她回了信。

时间一天天流逝，我和她的通信却一直没有中断。谈思想、学习、趣事、苦恼……我并不奢望仅靠通信就使她成为"后进变先进"的典型，但这种真诚的思想交流所产生的潜移默化的教育感染作用是客观存在的。倩倩的精神面貌的确发生了一些可喜的变化：在收到我第一封信的次日竟破天荒地主动为全教室里的开水保温桶打开水，让大家吃了一惊；期末语文考试她名列全班之首，却主动找到我："老师，这道题您少扣了我一分。"……

后来，倩倩高中毕业考上了浙江理工大学，可我们的通信仍在继续。或交流看《三枪》的看法，或探讨"该不该入党"的话题，或交流对《丑陋的中国人》的评价，或争论金庸、琼瑶小说的优劣……与倩倩通信的成功使我的班主任日常工作多了一项内容，但也因此让我进入了一个鲜活的心灵世界。由此开始，我以后在我所带的每一个班，我都与十来位有一定特殊性的学生保持着通信往来。

事实证明，"迫不及待"地想了解学生，或"好为人师"地处处教训学生，学生或许会情不自禁地有所思索，有所省悟，有所感奋——这，便是师生通信给我的教育启示。

几年过去了，倩倩早已大学毕业、参加工作，并有了一个幸福的家庭。我们当然已没有了当年那种频繁的通信联系。但是，每当新年到来，我总会收到她的贺卡："多么怀念当年那心与心之间的平等交流啊！"

案例追问

1. 作为班主任,您觉得什么是最重要的?

作为班主任,没有比不解自己的学生更痛苦的了。而只凭作文、日记、思想总结甚至谈心来了解现代中学生真实的内心世界是不够的。随着年龄的增长,不少学生对老师、家长逐渐关闭了自己的心灵。这除了与心理发展特点有关外,更主要的原因是对师长们的不信任。可见,师生之间保持人格上、思想上的平等,是产生信任的基础。而离开了信任,则谈不上真诚的思想交流。

2. 学生的健康成长离不开良好的心理状态,您如何为他们创造这种良好的氛围?

(1)对学生要尊重。作为老师在指出学生的缺点时要诚心诚意地指出,充分体现出老师对他们的关心和期待。老师尊重学生,自然就会赢得来自学生的尊重。所以,要想取得良好的教育效果,必须尊重自己的教育对象。

(2)对学生要信任。真正的教育就在于沟通教育者和受教育者之间的信任。彼此之间相互信赖,才会有共同的情感、愿望和语言。尤其在学生做了错事并产生一种痛悔心理之际,教师应有肯定学生认识和纠正错误行为的愿望,并给予鼓励,表示出充分的信任,而不能没完没了地批评和指责。思想上的耐心疏导,方法上的热心指导,言语上的亲切开导,都会使学生感到老师对自己的关切和信任。

(3)对学生要平等。学生是有独立思维能力和生气勃勃的一代,我们要平等地相待他们,尊重他们的意见、想法和感情。允许学生提出不同的意见,发表自己的看法,否则,气氛上紧张,心理上有戒备,情绪上就会产生抵触,感情上自然会产生隔膜,思想教育也难以收到预期的效果。要使学生产生平等感,还有一个问题应当注意,就是要平等地看待每个学生,一视同仁,对优等生不袒护,对后进生的优点不埋没。

(4)谈话要有分寸。在这里轻描淡写的话起不到教育的效果,夸大其词难以收到实效,话语失其真实或未把握分寸就会挫伤学生的情感。因此,我们在做个别学生思想工作之前,要了解各种情况,掌握学生各方面的表现,确定要解决什么问题,达到什么目标,做到有的放矢。

读者感悟

早恋发生以后

滕瑛巧

 **导师简介**

　　滕瑛巧,女,万里国际学校高中化学教师。教学上,她作为年轻教师,课堂严谨但不失活跃。生活中,她作为学生的朋友,亲和力强,善于与学生沟通,帮助他们解决生活中的一些困惑。在个性化教育中,她作为导师,能聆听孩子们的心声,善解人意,给学生以亲近感,深受学生喜欢。

案例背景

　　2011年9月,我开始了我的教育生涯。第一次当班主任,心里充满着热情和憧憬。面对着比自己小不了多少的学生,我没有过多的局促,反而更多的是亲切,他们都像我的弟弟妹妹啊。我喜欢和他们谈天,渐渐地和45位学生建立了友好信赖的关系。几个月过去了,班中发生了一件事:我们班的班长(女)和学习委员(男)谈起了恋爱,全班皆知。班级同学受其影响,出现了有恋爱倾向的同学。花季少年,春情萌动是正常现象,对此采取简单的否定或训斥是不能解决问题的,而且还可能火上浇油,必须换一种思路。

案例过程

　　我经过精心准备,在一次班会课上,运用欲抑先扬的方式,先讲了中学生谈恋爱的六大'好处':

　　第一,人无我有,物以稀为贵,看到别人羡慕的眼神,会有一种陶醉的感觉。

　　第二,有爱与被爱的温暖,回家有父母照顾、学校有恋人关爱,有一种甜蜜的幸福感。

　　第三,有了固定的异性朋友,生活中的烦恼有人倾听、有人理解、有人帮你化解、心灵得到慰藉、空虚的情感得到填充。

第四，单调的学习生活增添了调味品，生活感到充实了，有一种天地焕然一新的感觉，心里常常阳光灿烂。

第五，有一种成熟的幸福，甚至还有一点逆反的快感。

第六，对父母发发脾气，父母不会计较，父母依然是父母，但对恋人耍脾气，恋人恐怕不理你了，于是你会十分珍惜这份感情，学会了对感情负责。

真是"好处"多多啊！"好处"要说全说透，讲的时候也请同学参与，请同学补充。"好处"透明了，没有了神秘感，未谈恋爱的同学觉得也不过尔尔，正谈恋爱的人一比较，可能觉得还没有这么多幸福。

"好处"讲完，话锋一转，中学生谈恋爱也有七大坏处：

第一，青年人应广交朋友，友谊使你心灵丰富，是人生幸福的要素之一，朋友也是一面镜子，是人生成功的垫脚石，你现在谈恋爱了，专注于一个人了，交友圈必然缩小，等于关闭了交友之门，别人不便也不敢介入你俩的圈子。

第二，你们天天卿卿我我，不在一起时还要牵挂对方，还要揣摩对方心理，这要耗费多少时间、精力，那你还有多少时间用于学习，用于发展自己？你尚未健全的头脑，充满了爱情，那么功课、学业怎会不受影响？

第三，中学生谈恋爱有违中学生守则，你不得不有所顾忌，既怕老师批评，又怕家长知道，你焦虑、你浮躁、你心理疲惫，你还能做到专心致志、聚精会神吗？

第四，爱情是人类情感中高尚的神圣的情感，比生命更重要（裴多菲语），高尚的情感可以张扬，应当受到祝福，但你可以张扬吗？可以领他（她）回家吗？家长、亲友会真诚为你祝福吗？回答如果是否定的，那么这种偷偷摸摸的早恋不是对这种神圣高尚情感的亵渎和玷污吗？

第五，人非动物，过日子不能光顾今天，还要考虑下一步，恋爱的下一步是婚姻、是培育后代，你思考过没有，你现在才 16 岁，离法定的婚龄还有 6 年，这 6 年会有很大的变化，世界很大很精彩，难道这个世界就他（她）最适合你，心智发育尚未健全的你，能保证下一步圆满吗？如果不能保证，这不成儿戏了吗？这不又是一种亵渎和玷污吗？

第六，也许你本来就不想太认真，只是玩玩，聊补人生空虚而已。那你就太不自爱了，感情轻浮、游戏人生，品位太低了！

第七，如果恋爱中把握不了自己，铸成大错，恐怕会伤害两代人，造成终身遗憾！

六点"好处"七点坏处，倾向性很明显，后七点都是对前六点的否定。我分析给你听，你自己去比较，自己拿主意。

班会课后，我与班长交流。这是一个性格比较开朗、头脑聪颖、综合素质比较高的女孩。她知道我这次班会的用意。她谈了与男同学的交往，她说她喜欢他,和他在一起能感到幸福。但有时感到的又是一种沉重,一种压抑。因为学生早恋是学校和家长极力反对的一件事。

她是班长,所以要顾及这一点。她还说:"班会课上讲的早恋的六大'好处'还是朦朦胧胧的,而七大坏处却是实实在在的,现在特别害怕家长知道这件事,但我已经与他好了一段时间,同学们也都知道,现在如果断了这层关系怕会伤害他,心里很矛盾、很痛苦。"我说:"你如果维持那层关系,就不利于对方发展,反而是一种更大的伤害,要从未来考虑,长痛不如短痛。"她表示同意。然后我找男同学,先提到女同学的很多优点,肯定他有眼光,然后谈了对方的矛盾心理,有一种欲罢不能的痛苦,最后我告诉他:"你要珍惜对方,爱护对方,你要为对方考虑。人的一生有很多个阶段,不同的阶段他的任务和使命是不同的。学生时期就是以学习为重,如果在恋爱中不能把握自己,只会伤害彼此。"具体应当怎么做,我没讲,相信他们自己会处理好。此后,两人就逐渐疏远,至少没有了亲密的动作。现在,他们只是一般的同学关系了。

案例追问

1. 滕老师你刚参加工作第一年,对"早恋"处理得相当成功,能谈谈您的经验吗?

现在看来,对这个早恋个案的处理是成功的。如果说经验,我归纳有两点:

首先,做思想工作要站位高,立意高,在思想层级上高于学生,要有位势差,而且也要让学生感受到这种位势差,老师是过来人,什么都经历过,老师能洞穿你的思想,能帮助你走好人生之路。

其次,要有朋友式的真诚,忌讲有伤自尊的话语,既要有严肃的批评,更要有热情的激励,使对方产生一种"够哥们"的感觉,那么你的思想工作就成功了一半。

2. 在学生中流传着您对一首诗改编的故事,能否一起分享?

失恋学生的诗是这样写的:"天涯何处无芳草,何必要在三班找,本来数量就不多,况且质量也不好。"

我对失恋学生说:"老师想和你一起将这首诗改动一下,你看怎样?"他爽快地回答:"行。"我说:"老师改前两句,你改后两句。"他点头同意。我说第一句只需改动一个字,将"天涯何处无芳草"改为"天涯何时无芳草",第二句改为"何必非要现在找"。紧接着他改了后两句:"本来学业就很紧,况且年龄又很小。"读着这首诗他开心地笑了,笑得那样轻松,笑得那样自信。他连声说:"谢谢滕老师!"

　　这次潜隐式教育的尝试,避免和消除了被教育者的对立情绪和戒备心理,平复了内心的波澜,学会了情感上的进退自如,从而使被教育者在潜移默化中接受教育,最终达到转化的目的。

从我做起

张晓爽

 案例背景

都说"身教重于言教",让受教育者做到的事情,教育者应该首先能够做到。长时间以来,我一直对此不以为然。比如教室卫生,应该天经地义由学生来负责打扫,难道老师首先要做好教室的卫生值日吗?但有一件小事让我对此有了更深刻的认识。

 案例过程

那是去年我接手一个新班不久,由于学生还没有养成良好的公共卫生习惯,教室的卫生状况总不能令人满意。虽然在全班强调过不止一次,却没有明显效果,看来没有引起学生足够的重视。如果按照一般的惯例,无非是找谈话、罚值日等,但是这一次,我什么也没有说。

在全班学生都去参加课外活动的时候,我来到了教室:整理物品、摆放桌椅、扫地洒水、清理粉笔灰……整整忙了四十分钟,消灭了全部的卫生死角。在学生回来之前,我悄悄地离开了教室。

连续几天过去,我再没有提过教室卫生的事。但我发现,教室环境彻底变了样,久违的"卫生流动红旗"竟然挂在了墙上!事后,几名学生跟我聊天谈起此事,他们说从没见到也没想到老师能这样做,同学们都很感动,大家为自己没有认真做值日感到非常后悔。大家都真切地感受到班主任原来也是班集体的一员。

从那以后,即使有的同学忘记值日,也总会有人提醒或帮忙,我再也不用为教室卫生的问题操心了。

 案例追问

1. 在班集体建设中,班主任的角色如何定位,向来有不同看法,张老师,您怎么看?

这件事教育了学生,也教育了我自己。班主任作为班集体的一员,与学生一起活动,本来是很平常的事,却往往被忽视。如果班主任只把自己定位于班级的领导者,必然是指手画脚多、深入实际少,从而失去学生的感情,与学生越来越疏远;而放下教育者的架子,真正为班级做一些事情,哪怕只是一件小事,也会胜过三令五申的说教。其实重要的不在于老师为班级做了多少事,而是通过这样的行动走近学生,这就是身体力行的教育作用。

2. 您认为班级的民主精神建设,怎样才能做到与时俱进,适合新时代中学生的需要?

教育只有做到心里才能有效果。我们经常开班会,但班会的主题是由老师确定的,还是由学生提出的? 你在全班同学面前的演说,有多少是学生迫切需要的? 有多少话可以略去不讲? 能不能让听讲者来确定你的讲话内容? 都说教育是民主、平等,教育是服务,作为班主任,我们必须从自身做起,从小事做起,给学生以潜移默化的影响。从此以后,我经常告诫自己:少说多做。

 读者感悟

走向阳光

杜应勇

杜应勇,男,宁波万里国际学校高中语文教师,省级"教学能手",曾获山东省"和谐教学明星课"比赛二等奖,兼职担任青少年题材校园电视剧《好好学习天天向上》编剧、主审。他执教 21 年,课堂风格生动活泼,深受学生欢迎,教学严谨,注重培养学生的学习习惯并训练学生学习的能力。

案例 背景

1.情况简介:小宁,万里国际学校高二某班的学生,做事沉稳有主见,爱好音乐和篮球,在同学中人际关系很好。然而性格内向,常闷闷不乐,有自卑情绪,长期厌学。

2.原因分析:(1)从家庭方面看,小宁在家里有个妹妹,成绩一直名列前茅,父母总有意无意提起妹妹怎么怎么优秀,而他自己成绩一般,无形中心里有种说不出的感受。(2)从学校方面看,小宁思维虽然不慢,但写字速度慢,作业格式乱,使得作业需要花更长的时间来做,所以别人觉得很容易完成的事情,他感觉每天被压得喘不过气。偶尔没有及时完成作业,老师会当着全班同学的面批评他,这极大地损伤了他本就脆弱的自尊心。于是他干脆用不听课,连续不写作业,甚至拒绝考试的方式来表达内心的抗议。这样,他就慢慢跟不上学校的进度了,成绩越来越差,形成恶性循环。

案例 过程

我担任小宁的导师后,首先找到班主任老师,拿来他的最近考试成绩,并了解他最近各方面的表现。然后针对他的情况进行了两次谈话,做心理疏导工作,引导他认识并反思自己的问题,提出解决方法。

为了能让小宁自然不拘束地跟我沟通,我选择"散步聊天"的方式进行了师生之间的第一次谈话。在校园东南侧小花园的小径上,我和小宁边走边谈。小宁告诉我,他在初中拥有比较好的成绩,所有人都说他考上重点中学没有任何问题。但事实上,他中考并没有考好,勉强过了高中的分数线,他觉得那只是一次失误。高一第一次月考,他考了班上十多名,觉得自己应该能考得更好些,所以更加努力去学习,谁想到,期中考试竟然比上一次还下跌了好几名。面对越考越差的成绩,他内心产生了深深的挫败感,学习的自信心没有了,觉得自己脑子太笨了,不是学习的料,月考之后的加班加点换来这样的结果,他真的无法接受,感觉自己整天精神恍惚,都快要崩溃了。

在他向我述说时,语气沉重,一种不甘心却又无可奈何的悲伤隐藏在言语之中,边走边踢路边的小石子。我任其宣泄,没给他任何建议。我知道,这一次谈话,目的是让小宁宣泄来减轻压力,一身轻松之后再找到学习的方向。谈话结束后,我又找小宁的班主任了解他最近的情况,班主任说他学习不用功,但是很好强,有股不服输的劲儿,个性非常执著,也很情绪化,老师的批评不管用。

通过第一次谈话和调查分析来看,小宁表现出内向的性格特点和模糊的学习目标,应该是造成他学习动力不足、学习成绩起伏较大的主要原因,并由此产生较严重的情绪障碍,其根源在于小宁存在一些不恰当的认知模式。在以后的谈话中,我着重帮助他找到自身的不合理想法,进而改变他的认知模式。

第二次谈话,我选择了在教师办公室一角的沙发上。办公室严肃的氛围,可以让小宁端正思维方向,按照正确的归因方式寻找自己的成功学习道路。谈话采取了"一问一答"、"开放式问题引导思维前进"的聊天方法。我让小宁懂得,并不是所有的努力都能获得好成绩的,因为成功需要的因素很多,努力并不是成功的唯一条件。

当小宁认识到自己的错误时,他在分析自己学习生活中遇到的挫折与困难时就更为理性了。他开始接受自己的学习现状,也明白自己现在所要面对的,是思考如何来改进与完善自己的学习过程,而不是受困于"努力一定要考好"的想法中。紧接着,我和小宁一起制订了近期学习计划,明确了"课前预习、课堂笔记、独立完成作业"的近期学习标准,并监督小宁实施。

通过循序渐进的辅导,小宁逐步消除了自卑心理和急躁情绪,建立了对自己的信心。在此期间,我跟各位任课老师及时通报了小宁心理转变的情况,小宁也得到了各位老师的真诚关注。之后小宁上课特别认真,学习劲头也很足;在班级管理工作中也能够积极主动。有一次,他主动要求在班会课上发言,针对寝室卫生和寝室纪律提出看法,要求个别同学能积极改进。这一行为得到同学和老师的好评。他的学习态度有了较大转变,学习成绩稳中有升,期末考试成绩在班内有了明显的提升。

 案例追问

1. 怎样有效地跟学生沟通?

多运用积极的心理暗示。发现学生的优点和长处,对优点积极表扬,形成积极的心理暗示。对学生性格中的不足,可以用优点进行弥补。让学生形成乐观的心理态度,对以后的生活道路益处良多。

2. 怎样帮助学生迈出成功的第一步?

尊重学生的自尊心。帮助学生建立自信,树立学生的自尊心非常重要。坚信他有自己独特的成功道路,相信他能处理好学习生活中的事情,相信他一定会创造出一个精彩、特别的人生。

3. 怎样帮助学生在成功的道路上越走越远?

教育学生学会扬长避短,正确认识成长之路。每一个人都有自己的长处和优势,同时也有自己的短处和劣势。一个人若能扬长避短,强化自己的长处,一定会充满信心,享受成功的快乐。学会理智地对待自己的短处,寻找合适的补偿目标,从中吸取前进的动力,就能把自卑转化为一种奋发图强的动力。这也是帮助学生克服自卑心理的关键。

4. 杜老师,您对个性化教育的体会是什么?

好的个性化教育导师首先要做一个倾听者,关注学生的全面成长。丰富学生的知识,开阔学生的眼界。引导学生自己制定能在短期内实现的小目标,一步一步向前看,从已经实现的小目标中得到鼓舞,增强自信。随着一个个已实现的小目标的积累,不仅会形成一个实现大目标的动力源,还会使学生形成足以克服自卑的信心。

 读者感悟

有一种爱叫宽容

贺海军

案例背景

教育，从本质上说是一种以人为本的关怀，是一个生命对另一个生命的无私关爱。"爱"是教育的核心。在教育活动中，对待学生特别是问题学生，需要的是真爱，是宽容，是耐心，是感化，是等待。然而在这竞争激烈的功利化的时代，教育中的许多量化考核，评先评优，造就了功利化的教育模式，围绕着"功利"，教育"严格"有余而"宽容"不足。

案例过程

又是春节了，小晶和她的父母一起来看望我，言谈中满是感激，她是唯一一个和父母一同来多次看我的学生。小晶高考成绩不好，勉强上了专科线，但这个成绩对于她和她的父母来讲，已经相当满足了，因为几年前的小晶，别说考大学，就是能顺利读完高中三年也是个奇迹了。如今，小晶学业优秀，顺利升入本科院校，与家人关系融洽，各方面发展让人高兴。看到今天的她，高兴的不仅仅是她的父母，我同样感到开心。我们聊着聊着，思绪不觉又回到了几年前。

第一次见到小晶是在高一新生报到的时候，超短的头发，机灵的双眼，圆圆的脸庞，再加上她的装扮，简直像个男孩，见面就向我问候："老师好！"简短有力。虽然中考成绩很低，但我觉得她肯定能赶上，忙碌中也不忘叮嘱她一句："到高中一定要好好学习啊，老师觉得你会学得不错的。"

在学校的第一周，她的表现还说得过去，就是有点坐不住，爱动，眼睛喜欢环顾四周，尤其是教室门窗处，我提醒她："注意力要集中啊，这样学习的效率才会高。"她很爽快地答应了，但我发现，她上课安静了，却会变得很迷茫，要么打盹，要么若有所思的样子，从一个极端又到了另一个极端。随着对学校和班级的新奇感逐步消失，以及同学间的熟悉，真正的她在接下来的两周内渐渐展现出来，这让我始料不及：课堂上说话、睡觉；抄作业或不交作业；晚上在该睡觉的时候唱歌，她成了我们班级扣分最多的学生。教育她时，她会说："我会改正的。"改了这个又犯了另一个，说得多了，她会很不耐烦："我睡不着觉唱唱歌怎么了？""我上课听不懂不睡觉干嘛?"口气还很理直气壮。班委要求严惩,依照班规要通知家长配合教育,我正寻思怎么处理的时候,她在晚上抽烟被值班老师抓着了(这个可是很大的错误,在我们学校简直不可原谅)。我非常生气,把她的情况汇报给我的领导,领导批示,通知家长配合教育。因为刚好周末,我没有通知家长,而是在放学时把她送回家,顺便做个家访,深入了解一下这个学生。

对于我的叙述,家长一点也不惊讶,满是叹息。原来,小晶从小跟外婆一起长大,直到上初中才跟父母住一起。初中三年,让他们操碎了心,她妈妈这样讲:"这个孩子简直在报复我们,我们一点办法也没有。"经常被叫家长,回家反省是家常便饭,迷恋电脑,家里电脑不让用就偷偷去网吧。家长怕她学习途中回到家,所以在中考后千方百计想办法把她送到我们寄宿制学校,想着我们管理严格,对我们寄予太大的期望。她父母不等我说话,反复强调说:"怎么样都行,千万别让孩子回来啊,学多学少没关系,一旦回来这个孩子就废了。拜托你了!贺老师。"看得出来,她父母真的很无奈,他们与小晶的关系,已经相当紧张了。怎么办?我一时也没了主意,离开她家,我急忙给我高中时候的老师打电话寻求帮助,老师听完后,没告诉我怎么做,用手机给我发了一个信息,给我讲了一个故事:

故事的主人公是盘圭禅师,盘圭禅师是一位诲人不倦的禅宗大师。一次,一名弟子行窃当场被抓,其他弟子纷纷要求盘圭将此人逐出,但盘圭没有理会。不久,那名弟子恶习难改,再次偷窃被抓,众徒再度请求惩罚,哪知禅师依然不予发落。众徒十分不满,联合写了份陈情书,表示若不将窃贼开除,他们就集体离开。禅师读后,把众弟子招来,对他们说:"你们都是明智的人,知道什么是对什么是不对,因此只要你们高兴,到什么地方去学都可以。但是这位徒弟连是非都分不清,如果我不教他,谁来教他?因此,我要把他留在身边,即使你们全都离开!"

热泪从那位偷窃者的眼中涌出,禅师的一席话涤净了他的心灵,从此他再无偷窃的冲动。

这就是宽容,更是一种无私的爱。我同样被禅师的话感动着。

周日下午返校的时间,小晶父母把她送到学校,反复跟我说:"你们该怎么处理就怎么处理吧,只要能在学校就行。"小晶在一旁听着,面无表情,但依然抬头挺胸。我知道,什么样的处分都经历过的她,还有什么可怕的呢?

晚上班课的时间到了,我特意请来语文老师,让他饱含深情地朗读了这个故事。学生们静静地听着,有的学生脸上写满了困惑:难道为了她,你不管这个班级了?!我走上讲台,对大家说:"同学们,小晶在开学几周的表现很不好,学校决定给予她劝退的处理,但我到她家里了解到,她小的时候跟在座的各位同学一样优秀,只不过现在走了弯路,所以我向学校领导做了担保,把她留下来,我相信她今后一定能够改正错误,这个时候正是她需要我们的时候,我爱这个集体,我想让在座的每一个同学都获得最好的发展。"我说得有点激动,不知道什么时候,掌声响起来了,从来不会流眼泪的她,眼中闪烁着泪花。

我知道,作出这种决定是冒很大风险的,当一个人犯错误成为一种习惯时,不犯错误是很难的一件事情;当一个学生很多课都听不懂的时候,也只有用犯错误来证明自己的存在了。但我,还是决定为此作出自己的努力。会后,我跟班委商量,把她单独考核,列到班级之外;跟她约定,每天她写一篇日思录,总结自己有哪些进步,哪些不足,明天如何改进等,每天跟她进行交流。同时我还跟她交流她父母的一些情况,让她充分了解父母。看得出来,她开始努力地改变自己,虽然还会犯错误,但慢慢的,她不断进步,也逐渐改善了跟父母的关系。直到高一结束后的文理分班,她选择了文科,我不再教她了,但依然保持着沟通的习惯,直到高中毕业。

 案例追问

1. 您讲的禅师的故事让我们很感动,这可以带给我们一些什么启示?

宽容是一种智慧,在琐碎的日常教育教学中,我曾为学生的错误气恼过、暴躁过、无奈过,甚至被顽劣的孩子气得跳过脚,流过泪。可当一切都尘埃落定后,静下心来细细品味,才发现还是那种源自心底的宽容之爱对学生的心灵具有最大的震撼力! 苏霍姆林斯基曾经说过:"有时宽容引起的道德震动比惩罚更强烈。"只有宽容的教育氛围才有利于学生的全面成长和个性发展。怎样才能让宽容不变成对学生的迁就,这就需要我们教师的智慧。

2. 您是怎样理解宽容的?

宽容是一种博爱。教育,需要爱的回归,需要一个充满爱的心灵去震撼另一个心灵:心,因为宽容显得真实;爱,因为宽容才被看见。付出了爱,必然能够有所收获。

3. 在教育中怎样才能做到宽容?

宽容需要有一颗平常心。什么样的教育是成功的教育? 什么样的老师是优秀的老师? 一度我认为升学率高了,就是教育办好了;所教的学生成绩好了,就是优秀的老师了。这太过片面了,教育的好坏很多时候是不能用数字说话的。当教育太功利了,带有明显的目的性以后,往往就不能够宽容,很难走得更远。拥有一颗平常心吧,便有了属于自己的一幅健康的心电图!

 读者感悟

巧配"钥匙"开心锁

贺晓云

 导师简介

贺晓云,女,宁波万里国际学校中学英语教师。她从教虽然不到 10 年时间,却以自己的勤奋和悟性在教坛初露锋芒,教学风格活泼灵动,对待学生既严厉又宽容。她是一位深受学生好评的老师,曾获宁波市教师口语大赛二等奖、教学评比二等奖。

 案例背景

现今中学生大部分都是独生子女,在家里备受父母宠爱,称王称霸,养成了自私、自我的性格特点;在学校与同学相处时很容易格格不入,不利于班级团结。作为班主任,如何引导此类学生呢?

 案例过程

雨铃是个娇生惯养的孩子,个性倔强,快言快语,说话常常不顾及别人的感受,高傲自我得眼里容不下别人。高一第一学期我是她的任课老师,自然对她也有所了解。在开学一段时间后,班级里发生了女生不和的事件,主要是她和班级其他女生的口舌之争。这起事件弄得班级里充满了火药味,持续了很久都未消散。是什么让班级女生一下子对她群起而攻之呢?原来,她是一名外招生,与本校的孩子相处起来还存在隔阂。再加上她性格比较自我,喜欢说是非,自然不招其他人的喜欢。而这与她的家庭背景是分不开的,她父母关系不合,让她养成了类似的性格。而且她十分迷恋手机。在被学校没收了好几个手机的情况下,她回家还竟然与父母约定一定要玩手机。她的问题还不止这些,如喜欢看小说,上课不专注,分班成绩差到年级垫底,等等。

对于有着甚多麻烦的孩子,说实话,一开始得知我是她的个性化导师,我还为此头痛了一段时间。我该如何转变她呢,从哪些方面着手呢?她毕竟是我们

班的一员,作为班主任我有责任转变她。我还可以利用"班主任"这一能够与她加深了解的机会来更好地转变她。

于是,我主要从以下三个方面来对她进行帮助。

1. 思想上

第一次交谈:我知道上学期的事情对雨铃影响很大。分班以来,我对她十分关注。开学一星期,我发现,她在课堂里的眼神不一样,经常处于游离状态,一不小心就发起呆来。对她早有了解的我,既是出于同情,也是出于班主任对学生成绩的担忧,于是利用晚自习的时间找她交流谈心。果然不出我所料,依然是上学期的事情让她苦闷。我明白,一个渴望改错的孩子是多么需要别人的鼓励和赞许。于是我用肯定的眼神告诉她:"在新班里,你就是一张白纸,这张白纸在两年半后会呈现怎样的精彩全在你自己。加油,老师相信你。人生或多或少一定会遇到不顺心的时候,会遇到被人误解的时候,但只要调整好你的心态,一切都会好起来的。"对于具有坚强个性的她来说,听到这席话,她的眼泪忍不住掉了下来。她边抹眼泪边坚定地跟我说:"谢谢老师,谢谢您的关心和信任。我一定可以重新开始的。"之后的课堂里,她明显不一样了,课堂专注程度有所提高。

第二次交谈:开学一星期,班里还缺一个副班长的合适人选。让我意外的是,雨铃有一天跑来怯怯地对我说:"老师,如果你不介意,我想担当班里的副班长一职,为班级贡献自己的一份力量。您让我干一个星期吧,如果班上有同学不满意,我主动退出。"

老实说,我知道以她活泼机灵的个性,她完全可以胜任副班长一职,但我有所顾虑。毕竟她有着自私的一面,毕竟她和其他女生有过不愉快,怎么才能相信她的协调能力呢?但是我的顾虑马上就被她善良坚定的眼神给打消了。既然她有这个能力,有这份热情,为何不让她试一试。于是我大胆任用了她。

这期间雨铃会不时地跑来找我,与我交流班里出现的问题,就解决方法与我商量讨论,处处以班级同学的利益为主,班级事务不论大小她都视为己事。在她的带动下,班里的孩子渐渐将高一(4)班当成自己的家来看待。她与班级同学无论男女都相处得十分融洽。这些证明我开始的顾虑完全是多余的。

2. 学习上

对于雨铃来说,思想上是她最难转变的地方。既然班干部一职对她有带动和促进作用,为何不趁热打铁,在学习上促进一把。

于是,我多次与她交流,告诉她班干部你已经做得很好了,大大超乎老师的预料,但是你想想如果没有优秀的成绩班里的同学不一定会服你。只有在各个方面都做好准备,你才可以立于不败之地。学习除了要有目标之外,还需要详尽的学习计划,持之以恒的态度和毅力。

或许我说到她心里去了。她由分班时的年级垫底,到期中考时进步了64名。在这次期中考试颁奖会中,她是理科班进步最大的六名学生中的一员,而且排名第二。会后,她高兴地跑来对我表达内心的喜悦。其实,高兴的何止她一个,我也是。但我更多的是反思,对一个如此执拗的孩子,只要你用心,为她多花些时间,就能用你的爱,让她今后拥有不一样的人生。

3. 生活上

学习和生活是分不开的,所以我经常了解雨铃在寝室的生活情况,教她如何与同学相处,要学会处处关心体谅同学,对大家要有一颗包容的心。喜欢是相互的,只有你喜欢关心别人,你才可以得到大家的尊重。渐有信心的她慢慢地在我的教导下学会了关心帮助同学,获得了大家的好感。她的嘴角也扬起了自信的笑容。

 案例**追问**

1. 贺老师,现在的孩子为什么大多比较叛逆?

其实叛逆并不是孩子成长必经的阶段,一般来说,一个在幸福家庭成长的孩子,一个在学校特长得到充分展现的孩子,一个在学习和生活上都合理计划和安排的孩子发生叛逆的概率比较低。叛逆往往发生在教育不够民主的家庭和班集体中,缺少孩子的发言权,缺少对孩子应有的尊重,往往用成人的思维去做决断,很容易引起孩子的叛逆。

2. 为什么一个天真无邪的孩子会变得喜欢谴责,喜欢凡事都抱怨,喜欢对抗?

作为孩子成长的家庭是否有做过思考,父母们是否在孩子面前也流露出谴责、抱怨,对事常对抗的态度?因为孩子在成长之初最大的喜好就是模仿。通过以上三个方面对雨铃的转变,效果很明显,雨铃各个方面都有了很大的进步。我也感到很欣慰。

3. 班主任工作不只是管理班级,那么应该怎样开展个性化教育呢?

其实班主任犹如孩子的父母,在家里孩子模仿的对象是父母,在学校孩子模仿的对象更多的是老师。所以班主任这份工作更像是孩子的父母、朋友。总结个性化工作,我认为,实现有效的个性化辅导,作为老师,主要可以从思想方面着手。只要学生在思想方面接受你、认同你,他们就会在行动上听从你、服从你。另外,不可否认的是,我的班主任身份在很大程度上起到了促进学生的作用。接下来我将继续督促她,希望雨铃今后取得更大的进步。

 读者**感悟**

眼见为虚

李玉合

导师简介

李玉合，男，中共党员，宁波万里国际学校教师，从教 30 年，带过 10 多届高中毕业班，曾担任班主任、教研组组长、年级主任和教科室主任等，具备较丰富的教学和管理经验。他教书育人成绩优异，多次被评为地市级优秀教师和优秀班主任。2012 年，他荣获"宁波市王宽诚育才奖"。他做人和做事的信条：说老实话，干老实事，做老实人。

案例背景

教师的工作神圣，责任重大，不仅如此，教师职业也是一种"高危"职业。在教学过程中常常会遇到如学生心理自闭、早恋、暴力、厌学、考试作弊等问题，如何正确处理都不能一概而论，需要教师的教育智慧。处理得好，会把问题变成教育的契机；处理得不好，轻则会使学生在心理和情感上造成伤害，重则可能毁掉学生前途，甚至危及学生生命。这绝不是危言耸听。

案例过程

2010 年 4 月初的一个早晨，高一（×）班的班主任高老师（化名）急匆匆找到我，他说："今天早晨抓到了一个正在我班偷东西的高三学生，人赃俱在，你是高三年级主任，交给你处理吧。"

事情是这样的，当天早晨六点钟，高老师就早早来到教室，刚准备开门时，发现教室的前门已经打开了，他感到很奇怪，昨天晚上是自己锁的门，难道还有比我来得更早的学生？他推门进了教室，突然发现后门口有一个人影一闪，并迅即蹲下，躲藏在课桌后面，他下意识地感到一定有问题。

他大声说道，"请你出来，我已经看见你了。"边说边迅速向教室后面走去，那位同学无奈地站了起来，他看到不是自己班级的学生。

"你是哪个班的，叫什么名字？"

"我是高三(×)班的,我错了。"边说边从口袋里掏出刚在班上偷的手机和学习机,但怎么也不肯说出自己的名字。

高老师很生气,马上就要高考了,高三复习这么紧张,还有心思干这种事。高老师对该同学进行了严厉的批评,并记下他的相貌特征后让他回去反省。谁知那位同学走后不到五分钟,又返回教室,当高老师正纳闷时,该同学从口袋里又拿出一部手机,原来刚才他少交了一部手机。

课间操时,高老师在操场旁边给我指认了这位同学,哦,原来是高三(×)班的张晨(化名)同学。高三(×)班之前也曾发生过几起偷盗事件,同学们都很气愤,但一直没有线索,今天人赃俱在,这种严重违纪行为学校一定要严肃处理。

但是,还有一个多月就要高考了,如果公开处理,张晨同学就无法在学校里继续学习,对他的高考肯定会产生很大影响;不处理吧,校纪难容,我很是为难。但事关重大,家长必须知情。当家长得知情况后非常吃惊,从小到大没有发生过此类事情,但人证物证俱在,家长无法辩解,只是苦苦求情,要求学校不要处理孩子,否则孩子一生就完了。我也很郁闷,张晨同学平时表现也不错,不可能干出这种事;更让我不解的是,当张晨面对人证物证时非常惊讶,也非常气愤,矢口否认此事,他情绪非常激动,并愿以死来证明自己的清白。家长非常担心,马上就要高考了,发生这种事情,十几年的辛苦就白费了,家长心急如焚,不知所措。

这件事的处理不仅关系到张晨的荣誉和前途,更关系到他的人身安全。当看到学生表现得如此激动,当时很肯定的高老师有些犹豫了,他对自己的指认也产生了怀疑,其中一句让我改变了主意,高老师说"他鼻子以上看起来很像,鼻子以下还不能肯定"。在事实不完全清楚的情况下,我不能擅自处理,况且临近高考,现在的首要任务是稳定张晨同学的情绪,确保人身安全,顺利把学生送进考场。

我对张晨同学讲,你先不要急,老师相信你不会干这种事,学校绝不会冤枉一个好人,我们还将进一步调查,一定会给你一个说法,这时张晨同学的情绪暂时稳定下来。

之后,我到生活区了解学生早起情况,那天张晨同学的确起得较早,没有同学能证明他的清白;那天早晨高老师现场抓住,人赃俱在,且十分钟之内与他两次见面,看错人的可能性也很小,我心里很忐忑。但高考一天一天临近,时间不等人,问题一天不解决,张晨一天就不能安心学习。这事查起来并不难,但查出结果后又能怎么样呢?给张晨同学一个处分,以正校纪,这难道比张晨同学的生命和前途更重要吗?思量再三,我决定放弃调查。我立即找来张晨,郑重告诉他:"由于早晨光线不好,高老师看错了人,我们已查清楚了,现在老师还你一个清白,希望你放下包袱,集中精力复习,争取考进自己理想的大学。"

听完我的话,张晨同学放声大哭,压抑已久的情绪顿时释放。他激动地对我说:"感谢老师对我的信任,今年高考我一定会考一个好成绩来报答你。"

接下来的一个月里,张晨同学像变了个人,全身心进入学习状态,疯狂地学习,在当年的高考中顺利考入了自己理想的大学。张晨同学非常感激,家长也是千谢万谢。

事情到此并没有结束。2011年期末考试前,2010届高三学生返校看望老师,原高三(×)班的学生大部分都来了,师生相谈甚欢,分享一年来的收获与喜悦。这学期我和高老师正好在一个办公室,当这批学生走后,高老师突然告诉我:"上学期到我班偷东西的学生就是刚才和你谈话的那个人,不是张晨,他刚才见到我时脸都红了。"哦,原来是另一名学生,听了高老师的话,我惊出一身冷汗,庆幸当时没有处理张晨同学,否则,不仅害了张晨同学一生,也会在自己教育生涯中留下永远无法弥补的遗憾。

案例追问

1. 李老师,您多年从事学生管理工作,能否谈谈您是如何处理犯错误的学生的?

中学生正处于身体和心理成长期,犯错误是一种必然现象,没有不犯错误的学生,在对待学生犯错问题的处理上,需要教师的智慧。

"年轻人犯错误上帝都会原谅",对犯错学生要用包容的心态,要给学生充分的尊重和理解,学会倾听,给他们申辩的权利,要认真分析学生犯错的原因,相信学生自我纠错的能力,真诚地帮助他们认识错误、改正错误,而不是一棍子打死,切忌乱给学生处分,处分只是一种手段,不是目的。

学生犯错误,是给教师提供了一次教育机会,教师要善于利用机会,化问题为契机,而不能草率处理,使问题扩大化,这不仅达不到教育的效果,同时也失去了一次教育学生的良机,使今后教育该学生的难度增大,"问题学生"也许就此产生。因此,如何处理犯错学生需要教师的教育智慧。

2. 请问,"眼见为虚"这个案例给我们带来什么启示?

教师的工作是光荣的,同时也是高风险的,特别对于处理类似这样的学生问题,一定要慎重,如果处理不当,轻则会给学生身心带来伤害,重则会影响学生一生甚至危及生命,这不是危言耸听,近几年有不少类似事情发生,教训惨重。教育是为学生一生的发展服务的,确保学生的人身安全和健康成长是学校的首要任务,学校首先要给学生提供安全、健康的教育环境,教师要有安全意识和服务意识,"一切为了学生,为了学生一切"不只是一句口号,落实到日常教学工作中去,对于学生中出现的个性化问题需要个性化处理,不能主观臆断,一刀切。

 读者感悟

教学生做真人

陈湘龙

 导师简介

陈湘龙,浙江省特级教师;曾被评为辽宁省骨干教师、省首批素质教育拔尖人才。2004年调入宁波加盟万里,任高中历史学科教师,现为宁波市历史学科专家组成员。2006年以来,他为省、市骨干教师做培训讲座20余次,发表文章10余篇。在多年的教育教学实践中,他积极营造尊重个性、民主和谐、崇尚理性的阳光课堂,把为学生的人生增值作为自己教育教学的追求,坚持树立追求真理、诚信朴实、弘扬人性的教师形象。

案例背景

高中学生带手机到校是当今比较普遍的现象。对自律性和自持能力较差的学生而言,手机往往是他们游离于课堂影响学习成绩的劣友,脱离于现实破坏就寝秩序的帮凶,违背成长规律导致身心受损的祸首。因而处理手机问题是一个令学校和教师十分头疼的问题。

案例过程

梁楠亚(化名,以下简称小梁),班级的体育委员,身高一米八以上,是一个性格外向,好面子,注重朋友义气,注重仪表形象的大男孩,体育成绩突出,文化课成绩不佳。他在同学中有相当大的影响力,与几个要好的"死党"常常左右着班级的态势。父母是民营企业家,父亲对孩子比较严厉简单,由于从小在我校就读,长期住校生活导致与家长沟通不多,对父亲有强烈的畏惧感。

在高二第一学期初学生返校日的晚自修课上,同学们在安静地完成作业,我注意到座位在教室后侧的小梁长时间将头低伏在课桌上,而他的同座却不时地瞟上我一眼。我走了过去,发现他在课桌下玩手机!我没有说话,而是用眼睛瞪

着他,他警觉后很不好意思地将手机塞到课桌内。我转过身又轻轻地走回到教室前面。下课了,小梁低着头来到我的办公室向我道歉,说返校后还没来得及将手机交给班主任保存,表示这次是初犯,以后绝不会再犯,请我不要将此事告诉班主任,他会将手机交给班主任。说实在的,由于小梁在我所教的科目上成绩比较突出,以前我与他也曾经有过几次交流,希望他在保持历史学科班级前三甲优势的同时将薄弱学科也能补强一些。他因历史这门成绩好,也很以此为荣,经常向我问些问题。因此,他对我多了一份情感,我对他多了一层喜欢和信任。我在提出要求和表示信任的前提下,将手机交还给了小梁。事后我了解到,小梁在第二天将手机交给了班主任保管。半个学期过去了,虽然与小梁要好的朋友中依然有人带手机到校,但他没再发生这类事件。我发现他在发生悄悄的变化,自律性增强,课堂上注意力集中了,成绩有所上升,班级荣誉感增强,在同学中的威望更高了。

春节后开学了,我发现小梁在课堂上精力不济,经常犯困。在一天下午自习课上我又一次发现小梁在玩手机!我走到小梁座位旁伸出手,专注的他身体一震,但看着我坚定摊开的手掌,极不情愿地将手机交到我手上。我让小梁到我的办公室,局促不安的小梁缩着他一米八多的身子跟进我的办公室。我对他进行了严厉的批评,他对自己的错误感到愧疚,说辜负了老师的信任和关怀。我说:"最近我发现你上课状态不佳,是不是还没有将心从假期状态下收回来?你是不是晚上就寝后还玩手机?"他说晚上就寝后没有玩手机!我说那你证明给我看!他无奈地将短信聊天记录打开了,当显示的短信最后时间是在晚上12点后时,他无言以对。我说:"鉴于你是第二次犯这样的错误,并且手机已经严重影响你的学习和健康,手机不能还给你!等到下次开家长会时交给你的家长!"他急忙说:"别,别交给我爸!老师请您再相信我一次,作为男人我绝不会食言了,我可以给您写保证书!"我说:"你害怕家长知道?"他低着头没有说话。"那好,等到这个学年结束你的学习成绩达到班级前二分之一,且不发生其他违规行为时,我会把手机还给你。"他说:"成绩达到班级前二十名,太难了吧!我还从来没有达到过!"我说:"你是聪明的,只要你把心收回来,再努力些,一定能够达到,我相信你!"他勉强地表示同意并写下了保证书。我忽然想到他的好朋友小威也曾带过手机,希望他能够检举证明一下,便说:"小梁,我知道你的好伙伴中还有人带有手机,希望你检举出来!"听完我的话,他用异样的眼神看了我一下,然后低下头不做声了。"你说出来就表明你有正视错误并改正错误的勇气和决心!"我又追问道。他说:"没有,没发现,再说,我也不能出卖朋友啊!"

我浑身一震,我在干什么?这是正确的教育方法吗?我忽然感到汗颜和恐惧。我赶忙改口道:"小梁你在同学中人缘蛮不错的,你对朋友也很忠诚,够义气,但当你看到或知道你的朋友有错误时,能坐视不管吗?"听我这样一说,小梁抬头看着我说:"当然不能! 老师,我明白你的意思。我会劝说他们不带手机的,但前提是我自己首先要做好啊!"我说:"我了解你的为人,我会给你时间让你来证明的,我相信你!"

高二的下学期在"三项考试"会考、期中、期末考试的密集检测中,很快过去了。在这个学期里,小梁的课堂学习习惯有了很大改观,学习成绩有明显的进步。更值得惊喜的是,与小梁要好的几名同学也都相继发生了一些变化,带手机现象减少了,看来这其中小梁确实也发挥了积极的作用。期末考试小梁取得了班级第 21 名的个人最好成绩,我践行约定,将手机交还给了小梁。此后,在我们师生日常相遇和交流中,我们彼此的眼神里充满信任! 小梁也增强了拼搏高三的信心!

 案例 追问

1. 在教育教学实践中,我们经常会遇到"大错不犯,小错不断"甚至犯同样错误的学生,您怎样对他们进行教育?

从人的成长的角度看,学生犯错误,甚至犯同样的错误是不可避免的,教师不能寄希望于一劳永逸,要允许和容忍学生犯错误,也要给他们机会去克服和改正错误。教育需要必要的重复,在重复中使受教育者得到正确的习惯养成、价值认知和情感升华。

2. 在个性化教育中,教师应该注意什么?

从施教者的角度看,信任是唤起学生潜意识和内驱力的基础。对待犯错误的学生除了批评教育指出错误的性质及危害,更重要的是唤起学生的心里良知,使其形成战胜错误的潜意识和内驱力。尊重个体差异和自尊是决定教育能否取得实效的基础。对于不同性格的学生而言,教师选择的沟通方式和教育方法尤为重要,这可能体现的就是"因材施教"的思想。

3. 在对小梁这类学生进行个性化教育的实践中,教师受到了什么启迪?

从受益者的角度看,个性化教育的受益者首先当然是学生,使他们的发展既依据其个体性的差异又符合社会性的选择。与此同时,我认为教师在教育过程中也会得到许多教益,在与淳朴稚气的灵魂对话与碰撞中使自己的灵魂也得到洗礼和升华,使自己的教育方法和艺术得到提升。在这件事中我解剖自己,是在

引诱孩子们以出卖朋友来换取自己一时的开脱,一事之成功。从本质上来说,这是让他们出卖朋友和灵魂。我们历史上太多的人间悲剧,如朋友反目,亲友相残,不都是为了眼前的个人利益而对朋友无信造成的吗?忽然想到冯小刚讲的一段话:两个孩子淘气,老师通常的做法是分别找他们谈话,鼓励两个人相互揭发。谁背叛得彻底谁就获得从宽处理。这种做法的后果是非常严重的,这会使孩子认为出卖朋友可以从中获益,忠诚反倒会使自己陷入绝境。

因此,我更加坚定了教育职责首先应该是引导和教会孩子学会做人,使之有健全的人格和健康的心灵。

 读者感悟

山不转水转　第五章【心理保健篇】

一份素质报告单

刘巧铃

 案例背景

关注每一个学生，是对每一个教师最基本的要求，也是学校个性化教育的核心理念。每天，教师面对的是几十个甚至上百个学生，学生对于我们，是几十分之一甚至上百分之一，而对于学生个体来说，则是百分之百。有时，可能我们对某一位学生作出的一个不经意的动作或一次偶然的关心，都会对他（她）产生巨大的影响。那么，面对每个学生个性化的特征和差异，我们是否真的全面关注了？是否每天在为每一位学生多付出哪怕一点点？是不是总有一个角落被我们忽视呢？

案例过程

今天是放假的日子，当然要每一个同学发素质报告单。我说："我从来都认为，素质报告单不仅仅是为了向父母汇报成绩，它是老师和每一位同学的一次交流，也是我针对每一位同学的特点和情况最想对他（她）说的话，所以希望同学们好好看看。"

班上同学都走了，最后剩下小馨，我问她是否在等妈妈开车来接她，她摇了摇头，说在等我，因为有话要对我说。我问是什么，她挥了挥手上的素质报告单，我看见上面我写给她的话：

"我从来没有怀疑过你的天分，也没有对你的人品和责任心表现过担心。但是，我能感觉到你心里的渴望的同时，更多的是感觉到你心里的灰色多了一些，从每天学习的计划，到几乎很少寻求老师的帮助，再到你对一些周围的人和事的看法和观点，从某种角度我认为这也是制约你成绩很少有突破的原因之一。作为老师，我深知你是一个有个性、有主见的孩子，而且对于你这个年龄，应该更多的是阳光和乐观，所以，希望能看到你多些灿烂的笑容和积极的人生态度！当你在课堂上把头低下去或看着别人笑时的严肃表情，老师的心是沉重的！"

"有什么不对吗？是我对你还不够了解还是……"我问道。她还是摇了摇头，然后说："老师，我还是回家给你发短信吧。"说完就走了。

下午我收到了小馨的短信："老师，读了你写在我素质报告单里的话，我很感动。因为我一直都认为，从小到大在学校里，我都是容易被忽视的学生……学习成绩平平，表现既不优秀也不犯事，对老师不违背不反抗。进入高三以来，其实我经常有一种"溺水"的窒息感，尤其是在每一次考试后，有时觉得自己就是废人一个，日子过得似乎是在"等死"的那种，更不用说考什么大学了。可是，没想到你那么了解我，而且还关心我，会为我的一些表现和想法担心。说真的，老师，被关心和在乎的感觉真好！谢谢你！"

高三下学期，我看到了一个"崭新"的小馨：主动积极、阳光大气。在学习上，她认真做好阶段性和每天的计划，制定目标。对于大学，她开始期待，以前从未想过的一些一类重点院校开始进入她的视野。在生活上，小馨主动承担班级劳动委员一职。在课间，我们常能听到她的开怀大笑，看见她的神采飞扬。

毕业了，小馨被一所有名的重点大学录取。大学开学的前一天，她特地到学校看老师。我很感动，她拥抱我时在我耳边低语："老师，再次谢谢你！从来没有人知道我曾经是个'溺水并放弃自救'的孩子！"

 案例追问

1. 学生在每个学期结束时都有素质报告单，您是怎么看待它的作用的?

在学生高中毕业时，拿到的素质报告单总共会有几十份，在很多人看来，它只有两个功能：一是记录一学期的各种成绩，二是老师通过评语向家长汇报孩子一学期在学校的各种表现。因此，有的学生怕把素质报告单交给家长，有的学生知道成绩后就认为它毫无价值。然而，我把素质报告单当做我和每一名学生最好的一个交流渠道。我告诉我的学生："如果老师要向家长汇报什么，一个电话或一次家长见面会就能解决。所以，每位同学除了关注素质报告单上的成绩以外，还要认真地看评语，因为这是老师根据对每一位同学的了解，把自己最想和你们说的话都写在上面，都是最真实也是最真诚的话语。"

2. 为什么您会对素质报告单的功能做了这样的挖掘呢?

作为教师，我们在一个班级面对着的是一个几十人的群体，难免有时事情多，并不是故意把一些学生忽视了，尤其是各方面表现平平的学生，因为老师很容易被两头的学生占据大部分的时间和精力。学期结束就要写素质报告单，这

不正是班主任自我审视对学生的关注和了解度,以及和每个学生进行对话的最好机会吗?

小馨就是一个各方面表现并不出色、对任何人和事物都表现得有些漠然甚至灰色的学生。在她的世界里,她已经习惯了因为自己的普通而被忽视,长期积累在心里的想法无人交流,疑惑无人帮助解答,成就无人重视肯定,渴望少有人问津。其实,每一个学生的内心都是火热的,每个学生的心里都有渴望——渴望被爱,渴望被关注。只有当他们心里的想法和渴望得到重视,被激发出来,就会有健康的心态和积极的行动。因此,教师要通过关注每一个学生来了解他们心里的渴望,要了解每一个学生的爱好和才能,了解他们的个性特点,了解他们的精神世界。世间最强大的莫过于心灵的力量!

教育是人学。作为教育工作者,我们应该把爱心当做启蒙的雨露,用真情唤起心灵的共鸣。同时,我们应该经常反思自己:是不是关注到了每一个学生,是不是有个角落被我们遗漏了?!

3. 在您眼里,班主任应该是什么角色?

在我看来,班主任就是一个演员。有时候班主任是严父厉母,是执法者,有时候又是学术权威,是魅力教师,他(她)还可以是学生的兄长或知心大姐,是协调员和"垃圾桶",更是班级每一名学生的个性化导师!无论班主任是什么角色,只要和学生的心在一起,此时,即使带领的是一群绵羊,也能敌得过一头狮子!

把美好回忆留下

——指导出国生的心得

时　靖

 导师简介

时靖,女,2010年毕业于华东师范大学,硕士研究生。当年她来到万里,成为一名刚刚走上工作岗位的新老师。在教学中她积极向老教师学习,努力让自己以及自己的课堂更加生动活泼;在生活中,她是学生的朋友,帮助他们解决困难。现在,她正朝着"优秀教师"的目标不懈努力。

案例背景

我校学生中有相当一部分家境富裕,家长高中阶段就送孩子出国留学,很多学生只在班级学习一两个学期。这样的学生由于没有高考压力,在学习、生活中与其他同学相比显得比较懒散,如果处理不好,将会给班级的学习风气带来影响。如何对待出国生? 如何调整他们的心态,让他们在短暂的时间里尽可能多地积累知识,为出国学习打好基础?

案例过程

高嘉诚是一个漂亮、开朗但容易被情绪影响的女孩子。她和男同学的关系很好,高一上学期就曾因为男女交往过密而受到老师的教育,但似乎并没有和男同学断绝关系。高一分班后,她成为我的个性化学生,我才知道她是决定高二就出国。开学一个星期后,我发现她的状态比较低迷,上课打不起精神,一下课就往其他班跑。后来我又从她的日记中看出了端倪,于是决定和她进行第一次的交流。

还好她并不封闭自己的心思,我很快明白了她目前的困惑。原来出国在即再加上文理分班,她无法摆正自己的心态。原本她打算最后一个学期与以前的好友加深感情,没有料到自己会来到文科创新班。她很排斥这个班级,觉得自己

第五章 【心理保健篇】

山不转水转

融入不了新班级,同时与昔日的好友分隔在两个班级也让她觉得和以前的朋友之间出现了隔阂,害怕自己与朋友们会渐渐疏远。出国在即,又加上对新班级的不适应,一开始高嘉诚的学习动力几乎没有,每天都郁郁寡欢。针对她这种心理,我决定先解决她不适应班级的问题,引导她学会慢慢适应新的环境。毕竟半年之后她也要适应一个全新的世界。我从她的顾虑开始,让她明白真正的友情是不会褪色的,而人也不可能局限于一个小圈子里,会不断地交到新的朋友。(7)班是一个新的班级,你可以敞开心扉去结交新的朋友,有空也可以和老朋友交流感情。这样朋友慢慢增多不是更好吗?不要先带着消极的心情去排斥新的东西,这样有可能会失去更多。下学期你就要去一个全新的环境,你也有很多的东西要适应,把这次的分班当做提前的演练吧。经过这次一个半小时的交流,我发现她开始有些改变。之后我又陆续找了她几次,发现她的状态越来越好。一个月后她基本适应了新班级的生活节奏,也交到了新朋友,恢复了以前开朗的性格。

等到她适应班级生活后,我觉得是时候和她交流一下学习情况了。从她前两个月的学习状态来看,她的学习似乎只有英语这一门课,其他的课都满不在乎,不是在打瞌睡就是和同桌说话,不仅给自己也给周围同学的学习带来了很坏的影响。

交流没有我想象得那样顺利,虽然我从各个方面都劝导她,但是她似乎并不认同,而且也不承认自己给周围的学生带来了不好的影响,我们的交流不欢而散。我考虑了一下,觉得我们两个都需要冷静下来,于是我从她周围的同学入手,减少她与其他同学讲话的机会。我打算等到期中考试后再针对她的具体学科进行交流,很快成绩出来了。她的成绩特别是语文有着明显的退步,于是我借着期中分析机会又找她进行沟通,这次有了具体的数据也比较有说服力,她开始认识到自己的问题,但是她最后与我交流:"老师,我马上就要出国了,学习的好坏跟我并没有什么太大的关系。和其他同学不同,我现在的学习没有什么目标,只是度过这段时间而已。"我对她说:"的确你马上就要出国了,以后你就要在一个母语是英语的国家里生活。在中国学习的这段时光会成为你的一段回忆,你为什么不努力使这段时间变得有意义,以后回忆起这段中国的高中时光没有因为虚度而后悔。"经过这次谈话之后,我发现她上课的注意力集中了很多,虽然还有常常忍不住说话的时候,但是作业也都按时上交了,学习态度发生了很大的改变。

案 例 追问

1. 请谈谈,您对小高教育的起点是什么?

对小高同学教育的起点就是当时所表现出来的一些特点:在学习上没有目标,来学校只是虚度日子;在课堂上,不遵守纪律,总是和同桌、前后同学说话,她甚至影响周围一片同学的学习,对班级学习风气产生了不好的影响。

2. 通过对出国生的指导,您有什么样的心得?

小高这类准备出国的学生,因为在校时间有限,很容易被老师所忽视,其实对他们的教育更加需要耐心和精力。没有高考的压力,他们对未来很容易迷茫。在校学习的情况也反反复复,有可能前一个月还在努力学习,后一个月就变得放纵自己。个性化教育不是一朝一夕能完成的,如何在有限的时间里完成对出国学生的个性辅导,我现在还仅仅是开始,但我很想在这方面做一些探索和研究,任重而道远啊。

读者 感悟

交流的双重变奏

张亚容

 案例背景

该生小时候留学国外,头脑聪明,学习能力很强,对老师有礼貌,与同学之间关系友善融洽。

语文是他的弱势学科,英语是强势学科,理数化成绩在年级排名中等偏上。他的成绩令老师们很吃惊:即便是他的语文成绩倒数第一,他的总成绩却能排在前十名以内。在分班考试中,他离进创新班的成绩只差几分而已。班主任对他十分关心,希望他的弱势学科有所提升,至少不拉后腿。

自高一第一学期担任他的个性化导师以来,我对该生情况越来越了解。高一第一学期,他在行为习惯方面有所改善。下学期,对他的期望主要是语文学科基础知识的掌握,希望帮助他突破语文学习的障碍,激发他学习语文的兴趣,最终能达成自主学习语文的目标。

案例过程

2011年新学期伊始,课堂上的他表现得十分懒散,一连好几次作业都未上交。第一次放假返校后的晚上,我找他谈话。在这次谈话中,我主要了解他的想法和愿望。他表示愿意好好学习,但是克制不住瞌睡。这种不良的行为习惯,在上个学期表现得尤其突出,而这一次他主动承认自己表现不好,并向我表示歉意。我觉得他的态度转变了很多,于是进一步谈到了学习,在重视语文学科上,我们达成了共识。

一个月以后,我再次找到他。这一次找他主要是他在语文学习上遇到了难题。一个月下来,主要是以文言文学习为重点。在文言文学习上他表示很吃力,认为文言文对他来说是"天书"。这一次的谈话,重点放在制订文言文学习计划。首先是每天的学习计划中,晚自习要拿出至少20分钟进行课前预习;其次保证课堂上做好重点笔记,记录难点疑点,在课后进行单独辅导;每天上交语文书进行笔记检查。通过三个环节,做到了解文言文的基础知识和基本字词句。然而这一计划很快就付诸流水。根据我对他的跟踪检查,一方面他没有坚持课前预

习,另一方面他不会主动找我做课后辅导,唯一做到的就是课堂笔记基本完整。我再一次找他谈话,问他为什么不按照之前的计划进行。他表示,语文课前预习他感到效率太低,而理数化作业的快速完成让他感到一种成就感。我对他的选择表示认同,但是告诉他一个事实:即便理数化成绩再好,语文一下子就能将总分拉下来,并希望他务必拿出时间进行弱势学科补差。很遗憾的是,一个大周的文言文学习,他始终没有坚持做到以上三点。

临近期末,6月21号,我从杭州改完高考试卷返校的第一天,听到数学老师在办公室里发脾气,原来是他冒犯了数学老师。他一直是一个很深沉的男孩子,对老师和同学都很有礼貌,我想这一次到底是为什么呢?当天晚读前的半个小时,我找到他。这一次的聊天中,他主动跟我聊到了很多,主要是临近期末各科的测试与作业越来越多,他很有压力,比较担心期末考试。与数学老师的冲突也是这种情绪的一种反应。我虽然不能帮他减轻负担,但是我的关心与倾听,让他心情愉快了许多,他自己最后也笑着说最近太紧张了。我感受到作为一名老师被学生信任的快乐!

 **案例追问**

1. 张老师,您对带好这个学生有信心吗?

老实说,对这个学生,我的心情十分复杂。我为他的学习跟他发过脾气,对他失望过,但总是忍不住地关心他,希望他领悟我的苦心,可以用心学习,对自己的未来负责。这也许就是老师的"职业病"吧。岁月无声,一年过去了,他的情况时好时坏,他需要别人对他的关心并能及时纠正他的错误,所以我也坚定了信心,相信我可以帮助他,不仅在学业上而且在心智方面。希望在以后的日子里,我能找到合适的方式,让他走出语文学习的障碍,同时也能养成良好的学习行为规范。

2. 您作为青年教师,在个性化教育中,您的优势是什么?

作为一个刚刚走上教育岗位的新手,虽然没有足够的能力通过一次谈话就打动学生,但是我能做的就是默默的关心,用一颗真诚的心去帮助他们,通过一段时间的交流让他们明白,在万里这个大家庭中,有一双眼睛时时刻刻关注他们,让他们觉得自己受到老师的重视。同时作为青年教师,与学生的年龄差距小,有很多共同的话题,让他们觉得老师和他们之间没有代沟,可以更好地交流,容易受到学生的欢迎!

 **读者感悟**

一次成功的笔谈

钮中军

 导师**简介**

钮中军,男,1975年10月参加工作。3年的农村知青生活磨砺了他坚忍不拔的品质,1977年恢复高考他进入了师范生的行列,33年的教学生涯里他有27年奋斗在高三第一线,他为祖国的高等学府和建设事业输送了一批批优秀的高中毕业生,可谓是桃李满天下。他曾长期担任物理教研组组长、教务处主任等职,2011年教师节获万里首届"孺子牛"奖。做一名受学生欢迎和尊重的老师,是他一生孜孜不倦的追求。

案例背景

高校学生寒假放得早,明霞是第一个回到母校来看望老师的学生。在寒暄之后,她从包里拿出一个精致的本子翻到扉页,她满含感激的微笑对我说:"老师,这是您在高三时给我写的一段文字。"我仔细一看,上面的内容是:"明霞同学:你好!我知道你是一位活泼、开朗、乐观的女孩。你在学习上的刻苦精神常常使我十分感动,但我最近发现你的面容有些憔悴,上课的注意力不如从前,学习成绩出现了下滑趋势,这令我很担忧。如果你不想让自己童年的梦想随着岁月消逝,那么我希望你振奋精神,克服眼前难关,走出阴影,创出属于自己的道路。因为,在这个世界上除了你自己,再也没有任何力量可以打败你。"明霞说她这么多年来一直用这段话激励自己,我的心里感动不已。

案例过程

那年,高三第一学期后半期,我发现学生张明霞考试成绩出现反常。在交谈中了解到她最近由于学习压力过大,晚上睡不着觉,白天上课提不起精神。对于明霞这种情况,我心里明白,大多数同学身上都存在。我知道,学生每天早上六点起床,晚上十一点休息,身心疲惫,确实乏了,累了。但我心里更加清楚,在高三这个人生最关键的节骨眼上,任何同情、怜悯的话语都会显得苍白无力,就好像人把碌碡推到半坡上,稍微麻痹松手都会造成无法弥补的后果。于是,我就提笔给明霞写了上面的话。这个不经意的以书信交流方式写成的笔谈,竟然在不知不觉中起到了作用。明霞后来以积极的心态战胜了成长时期的焦虑危机,恢复了自己的生物钟,学习成绩逐步好转,考上了大学,这些情况我是知道的。后来,明霞在大学学习更加努力,非常珍惜自己的青春年华,每天早上五点起来就在学校花园里背英语单词,终于考上了自己心仪已久的西安交大研究生。这些是我从明霞的来信中知道的。但明霞把我给她写的笔谈写在自己的留言中,用来不断激励自己的事是我在事过多年后才知道的。

案例追问

1. 笔谈与面谈相比,应该说各有利弊,请您谈谈笔谈的独特优势是什么?

在我的班主任工作教育实践中,坚持多年采取与学生进行笔谈的方式,实现了心与心交流与沟通的效果。从自己与学生进行笔谈实践的效果来看,这种交流方式有以下可取之处。

(1)省时高效。笔谈开始时,学生们同时参与,节约了学生的时间。老师给学生写回信,可以利用工作和休息的间隙进行,不需要学生在场。给学生写回信时,老师可以集中精力,一气呵成,提高工作效率。给学生发信时,可以把事先写好的回信夹在学生的作业本子里,让学科代表直接送到学生手中,这就节约了老师的时间。学生在收到老师的回信时,可以很快把信读完。笔谈与老师单独找学生谈话相比,效率可以高出许多倍。

(2)涉及面广。笔谈可以涉及全体学生,使老师与班级每一位学生都能进行交流。而单独约见学生进行面谈,往往只能是班级学生中的一小部分,大多是问题学生,通常是以批评为主,鼓励很少。

(3)平等交流。笔谈是一种老师与学生心与心的平等交流与沟通,对于全班学生来说,不论成绩高低,人人平等地与老师进行交流,可以把自己心里的快乐与苦恼向老师诉说,请老师解答自己的疑虑和问题。老师则面向全体,与各个具体的、有个性的学生进行有针对性的笔谈,老师既可以有话可说,又可以使每一个学生感到老师的话是对自己说的,老师是可亲可敬的。

(4)效果长久。老师给学生写回信确实费时,但笔谈内容却能长期保存,其效果是单独约见学生进行谈话所不能比拟的。

山不转水转 第五章 【心理保健篇】

2. 作为导师,您如何在笔谈中渗透个性化教育?

所谓笔谈,就是每学期在期中考试结束后,期末考试开始前分别安排两次(高三毕业班每学期安排四次)集体性笔谈。采取先由学生个人根据自己在考试(学习)中成绩的现状、存在的问题、面临的困惑,心理方面出现的焦虑、不安等问题向老师写一封信,老师则利用课余时间认真地阅读学生来信,根据学生来信内容给每一位学生写回信,或鼓励鞭策,或答疑解惑,或与之探讨交流。同时,当学生平时在学习、生活、思想、心理等方面具有与班主任交流的愿望时,就可以向班主任写信,自己就及时根据学生当前面临的困惑与学生进行笔谈。

3. 在当下网络信息都很发达的情况下,笔谈这种交流方式是不是会受到冲击?

由于现代通讯手段日益发达,电话、短信已成为人们日常交往的重要手段,书信这种最原始的通讯手段似乎已渐渐离开人们的视线,但我认为笔谈这种联系方式仍然是最真诚、最能打动人的方式之一,我的许多学生大学毕业参加工作后,还一直保存着当年上高中时我给他们写的一封封回信。用心写成的班主任与学生的书信,把老师对学生的深情、厚爱、希冀化作文字,当这些情感文字融入学生的血液中时,就会成为学生终生难以忘怀的记忆。

读者感悟

敢对学生说"对不起"

鄢秋平

　　在新高三开始上课时,我就经常深入班级,特别在自修课、午休等时间去了解管理新的班级。一次,自修课,我还没走到教室,就听到教室里有学生讲话的声音,这时我的"火"一下子上来了。当我走到教室窗口,这时就有同学注意到我来了,教室里突然"唰"的安静了。等我进了教室门口,已经看不到刚才是哪些学生在讲话了。"总得找个'典型'来'杀一儆百'吧。"当时这个想法就冲上了我的头脑。这时我看到刘浩同学斜坐在座位上,侧面对着同桌。在没接班之前,我就听说这位同学学习惰性强,行为自制力差。这时的我就毫不犹豫,直走到他的旁边,严厉地说:"到了高三,自修课不许讲话还不知道吗?"他抬头,茫然地说:"我没有说话啊。""真的没有说话吗?!"对他的不承认,我更生气了。这时他也很认真地看着我说:"我是没说话啊!"我的声音这时不自觉地高了八度:"那你为什么不坐坐好,看着同桌干嘛?!"这时他有点愤怒地抬头看着我。当我看到他的眼神,我感觉到不对:不能这样对峙下去,他来个死不承认,或者和我顶,最后难看的肯定是我。我便说了句"快坐好",马上离开了他的座位,在教室匆匆扫视一周后,就离开了教室。

　　回到办公室,我冷静地想了想:"他为什么对我这个态度?难道真的是我错怪他了?"越想当时的情景,越觉得不妥,我的确是没看到他说话啊。很快,我悄悄地找了他周围的几个同学了解,当时他确实没有在自修课上说话。

　　当我证实是我误会了这位同学后,我考虑着怎么办:是当没发生过这件事,还是承认自己的失误?要承认的话,怎么和他说呢?承认后,我的"师道尊严"会下降吗,我的威信会扫地吗?毕竟我才刚刚接手这个班级呀。

　　我思前想后,还是决定鼓起勇气去和刘同学"交流"一下。第二天的中午,当同学们急着去吃饭时,我喊了声:"刘浩,你等一下。"我主动地走到他的身边,他问我:"老师,有什么事吗?"我看看此时教室里没什么人了,很诚恳地很平和地问他:"昨天自修课你到底有没有和同桌讲话啊？昨天我其实不是很确定。""老师,我真的没有说话。"他很认真地回答。我呵呵笑了下:"哎,那你为什么斜坐着啊?我听到教室里很吵,又不知道是谁,看到你的坐姿,便以为是你了。"哎,其实我这就是在给自己辩解了,心里有点忐忑不安。他轻松地说道:"我一直这么坐的,都习惯了。"我停了2秒,认真地说:"刘浩,那真的对不起,老师昨天批评错人了。不过坐姿不端正将来要影响你的形象和健康的,以后要多注意。"他惊讶地看着我:"老师,昨天的事,我都忘了。我这个人就是这样的,心情不好的话第二天早忘了。你也不用放在心上的,不用道歉什么的。坐姿我以后会注意的,请老师放心。"此时,我的心马上舒缓了下来:"不是不是,我做得不对的地方就该道歉的。不过看来我们以后要多多交流才是。""嗯。""差不多要吃饭了,再不去,食堂要没饭了。""对,那老师我去吃饭了,老师再见!""好,再见!"

看着他欢快的背影,我真的觉得很轻松!

 案例追问

1.您给学生道歉足以凸显教育的高明,能否谈谈您的心理动机?

其实我们在做班主任工作中,不可避免地会有一些失误。有的时候,为了所谓的"师道尊严",明明错了,还要"苦撑"着,这又何苦呢?千万不要做"死要面子,活受罪"的事。美国心理学家马斯洛曾把"尊重的需要"作为人的最基本的需要之一。他指出:自尊一旦受挫,将使人产生自卑、软弱、无能的感受;只有自尊需要得到满足,才能产生最旺盛的创造力,实现自我,获得成功。我们面对的是即将成年的高中生,他们有想法,有见解,对老师工作中的失误,其实是可以理解的。当我们坦诚地对学生说声"对不起"时,我想不仅可以使事情圆满解决,还可以赢得学生对你的尊重。因为老师对学生说"对不起",不仅需要的是一份勇气,更是心底里对学生的一份尊重。

2.鄢老师,您如何理解老师的错误,有时也是一种教育资源?

老师有时难免也会出错,关键是千方百计地掩饰自己的错误呢,还是襟怀坦白,虚心接受学生的批评,或者主动进行自我批评,让自己的错误变成一种巨大的教育力量,去撞开学生的心灵之门呢?答案是不言自明的。

我们不能不顾学生的意愿、情感,强迫学生接受自己的意见,把自己凌驾于

学生之上。在这次事件中，我发现了自身认知的偏见，以这次事件作为契机，我会认真调整自己的工作态度，努力去接触他们，做学生心目中的好老师，更要做他们心目中的知心朋友，用心灵接近心灵。

　　人总是会犯错误的，而犯错误本身并不可怕，可怕的是失去了正视错误、承认错误的勇气，可怕的是为了维护自身的脸面，将错就错，黑白颠倒。身为教师，一位教育工作者，更是万万要不得的。只有当老师充分尊重学生的人格和个性时，以无微不至的关怀打动学生时，其高尚的品德、出色的教育和真诚的情感才能赢得学生的爱和敬意，教师的尊严丰碑才能在学生的心中树立起来。

 读者感悟

第五章 【心理保健篇】

山不转水转

让班干部倒倒苦水

门县东

 案例背景

　　利国同学是班级的卫生委员,他做事认真负责,所以他的工作一直很令我满意。有一周,教室接连几天卫生被扣分,于是我就在班级里批评了值周小组,同时指出卫生委员监督力度不足! 还说再出问题我就要采取相应的惩罚措施。这时,班上的一个男同学在下面说了几句嘲笑的话。在我还没有反应前,就听见利国用一种很愤怒响亮的声音说:"最讨厌你这种人,幸灾乐祸!"全班同学都愣住了。

案例过程

　　我当时就说了几句,转了个话题。下课后,我把他叫到了办公室,问他到底是怎么回事。他开始并不说话。我说:"你有什么委屈,都说出来吧。我们心平气和地谈谈。"他抬起头来说:"我现在成绩不好,寝室卫生也不好,同学们好像都在嘲笑我,我不想做班干部了。我想等我把成绩弄上去了再做班干部。再说,我们也很用心努力地打扫了,我也搞不懂怎么还老是扣分。有些人嘴上说得很好听,唱高调,但班级的事情什么也不管,这样的人读书却比我好,我真想不通。"没想到,他一下子倒了这么多苦水,在他的心里有这么多矛盾,我想这是三言两语化解不了的。我说:"利国,请你静下心来,思考这样几个问题:搞好班级卫生到底为什么? 学习与班级工作是相互矛盾的吗? 你愿不愿意做一个自私的人? 你把这三个问题想清楚了,我们再来谈。"

　　送走了学生,我的心情久久不能平静。其实利国的学习成绩并不算差,回想利国的话,我明白他一定是给自己定下了很高的目标,我想发生刚才那件事的最根本原因是由于学习成绩没有取得预期的结果,工作又不顺利,使他有了挫折感而导致自信心的缺乏,继而愤世嫉俗。认识到这点之后,我给他写了封信,在信中,我首先请他打消"老师、同学看不起他"的念头,我把我平时看到的他的优点,

如学习很努力,每次大扫除时都能将任务分配好,自己挑脏活干等,以及平时我听到的同学对他的好的评价也写下让他知道,希望他不要妄自菲薄,要鼓起信心。其次,我介绍了一些学习方法,尤其是如何合理安排时间,提议将卫生委员工作细化,将全班同学发动好。最后,我鼓励他在身处困境的时候要勇敢地坚持自己的理想和目标。

第二天一早,利国同学就主动来找我,他面露羞愧之色,对我说:"门老师,你的信我看过了,也很认真思考过,以后我会加倍努力学习和工作的!"在以后的课堂上,他专心听讲,努力学习,班级的卫生工作也尽心尽力,在同学中的威信也很高。

 案例追问

1."学优生"更需要心理健康教育,但在现实中这个问题往往被忽视了,您怎么看?

比起学习成绩一般的学生,学习成绩优良的学生平时都是家长、老师和同学眼中的好孩子、好学生,感情不太外露,因而他们的心理问题更具隐蔽性。长期的教育研究实践证明,"学优生"更需要心理健康教育,但在现实中这个问题往往被忽视了。正如利国同学,一直以来我都认为他是我的得力助手,平时也较少关注他的思想。其实他升入高中后,生活和学习的环境与以前有了很大的改变,所以一方面,他在努力适应高中的学习,希望保持与初中一样的优异成绩;另一方面,他也想将老师布置的任务出色地完成。这给他带来了压力,日积月累,一旦外在的压力或批评超过他的心理承受能力,他就承受不了而爆发出来,完全不会考虑事情的后果。

教育心理学家认为,教育的第一职能就是发展学生的人格心理,其次是开发智力,第三才是传授知识。所以,我从未把学习成绩作为衡量学生的唯一标准。当一个同学出现问题时,更不能简单地呵斥或禁止,而是要冷静地分析和思考,透过现象看本质,找到问题的根源,及时对症下药,遵循学生的心理发展规律,用科学的方法加以疏导,同时要及时给予鼓励,加以强化。

2.您认为"关爱疏导"要从哪些方面入手?

学生处在千变万化的学校与社会环境中,他们的心理可能受到来自各方面的冲击,如处理不当,学生就会在心理上产生障碍。苏霍姆林斯基认为,要热爱、教育、帮助每一个孩子。只有共同的观点、思想和志向把师生结合在一起的时

285

山不转水转　第五章【心理保健篇】

候,教师才能成为真正的教育者。那就是理解学生的行为和情感,引导学生的思想,帮助学生建立起正确的世界观、人生观,拥有健康的内心世界。所以我们教师,特别是班主任应该善于观察,发现学生思想情绪的变化,学会换位思考,谨慎地接触他们的心灵,针对不同情况,巧妙地处理,着重进行心理疏导,要不怕反复,多次地耐心地做工作,才能有收效。

3. 抗挫折的心理承受力培养是现代教育的一个薄弱环节,您在实践中是怎样加强的?

教师必须注意增强学生的心理承受能力的培养。要做到这一点,必须提高学生三方面的素质:一是要求学生能积极参加体育运动,增强体质;二是教育学生努力学习,掌握丰富的知识;三是提高学生认知的判断能力,使学生对事物的判断更加符合实际,增强学生的毅力和意志力,从而减少中学生的心理挫折,增强对挫折的承受能力。另外,从心理学角度看,挫折具有两重性,一个人在早期受挫折还有好处,可以借此催化学生成熟,从中得到锻炼。俗话说:"自古雄才多磨难,从来纨绔少伟男。"而重要的是,教师应从理论和生活经验上加以引导,使之认识到,理想是美好的,但实现理想和愿望的过程确实是艰巨的,教师要培养学生以积极的心态正确对待心理挫折。

 读者感悟

呵护青春期萌发的幼芽

张亚容

案例**背景**

"有一次,学校组织看话剧,她多么想和他坐在一起啊!可是她有什么理由让文艺委员把她和他的票连在一起呢?然而,当她走进电影院找到自己的座位时,她惊喜地看到,他竟紧挨着她的位置坐着!她坐下了,一颗心莫名其妙地剧烈跳动着;想和他说两句话,却没有勇气。她就这样面红耳赤地坐着,无比激动,也无比尴尬。放映时间到了,灯光终于熄灭了,场子里一片黑暗,她也终于舒了一口气。"

作者在这篇作文后面专门写了一段后记:"张老师,我这篇文章写的完全是真人真事,作文中的'她'就是我。最近一段时间以来,我不知为什么,思想变得复杂起来,老忍不住去想一些不该想的事。我知道我是开始变坏了,不纯洁了,但我愿意改正,因此,我如实地写了这些。希望张老师一定帮帮我!"

案例**过程**

这位女生名叫林丹。在我的印象中,她是一个非常朴实单纯的女孩子,学习成绩也不错。她能在作文中与我交心,令我十分感动;这种高度的信任感,也是我对她进行疏导的有利条件。于是,我找她谈了一次心。

我先感谢她对我的信任,同时向她说明,她的这些"想法"并非"不健康",更不能说是"下流"。她也如实向我说了作文中的"他",就是他的同桌周华。

"他对你也有这种意思吗?"我问。

"好像没有,而且他并不知道我对他的感情。这也是我苦恼的一个原因。"她非常坦率地对我说。

"可是,这些想法或者说感情,对你们现在这种年龄来说,的确是太早了一些啊,而且正如你在作文中所写到的,这种想法已经影响了你的正常学习。"我和蔼而诚恳地与她谈着。

　　我和她一起探讨了她目前的学习状况,并由此谈到了女性成才的话题:"不少人都认为女生不如男生聪明,因为的确有一些女同学初中时学习拔尖,而上了高中就渐渐走下坡路,是不是女同学就比男同学笨呢?许多中外科学家、教育家对男女智力比较进行了无数次研究,结论几乎是相同的:男女两性在智力发展方面的确有差异,但这种差异主要表现在智力优异发展的个性特色上,比如,女性长于形象思维,男性长于逻辑思维;女性听觉反应速度较快,男性视觉反应速度较快;等等。因此,从总体上看,男女两性的智力发展是平衡的。那么,为什么有些女同学在学习上确实后劲不足呢?其中有一个很重要的原因,就是女孩子的感情世界比男孩子丰富细腻,这使女同学在学习上更容易分心。比如人际关系的困惑、朦胧情感的烦恼、对自己容貌衣饰的本能关注等,都可能使自己的思想不知不觉地'开岔',偏离自己求知的轨道,影响自己的学习成绩,进而影响今后的成才。反过来讲,古今中外所有杰出的女性,无一不是战胜了自己的弱点才踏上了人生成功的辉煌顶点的!那么,对你来说,你是希望自己将来干一番事业呢,还是碌碌无为过一生呢?"

　　"我当然希望自己这一辈子有出息。我也觉得自己这样下去是不行的,可是——我又实在控制不住自己想他。"她很认真地对我说。

　　"这就是理智和情感的矛盾。这样好不好——我把你们两人的方位调开,怎么样?"我开始给她出主意。

　　她静静地想了好一会儿,还是摇了摇头:"算了吧,张老师,您还是别把我和他调开。那样,我上课可能会更想他。"

　　"那好,"我宽容地同意了她的要求,"不过,我得给你提三点建议:第一,别把这件事看得太严重,更不要有负罪感,实在要想不妨就想,说不定想着想着,你自己都觉得没意思。总之,淡化这件事在你心中的位置。第二,最近你不妨多想一想他的缺点,他有哪些令人讨厌的地方。这当然不是要你去有意贬低他,而是为了适当降低他在你心中的位置,从而冷却一下你目前多少有些盲目的情感。第三,千万不要让他知道你对他的这些想法,更不要让同学们觉察出来,不然,同学们的议论会让你背上更大的思想包袱。"

　　第二天,上完语文课,我把林丹叫出教室,给她一本书:"我送你一本《磨亮女性成才的宝剑》。这里面分析了女性成才的优势和障碍,并列举了大量中外杰出女性成才的事迹。你好好读一读,相信对你会有所启发的。"

　　在那本书的扉页,我特意抄录了一段我当时刚刚读过的中篇小说《晚霞消失的时候》中的话:"人在自己一生的各个阶段中,是有各种各样的内容的。它们能形成完全不同的幸福,价值都是同样的珍贵和巨大。幼年时父母的慈爱、童年时好奇心的满足,少年时荣誉心的树立,青年时爱情的热恋,壮年时奋斗的激情,中年时成功的喜悦,老年时受到晚辈敬重的尊严,以及暮年时回顾全部人生毫无悔恨与羞愧的那种安详而满意的心情,这一切,构成了人生全部可能的幸福。它们都能给我们带来巨大的欢乐,都能在我们的生活中留下珍贵的回忆。怎么能说只有爱情才是最宝贵的幸福呢?"

大概过了一个月,我又把林丹叫到走廊的一角,笑眯眯地问道:"怎么样? 还在想他吗?"

她爽快地回答:"嗨! 真没意思!"

第二天,她交给我一封信:"张老师,最近一段时间,我仔细阅读了您赠送给我的那本《磨亮女性成才的宝剑》,心灵受到极大的震动。是呀,古往今来,无数女性成功的萌芽其实是被她们自己掐断的,因为她们是自己脆弱感情的奴隶;而一切卓越的女性,如书中所列举的居里夫人、林巧稚、吴剑雄等,恰恰是勇于战胜自己的英雄。相比之下,我前一段时间的思想的确太幼稚了。我现在不想许下什么宏大的诺言,但我决心以最大的毅力抛弃这种过早到来的感情,为让自己将来一生过得不平庸而把握好自己每一天的学习。"

 案例 追问

1. 张老师,我们该怎样分析中学生的"早恋"问题?

中学生早恋,其形成因素虽然很多,但归根到底是三个方面,即生理、心理和社会环境。十六七岁的中学生从其生理发育阶段的特点来说,正是长身体、长知识、长智慧、立志向,初步形成人生观和世界观的时期,他们身体的生长发育必然会影响心理和行为的变化。交往、友谊便成了中学生心理上相容、思想上彼此吸收力量、观点上寻找支持的内在需要。随着生理机能的逐渐成熟和社会生活中男女情谊的影响,他们渐渐地认识到了爱情问题,产生了对异性的爱慕情感,并表现为心理上的向往和追求,同时也开始在内心自觉不自觉地留意相互的相貌、身材、气质、性格和能力等,一旦遇有与自己相容或自己敬佩的异性,就会产生一种强烈的情感体验力,并表现为行为上的接近。而社会环境和心理素质的不同,则使这种情感体验力和行为上的接近以不同的方式得以表达。心理素质好、自制力强的学生表现为友情;心理素质差、自制力弱的学生在一定环境下,若难以抵抗住心里的诱惑,就很可能导致早恋。比如失落时得到安慰、不幸时得到帮助、过错时得到理解,或同处一种境界,受他们影响等都是中学生容易产生感情冲动,但受年龄、知识、阅历等条件的制约,他们的感情还比较幼稚,不具备爱情意义上的持久性、稳定性和深刻性等特点,在一定的条件下经过教师的耐心说服

教育是可以转化的。作为老师,我们一定要充分认识到这些方面,从中学生发育阶段的特点出发,从孩子们的身心健康发展出发,掌握情况,分析原因,对症下药,慎重地处理中学生的早恋问题。

2. 如何正面指导男女中学生开展广泛的交往活动?

(1)强调中学生男女间的集体交往,反对个别交往,个别约会。因为友谊是多数人共有的,朋友是可以集体交际的。

(2)让中学生男女交往中注意掌握一个"度",交往中的少男少女应该注意不要过分拘谨,也不要过分随便,不可过分冷漠,也不要过分亲昵;不要过分羞涩,也不要过分轻浮。总之,总体上应该像与同性交往一样,做到真诚坦率,落落大方;同时也要注意男女有别。

(3)指导中学生学会增强性别魅力,了解异性所喜欢的行为特征。通过我们的指导,使得男女生在异性交往中,男生逐步表现出男子汉的气质,胸怀博大坦荡,情绪乐观,风度潇洒,坚毅刚强,富有进取心、责任感和幽默感;女性逐步表现出活泼开朗,举止大方得体,温文尔雅,仪表端庄,亲切善良富有同情心。这种男女生各自的性别魅力,会赢得异性的好感,使交往自然协调。

对中学生异性交往的正确指导,会减少青少年误入歧途的机会。我们可以用多种方式让他们正确认识"青春期现象",学会调节自己的躁动情绪,掌握与异性交往的原则与艺术。

 读者感悟

她渴望被关注

刘官茂

 **导师简介**

　　刘官茂,男,万里国际学校高中数学教师;中学高级教师。他从教 19 年,做了 17 年班主任。他做事专注,教学认真,实事求是。他爱生如子,师生关系融洽,深受学生喜欢。他教学有耐心,在文科数学教学上取得了较优秀的成绩,并在转化学困生、提升数学学困生的学习能力方面,积累了一些成功的经验。

案例背景

　　从初中到高中,每一个孩子的心理都发生着微妙的变化,特别是在我们这样的学校里,创新班几乎云集了年级中的佼佼者。当每次都听着人们说:"刘老师运气真好,今年又教创新班,教起来肯定很省心省力。"听到这样的话时,我百感交集!

案例过程

　　在一个 46 人的创新班里,每一个孩子在初中阶段都是教师面前的红人,都是教师的重点关心对象,都被教师寄予厚望。考入我们学校后,一个个都曾经如此优秀的他们,要重新接受一次排序,当然部分学生还是可以继续做着佼佼者,但是难免有部分学生要做"凤尾"。可是做"凤尾"的学生难道就不优秀了,他们依然是出色的,只是在这个班级、这个领域、这个阶段,他们暂时处于弱势而已。

　　茜茜是我的个性化辅导学生,她性格内向,胆子也有点小,是一个可爱又腼腆的小女孩。她平时在班级言语不多,遵守学校和班级的每一项规章制度;对于老师布置的作业和任务总是认真积极仔细地完成,应该说是让我比较放心的一个学生,唯一头疼的就是她文科擅长,理科薄弱,所以理科成绩有点差,但还是可以接受。也许,对于这样的一个学生,我觉得比较省心,可以少花一点精力来辅导她。

我自己在刚刚做老师的时候想：每一个学生都是一块璞玉，教师应细致雕琢，这样才可以成为一件完美的艺术品。但现在的自己发现自己的精力确实不够，也许这也导致了对部分学生的忽略。

茜茜平时在班级里实在太安静了，也没有什么犯错的事情，作为导师极少和她谈话。我想也许若干年后，我就可以将这个学生彻底忘记，不会在我的脑海中留下什么印象。

曾经在一次谈话中，茜茜谈及自己希望和我做朋友，把我视为"知心大哥"，我也没有太在意，就附和着说好啊！老师愿意做你的朋友，你有什么问题和困难都可以找老师商量。学生打开自己的心扉，但是教师却因为自己的工作繁忙而忽略学生的感受，特别是怠慢了处于青春期比较敏感的少女的感受，不知道对她的心理造成怎样的伤害，我想这是我做教师疏忽的地方。

后来在一次家访中，在教师、家长、学生的三方会谈中，她吐露了自己的心声。在漫长的必要问答后，在她母亲不断希望茜茜要好好努力加油的时候，茜茜哭了，她说：自己也想做得更好，可是发现自己的能力有限。自己初中班级的女孩子充满了欺骗和不信任，自己在那样的环境中长大，知道唯有依靠成绩上出位，才可以在老师面前得到重视。初中的自己就是这样不断刻苦学习，换来好成绩，换来老师的重视，自己可以在班级的各项活动中崭露头角，从而可以度过自己不愉快的初中阶段。但是现在的班级同学之间非常团结友爱，可是自己快乐不起来，因为自己很想做的事情都因为自己的成绩不理想而被人忽略，没有为班级出力的机会。老师对我也是平平淡淡的，没有重视的感觉，于是我也越来越灰心，学习也越来越没有兴趣。她边说边哭着，我也有点呆。她渴望被理解而不可得，渴望被关注而不被重视，而我却忽视了。我才发觉自己的过失，我才知道其实表面上看上去平平凡凡的孩子，还是希望被关注，被认可。还好有这样一个交流的机会，我和茜茜打开了心结，我也知道了自己应该怎么做了！

案例追问

1. "希望被人关注"的心理，在今天的学生中具有普遍性吗？这对我们教师有什么启示？

我们现在的学生在物质上是丰富的，但在精神上确实是缺乏的，在众星捧月的教育模式下，他们更加渴望被关注。茜茜的故事就说明了这一切，正如《简·爱》中女主角的经典名言：你以为我穷，不漂亮，就没有感情吗？在每一位学生的心中,其实都渴望着被教师关注,越是默默无闻的学生,这样的感觉越是强烈。

每一个孩子,对于每一个教师而言,可能真的只是一个百分点的问题,但是对于每一个家庭而言,就是百分之百和零的区别。在家中备受重视的他们,在曾经求学道路上备受重视的他们,还是渴望着教师的关注,请给他们被关注的感觉。

2. 刘老师,请您谈谈教师如何捕捉"关爱学生"的契机,来表达"关爱学生"的感情?

中小学生时常会遇到挫折,受到年龄和心理发展水平的制约,他们的抗挫能力一般较弱,往往一点小事就足以使他感到巨大的压力。处于困境时,他们特别渴望关心和同情,我们老师若能伸出热情之手,关注他们的内心体验,从内心、生活、学习等各方面为他们排忧解难,必然会产生良好的效果。在这种特定心境下,一次坦诚的谈话,一个特别的眼神,一个亲切的动作,甚至作业本上几句热情洋溢的批语,也会显得不同寻常。就像一碗粥,是给饱者还是给饥者,结果会大不相同,所以把更多的爱倾注到遭遇困难的学生身上,能够取得更好的教育效果。

 读者感悟

找回她儿时应有的幸福

陈建如

案例背景

2013届学生小杨,从小父母离异,母亲忙于生意,对她关心很少,在同龄人中,缺少了一些家庭的温暖和母爱,性格孤僻,甚至一度颓废。经过个性化教育,她性格变得开朗,并充分发挥她的兴趣和爱好,一步步走向她的理想、她的目标,实现她的自我价值。

案例过程

高一下学期我被学校安排任教高一理科创新班的化学课,课堂上我发现,坐在讲台旁的一个小女生,整天萎靡不振,一会儿打瞌睡,一会儿却又偷偷地笑,而从她的表情上看,绝对不是会心的笑、开心的笑,而是有些精神不大正常的笑,再看看她的眼神是空的,迎面走来却视而不见,我觉得这个小女孩肯定有故事。于是,我就跟她的班主任了解情况,原来,她生活在一个单亲家庭,而母亲忙于生意几乎不关心她,对她的生活和学习基本上不过问,甚至母女关系也比较紧张,因此导致了她性格孤僻,不与他人交往,生活在一个自我封闭的世界里。

巧的是,到了高二,学校安排我做了这个班的班主任,我几次找她谈话,都没能走进她的内心世界,我想通过她的母亲了解一下情况,但是给她母亲打了几次电话既不接也不回,就连开学初的家长会都没来参加,我越发感觉到孩子的孤独无助以及缺失关爱和幸福。我决心帮她找回她这个年龄该有的幸福和快乐。

一次绝好的机会终于来了,不知为什么,有一天她母亲突然来学校看她,在办公室没聊上几句,我就看到她母女俩不尴不尬的表情,似乎非常的陌生,于是我提议她们到操场上边散步边聊天,谈话氛围会好些,没想到的是母女俩竟然吵翻了,女孩子哭着发疯似的跑了,她的家长连招呼都没打就离开了学校。此时办公室一位老师建议我快去看看,我想了想,决定先让孩子冷静一下。晚读课时,我看到女孩在教室傻傻地坐着,目光呆滞,哭的红肿的双眼透着悲伤,我走进教室轻轻地拍了一下她的肩膀,示意她出来,刚走出教室,她的眼泪夺眶而出,我紧紧地把她抱在怀里,跟她说:"孩子,你就痛痛快快地哭一场吧,有什么委屈跟老师说说好吗?"

她向我倾诉了她的一切,父母、家庭……此时的我心情无比沉重,没想到,一个孩子在豆蔻年华的岁月,在如今"独生子女"在家庭中"四二一型小宝贝"的中国,竟然还有如此不幸的孩子。我决心帮助她找回"爱",找回她这个年龄该有的幸福和快乐。

后来相处的日子里,我总是有意地接近她,跟她主动搭话,在学习上和生活中关心她、帮助她,因为我跟她走得很近,所以无话不谈,我给予她母亲般的爱和朋友间的关怀。慢慢地,她露出了微笑,愿意与同学和老师交流,人也开朗活泼了,上课能够积极回答问题,甚至中午都看书或写作业。她开始有了梦想,她要考大学,但是还没有具体的目标。一天,我在教室里巡视,走到她课桌旁,发现她的桌子上放着一张卡通画,我拿起来看了看,以为是她在看闲书,就小声地批评了她,我说:"这些天成绩刚刚有进步,可不能放松啊!"而她的回答出乎我的预料:"老师,这是我画的,学习累了,放松了一下。""是吗?"我简直不敢相信自己的眼睛,不敢相信这幅画出自她的手。我把她叫到办公室,仔细询问了她的情况,她说她从小就喜欢画卡通人物,有一定的功底。于是我就给她介绍了目前国内外动漫事业的发展情况以及我国动漫人才的需求,建议她去学美术,做自己喜欢做的事,实现自己的梦想。她听了非常高兴,激动得几乎要跳起来。第二天,我就和学校美术老师联系,让她去学美术了。

每天课外活动、午间休息她都去画室画画,其余的时间学习文化课。她跟我说:"老师,现在我每天可充实了,去画画可高兴了,说不出来的感觉……"是啊,当一个人能做她喜欢做的事,她的兴趣和爱好得到充分发挥时,她该有多快乐。每天我看着她连蹦带跳地去画画时,心里别提多高兴,我的努力换来了她的幸福和快乐,为此我感到无比自豪。

在 5 月 13 日"感恩,母亲节"主题班会上,她带来了和妈妈的合影。暑假她去杭州参加美术专业学习班,高三开学初,她妈妈两次给我打电话,询问高考听力考试的时间。教师节前,她给我打电话说:"老师我明天返校参加听力考试,我要给你带杭州最好吃的东西……"

衷心地祝愿她,2013 年高考金榜题名!

开启心智的钥匙
——丰富多彩的个性化教育故事

1. 陈老师，您能从学生小杨的一个表情就断定她"有心事"，您是如何修炼出这样的教育洞察力的？

很简单，就是一个字——爱。如果再做一句解释，就是把别人的孩子当成自己的孩子一样，你就有了这种洞察力。

2. 陈老师，您对学生的个性化教育有许多自己的独到见解，能否和大家分享一下？

谈不上独到的见解，只是一个教育思路。我认为教育有两种基本的思路——

一是先确定一种方法，往多数学生身上用，成功了就总结经验，不成功就总结教训，再换一招。这种办法有点像吃"非处方"药。二是先进行个性化的诊断，然后根据诊断采用个性化的治疗方法。这种方法就不是一般化的，它只对某一类学生有效，甚至只对某个人有效。这种办法有点像开"处方"药，个性化更强一些。

我的方法似乎属于第二种。对于学生来说，和任何的成绩相比，身心健康是排在第一位的，快乐比成功更重要。我在和学生的交往中加深感情的浓度。我从情入手，架起师生间友谊的桥梁。我让小杨同学从我这里得到应有的尊重、理解和信任，让她能接受我的建议，帮她恢复自信，找到快乐！

小纯的心事

车丽玲

 导师 简介

车丽玲,女,中共党员,南京农业大学硕士。2011 年她加盟万里。来到万里后,她更深刻地领悟到教师的使命。一个人的生命是短暂的,如果能在这有限的时间做自己想做的事,实现自己的人生梦想,她相信时光就不会虚度,心也不会彷徨,内心会充满无限的力量。她做事追求完美,有耐心,善于与学生沟通。

案例 背景

小纯,一个乐于助人却又性格有点怪异的女孩。她学习懒散,没有动力,成绩也不怎么理想,在学校的日子只能说是过一天算一天,没想过要实现什么目标,她对自己也没什么信心。当她压抑或者跟其他同学闹别扭时,就会大吼一声并发出一些古怪的声音,使得周围很多同学对她都有种畏惧的心理。

案例 过程

第一次见小纯是在教室外的走廊,看到她会心地一笑,同时听到她礼貌地叫了一声:"老师好。"我心想,这好像不是其他学生口中所说的怪学生呢。为了进一步了解真实的她,第二天我找时间和她进行了一次长聊,刚开始她还有些抵触,但是我们交谈了一段时间之后,她就渐渐地解开了心理防线,之后我们彼此都敞开心扉交流了各自的经历及想法。谈话是从她上课说话开始的,她上课控制不住要和旁边的同学说话,甚至提醒几次也无济于事。听了她的想法才得知,她没有什么学习动力,父母对她也没提什么要求,自己想考大学却使不上力。随后我问了一个问题:"你爸妈有没有说过希望你以后能过得开心之类的话?"她说:"说过,但他们没说过要我考上多好的大学。"我说:"你爸妈希望你能变优秀,但又不想给你太大压力,你这样下去恐怕要辜负他们的期望了,当然,成绩优秀

不是优秀的唯一标准,但是,它是平台,是基础,它能够让你更快地变优秀。"接着我给了她一些鼓励,她说:"老师,你都了解我这么多,我也想更了解您。"这种朋友式渴望了解对方的要求我怎么可能拒绝,于是我把自己从高中到研究生毕业的经历、受到的挫折、挫折后的奋斗都告诉她,似乎真的触动了她。她问到:"努力学的话,现在还来得及吗?"我说:"当然来得及,恰到好处,小样。"她很高兴,欣欣然回去了。

之后,她的学习状态真的变化很大,课堂上开始变得忙碌起来,虽然偶尔还会有说话打瞌睡的情况,那是因为基础不好,实在听不懂。跟以往不同的是,她下课会问同学,会问老师,信心更足了。并且,我与生活老师交流后得知,她每天晚上寝室熄灯后还要在值班阿姨那学习一段时间,也许这段时间她学到的并不多,但她已经有学习的积极性和主动性,这是可贵的,也是她成绩进步的基础和前提。

两个星期后,我发现她调整得还不错,我笑着对她说:"你要有一两门优势科目会对你更有利。"令我惊讶的是她已经想好了把英语、生物作为发挥自己优势的拉分科目。虽然现在小纯成绩还没有名列前茅,还需要我时不时地督促,但她身上的坏习惯在慢慢蜕去,心态很好,有目标,并在为之努力地奋斗着。我相信当她慢慢尝到小成功的甜头,她的主动性会愈来愈高。希望一年后的她还能会心地对我一笑,说:"老师,我的付出得到了回报。"祝愿她!

案例追问

1. 车老师,作为一名年轻教师,您是怎样去关心学生的?

对个性化学生的转变,我有以下体会:

首先,有针对性地谈心,改变可能在一瞬间。我通过分析小纯对我的述说,谈了自己的想法,引导她向着正确的方向思考,就在我们心灵碰撞的那瞬间,她相信了我,理解了大家对她的关心,知道了自己应做什么。

其次,教师要做一个倾听者,关注学生的全面成长,丰富学生的知识,开阔学生的眼界。引导学生自己制定能在短期实现的小目标,从已经实现的小目标中体会快乐,增强自信。随着一个个已实现的小目标,不仅会形成一个实现更高目标的动力源,还会使孩子形成足以克服自卑的信心。

2. 您觉得优秀学生必须具备的基本素质是什么?

个性化教育,就是根据受教者自身的特点,因时因地因材施教,不单是关注他的学习成绩,更要引导他积极健康成长。制约学生成长的因素包括智力和非智力因素,而非智力因素往往起着更大的作用。一个优秀学生最需要具备的素质是良好的心态,心态好了,习惯好了,学习的主动性有了,加上勤奋和好的学习方法,是一定能取得很大的进步的;即使他在学习成绩上没拔尖,他在其他领域也一定会有所成就。积极健康的价值观对于学生的发展起着非常重要的作用,他们能够让学生拥有阳光的心态。现在社会竞争激烈,学校也如此,很多学生都要承受着很大的压力,如果学生信心不够的话,在学校的生活会很压抑。

3. 您认为应该怎样帮助学生树立积极健康的价值观呢?

　　首先,父母是孩子的启蒙教师,父母要注意塑造孩子的心态,才能让孩子获得健康积极的人生。其次,我们要教育孩子情感独立,就是要让他们主宰自我,不要把自己的感情建立在别人对自己的看法上,不要太在乎他人的看法,相信自己可以做得很好。再次,我们要教育孩子改变对事情的态度。孩子对事情的态度比他所遭遇的失败更加重要,如果学生具有蓬勃向上的自信和激情,许多事情的结果可能会逆转。从某种程度上讲,生活质量取决于心态,如果学生能够自信地去面对生活,就会有非凡的人生。

读者感悟

山不转水转 第五章【心理保健篇】

方法指导篇

隐形的翅膀

为什么有的人做事总是欲速而不达?

为什么有的人做事却能够事半功倍?

仔细分析一下,思路不同,方法不同,效率必然不同。

在学生成长的过程中,如何发现优质的思维方法并加以培植?如何关注并改变落后的甚至是错误的思维方法?思维方法与人的气质血型有关系吗?思维方法改变以后对学生的发展会起到什么作用?您会从本章的故事中得到启发。

雪中送炭

苏晓红

案例背景

　　小 L,宁波万里国际学校 2008 届毕业生。他勤奋好学,自觉性强;有目标,有理想;生性豁达,为人和善,在学生中很有人缘。放假期间,他每天在家学习时间至少 8 小时。高一、高二成绩排名都在前三。进入高三后,开始出现不理想的状态,每次考试都没有呈现出高一、高二时的辉煌。面对这种变故,小 L 本人变得烦躁、焦虑和着急,内心也变得敏感脆弱,他觉得老师特别是班主任不再重视他,因此一度情绪低落,心灰意冷。

案例过程

　　我刚接手这个班时,就有学生告诉我,小 L 一直都是班级前三名的学生,是他们班的重点培养对象。初入高三,他信心满满,觉得根据他高一、高二的表现,高三再加把力,至少,考上浙大是不成问题的。可是,风雨高三路,如逆水行舟,谁能保证,第一名就理所当然地永远稳坐第一的宝座呢?高三,真的是变幻莫测,转瞬间,一不留神,结果可能天上地下。始终名列前茅的小 L,到了高三,忽然发不出神力了,连续几次大考,他都考得不尽如人意。这时,他显得颇为焦虑,又有些敏感,觉得老师不再重视他了,同学也不再崇拜他了。因此,他感到一种深深的失落,一种从未有过的失落。于是,课堂上,我注意到他不再抬头,也不怎么笑了。他的笑,曾是那么明媚,那么阳光,那么灿烂。我喜欢看他脸上时时流露出的自信的笑容!可是,这些统统不见了。对待学习,他也似乎听之任之,过去的那股拼劲和冲劲都没了,整个人就像一只泄了气的皮球。我明白,虽然小 L 什么也没说,但他内心一定是最苦闷、最迷茫、最困惑的时候。一旦注意到了这一点,我第一时间就找他谈话。我告诉他,不要被一时的失误和失落所打败!其实,失败,并不可怕,那是你人生中避免不了的历程,重要的是如何对待失败,尤其可怕的是失败后的一蹶不振。况且,他还不算失败,真正的决战是高考的战场。

　　这次谈话,小 L 似乎很感到安慰,后来几天,他确实也表现不错。然而,接

第六章 【方法指导篇】
隐形的翅膀

下来的一场考试，他还是没考好。于是，我似乎又看到了一只泄气的皮球。我觉得这时仅仅是谈话已经不起作用了。当时已经临近高三第一学期期末，放假前我决定给他以更实际的具体帮助，尽自己最大的能力来鼓励他，帮助他找回学习的自信和动力。作为英语老师，我首先从他的英语学科入手，我认为他的长分点主要还是在作文。于是，我请他放寒假后到我家来补课。因为是高三，时间也不是很长，最多也只能补五天，可是我在孩子眼里分明看到一种感动。他觉得老师那样关心他、信任他，没有理由再颓废了。家长后来也给我打电话表示感谢，我只提了一个要求，不许带任何东西来我家，也不许付我任何费用，否则就不用来了。因为我觉得我帮他的目的很单纯，就是希望他好，如果家长付费，性质就完全发生了变化。

小 L 每天很准时地来我家上课，2008 年的冬天，雪分外多，天格外冷，但他风雪无阻。每天，听到他上楼的脚步声，我就很感动，因为这是忙碌的脚步，这是奋斗的脚步，这是为理想奔波的脚步，这是重拾信念的脚步。

这次家教，的确起到了很重要的作用，第二学期开学后，他终于恢复了信心。

四月联考，他终于再振雄风，又考出了年级第一的好成绩。

笑容，那久违了的，那让我着迷的灿烂的笑容再次回归！

虽然后来的高考中，小 L 因理综发挥不够理想，没能跨入自己理想的大学。但是，我并不遗憾，因为在他以后的人生中，当他再面临挫折和打击时，他再不会脆弱，不会逃避，他学会了勇敢地去面对，努力地去改进，他学会了倾听自己内心的声音，知道自己想要的是什么！这才是最宝贵、最重要的！况且，他的英语还考出了当年的万里状元分——139 分，我还有什么不满足、不快乐、不幸福的呢？

最后一次谈话是在高考后，估分结束，他来告别，我对他讲了这样一番话，高考不是终点，而是起点，高考不成功，不代表成功今生就与你擦肩而过！咱年轻，咱怕什么？高考没考好，以后照样可以考研，读博。年轻，就是最大的资本！

2008 年 9 月教师节，我收到这样一张贺卡，上面写着一段话——

由于不擅长美工，于是这张贺卡就显得很单调，只有用文字来装点这些空白。

老师，一直很感激您在我高中的那段时间中为我付出的一切：困难时的帮助，低落时的鼓励，顺利时的叮咛，成功时的微笑。

我感到您所做的那些可能在我今后的人生中永远都会发出迷人而耀眼的光芒，去让那颗已被照亮而不甘平凡的心——永不止步！

1. 苏老师,您认为对学生"雪中送炭"的意义何在?

我说要"宁做黑炭,不做鲜花"。炭非别炭,雪中送炭之炭;花,亦非别花,锦上添花之花。锦上添花固然好,雪中送炭情更真。在个性化教育中,导师用得最多而且最简洁最有效的办法,就是谈话法。而抓住谈话的契机,在学生最需要帮助,最迷茫,最困惑的时候,老师及时主动找到学生,帮他们解决问题,无异于雪中送炭。这样的谈话,如同黑暗中学生心中的一盏明灯,带给他们的不仅是温暖,是关心,是爱护,更为他们指明了前行的航向。

2. 您经常找学生个别谈话,会不会让学生觉得自己是问题学生而招学生烦呢?

的确,高中学生尤其是高三学生,学习任务重,强度大,每天大量的时间都用于听课,做作业。因此,找学生谈话的时间要把握好。比如,可以在早上和下午的大课间时间,一般都有 20 多分钟,不会影响他做作业的时间。找学生谈话,是老师想帮他解决问题,谈话时,言辞真挚,态度和蔼,让学生发自内心地体会到老师是为他好,他怎么可能烦呢?

3. 个性化教育作为学校的特色和亮点之一,您在实施中有什么体会?

对于个性化教育,我也一直在思考,到底什么才是真正的个性化教育? 其实,这个问题早在 2000 多年前,我们的鼻祖孔子就给出了答案——那就是因材施教。现在人们不过是换了个名词而已,即以人为本。

因材施教也好,以人为本也好,其实都是立足于学生的实际情况,急生所急,想生所想,扎扎实实地将个性化教育进行到底。

就上面的小 L 案例来讲,抓住谈话契机,及时与他沟通,做通思想工作,助其恢复自信,就是因材施教。正因为导师的谈话时间及时,在关键点上触动了学生,才起到了关键的作用。

另外,做导师,一定要幼吾幼以及人之幼。只有把我们的学生当成自己的孩子,师生必然会亲如一家人。把学生当成自己的孩子,才会毫无保留地投入付出,把学生当成自己的孩子,才能真正走进孩子的心灵深处。

五封来信

舒毓维

 导师简介

　　舒毓维，女，中共党员，中学数学高级教师，高中数学教研组组长，曾获宁波市局级优秀教师、教坛新秀、教育系统先进女教工岗位明星和校三八红旗手、优秀教师、优秀共产党员、优秀班主任等荣誉称号。富有亲和力的教学是她不懈的追求，也是她教育实践的最显著特点。她热爱教师职业，热爱学生，在学生身上倾注了全部的智慧和关爱，也因此收获了学生的信任和喜爱。"奋斗是如此美丽"——她常常以此自勉，并激励学生。

案例背景

　　小玥，一个善解人意又个性鲜明的女孩。她学习勤奋，目标明确。她语文、英语成绩突出，但数学成绩很不理想，严重影响了她的发展。她有强烈地学好数学的愿望，但对数学学习心存恐惧心理，没有方法，也没有信心，为此她非常苦恼。与此同时，她在班级担任副班长，与老师、同学的关系比较融洽，但由于班级凝聚力不强，同学之间不团结，也令她忧心不已。

案例过程

　　收到小玥的第一封短信是在我教她后不久，在信里她说了对我的第一印象："喜欢数学老师，因为跟着您，感觉会喜欢上数学，学好数学，很信任您。"而我对她也有了一些了解，她是班里的一名优生，但数学比较弱，对学好数学缺乏信心与方法，有较严重的心理阴影。但她的来信给了我信心，我相信这是一个好的开始。

　　然后我成了她的个性化导师，我们之间的交往密切了许多。大部分的时候是因为辅导数学，因为我希望可以在高二解决她数学上的问题。也有很多时候，

我静静地听她诉说，听她讲她的过去，她的烦恼，她是一个感情丰富的女孩，许多事情藏在她心里无法排解，因此那段日子她常常说着说着就哭了，而我认真的聆听和陪伴让她原本沉重的心轻松了不少。有一个夜晚，谈到她的理想，她觉得自己离目标太遥远，我给了她一个大苹果，我说老师对你有信心，你会摘下那个金苹果的。

圣诞节那天，我收到了小玥的第二封信，在信里她说："谢谢您一直分担我的烦恼，我觉得，我正在以前所未有的速度长大和成熟。我想，一直奋斗下去，我会摘下那个金苹果的。其实日子一直很幸福，只不过我曾经强调了它的不快乐。"她的确是一个特别善良的女孩，除了感谢，她也希望我不要为她担心。而且令我高兴的是，她好像真的摆脱了过去带给她的伤害，重新变得开朗而自信。

随着高二第二学期的到来，小玥的数学已经有了明显的进步。但她对分类讨论的掌握一直达不到我的要求。有一次她来问一个高考题，恰好问题涉及典型的分类讨论思想，我决定以此为突破口。我和她说，这个问题我们一起解决，每次由我提供帮助，然后她独自思考，每前进一步要向我说明解题思路和方法，那个问题延续了近半个月终于得以解决，而她在这个过程中对分类讨论的思想方法也终于有了深刻的体验和认识。

问题解决的那天，小玥给我写了第三封信，在信里她这样写道："今天的的确确是一个值得纪念的日子，我从来没有想过自己也能解出高考题的最后一道。特别有成就感，就小小地骄傲了一下，觉得高考也没我想得那么可怕，很多时候不是做不出题，而是走不出自己设的限——我肯定做不出，此题肯定极难。于是不愿深入地花时间思考。学了 11 年的数学，这是我第一次感到真正的信心。在您的点拨下我做出来，真的很开心。"

当高二的第二学期结束的时候，小玥的数学已经有了巨大的进步。在期末考试中，她考了 146 分，是班级的第一名。这给了她极大的信心，她给我发来信息，告诉我她的喜悦和激动，也诉说了学习文综的困惑。我告诉她："你的表现给了老师巨大的希望！老师和你一样激动！希望你拿出学数学的劲头去学习文综！"她在短信中说："我也是这样激励自己的。数学曾经是我最差最头大的学科，现在却学得乐在其中，还有什么学不好呢？办法总比困难多，一切都会好起来的。我已经想好了，做好了迎接高三的准备甚至有些期待，我决心要用一年的心无旁骛换一场青春无悔，不管我最后有没有考上上外（即上海外国语大学），我都要让自己不留一丁点遗憾。什么都是值得的！"

高三那年，小玥学得更加自信，但毕竟高考的压力有点大。有段日子，我觉得她的学习状态有点浮躁，就又找她谈话。之后，我收到了她的第五封来信。她说："也许老师心中的我还是躁，但是我觉得自己的心一天比一天静。我会渐渐把做数学之快乐浸入骨髓，成为一种品性。"

18 岁的小玥一路拼搏，一路精彩，终于迎来梦想成真。在 2012 年的高考中，她取得了 628 分的高分，其中数学 121 分，最后被西安外国语大学录取。

 案例追问

1. 在这个案例中，小玥为什么会很快从"数学成绩相对较弱"蜕化为"享受数学学习的快乐"，这其中的第一把推力来自哪里？

倾听！通过谈心和书信等途径，化解小玥心中对学习数学的不安，提高信心。我们提倡个性化教育，就是要在全面了解学生的潜质特征和自我价值倾向的基础上，帮助、引领她们快乐学习、健康成长。所谓"全面了解"，关键的一步，就是老师要"面对面"倾听学生的诉说。在当今信息社会，电话、电子邮件、手机短信等都是我们广泛应用的倾听沟通手段，但"面对面"的交流谈心永远不可或缺。教育实践中，很多学生是因为喜欢这门课的老师（包括个性魅力、教学风格等）而更加自觉地学好这门课，但现在有一些老师恰恰很少找学生"促膝谈话"，在学生中缺乏亲和力，这就肯定会对教学这门课程带来不利影响。

2. 教育的终极目标是"人的全面自由发展"，就是学生的快乐学习、健康成长。在这个案例中，小玥的学习、成长过程带给我们什么启示？

首先，个性化导师要帮助学生树立学习的信心，千方百计提高学生的学习能力，提升学习成绩，使其体会到学习的乐趣。就像小玥，现在她在数学解题方面时常有奇思妙想，开始享受学习数学带来的乐趣。其次，个性化导师要持续关怀学生的健康成长。无论哪类个性的学生，其学习提升和成长过程都不可能一帆风顺，一蹴而就，这就要求我们给予持续的关怀和激励。我与小玥的沟通交流，不管是一次谈话、一封书信、一则短信，还是一个赞许的眼神、一份小小的礼物、一个会心的微笑，始终让她感受到关怀和温暖，不断地激励她，她也因此变得更加乐观坚毅、积极向上。

 读者感悟

一封学生给我的信

钮中军

最近,我感觉班级后排上自习课前5分钟太吵,3月14日晚上班级巡视时,发现以方磊为中心处吵闹声较大,于是我叫他到办公室来谈谈,当然也叫他读了那篇感人的文章,可让我没想到的是他说:"读这个没多大用,上面的道理我都懂,我不想读。"我第一次碰到这种情况,一开始我愣住了,同时我也感到情况的严重性,于是我想了想说:"老师布置你一道题目你愿意去做吗?""愿意。"他如此回答。我又说:"你将这几段读给我听听好吗?"他一开始还是不想读,在我一再的要求下,他同意了,读得很认真,当然我得认真地听,读完后他还是强调这没多大用,我知道不能着急,于是我让他将他想说的话写封信给我,要求本周五交给我,可让我惊讶的是,第二天一早他就将洋洋洒洒写了四页纸交给了我。这次我得好好地看看,找个突破口好好教育一下!

尊敬的钮老师:

我能有幸通过书信来表达表达我的想法,这令我感到高兴,在您眼中,我平时活泼、调皮,也许还会带点幼稚。但其实背面的我,多半表现的是成熟,迫于形势的需要,我想有必要将自己的一些想法与您谈谈。

高一上学期,也许是我人生中变化最大的一次(心理),由于各种原因,使得我变为成熟,自我感觉,像我这样成熟的心理,只有我的少数同学拥有,也正因为如此相同的观点,才使我们多方面促进感情。其次变化的当然莫过于成绩,在父母看来,当年的辉煌已渐渐远离他们的儿子,而在我看来,辉煌正在眼前,即举手可得。由于去年暑假中考成绩的揭晓,让我感觉自己有些满足,高分是一种荣誉,一种骄傲,一种能够拥有美好前途的象征!然而在我看来却变成了一种耻辱,一种痛苦,一种人生道路上的失败。

今晚与您谈为什么成绩节节败退的原因,当时我说的是学习态度和学习效率,其实我认为这与我的另一个缺点相比较,还是显得微不足道,那便是我当时的学习情绪。也许在你看来,一个表面乐观的学生,成绩败退的原因怎么是情绪呢?是的,自我感觉,这个答案是肯定的,的确是学习情绪。生平乐观的我不时会带点幽默(以前),这也许正是具备积极情绪的必备条件之一吧!但由于上学期成绩的节节败退,导致与朋友间不时会产生一些矛盾,在我自己看来,好的朋友的确是多,这也许不可否认,但您知不知道拥有好朋友的同时,也不免会碰上一些与自己作对的坏人,不!这也许并不能怪别人,这只能怨我自己,我善于远交,而不宜近交,这也是为什么以前在(1)班的同学没几个同我在一起的原因吧!(还有另外一点,也许是我成绩下降,不愿与他人交往吧!)男同学倒无所谓,因为男生一向都能体谅别人,除非是看某人不顺眼,才不愿交往,而当时与吝啬的女同学交往,便会时常产生矛盾(点到为止)。渐渐地学习成绩下降,积极的情绪得到减退,而消极的情绪却得到了滋长,渐渐地成绩起伏不定。(如果你有兴趣可将我的几次大考成绩调来分析一下,只有两次成绩能使自己过得去。)老师也经常找我,也许吧!初中的那股傲气左右着我。

每当有了一点小小的进步,我总会骄傲地翘起尾巴!父亲曾为这事多次训我,正所谓"江山易改,本性难移"呀!也正因为这样,即使是在积极情绪下也会退步,是吗?

如今每当有一点点小小的退步时,自己总会将它推到自身的能力上去,这门课即使是失败了,我也会理直气壮地说:"不能怪我,这只是我的能力差罢了!是吗?真的是这样吗?难道我的能力真的差吗?这我真的很不明白——"

还记得刚才您让我读的那几段精彩的内容。如果要说这内容好不好,我会毫不犹豫地说好,如果您让我说它感不感人,我也会毫不犹豫地说感人,但除了好、感人之类的,还能找出点其他的来吗?这上面发生的许多事,我想与我有共同之处,但此外也便没有了。在我看来,这些事物仍然太虚了,是的,它是感动,它会让你感动得流泪,但这又有什么呢?在绝大多数人看来,这也许会是他走向成功的催进剂,但它的催进作用多长时间,他可曾计算过,我想应该没有吧!而在少部分人看来,它却是一种催化剂,他会让他心灵的深处得到反应,他会得到一种物质,这也许是他迈向成功的一块垫脚石吧!但这种情况,我想毕竟是少有的吧!所以整体上看,读起这段文章便成为虚的了。

钮老师,您是我至今比较佩服的一位老师,您让我看到了许多值得学习之处,其中也许还包括你的那种大男子主义吧!

好了,谈了这么多想法,我想该转移到具体的学习环节上了,上初中物理也许不难,但毕竟比下来高低层次还是很大的呀!以前我的教师也提倡用头脑想,题目也少做,学物理就比较轻松,但为什么在高中却学不好呢?在您看来,也许是学习习惯的问题,但我认为这好像并不是最主要的一点。

通过这次沟通我想您一定会对我这个学生有新的了解吧!还有我想本学期的调班唯一能让我得到改变的就是与同学间的关系,我会注意分寸及方式,这样有利于我的发展,毕竟这是个两年半的组合嘛!还有就是上课活跃,我想自己也许不会太留意这一点,毕竟这是让我情绪得到一丝转移的机会之一,不过随着时间的推移,我会慢慢地改掉,希望老师原谅!因为对我而言,现在唯一需要的是乐观的情绪,因为有了它,我才是我,我才会回到以前的我,一个充满活力、深层次的、成熟的我。

学生:方磊

2006 年 3 月 9 日晚

下面是我给方磊的回信,全文如下:

亲爱的方磊同学:

首先感谢你的真诚和对我的信任,你写给我的信我已经认真地读了三遍并已经打成电子文本,从你的信中我能感受到你以前的乐观、困惑、无奈甚至无助与迷茫,这一切都在无情地吞噬着你的热情与希望,同时我也看到一个在理性与表象中不断挣扎并前进着的你。有感于你的真诚,老师想谈几点自己的看法,供你参考。

一、关于情绪

从你的信中我感受到失败对你的打击留在你心灵上的创伤并没有痊愈,从而使你产生了消极的情绪,而这种消极的情绪还在不停地影响着你的学习,影响着你与同学的交往,甚至有时影响着你的信心,使你学习时没有一个愉快的心态,所以我想说与其是情绪,还不如说是心态在决定着你,其实心态若改变,你的态度跟着改变;态度改变,你的习惯跟着改变;习惯改变,你的性格跟着改变;性格改变,你的人生跟着改变,请相信自己这一切是可以改变的。

二、关于物理学习

你信中提到初中物理你学得很轻松,而到高中咋就学不好了呢?这里我想说,首先,初中物理是以定性描述居多,定量计算的较少,就是有,运算的难度和要求也不好与高中比,毕竟初中是地区选拔,而高中是全国选拔呀!其次,由于高考的高要求,这就要求我们不能形式上完全套用初中一套,也许初中有些坏习惯在低要求下表现不会太明显,但要求提高了,可能有些习惯就致命了(比如有没有归纳习惯),有时这会让我们感到事与愿违。最后,毕竟学习要求变了,环境也变了,如果我们不从自身作一些变化,你想怎么能适应现在新的环境呢?所以我想我们应该大胆地尝试改变自己,也许这就是我们的转机。在此老师想说:聪明的态度是,"接受不能改变的,改变能改变的"。

三、加强与老师、同学沟通

与人相处，这是谁都不能回避的话题，所以我们应该学会与人相处，相处有时需要的是首先理解与无悔的付出，也许暂时我们并没有看到我们付出的价值与回报，但请你相信这只是迟早的事，也许你并不在乎这。你想如果在你一次次真诚的交往中，什么矛盾我们不能化解呢？什么矛盾值得我们在此浪费我们的时间呢？我们可以在沟通中给对方以自信，给自己以成功的决心与勇气，在沟通中我们会愉快地学习到别人的优点和发现自身的缺点，共同进步，共同走完我们人生中最为重要也最有意义的高中生活，扔掉我们对个人或个别事情的偏见吧！也许放开点，洒脱点，我们其实可以做得更优秀，你一定能做到的，你说呢？不过最后我想说，大男子主义可不好呀！这个世界如果少了女人你想会变成什么样子呢？也许回家后饭没得吃，衣服没人洗，少了啰嗦但也少了爱呀！

结束时送你一句话："相识有缘，相知有份；走过青春，不留遗憾。"

你最真诚的朋友　钮老师

2006 年 3 月 16 日

 案例追问

1. 您为什么想到用书信的方式去做这种深度的交流？

用什么方式交流取决于交流双方的具体情况和具体情境。当时我和学生之间都处于不够冷静的时刻，遭遇了交流的尴尬，换一种方式，给学生也给我一点冷静思考的时间，会有助于问题的解决。

2. 从学生的来信中您读出了什么？

首先，读出了学生的真诚，在面对面不便于表达的真实感情；其次，看到了他的进取之心，看到了他不服输的愿望，也看到了他自我解剖的态度，但是显然他的认识还有偏差，需要得到老师的矫正。

3. 您是怎样牵住"牛鼻子"的？

因势利导。首先肯定他的态度，表扬他的思考，鼓励他的进取；然后顺势设计了几点针对他问题的建议。以后的事实说明，他很乐于接受这种教育方式。当然孩子的成长不是只通过一两封信就可以彻底解决问题的，后边还有长期的教育要跟上。

 读者感悟

从非智力因素入手

沈迪之

2010—2011学年,我作为个性化教育导师,在高一带了2个学生。

C的父母亲文化程度虽然不是很高,却是通情达理的精明商人。受慈溪地区文化氛围的影响,特别是余晓凯在我校考取北大后,对C的期望值很高。希望他将来能考取好大学,对他的要求也比较严。

受父母亲的影响及教育,C有志于将来报考重点大学,也明白努力不一定能成功,不努力一定不会成功。中考532分(处于我校当年招收新生的中等偏下的水平)就是他初三努力的结果。他人品好、能吃苦、努力,学习自觉,但中考成绩却不怎么理想。他自认为这是理科和举一反三能力弱所致,学习成绩一直在一个平台上徘徊。其实他中考科学考了139分(满分150分),这方面也不能算弱,问题出在何处?

T与C同学的成长背景、家庭情况、学习目的、学习态度、学习方法甚至在学习上出现的弊端都很相似。他俩都是好学生,都是可造之材。

T自认为的优点是"遇事随遇而安,凡事不过于强求",人生信条是"宠辱不惊,闲看庭前花开花落;去留无意,漫观天外云卷云舒"。好像是超凡脱俗,与世无争。其实并非如此,这只是她对自己的一种心理自慰,以外表的平静、随和,掩饰内心的紧张。她这一点在(6)班时尚不明显,到了(7)班由于竞争对手的增多、增强,压力加大,虽然她仍一如既往地努力学习,但由于内心的紧张,出现了焦虑情绪。

C的个性化教育过程

一、问题诊断

课堂上:C的表现是常埋头看书或做题,时而抬头看下老师,时而与旁边的同学讲点小话;较为常见的是对老师重点强调过的问题,往往当堂不能复述或复述不全。难以看到他两眼炯炯有神、盯注老师并积极发言的状态。因此,精力集中度不够高,课堂知识的重点常抓不住,知识链有断裂,知识体系不完整,难以形成能力。

自习课上:他匆匆忙忙做作业,时而要和旁边的同学讲话、讨论。当天课堂学习的回顾与整理,异日课堂内容的预习较少见。

作业情况:基本上能按时独立完成,但也有不交的时候。作业字迹潦草,卷面眉目不清。一些基础题较容易出错,填空题与计算题卷面乱糟糟。

二、处方与治疗

学习上要解决的核心问题是提高课堂精力集中度与课堂效率;解决作业的认真与规范书写问题;提高自习的效率与学习效果的问题等。

疏通"经络":主要通过谈话的方式疏通思想上的模糊观念,提高认识和培养自控能力。谈话内容大致包括:学习的大目标与小目标实现的辩证关系;对老师的尊重与自尊;做课堂的主流学生;如何抓课堂的重点;提高学习效率与效果的三环节;课本与教辅资料的使用关系;余晓凯的作业与答卷的特点;尤秀学生的卷面改错与记错本的作用;学习"马翻不过三"的警觉性;经典试题的集萃与作用;文科学生为什么要学数理化;体育运动与学习效率的关系;课外阅读书籍的选择与使用等。

谈话的形式不拘一格,有的是面对面的娓娓道来,有的是小组座谈会的漫谈,有的是两三位同学的辩论,有的是课前或课后宣讲,有的则是耳提面命(如有关作业的问题)。谈话时把握住谈话主题的针对性、及时性以及语言与内容的激励性,做到有效性。

自我解剖:特别是大型的考试后,通过《考试的总结和反思》来解剖自己,认识自己并发现自己问题根源之所在,堵塞"漏洞",突破"平台",争取在学习方法、思维方法、学习能力和学习成绩等各方面都有进步。

"计划"指导:认识计划的必要性,计划制订的时效性,计划内容的合理性,执行计划后的反思与修正。

三、成效

经过一年的个性化教育,当 C 同学被评选为七班"三星级学生"时,我给他写的颁奖词是这样的:"聚沙成塔,积水成洋。伟大源自于平凡,杰出立足于细微,所以才有平平凡凡才是真。你是我们海洋[(7)班中之一滴,于平凡细微中亲和着群体,你是那么谦逊、自律,是那么热情奔放而又自强不息。C 同学,祝贺你荣获'三星级学生'称号,并期望你在万里海洋的平凡之中,立威成杰。"(其学习成绩的发展见附图 1)

T 的个性化教育过程

对 T 采取的个性化教育过程与方法和 C 有所不同。T 的进校成绩比 C 低得多,处于年级 130 名左右,学习成绩一直在较低平台上徘徊。且两者的气质有明显的不同,C 属于多血质(约占 7 成)和黏液质(约占 3 成)型,T 属于黏液质(约占 7 成)和抑郁质(约占 3 成)型。她好静不好动,性情温和而内向。因此在个性化的教育过程中,一定要区别对待。对她需要更仔细入微的观察和更多的体贴关爱及更细的心理疏导与鼓励。

我发现她脸上的气色明显不佳,眉宇间常流露出疲倦的神色。通过谈话我知道了她晚上经常失眠,且没有胃口,经常吃不下饭。在这一段时间,我几乎每天下午都要抽时间和她说说心里话,开导她,帮她消除心结,释放内心的压力,并指导她做治疗失眠的方法。同时我鼓励她克服困难,战胜"没有胃口"、为了健康再难吃的菜饭也一定要吃! 在家长的协同下,经过一段时间的努力,她终于走出了困境,恢复了正常。从心理、健康、学习成绩都突破了原有的平台,取得了突破! (见附图 1)

【附图 1】年级名次与重要考试关系曲线图

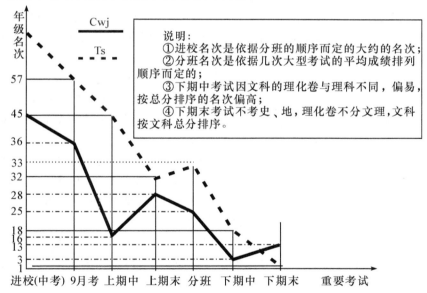

说明:
①进校名次是依据分班的顺序而定的大约的名次;
②分班名次是依据几次大型考试的平均成绩排列顺序而定的;
③下期中考试因文科的理化卷与理科不同,偏易,按总分排序的名次偏高;
④下期末考试不考史、地,理化卷不分文理,文科按文科总分排序。

 案例追问

1. 请问沈老师,您对两位学生进行不同的个性化教育的依据是什么?

每一个学生都是一个独立的世界。因为每一个学生的禀赋、成长环境,接触的人和事,所受教育的过程和程度都不一样,导致其人生观、价值观、为人处世、待人接物也不同。来学校的学习目的、学习态度、心理、生理、气质、爱好与特长以及思维方法、学习方法都不同,所以,教育方法和手段,甚至教育思路都是不可能完全一样的。

2. 针对不同的学生,应该如何进行有效的个性化教育?

像 T、C 这类学生,他们成长的环境(家庭、学校、社会)良好,是在和谐且充满爱与积极向上求进取的氛围中成长起来的。这些孩子学习目的明确,学习态度端正,学习努力甚至刻苦,但学习的付出与收获总是不成正比。虽然学习上付出了很多,但学习成绩很难上去,常在一个平台上徘徊,往往处于焦虑和无助的状态。在实施个性化教育的过程中,他(她)们能按老师的指导意见去努力实践,积极地和老师进行情感交流,教育效果一般都比较满意,在各方面都能有长足的进步,成绩提高很快。

第二类学生,虽然家庭、学校、社会的环境不差,但在成长过程中有爱的缺失,这一类学生往往存在程度不同的心理疾患,看问题往往戴着有色眼镜,处事往往偏激,对学习缺乏兴趣和动力。在实施个性化教育中如果不能打开他(她)们的心结,修复他(她)们的心理疾患,教育效果往往难以奏效。

第三类学生,在家无人管、没人问,或者管也只是问分数加暴力,他(她)们往往接触社会的消极面多,这一类学生往往心灵扭曲、心理变态,逆反心理重,对他(她)们实施个性化教育时的要求是先成人后成才,只要思想、道德品质、行为规范有进步,能安下心来学习,效果就会很不错。

我们应该研究每一个学生的爱好与特长、特点、心理、生理、气质等非智力因素,进行有效的个性化教育,努力让他们能够突破平台,天天向上。在这方面尚有许多事情要做,还有许多问题有待探究。

 读者感悟

最实用的"个人总结"

张景明

导师简介

　　张景明,男,中学高级教师。他从教近 30 年,一直以学生为中心来设计自己的教学活动,善于发掘学生的潜力,长于思想沟通,创设环境,以幽默的语言,以父亲般的关爱呵护学生的每一点进步。他信奉的教育思想是:学生的成绩不一定最好,但一定要会学习,有理想,孝敬父母。

案例背景

　　小鲍,男,高二(7)班学生。其父亲从事 IT 行业,母亲是上班族,家庭经济条件富裕,家人之间和睦。父母对孩子上学没有过高的要求,只是希望尽力学习,在高考中考上一本就行,所以小鲍就有一个相当宽松的学习环境,学习成绩一直处于中等偏上。该生在小学的时候,与父母的沟通比较好,但随着年龄的增长,与父母的沟通交流越来越少。他认为没有什么可以多说的,只是一般的交流,或者是礼节性的招呼,更多的时间是自己看书、学习、玩电脑等。在班级里与同学关系相对融洽,与老师的交流很少,大多是自己学习和思考,对班级的事务和集体活动没有积极的参与心态。总体给人的印象是能读书,但是个死读书的样子,社会活动能力较差,语言表达不够流畅,有点木讷。其父母和老师很担心他走向大学和社会后能否适应目前激烈的竞争,希望能逐步改变他,能全面发展,提升活动能力,促进个性的和谐发展。

案例过程

　　艰难推进沟通:最初在与小鲍的交流中,他的话语很少,我讲半天他也就回答几个字。在路上遇见,他也不会主动热情地向你打招呼,看一眼就过去了。这就成了我们进一步沟通交流的障碍,所以只能由老师主动去接近学生了。首先

是在课堂上多走近他，看他记笔记、写作业的状况，提问他，在作业本上多写批语与他拉近距离；其次在路上遇见他的时候，就一定叫住他，询问他的情况，就2分钟的时间。时间久了他对我的距离在缩小，路上遇见也会偶尔打个招呼。接下来应该是加强语言沟通。怎样让他能和我多讲话，尤其是能讲他的心里话？难度很大。在平时的交流中，问他班级的情况、男女生的交往、同学的外号、成绩的提高、考哪个大学等方面的问题时，他的回答很少，根本说不出个所以然来。我反思：我和他之间是有代沟的，我和他之间很少有共同语言，面对这种情况，我决定要着重培养我们之间沟通的基础：沟通的素材。

培养沟通的素材：我想从两个方面做起：一是学习方面，我决定要慢慢改变他死读书的状况。先在学习上多关注学习方法的指导，来引出沟通的话题。与他一起分析自己的优势和劣势学科，怎样保持优势学科，怎样弥补弱势学科。比如他的优势学科是数学，这对学文科非常重要，我就要求他每天至少把第一节晚自习保证给数学，还要注重从数量到质量到方法；语文是他的弱势学科，就要求他在平时的零碎时间里多看语文方面的书，定期和老师交流，制订阶段性的计划，夯实基础，稳步进步，不急不躁，以时间和空间去换进步。接着，和他一起学习怎样分析自己的学习状况，找寻符合自己的科学的学习方法，见下面表格：

学法指导系列之学生个人总结

我的座右铭：＿＿＿＿＿＿＿＿＿＿＿＿＿＿＿＿＿＿＿＿＿。

一、亮点总结

学科	语文	数学	英语	物理	化学	政治	历史	地理
得分								

1.考前复习的得意之笔

教材重点：

＿＿＿＿＿＿＿＿＿＿＿＿＿＿＿＿＿＿＿＿＿＿＿＿＿＿＿＿＿

系列习题：

＿＿＿＿＿＿＿＿＿＿＿＿＿＿＿＿＿＿＿＿＿＿＿＿＿＿＿＿＿

课外资料：

＿＿＿＿＿＿＿＿＿＿＿＿＿＿＿＿＿＿＿＿＿＿＿＿＿＿＿＿＿

老师指导：

＿＿＿＿＿＿＿＿＿＿＿＿＿＿＿＿＿＿＿＿＿＿＿＿＿＿＿＿＿

计划到位：

＿＿＿＿＿＿＿＿＿＿＿＿＿＿＿＿＿＿＿＿＿＿＿＿＿＿＿＿＿

临阵磨枪：

_____

2.印证平时上课的听课效果

学科	语文	数学	英语	物理	化学	政治	历史	地理
失误分								

真正听懂：

_____

课后解决：

_____

课堂笔记：

_____

独立作业：

_____

及时复习：

_____

二、失误总结

学科	语文	数学	英语	物理	化学	政治	历史	地理
失误分								

1.原因分析

上课没有听懂：

_____

复习没有到位：

_____

考试失误造成：

_____

其他干扰因素：

_____

三、对比总结

学科	语文	数学	英语	物理	化学	政治	历史	地理
月考								
期中								

1.保持优势的学科

主要原因：

_____

后续措施：

_____

2.起伏较大的学科

主要原因：

_____

后续措施：

_____

四、感受和启示

1.听课与复习的关系

_____

2.随意与计划的关系

_____

3.目标与动力的关系

_____

通过认真的分析，逐步形成定计划、目标——预习——认真听课——作业与考试——培优和补差——与老师交流——自我分析与纠正——修订计划、目标等一个相对完善的学习流程。随着方法的改进，小鲍整体有了变化，学习成绩也有了明显的提高，期末就进步到了文科创新班的第三名。

二是要培养他和父母多沟通交流。从父母的话题入手来增加沟通的感情色彩。小鲍对父母的感情很深，可是不善于表达，与父母在一起时少有关心的语言和实际的行动。如他和父母去爬山，他往往一个人走在前面，遇到陡峭路滑的地方，他只是站在前面不远的地方看着父母，却不会主动扶他们，喝的水也是由父母自己带，他只顾自己。这种情况我们不能讲他不孝顺，他只是认为父母能自己照顾自己，不需要他的帮助。从这个角度讲，我国教育中关于爱心的教育是很不到位的。鉴于他的认识，我与小鲍进行了深入的交流，提出一些基本的要求来挖掘他思想深处的爱心,触动他的神经,引发他的关注与思考,使他慢慢地体会对自己的父母应该去关心、去关爱,而不是说一定要等到自己的父母年龄到60岁、70岁,或者80岁,他们不能照顾自己的时候才去关心。从关心关爱父母做起,激发自己的爱心,逐步扩大到对周围同学的关心,对班级事务的积极参与,提升自己对班集体荣誉的参与度和敏感度,由此及彼去开发他对自己、对自己的家庭、对自己的学校到对自己的国家的关爱。

积聚学习的动力:不同性格的学生,他追求目标的形式是不同的。小鲍的内敛性格决定了他的追求是一种渐进的、默默的、不显山露水的形式。他的学习动力比较单纯,没有哗众取宠的喧嚣,没有家庭过大的压力,没有成名成家的奢望,更远离了光宗耀祖的影响,他在一种平和环境中成长着。我想就不要打破这种平静,只是要在平静的湖面中间歇地、适度地激起点点涟漪,让他一步一步地调动热情,积聚能量,追求学科的平衡,关心父母和班级,增强自己的责任感,全面发展。

 案例追问

1. 您对该生的个性化教育,为什么要从"沟通"方面进行突破?

这是个性化教育的特性使然。每个学生的情况不同,必须从这个学生的综合性方面去找对症点。现在很多学生随着年龄增大,与父母和老师之间的交流愈来愈少,这很不利于学生的全面发展,尤其是怕他的情商欠缺影响他未来的进步空间。那么"沟通"就是这个学生的对症点。他和同学无话不谈,但与老师和父母却惜字如金。在学科学习中,他的语文和英语是弱势学科就很能说明问题。我想通过"沟通"来使他改变目前不均衡的思想状态,愿他能更快地进步。

2. 您认为个性化教育应采用什么样的方法比较合理? 您是怎样做的?

既然是个性化教育,方法就是多种多样的,不必相同。关键是要根据学生的实际情况去作出正确的判断,力争拿出科学的方法。我认为科学的方法,无非是尽量剔除主观的因素,多用数字说话;多让学生自己来感受,不要老师想当然地安排;指导也不能太多,不能让学生感到无所适从,没有了独立思考的空间。我自己在指导学生的过程中,看的多,观察的多,让学生自己总结感受的多。比如我设计的"**学法指导系列之学生个人总结**"表格就是要学生定期总结时所用的。学生自己感受到了,你的指导才能有效。

3. 文科生的数学弱是一种普遍现象。若您的个性化学生也是这种情况，您又不是数学老师，您怎么办？

这的确很难。我的做法是首先鼓励，不能让学生泄气。其次是规定学生投入学习数学的时间，如每天必须有一节晚自习用来学习数学，课间还可以去问老师题目。但问老师题目的次数要有科学的节制。开始的时候不用限制，能问就好，到了一定时间，像 2 个月算一个周期的话，就开始有限制，每天最多问 3 次，否则学生就有了依赖性，失去了自己思考的能力。第三是最关键的，要学生学会总结，学会分类，不断调整学习的方法。

4. 您对个性化教育还有哪些思考？

学生的个性化教育，就是根据学生所特有的学习类型和学习优势，去构建个性化的学习策略和学习方法；发现阻碍学生学习和发展的各种因素，量身定制完全个性化的方案，最终达到提高学习成绩、解决学习问题并能全面和谐发展的目的。

学生的个性化教育，就是学生成长的综合性设计与评价。针对不同的学生，要关注学生的个别差异，采取不同的具体措施，激发其潜能，张扬其个性，展现其风采，只有这样，才能使每一个学生的成绩和素质得到全面和谐的发展。合理适度的评价，是学生个性化发展过程中的重要环节。有具体要求，就要有追踪评价的措施；多鼓励，但一定要有批评，不过在批评的措辞上要巧妙。

学生的个性化教育是学生终身学习的奠基型工作。要从长远出发，不追求短期效应。在方法上多指导，在行动上自己做楷模，重人格品质的培养，促进学生身心健康、和谐、全面发展。

 读者感悟

永不放弃

刘官茂

在高三数学教学中摸爬滚打了 8 年,经历过许许多多因为数学学不好而影响高考的学生。能不能在高三一年时间里转变一个数学的学困生呢？我的答案是肯定的,因为我的教学过程中不止一次成功转化过所谓的数学"特弱生",他们不仅最终考上了心中理想的大学,更主要是经过数学单科的由差转好的历练,树立了强烈的自信。我相信这对孩子的一生会有深远的影响。

可是,当我遇到周晓寅的时候,还是不敢掉以轻心。

案例过程

接班的第一个晚上,班主任刘拥军老师带了一个女生走进我办公室。"这是周晓寅,你的新任科代表。她什么都好就是数学很差,我把她交给你,做你的科代表,你好好把她扶上来。"说完他就走了。我当时的感受是:暖暖的,拥军对我的信任一下子充满全身,一个字"爽"。

站在我面前的周晓寅怯生生的,默默地低着头。谈话前我仔细看了她一眼,孩子胆怯中充满着期待。我很清楚拥军已经跟她谈过,显然她是带着敬意而来。

我问:"你数学学得怎样？"

"学得不怎么样,很差呢！"打破平静后她稍稍轻松些,有了一点亲近。

我马上抓住时机:"放心,刘老师一定把你的数学带上去,没问题。"

女孩马上兴奋起来,没有多语,只是很坚定地点点头。我清楚地记得那双迅速清亮的双眼,坚毅中透出自信。当即我心底立即闪现出一个清晰的愿望:我一定要把这个孩子带上去,而且一定能带上去,考上重点大学。

我的自信来源于我多年从事文科数学的教学,那么多成功的先例使我有了底气;更主要的是我感受到这个孩子倔强要强的个性。那倔强坚毅的眼神现在我都清晰在目。

没有过多的交流和寒暄鼓励，因为我知道要把一个孩子成绩提上来绝不是三两句话，一两个晚上就能解决的问题。

我开始每天关注她，坚持面批她的作业，她的作业格外认真，正确率一下子提高了，其实我很清楚这孩子为了做好数学作业花费了多少时间和精力。更值得惊喜的是，这孩子对数学科代表的工作非常敬业，每天的作业布置、收缴、订正样样仔仔细细，真是令我感动不已。我在班上大大表扬了周晓寅的负责及尽心尽力。孩子的内心真的被点燃了，他的奋发向上的热情已经写在了她的双眼。我暗下决心一定要让她在一模考试中考出好成绩。

果然她在宁波市第一次统考中数学考了 107 分，一下子窜到了班级第六名。尽管她依然每天尽职尽责做着她科代表的工作，但可以感受到她每次来到我身边那投射的轻松与自豪，那股压抑久远的心绪被释放后无尽的轻松与欢快。那段时间我真正感到一种师生间互相感知的欢快与幸福。

但是我清楚地知道，真正的成功还没有到来，因为她的数学起来了，却不一定稳定，她的基础并不是她感知的那样扎实，要真正取得成绩并不是那么容易。果然事情并没有我想象的那么简单，甚至比我预料的更差。周晓寅因为在数学上投入偏多，她的总分慢慢下来了，接下来的考试她起伏不定，甚至越来越差，有一次居然掉到班级倒数第六。孩子的心情又慢慢压抑起来，而且越发严重。我看在眼里也是急在心底，却一下子无法改变这个现状。

在接下来的六校联考和我们很看重的宁波市二模中她的名次都很低，心情一下子跌入了最低谷，孩子茫然了，惊慌失落和无奈写在她的脸上，那倔强坚毅的眼睛失去了往日的平静，漂浮起来了。

我知道孩子的心里底线就要被突破，难以坚持了。

但我没有急着安慰她。

在一次晚自习辅导时，当她再次默默地把整齐的班级作业送到我的案前，我把她叫住，轻轻牵着她的手，另一只手搭着刚好在我边上写作业的女儿，对着周晓寅说："这两次大考都没考好，我也难过。这是我的小女儿，你是我的大女儿，刘老师最大的心愿就是我的两个女儿一个在中考考得好，一个就是我的大女儿在高考中考得好……"还没等我说下句，周晓寅的眼泪刷刷一下子就涌了出来……没有更多的言语，我给她递上纸巾，让孩子的眼泪尽情地流。

看着孩子的变化我也相当痛苦，我找来刘拥军告诉他要一起拉拉周晓寅，先是把她的文综补上来，时间越来越紧，一定要采取非常规措施。拥军二话没说马上就和陈特、张建萍老师商定，每天晚上三人轮流给周晓寅补文综，查错补课练习一起上，慢慢地，文综有了一定的起色。我马上抓住时机，跟她说你的数学只要稳住在班级的平均分，文综起来了就一定没事。

离高考越来越近,我知道现在不再是"治瘫"的时候了,一定要"磨尖",我再次找到她,告诉她现在你要好好在英语上下点力气,你的英语一定要考回班级第一去,她惊诧地看着我说怎么可能这么短的时间,我说没事你一定能做到,你要相信自己,相信刘巧玲老师,她不是一般的老师,她要你上你就一定上得去,你一定要按我说的去做。

时间过得很快,在最后停课的 18 天,我觉得这是对她非常关键的 18 天,一方面我不能打乱她的节奏,另一方面她的数学还要拉一把。我没有把她编入"140 分冲击组",但是我每次都把给他们的练习也暗暗地给她一份,告诉她你的数学只要考上 120 分就没问题,要到 140 分你太困难,要用太多时间,已经很难了,这些练习能做就做不能做就不强求。她默默地点点头,但是那股倔强和坚毅的眼神再度闪现,我知道这个孩子成了。因为这种变化是质的飞跃,以前她的信心和自豪是老师给的,她想象中的,但是长时间的付出,痛苦的奋争后,再度闪现的倔强与坚毅是建立在磨砺和实力的增长上,完全是自己再度树立起来的,孩子自信了,倔强与坚毅一定能铸就她的成功。

果然她每次都在我给他们六个人讲完后最后一个默默走到我边上,要我给她看看她完成的试卷。谁能舍得放弃拼命向上的孩子的期盼,我总是边讲边鼓励她,有时还把她带到安静的角落慢慢给她批。

所有的付出终于换来丰厚的回报,周晓寅在 2011 届高考中爆发,数学高考 134 分,英语更是高分,雄踞班级第一,以总分 586 分被浙江工业大学对外英语专业录取,如愿实现了自己的理想。

 案例 追问

1. 对周晓寅这个学生的个性化指导过程中,您作为教师收获了什么?

暑假期间我妻子跟我说,她接到周晓寅的爸爸的电话,足足打了一个小时,道不尽的感激说不完的感谢。看着妻子转诉时的自豪与欢喜,我心释然。

我想,当我们的付出得到了认可就是我们最大的幸福,如果我们的工作还能给家人带来欢快和自豪,那将是对我们的最大奖赏,还有什么能超出这样的回馈呢?

再累再苦的日子都会过去,但是这股幸福的暖流却可以永驻心间。

2. 面对学困生,您为什么会执著地选择"永不放弃"?

在我们的学生中,常出现有些孩子某些学科由于各种原因很难学得上去,有

325

隐形的翅膀 第六章【方法指导篇】

时可能就是一门学科的问题,导致孩子的总体学习成绩上不去,发展到对学习没有信心,有些甚至丧失了考大学的信心,变得自卑自闭,走入"差生"的行列……

如果你把学生当成你最亲密的人,那么你会放弃对孩子的不断鼓励和支持吗? 如果你把学生当成是你最亲密的孩子,你怎会看着他(她)痛哭流涕而无动于衷? 如果你把学生当成是最亲密的人,你又怎会舍弃对孩子高中阶段最后的陪伴?

也正是因为最后一点坚持,对孩子永不放弃的努力,孩子终于成功了,同时我们自己也收获了一份珍贵的人生回忆。

把学生当成是你最亲密的人吧。

读者感悟

面对偏科的学生

苏晓红

案例背景

有些理科生,理科学习非常突出,但文科严重拖后腿,从而导致理科越学越优,越有兴趣,而对文科越学越没兴趣,越学越惧怕。这种学习结构如果处理不好,将严重影响学生的发展前途。这是我们教学中常常出现的一个问题。如何改善这些学生的学习习惯,帮助他们意识到只有各科均衡发展才是他们进入理想大学的唯一出路? 这是一个值得探讨的问题,仁者见仁,智者见智。小 W 同学是我从高一就带起来的学生。高一、高二时由于理科非常突出,经常在班里考第一,但就是文科成绩一般,只能徘徊在年级 50 名后。对于文科,尤其是英语,他想学好,就是不知该从何做起,一度苦闷徘徊。

案例过程

2010—2011 学年,我担任高三(2)班小 W 同学的个性化导师。这是一名文科严重瘸腿、理科又非常好的同学。只要他能解决文科尤其是英语问题,他很有希望上"一本"大学。

接手该同学后,首先我就是找他谈话,先帮他树立信心。因为我看到他似乎对英语没有抱多大期望,认为自己这辈子是学不好英语的,对英语有一种听之任之的无奈情绪。于是,我拿出前几届学生的案例,让他相信,只要他想学好,有必胜的信念,英语是一定可以学好的,在高考中绝不会成为他的拖后腿科目。

其次,制订计划。根据他的情况,当时单选题是基础,他做题基本靠蒙,阅读题是重头戏,在试卷中所占比例高,他得分率也相对较低。针对这一情况,我对他提出的要求是:每天的阅读必须找我来面批,我来帮他诊断问题,对症下药。另外,制定下一阶段目标。比如,他的英语成绩在理科 90 名同学中排名 66—75 名之间,分数在及格边缘,120 分的笔试题,他经常考 68 分。对此,我经过分析试卷,和他共同制定目标,下次考试,英语要考到 75 分以上,上 80 分更好。之后,我开始对他单独辅导,课堂上经常向他提问,并以实际行动来关心他、帮助他,让他体会到老师时刻在他身边。这对提升他的信心、坚定他的信念起到了很重要的作用。经过一段时间师生的共同努力,他的英语开始进步,可以考及格了。然后,及时修订目标,因为及格分远远不能实现他的理想。

第三,逼你成才。他进步了,英语起步了,也看到希望了,但仍会遇到瓶颈。这时,他又开始有些动摇,对英语的信心没那么足了。这时,我开始对他"变脸",不再是以前以鼓励为主的和风细雨式方法。看到他,就故意对他沉着脸,以严厉的口吻对他讲话,但言语间还是让他深切体会到老师责之严,心底里其实在为他好。为了不让老师失望,为了不再让老师见到他没"好脸色",他又开始暗自奋斗了。终于,高三第一学期奋斗的痛苦期过后,我们看到了曙光,第二学期 4、5 月份的考试中,他的英语都超过了 100 分。他自己也很振奋。

最终,高考,他取得了 105 分的成绩。分数揭晓的那一刻,我就接到了他的短信,他告诉我:"苏苏,我过一本线了,英语 105 分,很给力啊!"那一刻,电话的两头,我们都很兴奋,很开心。经历了风雨,终于见到了彩虹,那一刻,我觉得,小 W,他真的破茧成蝶了。

 案例追问

1. 有些理优文弱生,再怎么努力,文科成绩总也很难改善,如果高考中他们依然没考出理想成绩,那么个性化教育的效果体现在哪里呢?

个性化教育不能以成败论英雄,重在教育过程,教会学生一种为人处世之道,教会他们遭遇挫折时不是坐以待毙,而是积极改善改进,即便短期没有看到效果,也不意味着就永远没有未来。另外,我每带一个学生,都会花一段时间,让他懂得,做事绝对不能急功近利,不要过于注重结果。做事,应该把重心放在过程上,只要每天踏踏实实,把该做的事不打折扣地去完成好,不要总想着结果如何。如果做好了每一步,那么结果一定也不会差。换句话说,对待教育的态度比教育结果更重要!

逐梦之旅,奋斗的过程远比结果的成败来得重要,让学生懂得这一点,才是最大的成功!从万里毕业的大多数学生,到了各自的大学,几乎都是风云人物,学生会竞选、社团活动、新生辩论赛等等,他们都游刃有余。这体现了我们个性化教育的后续效应,也是老师们深感欣慰之处。

2. 您是一位很受学生欢迎的导师,请您谈谈个性化教育最关键要把握什么?

我以为做个性化教育的导师,首先重在用心去做,重在把学生的事当成自己

孩子的事来做。当学生体会到老师的真诚与良苦用心时,他的内驱力就会被启动,只要他自己行动起来,就没有什么攻克不了的难题。

其次,针对不同的孩子要制订不同的措施,要像医生把脉那样,先把脉诊断问题,然后根据症状对症下药。

第三,对孩子要有充足的耐心和信心。当学生从导师这里获得无尽的动力时,变被动为自觉,才能启发心智,进步成才!

 读者感悟

第六章 【方法指导篇】
隐形的翅膀

爱——教育的前提

张庆森

　　著名教育家夏丏尊先生说："没有爱就没有教育。"陶行知先生"捧着一颗心来，不带半根草去"，终生实施他的爱的教育。著名教育艺术家李燕杰教授也曾以他满腔的热情告诫人们："一切好的教育方法，教育艺术都产生于教师对学生无比的挚爱之中"。

　　一首"爸爸妈妈，如果你们爱我……"的儿童歌曲，使我们聆听到了孩子们的心声："爱我，你就陪陪我；爱我，你就亲亲我；爱我，你就夸夸我；爱我，你就抱抱我。"对于远离父母，整天圈于校园的大孩子们来说，他们渴望的更是爱，是附加着诸多思想和学习内容的爱。

案例过程

　　A. 郁同学是从创新一班分流到二班的学生，英语起始考成绩低于文创班 68.58 的平均分，更低于创新一班 72.58 的平均分，只稍稍高出二班 61.63 的平均分。她的低落情绪是显而易见的。她也为自己被从一流学生群体中分流出来而感到丢脸。对于这样一位也许只是由于一时疏忽，或不得方法，但有实力取得较好成绩的学生，我看在眼里却疼在心中。我找她谈了自己的看法。我告诉她：从自己钟爱的创新一班分流出来，并不等于就没有希望了，也不等于就是一个失败者。我帮她分析英语学习上存在的问题，并告诉她如何才能较快地摆脱这种困境，从而再走向成功。也许我的真诚话语打动了她，她很快自觉从失败的阴影中站了出来。她更是提高了学习的勇气，树立了进步的信心。到了期末考试时，她的英语成绩 98 分，班级名次第 5，年级名次第 23，所有学科总分 683，她虽然人不在创新一班但她的成绩却又属于创新一班了。她的高兴之情溢于言表，我也为她的迅速进步而感到由衷的高兴。

　　每一位孩子就像是一棵正在成长着的小树，它可能因缺水缺肥而迟于成长，也可能因在同伴的遮蔽下，见不到它的成长，也可能因为自然成长中出现了过多的枝杈而缺乏笔直的躯干。然而，小树无论如何要成长，因为它需要成长。既然如此，我们就要爱护它，帮助它尽可能地茁壮成长。

B．项同学学习兢兢业业，但各科成绩均较差，尤其是英语成绩基本不及格。经过一周的教学，我发现她的语法知识几乎等于零，听力也差，阅读更是跟不上。我第一次找她谈话，她就迫不及待地给我讲了她的苦恼和困惑。我向她指明了她学习中的盲点和困惑点，并介绍几种克服这些盲点和困惑点的学习方法，让她选择最能适应她的学习方式。我告诉她不仅要迅速弥补没有学会的内容，还要更加关注当前所学的内容，这样才不会挖东墙补西墙，补上了那些，而又丢掉了这些。每次放假，我都通过 E-mail 给她布置针对她本人的学习任务，有听力，有阅读，也有语法。到了期中考试的时候，她的英语成绩是 92 分，已经上升到了班级中上等水平。

该生是一位爱学习，又很爱与老师交流的学生，尤其是喜欢书面交流。前不久，我又收到她一张纸条，纸条上写道：

"离会考还有一个月的时间，昨天晚上第一次模拟会考，历史只考了 58 分，其他同学都考得不错。我很慌，很想拿 A，可是这成绩连 P 都没有了吧！我每天跟着老师步子走，作业也都认真完成，怎么就考成这样，我也不知道。我现在对历史快没信心了。哎，怎么赶上这门功课，在会考中考出好成绩呢？"

我不是她的历史老师，但我是她的指导老师。她肯向我诉说学习上的危机，就证明她相信我，相信我能为她解决问题。这也许就是"亲其师而信其道"吧！

我深信她是一位热爱学习、勤奋努力的孩子。她的学习上不去，不是因为厌学，也不是因为偷懒，最有可能的原因就是学习方法。于是，我首先上网搜索了一些有关历史学习的信息，经过认真阅读，并根据自己的学习经验，从中筛选并归纳了一些较为有效的学习方法，把它们打印下来，然后又向历史老师征求意见，取得他们的认同。

我在给她的回信中写道：

"作为您的指导老师，我之所以敢在历史学习上给您指导，是因为任何课程的学习都有相通的地方，但作为一个特殊的学科，它毕竟有它自己的特点，就像学习英语，有英语的学习特点一样，学习历史有学习历史的特点。因此，我首先上网查找了以上有关历史学习的信息，希望与您共享。

阅读过这些信息之后，我有如下体会：

1．首先要学会学习。这是各科相通的：课前预习、课中听讲与记笔记、课后及时复习，平时复习，以及阶段复习和考前总复习等。另外还要学会读书，读书的方法，各科也是相通的。读书的秘诀是：先把书读薄了，把厚厚的书中的内容，通过段落、要点、专题记录、记忆等,形成一个梗概的薄本,而后再把它变厚了,把您的记录和记忆的梗概,通过自己的复述,增加细节,丰富具体内容。这样,薄薄的梗概,就自然变厚了,这个变厚的过程,就是您吸收、内化的过程。做到了这一点,您就学会了。否则,您可能并没有真正学会书中的内容。

2.掌握方法,增强信心。学习历史有学习历史的方法,学习其他学科有学习其他学科的方法。请阅读为您提供的历史学习方法,看一看历史老师是如何指导学习历史的。

3.将知识转化为能力。历史老师从五个方面归纳了如何把历史知识转化为能力,请认真阅读并思考。"

一天后,我问及她有关历史学习的问题,她说那些方法确实很好,她很欣赏。又几天过去了,我再次问及她历史会考复习和模拟考试的问题,她高兴地说:"我第一次模拟考试是 58 分,而这次模拟考试是 95 分。我很感谢您为我提供的学习方法,更感谢您给我学习的信心和勇气。"

每一个孩子在学习中都会遇到一定的挫折和问题,这些挫折和问题可能使他们一蹶不振。作为老师,我们应该像园丁及时为自己的花圃浇水施肥一样,及时向那些孩子们提供最大的帮助,以使他们茁壮成长。

教育就是爱的事业。让学生最大限度地享受爱,享受爱的教育:爱的思想教育,爱的学业教育,爱的成长教育。

爱他们,就要帮助他们建立学业进步的信心和勇气;

爱他们,就要帮助他们发现并克服学习中的盲点和困惑点;

爱他们,就要帮助他们找到适合自己的学习方法;

爱他们,就要与他们一起享受成功的喜悦,并期望更大的进步。

 案例追问

1.您怎么理解著名教育家夏丏尊先生"没有爱就没有教育"这句名言?

著名教育家夏丏尊先生说:"没有爱就没有教育。"我的理解:"爱",是实施一切教育的基础和前提。没有"爱",就没有真正良好的教育;没有"爱"的肥沃土壤,就不会培养出思想纯洁、行为高尚、有灵魂、有血肉的好人。"爱",是实施一切教育的目的所在。像陶行知先生那样,"捧着一颗心来,不带半根草去",培养我们的学生爱学习,爱劳动,爱专业,爱事业,爱他人,爱祖国,并鼓励他们用他们的"爱"的雨露浇灌出更多更好的花朵。

2. 对于那些因为成绩差而失去信心的学生,您认为该怎样进行指导?

有效地帮助那些因为成绩差而失去信心的学生,是我们每个教师的责任。首先,我们应该让他们在新的集体中看到希望,看到光明,换一个环境要从中找到新的希望,它可能使你忘记过去的失败,忘记过去的不痛快,从而打起精神,重新再来。其次,要帮助他们分析他们失败的原因,找出方法来,正所谓"不为失败找借口,要为成功找方法"。找到了失败的原因,选对了成功的方法,才能重整旗鼓,整装待发。其三,要帮助他们树立信心。信心是做好一切事情的先决条件。要找出他们身上的闪光点,找出他们优秀的一面,使他们自信能够迎头赶上。其四,要帮助他们找出解决问题的具体方法,而不是就事论事、就题论题地给予他们简单的帮助。"授人以鱼,不如授人以渔。"最后,还要时刻观察他们,提醒他们,用您的热情和鼓励使他们一直保持上进。

3. 您是如何指导这样的孩子学习其他学科的?

我们知道,有些学生很腼腆,他们不愿意与老师谈话,有时他们有问题可能只对导师讲。这样的孩子在班级里不少。他们还没学会与人交往,羞于与老师交谈。作为导师,要尽可能帮助学生解决各种各样的问题,有的涉及学科学习问题,有的涉及生活问题,有的涉及与人交往问题。

作为导师,与他们交流多了,就成为他们最重要的一个交流对象。所以,他们有问题,即使是其他学科问题,他们也只愿意向你诉说,就像案例 B 的那个学生。对于这样的学生,我们首先要帮助她找到学习中的问题,并帮助找到学习方法和弥补措施,如果碰到我们本身不懂的问题,我们可以通过各种方式学习,或查找,或询问其他老师,当我们确信自己的认识是正确的时候,就应该及时反馈给学生。我们不能因不是我们的学科而不管不问,或推托太久;也不能太直截了当地把她推给其他老师。我们应该注意保护他们的热情和信心。当该问题得到圆满解决后,我们再鼓励学生善于利用身边的学习资源,学会与人交往的艺术,使他们明白与人交往是除生活必需品之外人生的主要技能之一,它是通向成功的必要保障。

读者感悟

地理妈妈的快乐

张建萍

 导师简介

张建萍,女,中共党员。大学本科毕业,高中地理教师,地理教研组组长。她从教二十多年,积累了一定的教学经验,养成了认真踏实的做事风格,努力探索课堂教学改革,注重培养学生学习地理的兴趣和积极的课堂思维。她认真对待每一位学生和他们的每一个问题,在长期的高三教学中培养出了很多值得学校骄傲的学生。

案例背景

2010年暑假,由于教学工作的变动,我接手了新一届的高三文科班。尽管多年的高三教学已使我倍感身心疲惫,但考虑到本校教学的需要,我还是欣然接受了这项工作。

高三(5)班是文科创新班。一天我刚上完他们班的课还没有走下讲台,一位男生轻快地跑到我面前喊了一声:"老师……"我忙问:"你有什么问题要问吗?"他笑眯眯地说:"王同学说你长得很像他妈妈!"我顿时愣了一下,心想:这是谁呀,才教他们几天就敢跟我开玩笑?抬头向教室后面望去,只见王同学正冲我笑呢!我招手把他叫过来,问他:"我真的长得像你母亲吗?"他说:"真的很像!无论是身高、体型还是发型都很像。"于是我趁机说:"那好啊,今后你可要听我的话哦!"这是我第一次接触王同学。

案例过程

开学后不久,(5)班班主任把王同学带到我面前说:"你就做他的导师吧!"于是我就成了王同学的导师。通过对他高一和高二的学习成绩进行分析,知道目前他的最好成绩是班级第16名,最差成绩是第33名。与教过他的老师沟通之

后,对他有了一个整体了解:王同学是一位聪明活泼的男孩,但学习上怕吃苦,基本功不够扎实。于是我找到他,与他深谈了一次,首先让他介绍自己并进行自我分析,再给自己定出近期目标和终极目标,我再根据已经掌握的情况把他的目标提高一点,这个目标是需要他好好努力才能接近的。于是我要求他回去好好思考一下,根据自己的实际情况和已确立的目标制订出切实可行的学习计划,然后与我共同研究之后确定最后的执行计划,我则不定期地进行检查督促。我发现他开始有了变化,人也似乎成熟了不少,学习上较以前少了浮躁多了踏实。第一次月考成绩下来,他紧张地来到我面前说这次考得不好,我看了总成绩比我们指定的目标还落后好几名。我便与他一起分析了这一个月他的学习情况,肯定了他的进步,帮他找出了问题所在。我们分析还是基本功不够扎实,知识没有进行系统整理,于是我要求他每科准备一本笔记本,专门用来整理重点知识。期中考试的时候他的总成绩已经基本接近目标,他非常高兴,他妈妈也很开心,打电话向我表示感谢。

这一年的年底生日那天,我收到了学校送的生日礼物,于是就与同事聊起这件事,不知怎么让学生知道了,当我晚自习到办公室批改作业的时候,发现每位同学都在作业本上写了祝福的话,并且画上了生日蛋糕、蜡烛、礼物等图案,我特别激动,感受到了做教师的快乐,尤其是当我批改到王同学的作业本时,看到上面写着:祝地理妈妈生日快乐!此时眼泪已在我的眼眶中打转,我激动得马上告诉了周围的同事,想与他们一起分享我的快乐。

时间很快到了 2011 年的 3 月份,学习进入了攻坚阶段和疲劳期,这时王同学出现了畏难情绪,觉得学习太苦,有些动摇了。我发现后马上找他来进行沟通,告诉他男子汉一定要能吃苦,要勇于担当,将来走上社会才能独当一面,老师相信你一定能行,老师一定会陪着你的。他终于坚持了下来,在 4 月的月考中竟然冲进了班级前几名,我也很开心! 可就在这时他又找到了我,说他感觉压力很大。我问他原因,他说因为这次考得太好了,心里感觉慌慌的,怕以后考不了这么好的成绩。我笑着说,你就当这次考试是意外收获,高考时如果比这个成绩差点那是正常的,能考到这么好的成绩当然最好,至少说明自己还有这个能力。老师相信,只要你保持现在的状态,考试的时候一定能发挥出最好水平。

高考成绩下来了,王同学考出了年级第 6 名的好成绩。真为他高兴……

 **案例追问**

1.张老师,您认为老师怎样才能成为学生舒缓压力的帮手?

紧张的高三生活往往使学生产生很大的压力,而长期的紧张与压力会使学生形成烦躁心理,不利于他们的学习与生活。在这种情况下,老师就应该成为他们舒缓压力、解决问题的帮手。当学生对老师信任了,才会把自己真实的想法告诉你;学生与老师感情深了,他就会认为你所做的一切都是为了他好。老师就像妈妈一样关心他、爱护他,他也会像孩子一样来爱你,让你在付出的同时也会得到爱,得到快乐!

2.您认为疏导学生的心理,对他们的成长会产生什么积极的影响?

老师通过运用民主和谐的谈话气氛、倾听、疏导、暗示、转移等多种心理学方法,引导学生宣泄情绪、减缓紧张、释放压抑、排除隐痛,让学生钻出牛角尖、摆脱死心眼,帮助学生克服生活、学习中的困难,解决交往中的疑惑,正视社会、人生中的矛盾,养成正确的价值观和健全的人格,培养积极的道德情感,协调人际关系,维护心理平衡。千万别小看了心理疏导,也许就是有了你丝丝入扣、循循善诱的心理疏导,有了你的动之以情、晓之以理,孩子才又勇敢地抬起了头,直面人生。只有在良好的心态下,才能开始他们新的学习和生活。

 **读者感悟**

找到突破口

邓 颀

邓颀,男,49岁,中学高级教师。他从教27年,多年担任高三语文教学。他乐于教学,勤于钻研,对浙江高考有自己独到的研究,教学成绩突出。1995年他被评为甘肃省优秀教师,2000年获宁波市"十大青年师德标兵"提名奖,2001年被评为全国优秀教师。

案例背景

小Z是(4)班语文课代表,工作认真负责,做事主动,为人热情,表现很不错,是老师们喜欢的学生,在我的判断中,她应该是一位比较优秀的学生,但事实上,她的学习成绩比较差,语文成绩也欠理想,语文基础令人担忧(如名句默写,是班级错别字最多的学生之一。基础知识每日一练,常常是班级得分最低的学生之一)。但学习态度很端正,尤其工作特别主动。因此,当刘老师将她作为个性辅导生分配给我时,我对她的进步还是很有信心。

案例过程

一、初次交流,为针对性的个性培养做好准备

"教育孩子的前提是了解孩子,了解孩子的前提是尊重孩子。我们可能难以相信孩子比我们想象的复杂得多,而不了解这些,教育就很难成功。"(孙云晓)

为了更有针对性地引导她,我先从班主任老师那里了解了她以前的成绩和学习情况,并跟她进行了一次比较深入的交流,有意识地了解了她过去学习的方法和态度等,想从中能够寻找到她成绩很不理想的主要因素。

其中有几个方面很能说明她今天这样学习成绩的原因:

第一,请家教尝到了"好成绩"的甜头,却为自己丧失独立学习能力埋下了隐患。

第二,长期不良的听课习惯,使自己上课效率十分低下。

当然,除此之外,记忆力差,基础薄弱,许多学科(如数学、地理)知识空白地带较多等,也是影响其学习进步的重要因素。

二、深入沟通,帮助其树立学习目标,为其个性成长明确方向

利用 3 月份六校联考的契机,我跟小 Z 同学进行了一次较为深入的沟通,综合分析了她的学习生活情况,确定了学习目标,明确了本学期努力的方向。

总目标:高考进入本科。

该生由于基础较差,学习成绩基本上在班级倒数五位之内((3)班为普通班),按照班级目标,该生成绩范围在第三批之中。结合她个人的目标意愿,确定目标为冲击本科(第二批)。

阶段目标:期中力争达到班级第 15 名(起始考 21/22),年级达到 60 名左右(起始考 70/72)。期中后尽力保持稳定中有进步,期末力争再上一个台阶。

三、恰当的措施,是学生个性成长的重要保证

明确目标后,我们一起讨论实现目标的策略:

1.面对各学科成绩平平,难以一下子全面提升,我们商量,决定采取重点突破一科(如数学)的方式,通过重点先突破一科的做法,以树立学习信心,然后逐步全面提升自己的成绩。

2.要求小 Z 同学每周主动找老师交流学习心得,发现学习中的问题,寻求解决办法。每次重要考试后,及时找老师进行总结分析,肯定成绩,发现问题,及时改正。

小 Z 是一位比较听话的学生,也非常愿意听老师的话。这为她的改变和进步提供了良好的条件。

我对她提出希望和要求,告诉她"改变成绩首先从改变不良的学习习惯开始",明确了自己以前学习的问题所在,就应该有针对性地逐渐改变自己低效的学习状态。我要求她主动来找老师,汇报一周的学习心得体会,尤其是上课听课情况等。她常常为自己上课易走神不能专心而苦恼,但我为她有了这样的强烈意识而高兴,跟她一起商量如何提高听课质量。另外,我要求她再难的题,一定要独立完成,宁少做,保质量。本学期她的语文作业是班级同学中最认真的。二次订正也做得非常好。

四、肯定点滴进步,激发学生进一步发展的信心

第一次月考,小 Z 语文意外地考到了 109 分(起始考 83 分),成为这次普通班中的最高分,也使她的总成绩由班级 21 名进到 16 名(年级 70—61 名)。我抓住这次机会,很郑重地表扬了她,希望她再接再厉。她一方面觉得这次的考试有偶然性,但对语文学习更有了信心,另一方面也开始思考其他学科如何取得进步的问题。

到期中考试,尽管语文又回到了 80 多分(85 分),但她在外语、历史学科上获得了一定的进步,总体成绩也基本稳定在上次的水平。我们分析了成绩,这次尽管没有继续进步,但她更有了信心,开始冷静地思考如何提高自己薄弱的学科(如数学、地理)。我们共同讨论,确立了以后的目标:在数学学习上努力有所突破,进步的学科努力保持进步。

 案例**追问**

1. 您认为在个性辅导中促进学生成长,最重要的环节是什么?

学习活动,是一件复杂的心理劳动。要使这种活动取得比较理想的效果,我认为最重要的是走进学生心里。真正地了解学生,才能有针对性地帮助学生,促进学生的成长。在辅导小 Z 同学的学习过程中,通过她作为语文课代表的优势,能够自然地多接触她,加强沟通。通过几次有目的的谈话,我了解到小 Z 同学过去学习的许多情况,才能帮助她从学习习惯、方法等方面分析成绩不理想的真正原因。这样使学生从根源上了解了自己,才能不断地改变自己。

2. 针对学习成绩较差,尤其是各科成绩都不理想的学生,您认为怎样才能让学生从进步中获得继续努力的信心?

俗话说,伤其十指,不如断其一指。这个道理用在学习上也是如此。作为一个成绩差、到处都有知识漏洞的学生来说,如果按照常规复习要求,面面俱到地要求学生全面地进步,是过于理想化的。而且眉毛胡子一把抓,什么都想很快取得进步,往往会使学生疲于应付而难以达到效果。而在一段时间的努力中如果没能取得进步,对学生的自信心来说也是一个打击。但是,如果引导学生在保持各科学习正常发展的基础上,寻找一个相对容易突破的学科,重点突击,在一段时间内目标相对集中,也许能取得相对易见的效果,以激发学生学习的信心。小Z 同学正是从语文学科开始,取得一定的突破后,尝到了进步的甜头,并自觉地将这种学习劲头带到了其他学科的学习之中。

 读者**感悟**

享受后天的美好

刘巧铃

 案例**背景**

对于高考,抱怨者有之,认为这是扼杀孩子创造力最快的捷径;不屑者有之,他们相信在现代社会,高考不是成功的唯一出路。面对高考,喜形于色者有之,因为他们在如此激烈的竞争中成了幸运者;沮丧懊恼者有之,感觉一年、几年甚至十几年的辛苦在这么一次考试中付之东流。对于学生,高考到底是什么? 是为了考上一所不错的大学,并让它成为他们将来人生路上的一块"敲门砖"? 还是成为刚进入18岁成人行列的高三学子人生中独立面对的第一个挑战,并从中学会责任和体现一种做事的态度? 幸运的是,胡龙选择了后者。

 案例**过程**

一则班主任工作手记

2010年3月5日　星期五　　晴

高三六校联考的日子快要到了,感觉到学生有点紧张和无措,昨晚我给每一个学生写了几句话,今天早上把纸条交到每个人的手上。大课间,胡龙来找我,对我说了一句话:"老师,我要享受后天的美好!"

听完胡龙对我说的这句话,我站在原地,心里很不平静。在班级,我常常引用马云的一句话与学生们共勉:"今天很残酷,明天更残酷,后天会很美好,但绝大多数人都死在明天晚上。"

我是胡龙的个性化导师,回忆起我对胡龙的初次印象:单纯、固执、情商不高;目标(学习、人生)迷茫;理科思维好,记忆力好,语文、英语很弱,常常不及格,目前成绩上一本有困难;自认为独立,对父亲漠然,瞧不起母亲,与家人几乎没有交流。

我作为班主任第一天出现在班级,他就来找我,说英语太差,也不感兴趣,但为了高考希望英语能进步,语文学科也倍感困难。于是我主动提出做他的个性化导师,每天英语作业面批,指导他做每日学习计划。同时指出他性格和学习的强弱点,和他一起分析他的学习现状。最后确定他在高三一年要做好的几件事:感受被爱、学会爱人;学会主动,不能被边缘化;帮助其确定高考目标(浙大为目标,宁大为底线)。接下来,我认真履行个性化导师的职责,给胡龙的妈妈打电话,家访,与胡龙定期交流,全方面地关注他的进步与变化。

六校联考临近了,我却感觉到胡龙因为对上次模拟考试成绩不是很满意,有点沮丧。所以,今天在给他的纸条上,我写道:"胡龙,知道吗?你现在已经成了我最放心的学生之一了。所有的老师能感觉到在你身上发生的变化。比如:老师们共同认为前几个月通过你自己的努力,你的学习有了很大的进步,已经从进入高三时的边缘生进入稳定生的行列,这说明你的学习努力和方法是有效的。而你现在对自己的不满意其实是对自己的更高要求。"我还教他突破学科瓶颈的办法。

胡龙今天来找我,并说出那样的一句话,而且他还告诉我自己其实还是很有信心的,现在的他有了明确的方向,因为知道自己要的是什么!

几个月下来,我非常高兴地看到胡龙同学的进步与变化,我的感受是从当初的心疼,到欣喜,到踏实,到幸福,到感动!我感受到的是对学生个性化教育的魅力!

 案例追问

1. 如今的高中生都很有个性,老师应该怎样才能抓住每一个教育契机?

如果说现在的高中生在个性上有许多的"矛盾"一点也不假,我是这么描述他们的:他们在生活思想上力求独立,却在感情上依赖;他们受外面缤纷世界的影响,却有一个单纯的世界;他们有丰富的想象力和创造力,却有挥之不去的惰性和不强的学习内驱力;他们有阳光般的自信,却容易在关键时候显得脆弱。面对这样一个独具特色的群体,作为教师,要善于抓住每一个教育契机,开启学生的心灵之窗。

抓住每一个教育契机,首先要用心去爱,用心去捕捉学生的需求。学生能主动找老师,说明他们对老师的信任和依赖。当胡龙主动来找我时,如果我没有用心感受到他的需要,就不可能会有我们师生之间的美好交流,甚至会伤害到他的感情。老师的用心去爱,犹如敲开学生紧闭的心扉之门,在这扇门的后面,是一个无法预测的未来。

抓住每一个教育契机,还要学会关怀和给予学生实际的帮助。有这样一句教育名言:"我的孩子是一朵小花,我愿蹲下身,欣赏你的摇曳生长。"老师要主动

去认识、理解、关怀学生，同时，给予学生实际的帮助。在与胡龙同学的第一次接触中，我主动提出做他的个性化导师，帮助他分析现状、确定目标，并表示在今后的日子里坚持对他进行力所能及的帮助和指导，这不仅在一瞬间缩短了师生间的距离，也让学生感觉到了前进的动力和希望。所谓亲其师才能信其道，真诚的关怀和实际的帮助才能使学生的潜能得到焕发。

如今，胡龙在浙江工业大学的校园里开始了他人生新的旅程。他的那句"老师，我要享受后天的美好"，仍常常回荡在我的脑海，也引发了我对班主任工作的一些思考。

2. 您是如何在学生徘徊在"十字路口"的时候，及时地推学生一把?

行动科学认为目标导向行动。一个心中已有目标的学生在越接近目标时，动机强度越大。然而，学生在前进的过程中，总会遭遇方方面面的困难和阻力，比如：学习到一定时期的瓶颈、结果与期望值有距离、越是困难和关键时刻却学不会"咬牙坚持"，等等。甚至有些学生在这种时候，产生怀疑自己的能力或想放弃的想法。因此，教师需要在这种关键时刻推学生一把，引导学生从困境中走出来。

第一，教师要用发现的眼光找到学生产生问题的根源。在临近高考的日子里，胡龙就是因为上一次模拟考试成绩不理想出现情绪低落，开始怀疑自己的能力是无法达到自己的大学目标。当我找到诱因，利用给全班每一位同学写一张纸条的机会和胡龙做了及时的交流。教师只有找到学生出现问题的根源，才能采取合理的对策，对症下药。

第二，教师要给予学生及时的肯定。教师需要在学生产生懈怠之心时，毫不吝啬地对他们身上的闪光点作出充分的肯定，使学生在肯定中得到鼓励，获得自信。当我从一个旁观者角度去肯定胡龙的能力和进步时，他的脸上出现了惊讶的表情，因为他说自己从来没想到原来在不到一年的时间里各方面有了这么大的进步。当我告诉胡龙所有老师对他一致的肯定时，在他的眼神里我看到了平和与坚定，因为他说从此他将用一种"行求其成，虽成勿惊；心预其败，虽败勿戚"的心态去面对一切，而且无论多大困难，他都会学会坚韧。萧伯纳有句名言："有自信心的人，可以化渺小为伟大，化平庸为神奇。"

第三，教师要找最佳切入口，变不利为有利。最佳的切入口就是找到解决问题的办法，与学生共同面对、共同解决。如果学生的问题是压力过大造成，教师一方面要告诉学生压力是一个人学会责任、学会上进、不断前进的动力，另一方面也教给压力过大的学生减压的方法。如果学生的问题是遇到困难无法坚持，教师让学生心中要有目标，同时，不时教学生学会享受过程中的成就感。当胡龙出现沮丧的情绪时,我用他创造的事实来告诉学生,不是他"不行",而是因为他现在对自己的不满意其实是对自己的更高要求。当我教给胡龙突破学科瓶颈的办法时,我和学生达成了共识——自身的努力和有效的方法可以变不利为有利。

正如陶行知先生所说,"真教育是心心相印的活动,唯独从心里发出来的,才能打到心的深处"。当教师面对学生的主动、渴望和问题时,我们能够用心去爱、去感受、去引导和帮助他们,师生才能走进对方的心灵,才能在听到"老师,我要享受后天的美好"时那久久挥之不去的震撼!

 读者感悟

成长的美丽蜕变

侯　莉

 案例背景

　　小鲁,2011届高三(2)班学生。该生外表上性格开朗活泼,实际上很有自己的想法。学习上要求上进,主动学习意识很强,目标非常明确。该生入学高二时成绩不错,总成绩也是班上的前几名。但总体成绩从来没有进入过年级前30名。目标是力争进入年级前30名,争取能考上重点大学。

 案例过程

1. 思想交流

初次接触

　　高三接手这个班一个月后,郑老师给我分配了一个女孩,让我做她的个性化老师。她是我的英语科代表,我很乐意接受。她是这个班级少有的几个活跃分子之一。教师节她自己给我画了一张贺卡,并留言:即使我们认识不到两个月,但我们都被你的 smile 感染了。So undoubtedly, we can get on well with each other. With the Teachers' Day approaching, Vicky hopes you will be happy forever. 我想这个女孩应该很阳光,很容易沟通吧。我也向她表达了我的喜爱之情。

主动交流

　　第一次月考结束后,她主动来到我这里。我还没有开口,她自己分析起她的学习成绩了。从起始考的 33 名退到现在的 36 名。她并没有气馁,她已经准备好高三的长征了。她对高三生活充满了信心。她没有弱科,但也没有优势科。她甚至羡慕他们班的另外一个女孩,那个女孩的英语地位不可动摇,只是数学很弱。而这次月考那位女孩数学成绩上升很大,因此名次比她靠前了些。于是我给她分析了她俩这种情况的利弊,让她坚定自己的信心。鉴于浙江省最近几年

的出题情况和她自身的潜力,我建议她这学期在数学和英语两科上尽量去突破,打造成优势科。她高兴地点头离去了。

被动交流

期中考试结束后,她的成绩出现了反复。上课时,我看到她那双明亮的大眼睛失去了往日的神采。下课后我叫她到办公室来,一见到我,她眼泪就情不自禁地流了下来。她进入前30的梦想又破灭了。我给她看了成绩,虽然没有达到目标,但分数与前面的同学相差在缩小,说明在进步。其实我们不能只盯着分数和名次,要看到在自己是否真正学到了东西,是不是在缩短距离。毕竟高考不只是与我们本校的学生比较,更重要的是与全省的学生相比。

另外,保持平和心态很重要。高三应该有明确目标,但是高三毕竟是一个长跑,有时短期是看不出大的进步,甚至是退步,这都很正常。其实,直到高考前所有的考试都是练兵,不只是积累知识和考试技巧,也是锻炼心理承受能力。经历过高三的人,应该有能经历风雨的气魄。每一次考试都是帮我们查找知识漏洞的时候,以便我们更明确努力的方向。

成人仪式小插曲

12月26日,是高三学生一生难忘的日子。在这天成人仪式上,当大家都在阅读父母信件,感动地流下眼泪的时候,小鲁也在哭,她不是因为感动,而是由于一个意外,她的信件没有被老师拿到现场。虽然当时我也安慰了她几句,可是接着她第二天心情还是不好。原来她把这件事与高考联系了起来,觉得预示着高考会有不好的运气。我拿自己在大学生活中的一件小事,真心地说给她听。其实我们完全可以把 fortunate 换成 special,生活不就是因为这些特别而显得更丰富更有意义吗?事后,班主任郑老师和我说,这个女孩成人仪式后,成熟了很多。她把这件事看成是人生很特别的礼物。我会心地笑了,为了小鲁的自信成熟而开心。

高考留言

这是高考完后她给我的留言:

Thank you, Helen. 不管结果怎样,都要感谢你悉心的指导。你从不厌烦地讲,让我们学得很幸福,因为不用害怕去问你。还有你是我的导师,亲爱的导师,在每次情绪波动的时候,你都能耐心帮我分析,鼓励我,支持我。在你的眼睛里,我可以清晰地看到:真诚、热心。还有,你有一双"发现"的眼睛,so beautiful. 每次只要有一点点小的进步,都会被你发现,这又让我看见一个有心的 Helen 姐。所以你真的是"老师+朋友"型的。

看到这个留言,我有些意外,没想到这个孩子真的成熟了许多。这是一份特别的礼物,是对个性化导师的信任和感激。

2. 学习交流

在英语学科上,我帮她分析了她的问题所在。她的英语能力是有的,可是基础不扎实。单词记得也很熟悉,可是运用上还是有些距离。针对这一点,每次作文几乎都是面批,尤其是句子结构。对于语法上的问题,重点解决了她的非谓语动词和定语从句。她的英语还没有考过 90 分。宁波市一模考试测试,她的总分达到了 99 分,基础分只是扣了 1 分。那天她很开心,她知道自己是有这个实力的。在高考中,她的英语成绩终于超过了 90 分,总分达到 118 分。她已经很知足了。高考加 IB 达到 565 分,虽然与一本线 590 分相差 25 分,但她努力了,无悔了。

虽然原来的目标她只达到了一个,但她的成长让我这个个性化辅导老师多了许多欣慰。稳定的心理素质,面对挫折的勇气,终于让她在这个夏天完成了蜕变。

 案例**追问**

1. 您觉得高三学生的个性化教育有什么特点?

毕业班的高考气氛特别浓:在高三学生学习目标明确的前提下,学生的学习压力相当大。个性化导师首先应该成为他们的朋友,走进他们的心里,然后成为他们心理和学习的导师。高三的学生心理素质有时候很脆弱、很悲观,这个时候如果能将他们朝积极的思维去引导,会有事半功倍的影响。

2. 寄宿制学校个性化教育的特点是什么?

寄宿制学校决定了学生绝大多数时间是和老师待在一起,和父母相隔甚远。我们本着以生为本的观念,在充分了解学生的基础上,加上爱心和耐心,真正了解每个学生,陪着他们走过人生最重要的阶段,让他们终生受益。

3. 作为个性化导师,您觉得什么方面的知识最重要?

作为个性化导师,首先自己在心态方面要阳光,在工作和生活中多发现一些美的东西。只有这样才能让阳光照进孩子的心里。其次,在业余时间要多看一些心理学方面的书籍,增加自己的理论知识,多从周围的同事和优秀班主任身上吸取一些经验,这样理论联系实践,导师工作才会更有效果。

 读者**感悟**

我的一次"作弊"

刘官茂

 案例过程

　　这个学生物理学得非常不好,她就不敢见我,因为我是数学老师。别的学生可以在我面前高高兴兴的,可她总回避我。在她爸爸的督促下,有一天她来到我办公室,来了以后也不说话。我正在那儿办公,抬头看见那个小女孩来了,一言不发,就问她:"你今天跑到我办公室来,不是让我欣赏你那一脸的忧愁吧?"

　　她嗫嚅着:"老师,我想跟你谈一谈……"

　　"你早就应该跟我谈了,我知道你内心很苦。"说着,我从口袋里掏出一包面巾纸,"今天这包面巾纸是专门为你准备的,你什么时候把我这包面巾纸用完了,你的问题就解决完了,开始吧。"

　　"刘老师,我苦死了。我初中数学,在班里数一数二。我们班推荐了五个学生参加一个奥数选拔考试,我自然在被推选之列。结果考完以后,推荐的五个同学考上了四个,只有我落榜了。我本来就很难受,但那天班主任到班里去,说告诉大家一个大好消息,'我们班这次推选了五个同学,竟然有四个同学考上了,大家对这些考上的同学报以热烈的掌声'。班主任说完后扬长而去……"

　　我觉得这个班主任应该再细心一点,做做减法,推选了五个学生,考上了四个,不正好有一个学生落榜吗?而且这个时候,不仅是考上的四个学生值得表扬,那个落榜的学生更需要安慰。结果班主任不管不顾,一个小女孩,可怜兮兮地坐在教室里边,多么希望这时候老师哪怕给她一句安慰,给她一句鼓励。但是老师没有,所以孩子无以解脱,非常苦恼,回到家以后,脸色自然也不好看。她妈妈一看她脸色不好,就问怎么了,女孩以为跟妈妈讲,心里会轻松一点儿,就告诉了妈妈怎么回事。她妈妈一听,表情暴力就来了,脸拉得老长,抱怨说:"你看我每天这么辛苦,早上班晚下班,还得赶回来给你做饭,没想到你这个孩子这么不争气,你让我怎么说你呢?"越说越气,当时正做着饭呢,这下饭也不做了,把锅都摔了,说:"你出去自己喝西北风去,我伺候不了你!"

　　一个才十几岁的小女孩,满心的苦恼,本来希望对妈妈讲出来,能轻松点儿,

结果不讲便罢,越讲越痛不欲生。哭哭啼啼地回到自己的房间,把门一锁就在那儿哭,没有人安慰她。哭完以后还没解脱,她就作出了一个决定:我要用我的实际行动证明,我天生就不是学数学的料。

这个决心一下,她从第二天上学开始就自暴自弃,学习成绩自然急剧下滑,数学干脆就是一塌糊涂,到了期末考试,她的数学考了 49 分。她的数学老师还非常"负责任",批完试卷,就把卷子从低分到高分排列起来,把最低分的卷子放在讲桌最上边,让课代表把数学卷子发下去。那个数学课代表一看第一份卷子是 49 分,就喊着这个学生的名字,大声说:"你才考了 49 分!"

其实那个女孩已经麻木了,因为她压根儿不想学好数学,没想到周围的人还这样去伤害她,她受不了打击,趴在桌上就哭。

自从她上了高中以后,意识到了数学的重要性,就拼了命地学数学,仍然学不好。她自己在一篇文章中写道:"上高中以来,其他的学科在我的生活里就像乞丐,每天以数学吃剩下的时间为生,可结果是乞丐们几乎无不身强力壮,而数学从出生那天起,就不省心,还没有从医院里出来见过一次天日!"

她接着说:"老师,你知道吗?我高一又受了一次伤害。有一次数学测验,我又考了 49 分,我正在拿着卷子看,与我隔着两个桌的一个同学考了 57 分,全班就我们两个不及格。那个同学一看自己不及格,拿着卷子趴在桌上,就在那儿哭。旁边有个同学劝她:'这次数学考试,我们班还有一个同学,才考了 49 分,人家都没哭,你比她强多了!'她的话我听得清清楚楚。我本来已经麻木了,一听这话,又难过了个半死……"

她就一边讲一边哭,我看着我那包面巾纸也用得差不多了,就问她:"你这次在你的班里到底排名多少?"因为我不当她的班主任,所以我也没法儿关注她的总体排名。

她轻轻地说排第 18 名。

一个数学严重倒数第一的学生,总分竟然在班里排第 18 名,确实令我意外。我就欣喜地看着这个女孩:"寒雨,你太厉害了!你的数学现在倒数第一,你的总分竟然排第 18 名,你是班里发展潜力最大的一个学生!你只需把你的数学提高到中游水平,你绝对就能进班里的前 10 名。"

她说:"但是问题是,我的数学进不了中游水平。"

"好办。今天既然见到了我,明天就保证你能进中游水平。明天数学测验,你能不能考及格?"

她说考不了及格,因为她高中以来从来没有及格过。

我说:"明天就能考及格,我告诉你怎么考:最后那个选择题你别做;最后那个填空题也非常难,不做;后边有三个大题,最后那个大题也很难,你也别做。考试的时候,你就把主要精力用在你会做的题目上。当别人做得比你快的时候,你也不用有心理负担,你就想:这些人多傻,他们快速地把会做的题目做错,争取时间去做不会做的题。我多聪明,我得到高人的指点,踏踏实实地把我的精力用在我会做的题目上,稳扎稳打。"

其实很多学生都犯这样的错误,说起来很可笑,他们就是这样做的,一看选择题很简单,那还用多想?很快地把它们做错了,结果就导致会的题目不得分,难的题目又不会做。很多学生考不好就是因为这个原因。

我交代这个学生怎么考,她最后说:"老师,我试试吧!"

到了第二天,考试完以后,晚上我批卷,批完这个学生的卷子一统计,她考了58分。这怎么办?我口口声声保证能及格,结果我大话说出口了,人家考了58分。我要不说这个大话,她考58分就58分,没准她还高兴呢。可是我已经保证了,她再不及格,我担心我这么"大腕儿"的数学教师,想让学生及格她都不及格,我的权威不受到挑战吗?学生一旦对我失去信心,可能对数学就再也不抱任何希望了。经过好长时间痛苦的斗争,我给她改成了62分,然后又在她试卷上写了一句话:"我高兴地看到,你终于迈出了走向辉煌的第一步!"

到了第二天上数学课,我让课代表发卷子,我就站在讲台上看学生的表情。她一看及格了,眼睛一亮,又看到我给她写的那句话,她就捧着卷子,眼中泛起了泪花。我就断定,这个孩子应该没有问题了。从此以后,我这个学生就走出了困境,数学果然进入班级的中游水平。

之后她也愿意到我这边跟我说说话了,她说:"刘老师,我现在才知道,原来数学那么好学,我原先怎么就被它折磨了这么多年呢?"

这个学生2006年高中毕业以后,考去英国留学。2007年的寒假,她到学校来看我,我请她到家里吃饭。这个女孩很激动也很高兴,但后来就在那儿偷偷地哭。她说:"老师,我到了英国以后,一直在关注你的动向。后来才发现,我当时就考了58分,你要不说出来,我始终以为我当时考了62分。我很感激你,你当时要是真的给我58分,我这一辈子可能就站不起来了,因为我就对数学彻底地丧失信心了。但是你给了我这62分,使我感觉到我能学好数学;刘老师说我能及格,我就考及格了。就因为我对你那种崇拜心理一直延续,后来才能够一步一步地走出困境。"

一次让我颇有些为难的"作弊",帮着学生从此走出了对这个学科的心理困境。可是,如果她当初的班主任再对她有一点点关心,就不会有我后来如此费心的"作弊"行为了。

1. 刘老师,您帮助寒雨走出了厌烦数学的心理困境,最关键是靠什么?

"亲其师而信其道,乐其友而信其言",很多孩子因为讨厌老师,从而失去对这个学科的兴趣,而使他们重拾学习的兴趣,我们老师责无旁贷。老师碰到这种情况,不能责怪学生任性、不成熟,而应该从自身找原因。从心理学上来讲,当你特别讨厌一个人的时候,你别指望这个人很喜欢你。人与人之间是相互的,当你特别喜欢学生的时候,学生也会喜欢你;当你特别讨厌学生的时候,你也别指望你的学生能欣赏你。

一个老师,只要讨厌你的学生,学生从你的眼神中,能够感受到你对他们的一种冷落,他们也会讨厌你。因此,如果连相互欣赏的前提都没了,教育便没法进行了。讨厌学生的老师不如干脆辞职,因为这个工作太累了。如果你不想辞职,那就转变心态,学会欣赏你的学生,你会发现你的学生有很多闪光点。久而久之,你的学生必然会喜欢你,尊敬你,这样他们的成绩也会提高。因此,每个老师有义务让你的学生都喜欢你。

2. 当学生处于困难时及时伸出热情之手,是不是教育效果最好?

答案应该是肯定的。学生时常会遇到挫折,受到年龄和心理发展水平制约,他们的抗挫能力一般较弱,往往一点小事就足以使他们感到巨大的压力。处于困境时,他们特别渴望关心和同情,老师若能伸出热情之手,关注他们的内心体验,从内心、生活、学习等各方面为他们排忧解难,必然会产生良好的效果。在这种特定心境下,一次坦诚的谈话,一个特别的眼神,一个亲切的动作,甚至作业本上几句热情洋溢的批语,也显得不同寻常了。就像一碗粥,是给饱者还是给饥者,结果会不大相同,所以把更多的爱倾注到遭遇困难的学生身上,能够取得更好的教育效果。

3. 刘老师与学生的关系相当融洽,您有什么秘诀可以分享?

当老师的时间长了,我突然发现,我的心态也有了很大的改变。以前,我也经常对一些问题孩子表现出一种过激的行为,但是后来,我发现我再面对这些孩子的时候,心态完全不一样了。我现在每接一届学生,都觉得那些学生简直就是白马王子、白雪公主。即使调皮的学生,我也能接受他们,喜欢他们。因为我自己的孩子像他们这么大的时候,比他们还调皮,但是我不照样爱我的孩子吗? 难道别人的孩子就必须那么完美吗? 这样的心态竟然使得我跟学生的关系相当融洽,学生从我对他们欣赏的眼光中感受到老师对他们的重视,所以他们往往以"士为知己者死"的精神来回报。

老师的爱憎对学生的影响很大,人们常把老师比做园丁,那学生就是一棵棵幼苗,经不起任何摧残。因此,每个老师都要谨言慎行,不要给学生造成不必要的伤害。

 读者感悟

第六章 隐形的翅膀 【方法指导篇】

一个都不能少

舒美姿

 导师简介

舒美姿,女,中学生物高级教师,高中生物教研组长。曾获冷水江市教学能手、娄底地区优秀教育工作者、浙江省园丁奖、宁波市教育系统事业家庭兼顾型职工等荣誉称号。

 案例背景

陆菁是万里中学 2005 届高三(4)班的学生,该生因一次车祸,腿部骨折,行走不便。每天上学,只能靠轮椅推着送到教学楼下,再由同学们或背或扶一步步艰难地走进教学楼四楼高三(4)班。对陆菁同学的教育,没有轰轰烈烈,没有惊天动地,有的只是平常再平常不过的一些小事。

案例过程

让她做一个有伙伴的人

为了方便她的学习和生活,我安排她独自一个人坐在后门的南边角,长期坐下来,她的孤独无法及时消除。我发现这种现象后,把她从最后一排,调到前第二排,让她和班内成绩较突出、性格开朗且心胸豁达的王芸坐在一桌,她就可以和同桌交流思想心得、探讨学习中的一些问题。后来她母亲告诉我,这一学年她非常开心,我也从她的脸上看到了绽放的笑容。

让她做一名提醒者

在班级常规管理中,她不能像其他同学一样正常地做值日,我看出她既有要求为班级做贡献的愿望,可脸上又写着无能为力的无奈。我告诉她:"陆菁同学,对你来说,对班级的贡献不在于出体力,而在于细心的观察和善意的提醒。"她总是向我和主要班干部反映在常规评比检查时,班级还有哪些细节需要注意,还有

哪些方面有待于提高。

让她做一名教室守护神

因为她从早到晚都在班内，所以班内从未出现丢失公私财物、损坏公私财物的现象，同学们出去上体育课，她总是提醒同学关好门窗，关好日光灯，夏秋季关好电风扇，教室安全总是满分，教室卫生这一项也总是年级第一，陆菁同学不知不觉地参与到文明班级的创建活动中来，区先进班集体荣誉称号的获得也有她一份不小的功劳，她也从中体会到自身的价值，班级主人翁意识洋溢在她的灿烂笑脸上。

让她做一个乐观的天使

为了与病魔作斗争，陆菁同学的母亲忍着内心的痛楚，始终给她一张温馨的笑脸，我作为班主任也始终给她一张充满鼓励与信任和期待的眼神，同学们也都给她最真诚的微笑。主题班会，开展"为什么要学习"的大讨论，陆菁同学微笑着说："有人说我行走如此不便，为什么还要坚持每天上学呢？你们说说，我这个年龄，我这个身体状况，我不学习，我还能做什么呢？和同学们在一起学习知识，我感到很充实，我也觉得我活得有意义，将来大学毕业也好为社会做一些力所能及的事情。"陆菁同学说得那么轻松、坦然，且总是面带微笑。她是这么说，也是这么做的。

陆菁同学是不幸的，她过早地遭遇一场突然变故，失去一个少女应该享受的美好生活；陆菁又是幸运的，她生活在一个充满着人文关怀的万里中学，她生活在一个轻松和谐的高三(4)班，每个同学都把她当做高三(4)班很普通很平常的一员。她终于以优异成绩考入西南政法学院，走进了她理想的大学，开始了她人生新的航程。

担任陆菁同学的班主任一年，每每想到她，一个坚强乐观的女孩总在我脑海里浮现，一种由衷的敬意总是从心底升起，同情、怜悯，这对陆菁同学来说，那根本是浪费。对于陆菁同学来说，最好的教育就是：给她创造一个轻松和谐、充满着人文关怀的学习环境，并使她为班级贡献她应有的力量！让她感受到班级不能没有她！

1. 您为什么要坚持"一个也不能少"的教育？

首先，万里中学个性化教育，从本质上来说就是"一个也不能少"的教育。对陆菁的个性化教育，如果你让她生活在一个班集体，什么事也不让她做，那是遗弃,这对学生的心灵会构成伤害。其次,要坚持平等教育。我从《邂逅霍金》一文中受到启发,如果对这样的同学给予过多的优待、给予过多的关怀或根本不闻不问,那都将是一种犯罪,正确的做法是坚持"个性化教育",让她回归到班集体大家庭中来,让她成为大集体中平等的一员,而不是特殊的一员。

2. 对陆菁个性化教育成功的意义是什么?

首先,是她坦然乐观的精神。一个活蹦乱跳的妙龄少女在高三最关键的一年以双拐为伴,一切能显示青春气息的体育运动,一切富有浪漫味道的旅游都与她无缘,甚至连吃完晚饭后悠闲的散步,都与她无缘,这突如其来的打击,一颗稚嫩的心是如何承受的,大家没有体验,但可以想象。看着陆菁同学,我们这些肢体健全的同学,在学习中碰到的失败挫折,在学习中遇到的一些难关,我们还有理由怨天尤人吗? 我们还有理由自甘沉沦吗?

其次,是她乐于学习的精神。陆菁同学的快乐之源,可能就是学习吧,你看她,上课是那样认真,任何一位老师给陆菁同学上课,只要你一看她那双充满求知渴望的眼睛,都会让上课老师产生无穷的幸福感和神圣的使命感,感到做老师"传道授业解惑"是那样光荣。在课堂上,她绝不是袖手旁观者,她是一位积极参与者,我们就让她坐在座位上,发表她的看法,让她和师生一起争论,一起来攻克学习上的一道又一道难关。高三的学业是繁重的,她从不因为自己身体原因而放弃一道题,从不落下一次作业。是啊,人们常说,做一件事情,好之者不如乐之者。对于学习来说,只要有了陆菁同学的这种精神,又怎么会感到学习是一种很痛苦的事情呢? 我们对为什么学习这个老生常谈的问题做过真正的思考吗?

当然在陆菁同学身上,你还可以发现她有坚忍不拔、不急不躁、关心集体等其他优秀的品质,"陆菁精神"的核心是笑对挫折、乐而好学。

 读者感悟

起伏不定的成绩"K 线"

苏锡福

案例**背景**

成长的过程跌宕起伏,有高峰就有低谷。一时一地的失利,有助于学生发现问题,更快进步。先有小挫折,才不会栽大跟头。学习没有一帆风顺的,总会起伏不定,没有人总考第一。别人要是不从第一的位置下来,我怎么考第一啊？总不能全班同学都并列第一吧？所以,成绩下降并不可怕,可怕的是当学生成绩下降时,学生没有勇气再提高上去。

案例**过程**

一、成绩起伏是正常现象

我记得高三的寒假,我的个性化辅导学生毅斌拿着卷子找我:"苏老师,我的数学考砸了！"

我看到她的样子,为了不给她带来压力,我故作轻松地问:"怎么了？"

她绝望地回答:"我这次数学没考好……"

"考了多少分？"

她看着我,问:"你真想知道？"

我点点头,并说:"我向你保证:我今天肯定不会批评你！"

这就是我跟我辅导的学生的一种对话方式,完全以朋友般的心态、口气来交流。

她就把卷子递给了我,"75 分",这个数字鲜红而刺眼,应该说此时更绝望的是我。因为毅斌要考浙大,结果数学只考了 75 分,意味着她是不可能考上浙大的,所以这基本上对我来说就等于判了死刑。但是在学生面前,我能做到什么程度呢？面对学生让我绝望的分数,我竟然面含微笑,多不容易！内心不是滋味,脸上还得堆着笑。可是只能这样,她考得差本来就很难受了,如果我拉长着脸,就如同往她的伤口上撒盐。我笑着问她:"假如你这次正常发挥的话,你能考多少分呢？"

她居然很自信地说："我正常发挥的话，能考 95 分左右。"

我一听："太好了，祝贺你，这次竟然考得这么好！"

毅斌一愣，问我："苏老师！？我正常情况能考 95 分，结果只考了 75 分，你看把你高兴成这个样，还'太好了'！"

我耐心地跟她解释："我问你，假如你这次考 95 分的话，你是不是挺高兴的？95 分近乎完美，把你的问题掩盖了，你以为你数学学得很好，现在寒假到了，你整个寒假不会再想着学数学，开学之后，第一次数学考试，你肯定要败下阵来。既然这一次的成功注定下一次的失败，你说这次成功又有什么意义呢？这次只考了 75 分，你肯定想着数学都考成这样了，再不学数学，还有什么出路？你看，积极性来了。另外，正常考 95 分，结果考了 75 分，你这 20 分是怎么丢的，它明明白白地写在你的试卷上。你把你的试卷好好分析分析，看看这 20 分到底是因为基本概念、基本方法还是因为基本技能出了问题，然后你整个寒假就针对这 20 分的失分暴露的问题，彻底地投入学习，开学之后第一次考试，你肯定能考好。这一次的失败注定下一次的成功，难道这次失败不好吗？"

毅斌一听有道理，于是她整个寒假投入地学起数学来。

当然这中间还有些插曲，毅斌接受了我这个观点，情绪就平和了。当天我到上海出差，就带着她的卷子上了路，一路上我目不转睛地研究这张卷子，想知道她到底是哪儿出了问题。回来之后，我根据她的这个卷子暴露的问题，又出了一些题目让她回答，结果她哪个问题都回答不上来。她不解地问我："老师，你跑到我心里去了吗？我怎么啥不会，你就问我啥问题呢？"我告诉她，我在车上一直仔细研究她的卷子。毅斌非常感动，说："老师，你不用为我这么费心费力，我今年寒假肯定要把数学学好！"

就这样拼了一个寒假，开学之后的第一次数学测试，她果然考进了班级的前 5 名。

考试中的失分就是一种无声的警告。善于抓住这些信息，及时调整，才能在重大考试中发挥平稳，所向披靡。如果不注意这些反馈信息，这次考试虽然成功了，下一次考试必然大败而归。学习的起伏在所难免，正因为过程的跌宕起伏，让我们发现问题，让我们学会承受挫折，让我们学会清醒地分析自己的问题，当擦干眼泪，重新站起来的时候，就是一个巨人。为什么非要让我们的孩子败不起呢？

2008 年我班的另一个学生陈旭，他离清华大学的录取分数线只差 2 分。这个学生在高三时三次重要的模拟考试都考了全班第四名，报志愿的时候就只报了清华大学一个志愿。最后的结果是她却以 2 分之差落榜了。

后来她一家人到我办公室十分困惑地询问我原因,我告诉她:"这事很简单,就是因为你三次模拟考试都是第四名,才注定了你要落榜。如果有一次是波动的,你今年考清华百分之百能够考上。我当老师这么多年,知道这么平稳的学生是非常不正常的,因为所有的学生都应该有波动。你每次都考第四名,你以为你的水平就是如此,其实好多问题已经被掩盖了,你没有发现。到了高考的时候,问题得到了暴露,所以就有今天的结果。"

美国的传奇将军麦克阿瑟说过:"只有不怕死的人,才配活着。"把这话套用在高考上就是:"只有不怕失败的人,才配取得最后的成功。"

陈旭三次考试都这么稳,这很可能造成最后要出大问题。我觉得她的家长、她的老师应该事先预感到这个结果,应该给孩子及时的提醒。结果没有,孩子以为"我就是第四名了,我就算边玩边学,也能考得上清华",最后的一个月竟然放松了。其实,最后的一个月是决定性的一个月,她竟然带着功成名就的感觉,不学习了,那她最后能不败下阵来吗?

二、怕输的结果是常输

今年的春节前,我班学生潘佳,这个孩子高一的时候,在班里考第一名。这本来是件好事,可是她却背上了一个想赢怕输的包袱。她第二次考试在班里考了第五名,这个女孩就觉得丢人现眼,觉得遭受了巨大的打击。家长也没有正确对待这件事,从此这个孩子心中就蒙上了一层阴影,每次考试都想考第一。

到高三,已经在班里排第30名,而且还有一个月就要期末考试了。她的家长找到我,让我一定要帮帮这个孩子。我一看那个小女孩,长得很漂亮,但是一种淡淡的哀愁写在脸上。

我问她这次考了多少名,她低着头,声细若蚊:"我考了第30名。"

我又问:"你的问题出在哪儿?"

她想了想,回答道:"老师,你都不知道,我高一的时候考了第一,可是我每考一次试就后退一次,看到父母对我那么好,我内心受到谴责,觉得对不起我的父母。到现在,我已经掉到了第30名,都不知道该怎么学了,也没脸面对我的父母。"

我问她:"你觉得你在班里应该是什么水平?"

"老师,我觉得我在班里至少是前5名的水平吧。"

"你有没有想到过你是第30名的水平?"

她说她从来不相信自己那么差。

我又问:"这次这个30名是谁考的? 难道是别人替你考的?"

她说是自己考的。

"既然是你自己考的,你为什么不承认这就是你的水平呢?"

她坚持说:"因为我不会差到那个程度。"

我笑了笑,说:"这就是你的问题所在。首先你必须面对这个事实,这个30名是你自己考的,即使这是一个比较差的成绩,它也是你考的。你明明考了30名,竟然不承认自己是排在第30名的学生。你们班第28名是谁?你分析一下那个同学哪一门功课比你好。"

她就在那儿念叨:"我们的名次是不公开的,但是我大概能猜到。他的物理不如我,他的英语也不如我,他的语文更不如我……"最后的结果是那个考28名的学生哪一门都不如她。

我就笑了:"你想想,一个哪一门都不如你的学生,人家竟然在考试的时候比你考得好,你难道没有问题吗?今天把你的问题找对了,你的学习问题就解决了。"

她又想了想,说:"老师,我找到了。我的问题可能就是,我每次考试都想考好,结果每次都高度紧张。"

我说:"很正确。你曾经考第一,它充分说明你的智慧、你的潜能、你的智商有多么突出,现在之所以考到第30名,不是因为你智商出了问题,不是因为你能力出了问题,而是因为你的心态出了问题。你只要把自己的心态调整好,在哪儿摔倒了,就在哪儿爬起来。解决了心态问题,学习就完全没问题。还有一个月就要期末考试了,你期末考试的时候,我给你定个目标,你超过那个第28名的同学,行不行?你只要能超过第28名的同学,你就是取得一次巨大的成功!"

她信心满满地说:"老师,我超过他,那太容易了!"

我趁热打铁:"好,你就别想别的目标,就超过他,行吧?"

她点点头,信心上来了,到了一个月以后的期末考试,她真的一下子考到了第27名。

她知道成绩以后,立即给我打电话,兴奋地说:"苏老师,我这次完成你交办的任务了,我竟然考了第27名,我太高兴了!"

如果不是我寒假前给她调整目标,这次考第27名,她依然以为自己是失败的,因为她的印象中,她就是前5名的学生。她只要不考进前5名,她就认为是失败,所以她永远享受不到成功的喜悦。我给她降低目标,她考到第27名,就兴奋异常,又问我:"苏老师,你说我下一次的目标是什么呢?"

我说:"你下一次再在你们班超过两个名次,就是一次莫大的提高。"

她有点不满足地问我:"老师,我想提高5个名次,行不行?"

我说:"你能提高5个名次,那更好了,但是不要那么快,我觉得你能提高两个名次就够了。"

后来她高兴地告诉我,她已经考进前20名了。

我告诉她："你下一次如果再提高两个名次,今年你们班的第一都有可能是你。但不要对自己要求太高,提高两个名次就行。"

我这儿采取的是以退为进的策略,因为这个学生是一个很要强的人,也是一个内心感情很复杂、很细腻的女孩,所以她第一次考了第一以后,心理的压力越来越大。如果你设法给她一个解脱,她解脱之后,就得到了一种成就感,她看到了自身的潜能,也就能树立信心了。

但是我如果一开始就要求她考进前十名,这个学生根本做不到,就更加没信心了。千里之行,始于足下,让她一步一步来,积跬步而行千里,她取得了小的胜利后,尝到了胜利的甜头,就激起了她取得更大胜利的希望。

这样做,看似选择了一种妥协,但退是为了更好地进,有所得必有所失,有所失必有所得。就像老子说的:"祸兮,福之所倚;福兮,祸之所伏。"很多事情到底是福是祸,谁又能分得清呢?关键是,抓住问题善于辨析,要从消极因素中找积极的苗头,从积极趋势中预防消极因素,这样就能够更好地发展!

 案例追问

1. 苏老师,您为什么把本文的标题命名为"起伏不定的成绩 K 线"?

K 线是股票曲线用语,它包含了一定的科学规律,所以把学生波浪起伏的成绩比喻成股票 K 线,既形象又有道理。

我们追求的是一个完美的结果,但绝不是追求一个完美的过程,正是因为过程的跌宕起伏,才有可能造就一个完美的结果。学习的过程本身就是一个丰富人生的过程。成也高兴,败也高兴,成有成的快乐,败有败的回味。但是我们很多的学生,我们很多的家长,却总是让自己败不起,似乎学习必须是直线上升的,只要有一次失败,本来是非常正常的事情,自己却想不开,甚至一些家长对自己孩子成绩的波动接受不了。我从事教育工作这么多年,我教的所有学生,成绩基本上都遵循一个波浪起伏的过程,我还没有教过一个学生成绩一直是上升的,一个认真学习的学生,也没有高中三年是直线下滑的,所有的学生都处在波动中。作为老师,不要一看到自己班里的学生成绩波动,就对他大加非议,给他施加压力,似乎你的学生成绩有波动是一件大逆不道的事。

2. 为什么说"怕输的结果是常输"?

高三学生潘佳,背上了一个怕输的沉重包袱,她又怎能考得好呢?结果她每次考试的时候,每次都想考好,每次都退步。越是退步,她的心理包袱越重。最

后她不堪重负，严重影响到了生理。每一次开学，她脸上就一脸的青春痘；一放假，青春痘就没了。这是让学习逼得不仅心理失调，内分泌也紊乱。

从辩证的角度来讲，赢不一定是好事，输不一定是坏事，无论输还是赢，都应该有合理的心态，做到胜不骄，败不馁。在学习上没有常胜将军，只有及时调控自己，争取多打胜仗。在学习过程中，从不忽略每一个看似细小却有可能产生重大后果的问题，并且锲而不舍地加以解决，才能取得关键性的胜利。如果因为怕输而背上思想包袱，那么结果只有一个——必输无疑。

 读者感悟

给自信一个支点

舒美姿

 案例背景

高三一年,是奋斗的一年。有些孩子在奋斗过程中看到自己一步一步地靠近自己的目标,对自己的奋斗过程充满希望;而有些孩子却因为不见自己奋斗的成效而一次一次失望。前者不用说,过程是快乐的,而后者却是灰色的。那么我们老师怎么让后者的学习过程也充满希望,而不总是被失败的阴霾笼罩呢?这无疑是需要研究的课题。

案例过程

小熊,一个比较矮小的女生,生性内向,和老师说起话来都有几分羞涩,高二时以最后一名的成绩进入理科创新班。也许是班主任的用心良苦,想让她在高二新开设的生物课程方面找到自己的闪光点,所以安排了她当生物科代表,就这样,在这个班里我就最先认识了这个小女生。到了高三,我自然也就成了她的个性化导师。

在高三这一年,学生往往要经历:定目标—制订达标计划—制订达标策略—实施达标计划—调整达标策略。小熊也不例外,那么她的目标是什么呢?说真的,根据她高二结束水平,应该是二类的,但因为孩子、家长及班级大环境,小熊制定了一类的目标。然而目标制定后,必须让孩子在奋斗的过程中看到希望,如果孩子从每次考试中得到的是绝望的信息,那么这个努力的过程将是极其痛苦的。怎么办?怎样让孩子在努力的这个过程中充满希望?说实在的,读书的时候,特别是高三的时候,对孩子来说,成绩确实是最重要的。但基础相对落后的孩子,其综合能力相对也比较薄弱,因此综合大考相对难以取胜。那么,这希望究竟从哪里去寻找?哪里去点燃呢?我找到了两个策略:

第六章 【方法指导篇】
隐形的翅膀

1. 找到自信的支点

基础相对落后的孩子,其综合能力相对也薄弱,因此综合大考相对落后。但在一些小测验中,某一阶段性测验中,往往会因为她的努力而呈现一个不错的结果。尽管这只是某个很快即将灭去的火星,但是我要不失时机地抓住它,并让它尽可能长时间地温暖这个孩子。本来她的数学是她的最弱项,并且她有对数学的恐惧,但是有几次数学小测验,她也可以拿 120 分以上。每次碰到这种情形,我一定会找她庆祝一翻,鼓励一翻。还有一次生物"6+3"的综合检测,她考了全班第一,我在全班表扬了她。课后我特意叮嘱了一番,要她记住:自己是有实力的,就等待完全释放! 看到她坚定地点头,我知道她对自己充满期待和希望!

2. 站在巨人的肩膀上

高三的孩子苦累,不仅是体力的透支,更是心理承重,不知自己的努力会得到怎样的回报,特别是那种各类边沿的孩子们,是放弃还是坚持呢? 小熊就存在过这种选择。曾经她对自己的努力却屡屡失败而感到彷徨,流着泪水对我说:"太差了。"似乎有一种要认输的痛苦和无奈! 此时我必须让她振作! 有什么办法呢? 大道理,太空洞! 我想此时过来人的榜样力量应该是最有说服力。两个榜样:一个是 2010 届的女孩,在高三一年也是起伏不定,当年也是我的个性化辅导对象,说实的,我心里都觉得她要上一类是很悬的,但我并没有放弃,当年我就告诉她"坚持就是胜利",最后她胜利地攀上了似乎不可能的高峰! 一个是2002 届的女孩,数学在高考前的两个月内突飞猛进。因此,不到高考成绩出来那一刻,我们都要充满自信和希望!

3. 分享自己亲身的心路

记得高三的第一次谈话,我是这样和她聊的:"现在的高考,只要认真对待学习的过程,再差也有八成。"并且,我以自己的亲身经历和她分享,我是这样说的:"我,是一个智慧平平的人,但当年为什么能战胜高考? 秘诀就是踏踏实实地走好每一个过程,并且深信自己能行!"

就这样,在我和其他老师的共同努力下,她终于胜利走完了自己的高中生活,尽管她没有取得辉煌的战果,但她在过程中一直带着美好的希望在行走!

1. 舒老师,您对个性化教育有什么体会?

学校开展个性化教育多年了,我也年年参与,我们有很多老师做得很好,但我觉得我自己做得还不能令我自己满意,我觉得与学生找不到足够的契合点,觉得总是以一种教育者的姿态出现,似乎有点居高临下之感!所以教育还有很多的问题值得我们思考!

2. 您觉得学生学习目标的确定,应注意哪些问题?

学生学习目标是学生对自己现有水平、潜在能力、自己及与己相关的他人对自己的期望值的综合提炼。目标过低,浪费人才,目标过高,折磨人才。所以要恰到好处,让其身心得到最大限度的发展!因此,学生学习目标的确定要注意,一不能跟风,二不能盲目自大,要根据自己的实际情况,充分发挥自己的主观能动性。

3. 你觉得"过程"与"结果",哪个更重要?

我还是比较赞成"过程"比"结果"更重要,尤其对学习过程而言。因为在过程中不仅是行动,更重要的还有享受过程的快乐。当然在"过程"中我们要学会不断地调整行动的方法和策略。"过程"到位,"结果"水到渠成。

第六章　隐形的翅膀【方法指导篇】

学生让我写"保证书"

钮中军

案例背景

经常看班主任老师让学生写"保证书",但是我们常常发现,许多学生都信誓旦旦,但在行动上却故伎重演,觉得挺滑稽。没曾想,自己的学生快毕业了,我却为学生写了一回"保证书"。

案例过程

那是上周星期四早上第三节,我发现小菊一直都趴在桌子上,对我所讲的内容似听非听,笔拿起又放下,一副漫不经心的样子,莫非是高考临近,她的情绪有波动?下课后,我把她叫进了办公室,想听听原因。

"老师,我就是没有上进心,很盲目。"小菊一副很无辜的样子,"我一直就这样,我知道学习的重要性,就是管不住自己,每天也不知道怎么过。"

我一愣,没想到情况是这样,但我还是不太清楚和明白,于是继续追问:"一直都这样?那么高二也是这样吗?我总觉得你应该有个明确的目标!"

小菊笑了一下,又扬了扬头,"我中考时就这样,就这样一天天过去了,啥也没有想。"

"难道你没有想过要考一所大学吗?"

"想过,但觉得自己考不上。"

我一听,觉得她不是没有目标,而是觉得目标与现实差距太大了,没有信心引起的。于是继续问:"说说看,你想考一所什么大学?"

小菊有点难为情:"我也不知道,反正觉得自己考不上,从来没有具体想过哪一所大学。老师,你别管了,我这人就这样,很盲目的,反正啥也不行。"

我微微一笑,说实在的,当时我确实也有种放弃的想法。想一想,距离高考不足两月,一个自己对高考都没有什么想法的学生,你能有什么改变?但我还是想试一下,因为我至少知道,小菊不是不想考大学,而是对考上大学没有一点信

心。可是，问了半天，几乎找不出她的一点有自信的"例外情况"，全是对自己的负面评价。这真让我有些为难，看来我得试着改变一下她的认知偏差："嗯，你觉得其他同学学得怎么样？"

"他们都学得非常好，我啥也不行。"没想到小菊在回答时，更加强化了自己的观点。

"他们都是谁？谁都学得比你好？"我想进一步具体化，然后期待找个例子来比较分析一下。

"全班都好，就我不好。"

"小文呢？我知道你们关系很好。"我想改变她以偏概全的想法。

"她学得很好，比我好。"

"可是你知道她进入高三起始考的成绩吗？"

"恐怕是400多分吧？"小菊有点疑惑地回答。

"你的呢？"其实我知道她们高三起始考的成绩，这样问只是想看看她对自己的认识。

"405分。"小菊的回答很精确。

我来告诉你，小文她高三起始考的成绩是379分。"我严肃地、一字一句地说。

小菊抬起头，眼神里有些惊讶，但很快又恢复了忧伤的表情："人家比我聪明，每次考试都考得比我好。"

"还有，张明，他的高三起始考的成绩是370分。"我进一步举例，并看着她的表情反应。她又有些诧异，但有些难以相信的感觉。

我感觉，她有变化，但还得进一步强化，于是就说："这样吧，我再给你讲讲我去年几个学生的故事，好吗？"就这样，我讲了一个每次模拟考试都总在450分徘徊、高考前一个月差点放弃高考、经过调整最终考了493分（本科线为466分）的学生故事；再讲了一个学生，他去年的变化过程——从第一次模拟考试时的全班倒数第6名到高考考了474分（被一所普通本科院校录取）。慢慢地，她抬起了头，眼里有了些许自信和信心。

但我知道，要一下子激活她的自信并不那么容易："你看看，不管是你身边的，还是已经考上大学的，都表明一切皆有可能。你说你笨，肯定是错的。你能够一步步读到现在，正说明你和其他同学一样，并不笨，只是你在某些方面有所欠缺，比如你没有明确的目标、没有恒心等。想一想，假如就按你的思路来思考，高三一年，增长几十分，如果是50分、60分、70分……"

"不可能。"她打断了我的话。

"那你说说能增长多少分？"

"最多 50 分左右吧。"她还是没有底气。

"好,就算是 50 分,也已经达到 450 多分了。是不是? 你觉得考到这样的成绩满意吗?"

这一次,小菊没有说话,只是一个劲地摇头。

我一看目标开始明确了,便问道:"考到多少你就觉得比较满意?"

"就是要上本科线。"小菊回答得很干脆。

"对呀,你看,这就是你的目标。如果以刚才你的分析来判断,也就是说,你实际上与本科线就差十几分,对不对?"

"嗯。"这是小菊第一次点头。

我进一步鼓励,帮她树立信心:"如果你在这最后的两个月内调整好心态,以平和自然的心情面对高考;每天把复习任务做细做实,查漏补缺,我想高考成绩一定能达到去年的本科线。"

小菊一时并未回答,低着头深思着。我也没有说,静静地看着,等待她的变化。

突然,她抬起头:"老师,你能给我写个保证吗?"

"什么?"我有点不相信自己的耳朵。

"保证书,就是你证明我能考上大学的保证书。"她再一次清楚地说明了自己的要求。

我愣了一下,不知该怎么办。考试偶然性很大,我怎么能保证谁一定会考上呢? 但如果我不写,她就会觉得我欺骗了她,刚才的工作前功尽弃不说,也许她更会变得不自信。观察着她的眼神变化,我试着把她的要求清晰化。"你的意思其实是,你缺乏信心,需要我的鼓励和支持,对吧?"

"对,也希望你监督我。"

听到这里,我说道:"好,我写。"拿过一张纸,开始郑重地写起自己的第一份对学生的"保证书"——小菊同学:如果在今后的两个月里,你做到以下几点,我相信你能考取大学……

一边写,一边和小菊共同商讨未来两个月复习的具体方案,当然这些作为附加条件自然也被写进了保证书。

小菊拿着保证书快乐地离开了,我又开始考虑另一个学生的问题……

1. 钮老师,您给学生写保证书,不觉得降低了自己的身份吗?

每个人都有进步的愿望,每个人都有丰富的潜能,每个人都有自己的智能优势。每个学生都有才,通过良好的沟通和教育,才有可能使每个学生发挥他们的潜能和能力。这就需要教师给每一个孩子自信,让每一个学生了解自己、相信自己,最大限度地发挥自己的潜能。教师作为学生的引航者,不仅仅只是说教,有时给学生写一回"保证书",并不会使自己降低身份,却能使他确立正确的奋斗目标,这不正是教育的目的所在吗?

2. 您是否经常用这种方式与学生交流?

这倒不一定,常言道:"一把钥匙开一把锁。"教育要讲究契机,对于不同的人和同一人不同的时机,要用不同的方式,不可千篇一律生搬硬套,教无定法,因材施教,这可能就是个性化教育的魅力所在吧!我想在班级管理中不管什么方法,基本前提是我们要爱学生,尊重他们,理解他们,平等地对待他们。这样才可能培养出个性充分发展、人格健全的社会公民。

合作与竞争

——小组个性化辅导

侯 莉

 案例背景

关注每一个学生,是我校对教师最基本的要求,也是学校教育的核心理念。每天,教师面对的是几十个甚至上百个学生,学生对于我们,是几十分之一甚至上百分之一,而我们对于学生,是一比一,是百分之百。有时,除了个性化导师的作用,其实导师可以利用小组群体的作用,让同学互帮互学,共同发展。

案例过程

本学年,高一年级实行了一个导师带一个小组的个性化辅导方式,既结合了高一年级的教学行动改革,又将个性化辅导推进了一个新的发展阶段。

我所带的高一(4)班的这组成员有4个男生和2个女生。他们性格各异,学习习惯和成绩也相差较大。有被评为全年级最佳管理能手的(4)班班长冯泽天,他也是高一年级大型活动(如东钱湖远足)的学生会负责人。这是一个精力旺盛的小伙子。2个女生石和柠性格比较内向,不太爱说话,学习上比较自觉。另外3个男生也是各有性格。玮是这学期从外省转入这个班级的新生,孩子很本分,刚来这个班级略显孤单。翰听说初中时成绩很好,但高中以来总是无精打采,成绩不稳定。韬很聪明,但极其迷恋游戏。

在开学第一次谈话后,再加上一周的观察,我基本上掌握了他们各自的性格。于是我从自我提高、组内合作、组组竞争三个方面帮他们制订了个性化辅导计划。

首先,自我提高方面。我肯定了班长的管理特长和电脑技术特长,同时针对他上课偶尔没有精神、开小差的状况,指出应该将学习时间利用好,提高学习效率。因为是平行班,我刚好拿上一届(3)班W作例子,给他讲了W学习管理两头抓的案例。这样让他感觉更真实,更有参考性,及时帮他发现自己身上的惰性,并快速作出调整。刚好结合月考,和他一起制定了月考的目标,同时提出作

为班长，一定要在各方面起模范带头作用。

另外，针对新来的玮，我知道此刻要帮助他立刻消除陌生感，适应新的学习和生活环境。通过一次听写、上课提问和单元小测试，我发现他的英语基础非常薄弱。我知道作为一个插班生，在一个新的环境，他肯定很想利用成绩来证明自己。于是我决定先从自己所教的英语学科开始着手。每次单词没有过关，我都将其拉出来给他指点方法，让他单独背诵。有一节课，我发现对一个全班同学都很难解释的题目他却给出了圆满的解释，于是我面对全班同学给予了及时中肯的表扬。从那以后，每次抢答问题时，他都是这个班级里最活跃的几个学生之一，为组里的课堂积分作出了很大贡献。在期末的英语考试中，他已经从英语最后一名上升了 12 个名次。在暑假来临时，我叮嘱他回老家要把前面的单词巩固一下。他的姑姑说：他把三本书都带回去了，说上面有笔记。他从一个英语课堂默默无语的孩子变成一个积极抢答问题的孩子，我看到了他的自信心的增加。作为他的导师，我由衷地为他感到高兴，不是因为英语，而是他的精神面貌。通过一学期的努力，他让自己有理由相信，只要肯努力，只要有方法，只要有兴趣，就一定能够有进步。

另外一个孩子是翰。在没有深的接触之前，我以为他不爱学习，性格也相当内向。和他谈话时他的话也不多，只是认真地听着。有一次他请假回家，在楼梯上他向他妈妈介绍了我。当着他的面，他妈妈说这孩子从初中开始得了一种病导致腿部无力，不能参加剧烈运动。每 2 个月要去上海看病，要打一针，很贵的。高中后病情有所加重，身体不好，痛起来痛到骨髓一样，导致精神状态也不好。上高中后爸爸妈妈只是希望他身体好，别的要求也不高。那时，我才发觉这个腼腆的孩子居然有这样坚强的一面。他不太爱口头交流，我每次就在家校联系单上和他交流近期的表现和提醒，帮他制订短期计划并检查落实，并给予他很多的肯定。他成了我们组第二个上课发言积极的人。

其次，组内合作。对于其余三个孩子，我决定发挥小组的作用。两个女生比较文静，学习很自觉。于是在学习上，我给他们分别指定的两个帮扶对象，其中一个就是特别爱玩游戏的滔同学，并制订了帮扶的奖励和惩罚措施，让他们互帮互学。

再次，组组竞争。在 5 月的"个性化论坛"准备期间，组长开心地说要我一张照片贴在绿板上。我问他们为什么，他们自豪地说：在全班的综合评比中，我们组从常规管理、学习进步等综合方面评比下来，获得了优胜组的称号。他们每个人的照片和事迹，包括导师的都要上墙。在那一刻，我看到了孩子们发自内心的自豪和骄傲。

高一导师的小组制开启了一条新的个性化辅导方式，可以充分地帮助学生挖掘他们上进的欲望,提高了合作与竞争意识,利于学生全面且有个性发展的需要。

 案例 追问

1. "小组合作导师制"对学生会产生什么心理影响?

这不仅符合教育的宗旨,更能激发学生求真、向善、爱美的潜能,使他们积极主动,合理有效地参与到教学过程中。在这样的教学观念影响下,课堂上学生同伴群体的资源得到了充分重视。学生在小组合作的具体实践活动中,用心去体验合作的无穷魅力,用心去感悟集体的伟大力量,使他们体验到合作成功的快乐,获得实现自我价值的自信,经过每节课反复多次的内心积极体验,唤醒并树立学生的主体意识,使他们认识到"我真行"、"我并不比别人差"。不仅减轻了教师的负担,同时也提高了学生学习的积极性与参与度,有利于和谐、民主、合作的师生关系的建立。

2. "小组合作导师制"对学生的学习有什么作用?

利用小组合作学习模式,学生在知识、能力、兴趣、素质等方面相互沟通,相互认同,相互补充,相互影响,相互促进。这种学习方式可以解决个别差异,缩小两极分化,有助于因材施教。同时利于导师发现问题,并共同解决问题。在小组合作学习中,学生在异质学习小组中就教师所设计的问题开展活动,进行互帮互学,这有利于开发课堂中的人际交往资源,有利于建立全面完整的教学交往结构,并将生生互动提高到前所未有的高度,使学生有机会进行相互切磋,共同提高。

 读者 感悟

一次自我监督之后

徐 宁

导师简介

徐宁，男，汉族，硕士研究生，中共党员。他对数学有着独特的体会，认为数学课就是要培养学生对数学的兴趣，他希望学生能够体会到"天高任鸟飞，海阔凭鱼跃"的境界。座右铭："天行健，君子以自强不息；地势坤，君子以厚德载物。"

案例背景

我是雅的导师，她给我的印象始终像是一个单纯的小女孩。她学习很认真，是一个很有灵性的孩子，但是她的成绩和她的期望总是有所差距。她总想象着自己可以进入班级前几名，但是每次考试都只是处在中上，连续一个学期的几次考试都是这样的结果。她有点怀疑自己了，她也不知道这到底怎么回事？我很明确地告诉她，这是你听课效率的问题。但是她说："我觉得自己上课很认真了，真的，我一直在听！"我说："那你不应该老是趴在桌子上听课，或者是呆呆地用手抱着脑袋听啊，你应该……""可是，老师我那样也是在听啊，我……"我见她说不通，就笑笑走了，留下她一愣一愣的。

案例过程

为什么这个孩子的自我期待与实际考试成绩总是不吻合？她"觉得"自己是认真听讲的，这是事实吗？如果是，为什么成绩不佳？如果不是，为什么她不承认？这是借口，还是她真搞不明白？

这个问题实际上是一个常见的学习问题，在问题的处理上不仅仅是方法，更是要让孩子真正地接受这个新的学习方法。我们知道，一个新的学习方法是不可能马上出现效果的，因此要想让一个孩子改变过去的不良习惯，直接接受是很难的，这里牵扯的不仅仅是正确的学法的问题，还有如何让孩子接受的方式。面对现在中学阶段的孩子,处在心理成熟时期的他们,或多或少都拥有一定的自我独立性和逆反心理,因此在面对别人指出的问题时,通常能为自己找到借口,有时甚至是强词夺理。而这个问题的解决,除非教育者能真正地做到让他口服心服,要不就是很难的。于是,我就开始寻找证据了……

一天早读,我把他叫到办公室,我说:"今天,我要交给你一个自我考验的机会,看看你的自我控制能力到底怎么样! 你想不想试试?"她没有很多话,点点头。我给了她一张纸:"你对自己今天几节课进行关注,如果哪节课有不思考了,有做小动作了,有走神了,你就把时间登记下来,晚自习前交到我这里,我给你一个满意的回答! 好吗?"她有点新奇,伸出了手。但是,我又把手缩回来了:"可是你必须告诉我,你要诚实地面对自己急待改进的不足!""好!"她回答道,这样我才把纸交给了她。

在她上课的期间,我并没有完全放弃对她的关注,而是几次悄悄地来到教室后门观察她,可能是因为有了特别的注意吧,发现她一直做得比较好,但是也被我发现 3 次在做小动作,分别是在数学课上 2 次和化学课上 1 次。

晚自习上课前,她到办公室,把纸交给了我,看得出,她很不好意思,我一看,她给自己写了 8 次,有时间,有事件,还是比较详细的,而我观察到的 3 次并没有在里面。我呵呵一笑:"我说,在 9 点左右和下午 2 点左右,你就有 3 次没有记录,分别是……"我把具体的事件一说,她脸就红了。"但是,今天,我们一起来看,即使不算那 3 次,你应该是 8 次吧。"她点点头,我继续说,"那好,你算一下,一天是 8 次,你大概一个学期要这样走神、做小动作多少次!"她低头一算就不敢说话了! 我继续乘胜追击:"这样的害处你应该都知道,那你觉得这对你的学习影响大不大!"她无话可说了,但是有点不明白。

"那你知道,你为什么会有这样多的走神吗?"我问,她摇摇头。"我告诉你,这是因为,你常常趴着听课和无精打采地听课,虽然说那也是听课,但是那种方式很容易造成一种被动的学习的惰性,而且也给你造成了很多走神的机会,所以你的上课才……你的学习成绩才……"

她静静地听着,有点明白了,但是,我却分明发现了她那不是特别明白和信服的眼神。我想,我应该让她真正地信服,于是我说:"这样吧,明天,你这样听课,在老师讲课的时候,你时刻想着一个问题:我是否跟上了老师的思维?! 就这一点,你试试用这样的方式听课看看。"她答应了。

第二天,第一节下课,我就马上到教室找到了她。"怎么样? 这节课你有走神吗?"我笑着问她。"走神?"她在想着什么,"好像没有啊!"她一下子反应过来。霎时,她也明白了,脸也红了。我知道,那不仅仅有不好意思,更有一种醒悟。"那好,就这样听课,好吗。""谢谢老师!"她感激地离开了。

1. 雅的成绩下降与她的听课效率有关,徐老师,您为什么会作出这样的判断?

因为雅同学是比较安静的一个学生,没有违纪的事情发生过,也没有情感困惑问题,她本人也想学好,所以原因肯定出在学习的主阵地——课堂,长期听课效率低造成了她成绩始终无法提高的结果! 更重要的是,我对她有观察。

2. 雅没有集中注意力听课,她本人有时不知道,这又是为什么?

也就是说,她在课堂上常常不能清醒地意识到自己是否在专心听讲,走了神自己不知道,偶尔发现也没有能力把自己拉回来。于是她的注意力集中就只好靠外因(教师)提醒,老师看不到,她的思绪就"顺其自然"了。在学生中,这是很普遍的注意力自我监控能力较差的症状。

3. 对于听课不专注的学生,我们应该如何去帮助他们去改变?

这是一种行为习惯或者说是一种听课方式的转变。说起来,仅仅是一件很简单的事情,但是谁都明白"江山易改,本性难移"的说法,要改变学生在学习上的学习习惯,最重要的是意识上要有充分的改变,否则即使按照老师建议的去做了,那也仅仅是一种行为上的改变,坚持不了多久。因此,我就从她的意识入手,对她进行一段时间的观察,合理地进行行为上的取证,在证据的搜集上得到了她的认可后,她就很明显地知道错误了。但是,由于她没有体会到正确的做法能给自己带来什么,因此仍然无法真心地接受。于是,我又设计了一种行为,让她自己去感悟,终于取得了她的认同,我想,接下来她的改变就应该很顺利了。

在整个行为的研究过程中,我始终坚信真正的主体意识只有学生自己形成,才能解决问题。这个认知体系必须由学生自己去构建,而我只能是创造机会,提供资料,从而促使她的认识形成。这不仅仅是建立在建构主义理论的基础上的一种行为和意识,更是符合中学生这个年龄阶段的心理特征的合理做法,因此这个案例才能取得初步的成功。

"拍马屁"拍出"千里马"

滕瑛巧

 案例背景

"又是一名艺术生!"瞭了一眼他的档案袋,新任班主任的我心里涌起了无尽的失望——真不幸运,班里有五名艺术生了!而他,分数最低!也许,仅从中考录取分数来看,分数很低!基础薄弱不是艺术生的差距,学习态度和学习习惯才是真正的差距。他们一般都是在学习态度上有偏差、行为习惯极不规范的一群学生!而他,闻杰(化名),档案袋上的照片看起来如此的稚嫩,大大的眼睛透着一种让老师都感到无助的呆滞……

"竟然是万里中学毕业的!"再翻档案,我不禁感觉有几分亲切,但接踵而来的是更加担心。就读万里中学,还没有考上本校高中,看来实属问题不小!要知道在此届初中班中,大部分考入了万里高中,而分数不够的他肯定是班级的尾巴了。尾巴学生是什么样的?我不敢想象!

一谈到闻杰,初中班主任老师就笑道:"有他,就够了!"资深班主任的这一句调侃,我心里凉了半截。"他父母离婚,现在和母亲过,他和他爸一样,说一套做一套。不过,他很聪明!"班主任的克星便是说一套做一套的学生,主要靠语言艺术来教育的现在,我们最怕学生只说不做,这类学生,麻烦多,失望甚至绝望。老师最心痛的便是聪明但不肯学习的学生,是时只能扼腕而叹了!资深班主任老师都感到为难,我又能奈何,新学期伊始,心里灰溜溜的!

 案例过程

"拍"学生,马儿乐悠悠

"老师,女生一号楼是哪幢?""老师,饭卡的钱在哪儿加?""老师,书在体育馆领,体育馆在哪儿?"……开学第一天,学生走进万里中学就像走进了迷宫,而第一次作为班主任站在讲台上的我也已经开始晕头转向。"老师,我知道体育馆在哪儿,我带他们去领书!"一个带着无尽兴奋的声音叫道!是闻杰——他那双大而无神的眼睛我再熟悉不过了!可是,此时却神采奕奕!我吁了口气,有人替我

分担一下,太好了!于是,那天,闻杰成了万里中学的向导,跑前跑后,不亦乐乎。在晚自修的班主任讲话中,我不自觉地赞扬了他,乐于助人,关爱同学,关键时刻挺身而出——哦,他是热情纯真的!在以后的集体活动中,总是能看到他忙碌的身影!呵呵,我暗自庆幸,无意插柳柳成荫,拍了下马屁,马儿乐悠悠了!

军训过后,课堂学习正式开始了,同学们踌躇满志,课上个个精神饱满,除了他,闻杰。他总是在课堂上打瞌睡,精神萎靡不振,那双大眼睛总是难以睁开。我心里暗暗叫苦,果真不出我所料。

"闻杰,怎么课上精神这么差?"他沉默不语。"晚上睡得好么?"他点点头。

"你在万里中学读了几年,应该不存在不适应的问题,是身体不舒服吗?"他摇摇头。我心里蹿起一股火来!但脸上仍然挂着职业微笑。

"闻杰,你以前的班主任老师特别关心你,她特地关照我要好好照顾你。她说,你特别懂事,很聪明,数理化很突出,只是英语有欠缺。你的英语老师我也找过了,她很喜欢你,觉得你的英语肯定会在高中突飞猛进的。在临近中考的时候,你特别努力,以你平时的水平,考进万里高中是轻而易举的,只是发挥不是最好。你别放在心上,老师太希望你把自己的聪明才智发挥出来,打个翻身仗了!"他抬起头,默默地听着。

"好吗?我们一起努力!"他用力点点头,我长吁了一口气。

"看你的行动了!"我拍拍他的肩。

看着他离去的背影,我心里七上八下。对于曾经经历失败、伤口还没有愈合的他,我真的不忍心再去责备他。因为不忍,我拍马屁。可是,自此之后,他上课精神越来越好,作业也越做越棒,在第一次月考中,他直蹿到班级20名。当然,他还是没有恒心,在这个过程中,需要我不断地去提醒,几乎是天天。

"拍"家长,马儿加快跑

第一次月考后,看着闻杰优秀的成绩,我拨通了他母亲的电话。

"闻杰妈妈吗?我是他的班主任。"我话还没讲完,他的母亲已经迫不及待地点数闻杰的种种不足,言语中是无尽的焦急。我静静地听着,听她说闻杰是一个说得到做不到的孩子。

"其实,闻杰现在变了很多。他这次考试已经跃居班级第20名了,进步非常快。他很聪明,学习非常主动。开学的时候,他因为进来的分数低,所以有些不开心。不过,后来我和他聊了聊,他答应我好好学习,而且真的做到了。他如果坚持下去,考上本科是没什么问题的。他很听老师的话,我很喜欢他……"我强调得最多的是闻杰是一个言而有信的学生,说得到便做得到,虽然,我知道这是他的致命弱点。

"闻杰现在表现非常优秀,我一直在表扬他,希望他回家后,你也多多表扬他。"我挂断了电话,真的寄希望他们母子能够互相欣赏。闻杰父母离婚后,法院把他判给了父亲。父亲是一个不安分的人,母亲担心他不能抚养好闻杰,所以还是把闻杰带在了身边。也许,她对闻杰希望太大,故而失望也很多,总是觉得闻杰有很多不足。有时候,气急之下,就骂道:"你和你爸一样,没人性!"闻杰对此极为不满,"像爸爸"是一种耻辱。

周末返校,我再次找到闻杰,想聊一聊,看看他这个周末是否听到了我"贩"给他妈妈的表扬。

果真,他妈妈非常开心,大大赞扬了他。而我再次巩固:"闻杰,你有很多优点,需要进一步开发。你是一个说到做到的人,加油,老师绝对相信你!"他看着我,用力地点着头,我看到了他大大的眼睛中满载着无尽的感激。

他更加成熟了。下半学期他担任了寝室长,在一次寝室卫生扣分非常严重的情况下,我勒令相关学生返回寝室。而室长闻杰,主动返回寝室,和他们一起打扫。他言语很少,默默地做着,忙前忙后,我突然一阵感动。是的,这次不是拍马屁,他真的成熟了。

"拍"朋友,马儿跑千里

"你们几个关系真是好啊,什么都在一起啊!这种友谊挺难得的,你们一定要珍惜!"

闻杰和班级几位同学关系非常好,在课外经常走到一起。但是,观察之后,我发现他们这几个朋友其实是因为爱好游戏而走到一起的,他们课外经常讨论的话题是游戏。看来,这是一个并不健康的团体,而且,闻杰肯定在其中发挥着举足轻重的作用,我听说他初中时就开始打游戏了。怎么办呢?

一日,我把他们几个召集到一起。

"我看你们几个关系非常好,想和你们聊聊。"他们非常警觉地看着我。

"我知道你们中的核心人物是闻杰,所以老师非常放心。相信你们将会成为一个健康而又成绩非常棒的团体。因为,我听闻杰以前的班主任说了,闻杰也是这样把几个朋友带在一起,努力学习,现在他们都在万里高中了。只是闻杰失误了,与万里高中的分数线差一点点。闻杰真是一个不错的孩子,我们老师都挺喜欢他的,觉得他如果认真学习的话,肯定会……"

在"真挚"而又"专注"的表扬中,我暗自观察着闻杰的脸色,看到了上面颇为丰富的内容,再看看他的朋友们,更是目不转睛地盯着他……

自此之后,我总是在他耳边嘱咐:"闻杰,好好做,朋友们都看着你啊!"每次,总是看到他用力地点着头。

而更让我吃惊的是,他真的进步神速。在这次学校评选校"优秀团员"的过程中,他竟然得到班级同学的一致认可,被推选为校"优秀团员"候选人。

案例追问

1.个性化教育要取得真正的实效,您认为对不同的学生是不是必须采取不同的手段?

是的!个性化教育要关注学生个体的差异性。每一个学生都有自己的优点,也有自己的缺点。闻杰最大的缺点是"说到做不到"。从个人角度讲,这是我最鄙夷的;从老师角度讲,这是我最担心的。但是,在第一次发自内心的表扬起到意想不到的效果后,我对他便开始进行有目的的"拍马屁"了。夸大他的优点,让他坚守着自己的优点前进。不仅如此,我还联系家长,把马屁拍到家,让学生在家里同样得到了尊重。而且,我对家长所拍的是他的缺点。学生还是孩子,他并不知道自己的"言而无信",却只听到家长老师赞扬他是一个"说到做到"的人。在这种光环下,他成长了,正在成长为一匹"千里马"。

闻杰的家庭是一个较为特殊的家庭,不仅仅是指家庭离异,而是指他有一个不负责任的父亲和一个较为急躁的母亲,尤为可怕的是母亲对他有种对儿子的宠爱和对父亲的仇恨的转移。要改变闻杰性格中的缺点,必须注意他亲人对他的影响和引导。我无法改变他双亲的性格,但是我可以改变他母亲对他的认识。母亲本来认为他是有他父亲的影子,是一个"言而无信"的人,过分放大缺点,致使学生不是避免缺点,而是逆反,丧失了改进的动力。但是,我通过"拍马屁"改变了母亲的认识,从而调整了闻杰与母亲的关系,也形成了对闻杰一个较好的影响。

经过观察我发现,闻杰所处的朋友圈子是一个不健康的团体,但是通过"拍马屁",我让闻杰成为了团体的核心人物,同时也让他担负了一定的舆论压力。为荣誉而战,他非常在意朋友对自己的评价,在这种情况下,他必定朝着更加优秀的方向发展。

2."拍马屁"是一个很常见的调侃的词语,您是如何把握这种"拍马"艺术的?

我把"拍马"用在了教育过程中,并认为可以成为一种教育艺术。因为,对于有缺点的学生,我们虽然不能把他的缺点说成优点,但是我们却可以不失时机地抓住孩子的每一次进步,每一点优点,有时甚至需要挖掘这些进步和优点。这需要我们有一双发现美的眼睛,还需要我们有一张善于赞扬学生的嘴巴,更需要我们有一颗关爱学生的心灵。

读者感悟

焕发内驱力

吕　敏

 导师简介

　　吕敏，从事英语教学10多年，曾先后获得市教坛新秀及优质课大赛二等奖。她所带学生曾获省、市口语大赛一等奖。她曾编写过《高考金四导·高考全程解读·英语》；教学上她循循善诱，诲人不倦，深受学生的喜爱。她的兴趣爱好是音乐、读书、瑜伽、游泳和旅游。座右铭：淡泊明志，宁静致远。

 案例背景

　　小L是一个文静、脾气温和、心地善良的女孩。她擅长乐器，尤其是古筝。母亲对她寄予了很高的希望，每次遇到她时，她都会关切地询问女儿的学习情况。但是小L的基础很薄弱，高一文理分班时她在所在的班级排名是中等偏下。因她的英语成绩是所有学科中最弱的（历次大考120分的试卷，她平均成绩只有80多分），身为英语老师的我就做了她的个性化导师，我们的共同目标是一本，尽管每一个人都知道这种可能性是微乎其微。但我们有一个共同的信念：只要有百分之一的希望就要尽百分之百的努力。

案例过程

第一次谈话：用信心点燃希望

　　高三开学初，我们俩在辅导教室里进行了一次促膝长谈。她谈到了自己的兴趣爱好：弹古筝。我们立刻有了共同语言，因为我是一个对音乐很着迷的人，就这样我们之间的距离瞬间缩小。然后我们谈到对理想的看法，她觉得虽然自己也想考一本，但底子薄弱，所以觉得只能偶尔想想。我发现她此刻最缺乏的是自信。爱默生曾经说过："自信是成功的第一秘诀。"所以我这次谈话的首要任务是帮助她树立自信。我想起了美籍华人物理学家钱致榕中学时代的一段经历：

他那个时期很多学生考试作弊,不求上进。一位责任心很强的老师就从 300 个学生中挑选出 60 人组成了荣誉班,钱致榕也在其中。他们被告知之所以选他们,是因为他们有发展前途。这些人对此很高兴,并且信心大增,从此踏实学习,后来大多成了才。多年后,钱教授才从那位老师那里得知这 60 位学生是随意抽签决定的。这件事说明了自信心的重要性。于是我就对她说:我们高三(7)班的任课老师一起对这个班级的所有学生进行了研究,发现她的学习潜质很好,所以我们把她定为班级希望之星中的一个。如果高三这一年能按照老师的要求,全力以赴地去学,考上一本是很有可能的。说完这些话之后,我看到她的脸上立刻有了不一样的神采。接着她谈到了对理想的设定以及对未来的憧憬。此刻我能感受到一个外表安静但内心却被梦想之火点燃的那种热烈。信心已点燃了她的希望!

第二次谈话:制订具体的补弱计划

几天后,我找她进行了第二次谈话。这次我们的中心任务是一起制订具体的计划来提高她的弱势学科。经过对多次大考成绩的分析,我发现她的数学不太稳定,有时是班级 10 名左右,有时是 15 名左右,我给她的建议是发现盲点,立刻解决,务必做到查漏补缺,发现问题后要及时找老师。幸运的是她拥有一位教学能力强而且责任感也很强的数学老师。她的最大问题是英语,如果该学科能在高考中考到 120 分以上,那么一本就没有问题了。她的基础知识不扎实,单选、完形有时出错率高得吓人,英语读写能力也很弱。我给她定的整体目标是抓基础,攻读写。具体的学习计划是:定期补习一个语法专项,平时试卷及作业中的错题要做好错题本,并经常到我办公室反馈错误。每天一定要有两篇阅读,每周一篇作文,完成后找我面批。

耕耘之后体验收获的喜悦

在后来的两百多个日子里,我们就扎扎实实地落实她的补弱计划。她成了我办公室的常客,课间、晚自习只要当天有时间她就来找我。重新听写,订正错题,面批作文,分析各次大考的试卷,聊天以舒缓压力。教室外,办公室里,辅导教室内,处处留下了我们俩共同奋战的身影。日子一天天地飞逝,转眼到了 6 月高考的那三天,考完后她忐忑不安地等着分数。终于到了可以查分的时候了,令我们惊喜的是她的英语成绩是 122 分,所有学科的总分上了一本分数线。我为她感到高兴。在高三这一年里,她树立了信心,确定了目标,然后为之不懈努力,终于实现了自己的目标。我想通过这一年的学习,她收获的不仅是学业的成功,更重要的是体会到了自信的力量。爱尔兰著名戏剧家萧伯纳曾经说过:"有信心的人,可以化渺小为伟大,化平庸为神奇。"这句话在她身上得到了印证,自信点燃了她心中的希望,自信改变了她对自己最初的定位,自信激发了她的潜能。我深信这一点会让她终身受益。

 案例追问

1.吕老师,这是一个成功的案例,请问这种方法运用到其他学生身上是否也能成功?

自信是成功的基石,自信能够激发个体的潜能。一旦一个人拥有了信心,它就会激励人们为实现自己的目标去努力。当然这还需要毅力和勤奋。这个女孩虽然基础不扎实,但她在树立自信之后,愿意在老师的耐心帮助之下,充分利用每一分钟坚持不懈地努力,最终拼出一片天来。所以说,如果其他学生也能做到这点,那么取得不同程度的进步是指日可待的。至于教育方法,那还是要因人而异。

2.您的这位学生在学习的过程中遇到挫折,为什么鼓励她要自己冲过去?

当她遇到挫折时,我会及时和她交流,引导她正确对待挫折。我们读过一篇英语美文,讲的是一位善良的老人看到一个正在挣扎着准备从一个很小的开口中挤出来的蝴蝶,他想帮助它,所以就用剪刀剪开了这个茧,结果造成它只能是一个拖着臃肿的身子在地上爬行的蛹。殊不知这个挣扎的过程是必不可缺的,它可以使蝴蝶在与挫折作斗争的过程中变得坚强,并且蜕变成一只真正的蝴蝶,从而能够展翅高飞。既然挫折是在所难免的,而且我们也可从中受益,那么就勇敢地面对它吧!这个故事给了她很大启发,从此,她不再畏惧挫折。

 读者感悟

文字让我走近他们

陈慧炜

 导师简介

　　陈慧炜，女，万里国际学校高中语文教师，南京师范大学语言学专业硕士研究生。她沉静，不焦躁；虚心，不浮夸；认真，不敷衍。她有着孺子牛的勤恳敬业，亦有处女座的善感细心。她抱着对人生负责任的态度，仔细走好每一步。她热爱教学岗位，乐于与学生交流，深受学生喜欢。

 案例背景

　　在个性化教育中，面谈是最为普遍的方式，能够获得即时的效果，但次数多了，难免会担心影响学生的学习计划。我总在寻求一种更为方便高效的方式去解决这个问题。作为一名语文教师，我有很多机会与学生进行文字交流，而这种交流，为我带来了额外的收获，让我得以更深入地走进他们的内心。因为我发现，尽管文字交流没有面谈那般直接快捷，但效果却更为深远持久。

案例过程

一、她是一个害羞内敛的乖乖女

　　小蝶，是个漂亮的女孩，很内敛，与人说话总是头微低、声略轻。而这样一个女孩，对生活却是异常的热情与认真。她喜欢迈克尔·杰克逊，几乎看遍了迈克尔的所有作品，收集了许多关于迈克尔的纪念品，会跳迈克尔的舞蹈，所有关于迈克尔的事情，都乐此不疲；她喜欢观察大自然中的种种变化，喜欢用文字记录她对生活的种种感悟，总是用一颗包容、善良的心去对待别人。首次注意她，是通过她日思录中的文字。在所有的本子里，她的文字吸引了我。短则一句话，长则一两千字的文章，并不计较文章的起承转合，随意为之而处处有心，文字中洋溢着对生命的热爱和对生活的思考，或成熟或俏皮，有着不平凡的灵气。我暗自

赞叹她对文字的驾驭能力与天才,终于有一次,我按捺不住在她的日思录上写上了长长一段我对她的评价。记得开头部分是这样写的:"亲爱的小蝶,你真如一只美丽的蝴蝶飞入我的眼帘。很欣赏你的文字,每每读到你的日思录,都让人兴奋。这份成熟,这般灵动,让人很难相信出自这样年龄的你……"如今看来有些矫情,但的的确确是发自肺腑对她的欣赏与喜欢。而正是这一次评语,开启了之后我与她交流的特殊之旅,也开始了我们师生之间不一般的情感。

第二天,我的桌上出现了一封信,是小蝶的!信有些长,写她喜欢读的书、喜欢的人、她的性格以及苦恼,尤其写了很多她对迈克尔·杰克逊的喜欢。其中有段文字是这样的:"在 2009 年 6 月 25 日以前,我对生活是麻木无知的。悲观、黑暗、不懂得珍惜和感恩也许是我性格中的一部分,在 25 日以后,一直到今天,我发现自己在一天天长大! 因为我结识了迈克尔·杰克逊! 他对生活的态度以及为人处世的方式都大大地影响了我! 他乐观、孩子气,热爱自然,尊重生命,认真地过好每一天! 他温柔,有着好脾气,单纯、善良! 他关注动物、苦难的人们以及世界的动态! 在他眼里,世界没有国界,人们没有种族、肤色之分,天下一家……"我终于明白为什么她的文字总是那么关注生命了,小到飘落的一片树叶,大到战争中的百姓。直觉告诉我,这个小孩是一个超级感性、超级爱思考的人。"我爱写日思录,但是,考场作文总是出错。面对那些命题,我不能一下子就反应过来。而且,日思录的形式比较随意,考场作文的格式以及规范可不是闹着玩的! 所以,这令我很苦恼,希望您能辅导我……"看到这里,我内心涌出一股很强大的使命感。我喜欢这个小孩,她的本子中永远都是对别人的感恩,我要帮助这个小孩,她的文字那样美,可不能在考试中吃大亏。

于是,之后的日思录中,她凡是写了完整的文章,我都会对其仔细地分析一番,指出她在谋篇布局上的不足,每次考场作文,也会特别注意她的作文得分和写作情况。名义上的作文辅导,意外地让我成了她的大朋友。她时常到办公室找我,与我谈心,她的考场作文,虽并没得到最高分,总也还处于优秀分数的行列。分班后,我已不再是她的语文老师,她依然经常拿着她的日思录来给我看,来与我谈最近看的书、最近想的事。我们的交流平等而愉快,以致我有时竟忘却了自己是她老师的事实。

有一次工作甚是疲惫,穿梭于各个地方,回到办公室时一个熟悉的本子又映入眼帘,上面贴着一张便签,写道:"最近又写了些东西,您慢慢看,我不急着要。桌上的作业好多,保重身体啊! loves,蝶。"刹那,所有的疲惫顷刻消失,竟有种莫名的感动与温暖。她时常说遇见我是她的幸运,而我在踏上工作的第一年,有这样一位学生朋友,又何尝不是一种幸福呢?

二、他是让大家都头疼的"捣蛋鬼"

小丁，年级有名的捣蛋分子，上课不听、睡觉、不交作业、考试作弊、说谎、带手机，种种违纪问题总有他的参与，屡教不改，曾让许多老师为之头疼。他也一度列在我的黑名单里，既然那么难对付，就视而不见，以不变应万变了。

然而有一次，他在日思录里仿照周杰伦的歌词写了首诗，诗歌本身并没有太多的深意，让我注意的是，他的用词，竟有些古典文学的味道。基于之前对他的坏印象，一开始并不相信是他自己写的。于是重新读了他之前的文字，有些凌乱，但我逐渐发现他的语言组织能力其实是极强的。于是，我在他的本子里，写下了对他诗歌的评价，当然是七分的肯定表扬加三分的鼓励支持，没有透露丁点的质疑。

之后的日思录，他总是交得很及时，也会写些发自肺腑的文字，尽管有时候仍是叛逆的想法。我只管在他的文章中寻找可圈可点的句子，或者写些沟通性的话语。他的书写是极差的，看他的文章总要费很大的功夫，但我并没有因此打压他，仍是经常地表扬他文章写得好。

临近期末，第二个学期便要分班了。他独自跑进我的办公室，递给我他的日思录，说花一节课写了篇文章想给我看。那是一篇写离别的文章，大致是孤独的他很舍不得现在这个集体，文中回忆了一个学期来大家共同度过的点点滴滴，文字甚是伤感。读完我竟视线有些模糊，我被这个男孩感动了。在别人眼里，他总是打着"破坏分子"的标签，而他，竟视这个集体如家一般。这是怎样一种不平等的情感！我在他的文章后面，写了几乎与他字数相当的评语，这次，我评的不是文章，而是他。我写下了我认识的他，我看到的他的性格及优点，同时委婉地指出了他的缺点，并鼓励他做个让大家都欢迎的人。第二天课堂，我在班级里读了他的文章，所有人都情不自禁地鼓起了掌。当大家得知我也为他写了一篇较长的评语时，都迫不及待地让我读给他们听。当时，我在他脸上看到了一种非常非常可爱的笑容。后来他告诉我，他妈妈要求他把那篇文章以及我的评语都打成电子稿保存了起来。我想，从小到大，他也许真的很少受到表扬吧。

我仅仅做了一个语文老师该做的事情，如今他与我走得很近，我的批评，他也接受得很是爽快，尽管行为规范上依然会时不时地犯些错误，尽管他依然是捣蛋分子中的一个，而如今，我并不那么讨厌他，甚至喜欢他，因为他真的有可爱的一面。

三、他是个聪明而有些自负的好学生

小龙，普通班中的佼佼者，接受能力强，自我管理能力强，有自己的目标，会自行去做一些额外的任务，在师生眼中是不折不扣的好学生。

一次晚自习，我发现他闷闷不乐，一问才知他这次数学考得很不理想，他对我说:"老师你安慰安慰我吧。"我很不以为意地说了句:"下次努力便是,没关系!"便转身离开了。

之后,总感觉有些不妥,于是索性写了一段话给他:"一时的摔倒并不可怕,怕只怕以为这次摔倒无所谓,或者根本无心寻找摔倒的原因。为什么同行的人能走得比自己顺溜?是否自己还未学会走步,抑或根本选错了路。若一次失败仍掉以轻心,是愚;若一次跌倒便丢弃曾经所有的热情,是无能!望深思。"

我自以为,这只不过是一种很套路的安慰,没想,他竟珍藏了这张纸条。

那是在期中考后,他排班级第二,但在书写上扣了14分,基本上每门课的卷面分都扣得差不多了,而作为一个平时书写不错的学生,着实让我意外。他与我谈起考试成绩,有些懊悔卷面分扣得太多,但神色间仿佛并没有什么悔意,相反,我读到的是一种得意。我揣摩着他的心意:你看,我考第二,只是因为卷面这种无谓的分数扣得太多,其实智力成绩应该是我最高的。于是,我毫不留情面地揭穿了他的这种借口,并提醒他这种想法只是自欺欺人而已。当天的日思录,他便深深地剖析了自己。文章开头,他引用了我曾经写给他的那些文字,他写道:"每隔一段时间都会翻看,每次翻看都有不同的心得。""我把缺点拿来当优点展示,不失为一种可笑的行为。"

当时很感动,自己并没有想到这样简短的一些话语竟对学生产生了那么持久的作用,让我相信教育或许真的有捷径,这便是文字的力量。

案例追问

1. 通过文字进行教育的方式,对于语文老师来说的确是一种捷径,其他学科的老师可以借鉴吗?

人都是需要被肯定的,无论学习优秀的学生,还是相对较差的学生。我会经常在学生的本子里写些东西,尤其对那些不自信的或者有明显缺点的学生,放大其优点,让他开始明白老师对他的喜欢与关注,当一个人开始关注自己,则也会对自己负起责任来。其实方式很简单,不见得这是语文老师的专利。比如,我看到某位平时学习习惯差的学生某次默写成绩好,就会在本子里写几句表示赞扬的话语,让他意识到老师对他的肯定;比如某位优等生某次练习做得不够仔细,则会给予更低的等级,并写上爱心提醒,让他理解老师对他的期望;比如对那些平时很努力但成绩不尽如人意的学生,在作业中会将其错误原因用书面的方式给予详细的分析,让他体会到老师对他的特殊关心。也许批改作业的过程会稍显缓慢,但比起单调的打分却会有意想不到的成效。

2. 如何保证这种教育方式产生好的效果?

有时候与学生面谈,若没有切中要害,则难以走进学生心灵,至多不过是他表面上的敷衍;而文字上的交流又难以保证立竿见影的效果。我想最有效的方式是文字交流结合适当面谈,一次用心的文字教育后,需要后续的跟踪与观察。若学生有些许反应,就应该抓住契机进行深度面谈;若学生无动于衷,还是应该伺机而动,寻找合适机会继续在文字上进行情感攻击。我信奉教育的"润物细无声",相信坦诚的文字与话语必定会让学生的心灵有一丝丝的震动与回应。

 读者感悟

从缺点中挖掘优点

陈 芬

 **导师简介**

　　陈芬,女,民盟盟员,中学英语高级教师。她从事高中英语教学 20 多年,教育教学经验丰富,她热爱英语教学,善于与学生沟通,工作风格严谨、务实、敬业。在教育教学中,她热衷于学生的个性化教育,坚信每一个学生都有不同的个性,对他们的教育也应该是因人而异的,只有对学生充满爱,教育才能赋予真正的意义。

案例背景

　　初中升入高中,我们往往想当然地认为一个良好的开始必将是成功的一半,只要学生一进高中,规范好他们的言行举止就能使他们逐步转入高中学习和生活的正轨上来,并按照老师的教育方案发展下去。然而,事情并非我们想象得那么简单。学生的生理年龄虽然到了高中生阶段,但心智年龄还远没有达到应有的水平,还有一大批高一学生目前还处于儿童的心理状态,他们正处于少年向青年期成长的磨合期。学生在小学、初中形成的习惯基本已经奠定了高中生未来的发展。如果他们在小学、初中养成的学习和生活习惯没有达到应有的水准,那么,作为高中教育工作者,转化他们的任务就相当沉重。由于这种生活、学习习惯不良的学生在我们学校不在少数,因此,就需要我们付出极大的耐心并做好应对他们成长过程中反复变化的心理准备。

案例过程

　　本学期我任教两个平行班级,两个班级均有一些问题学生。甲班的小婷是一名任性顽劣的女生。进入高中,我们进行了学前教育,在这三天里她就表现得个性张扬和喜怒无常,让人很容易记住了她。她在初中时就与男生交往亲密,到了高中,她仍旧与那个男生交往甚密,严重到考试时相互作弊,有一次甚至因那名男生提出终止与她的关系而拒绝参加期中考试,任何人都劝不住她,只是在一边号啕大哭,家长对她也是无可奈何。哪知哭过一阵子后班主任看吃饭时间过了就带她外出吃饭,回来后她又喜笑颜开,没事儿一样。在课堂上,她对信不过的老师经常说些挑衅的话语,甚至蛮不讲理。文理科分班后,她成为了我的个性化学生,鉴于她的情况,我决定慢慢走近她。经过交谈,我发现她非常单纯和幼稚但却自以为是,对老师懂礼貌,而且知道老师对她的好,有知恩之心。于是,每逢考试前后,我都找她交谈,让她感知老师在无时无刻地关心着她,也让她开始有意识地摆脱自己的幼稚,学会克制自己,让自己成熟起来。同时,在回家的时间里,我不断地与家长或她本人联系,实时地对她进行监控。经过一学期的交流、了解和提醒、监督,小婷比较明显地表现出了理性,学习成绩也有所上升。

正当感觉自己在转化个性化学生有点收获时,却传来消息,在暑假期间,她又恢复常态:任性、随心所欲,几天不回家,在外玩耍。通过与其母亲的交流,发现她母亲还是对她无可奈何,想管又管不了她。

乙班小波也是我的一名个性化学生,他是一名学业和习惯都很差的男生。刚进入高中时,就听生活老师说,他在初三时曾对老师非常无礼,并放言说不会再来读书了。起初,我发现他在高中并没有什么异常,相反,他有时对我们任课老师表现得非常热情和有礼貌。但渐渐地,小波的秉性开始流露出来:冲动、任性。与小波交流是一件很费力的事,因为他始终爱钻牛角尖,认死理,自以为对社会上的事情很懂。据了解,他父母远在南京,对他的管教很忽视,平常放假回家他都是回奶奶家,久而久之,小波对其父亲形成了很大的偏见,认为父亲对他不管不问,于是,他与村里的一些社会青年有了很多的接触,染上了一些不良的社会习气,如撒谎、打架、逃学等。

人无完人,但也不可能一无是处,我坚信他一定有一些发光的地方。经过观察和了解,我发现他对老人还是非常有礼貌的;虽然不喜欢学习,但也没有完全到厌学的地步,考试不作弊;自尊心非常强,受不了一点委屈。于是,我经常找机会与小波接触,时不时地与他谈话,虽然还不能走进他的心里,但他还在一点点进步,没有出现严重的违纪现象。同时,我也与其父亲当面交流,极力帮他们父子间疏通关系。经过一个学期的交流与教育,小波有了一些进步(包括学习成绩),除了偶尔有些小的违纪行为,如迟到、不按时就寝等,很少再出现大的违纪行为了。与小婷一样,正当我感到对小波的帮助卓有成效时,暑假传来了他与新高一同学打架的消息,而且把对方打得不轻,性质严重。

孩子的成长必须经历一段磨炼他们心智的过程。我们也许过于自信,总感觉只要自己付出了,学生就一定能转变好。以上两个学生的案例说明,要想转变一个学生不是一蹴而就就能完成的事情。在学校,学业差往往意味着各种行为习惯落后(包括学习和生活习惯)。而行为习惯差往往是长期养成的,对于这些行为习惯较差的学生,要想在短时期内教育见成效是很难做到,也太过理想化。他们在转变的过程中会不断地出现反复,想让这些学生逐步走上健康发展的道路是任重而道远,在高中三年里还需要我们教育工作者无比的耐心和毅力进行个性化教育。而且,还要同时不断地做家长的工作,提高家长的素养,使家长与我们同行、同步地对孩子进行教育,形成合力,才能最终在他们身上体现出教育的实效。

1. 陈老师,您作为学校第一位局级优秀教师,一定有不少成功的案例,为什么您却列举这两个失败的案例?

也不能说是失败的案例,因为教育还在继续,但这种教育过程中出现反复的情况是很常见的一种现象,因此更需要研究。人们往往喜欢成功的光环,却很难看到成功的光环后面有多少艰辛与失败。我想用这两个案例告诉人们,个性化教育需要的不仅仅是一两句空话和决心,它更需要我们教育工作者无比的毅力和爱心。这两个案例只是说明高一时他们的表现,我更想对他们进行继续教育,看看他们在后期的过程中的表现,也更想证明“没有教不好的学生”。

2. 在中学,对于学习、品德都有问题的学生,老师们往往唯恐避之不及,您怎么看?

对于这样的学生有人称之为“双差生”,这样的说法我不赞同,因为这对学生的自尊心打击很大,不利于对他们的后续教育和发展。但这样的学生的确让老师们非常头痛。他们的行为习惯和学业成绩都很差,又不愿让老师进入他们的内心世界,与老师处于隔绝的状态。但我始终认为,这样的学生不是天生造就的,肯定与他外在的世界有关:家庭背景与教育、过去的环境与教育等,只有找到根源,再加上无限的爱与关怀及容忍之心,就一定能使这些孩子得以好转。作为一名老师,对于这样的学生就是一个挑战,只能迎面而战,不能回避。

3. 在案例中,您多次提到与家长的沟通与交流,您认为家长在孩子的教育过程中起着什么作用?

父母乃孩子的第一任老师,而且是终身的老师。我们在个性化教育过程中了解到,许多孩子表现的优劣与否与其父母的教育和环境背景有着息息相关的联系,以至于有些极端的想法是:优异的学生不是老师教出来的,是他天然就形成的。这里所谓"天然形成"则是指其家庭造就的。孩子就是一张白纸,想要让他成为什么形状就看他的父母和其他教育者在上面"画"些什么？在学校的教育中,我非常赞同家庭与学校的合力教育,也主张创办家长学校来提高家长的综合素质,以便进一步提高对孩子的教育实效。

读者感悟

第六章 隐形的翅膀 【方法指导篇】

用温暖激发她的正能量

王丽营

 案例背景

　　作为一个班主任,我每天都在思考并尽力做着"如何使每一个学生适应其能力与倾向,同社会要求相一致,实现其最大限度的发展"的个性化教育。一个班级,总有一些学困生,他们成绩差,精神萎靡,意志消沉,还常惹麻烦,不被人待见。作为教师,我们有义务有责任关注、教育好每一个学生。怎样实施个性化教育,帮助这些学生重振旗鼓,确立奋斗目标,踏上健康成长的阳光大道? 这里我想和大家分享一个对我来说印象很深,对学生和家长来说转变很大的真实的小故事。

　案例过程

　　初识小 Z,是我在带 11 届高三毕业班时,当时我兼任小 Z 他们这个高一班级的物理课。那时的我全身心投入教学中,没有更多的精力去关注这个高一班级的学生。但这个班里那几个让所有老师都头疼的学生,还是给我留下了很深的印象,小 Z 就是其中之一。她每天浑浑噩噩,带着耳钉、手链,上课吃零食,全身一点正气都没有,让任课老师都很厌烦。再次见到小 Z,是在他们高二开学,我接任了高二(4)班的班主任,刚好她就在这个班级里。看到当初和她一起混的那几个女生没有在这个班级,我还算松了口气。但她的方方面面似乎还是老样子,一点都没有起色。我从前任班主任那里了解到,她在家里排行老二,有一个姐姐和一个弟弟,似乎父母对她特别不好,一点都不关心她。了解到这些,我对她又多了份同情,希望用自己更多的关心来温暖她。

　　一个学期过去了,我对她与同学的交往、行为习惯、听课状况、学习成绩……有了更多的了解。放寒假的前一天,我把她叫到办公室,问她寒假怎么安排,她说还没想好,我问她以往怎样,她说都是和父母回乡下,父母喜欢打牌,家里很混乱,学习环境不好,她就每天在楼上睡觉、看电视。我告诉她高二已经过半了,不

能再这样浪费生命,她说她也没办法,我说能不能晚几天走,在我家学习三天。她因不能确定自己是否学得进去,犹豫了一下,我说先来试试看。最后她还是答应了。听说她要来我家学习,她的一个新伙伴也想要同行,我当然也答应了。这是个外表文静,但由于想出国,心思都不在学习上的女孩。她是外地人,小Z邀她住在自己家里,小Z的父母也很支持。从这些表现看来,我感觉小Z在家里并不如所听说的那样不受重视。

第一天,天气很冷,但是她们还是准时到了我家。我问她怎么来的,她说妈妈开车送的,晚上还会来接她。我就提了一句,你妈妈对你还挺好的嘛。接下来的学习,我要求她们按照自己的情况,把寒假物理作业分为几个部分,每半天完成一个部分,每半个小时先自己做,之后才可以问问题。由于她一开始还没很多信心,所以我每几分钟就要照看她们一次,解答疑问。午饭的时候,她们基本完成任务,丰盛的午餐让她们吃得很开心,说我们家做的菜都比他们家阿姨做的还好吃……饭后两个小家伙和我聊天,小Z给我们讲了很多她家里的情况。谈话中,我和她的伙伴都觉得她父母其实对她很好。下午的学习比上午顺利很多,她开始有点信心做物理题目了,到快结束时,她们已经把今天要完成的作业全部都做完了,我留的作业,就是回去把错题在别的本子上重做一遍。

第二天的情况更好于第一天,速度也快了很多,到午饭的时候,她们说下午差不多可以将整个作业完成。我很开心,而且我发现,不管要学习的内容有多难,其实重要的是人的心态,调整好心态,很多事情都变得简单了,这个结论对我自身也有了很大的触动,让我在后来的很多工作中很受益。在休息闲聊的时候,我感受到了这两个女孩子的可爱和聪颖,她们问我为什么不带家教,我说如果我有时间还不如多带带我的女儿。她们却说:"这个不耽误啊,老师可以一边带家教一边做家务,很轻松的……""老师,带家教很赚钱的……"然后还给我算了让我带几个学生,两个月可以赚多少。我夸奖她们很有经济头脑,其实内心也感受到了她们的单纯和直言不讳,但同时批评她们放着学校"正餐"不吃,非得想吃"点心",是不科学的,告诉她们到我家学习,是我第一次带学生到家里学习。她们没再继续和我谈家教的事情,但看得出,她们似乎对我有了一种敬佩的心理。之后的聊天显得更轻松、更愉快,她们向我敞开心扉,谈学习,谈爱好,谈同学中的趣事。提起今后的打算,我们共同分析了小Z的学习现状,小Z觉得自己基础比较差,要考理想的大学有难度,她平时爱好画画,想学美术,学艺术,以后可以考一个自己喜欢的大学。小Z对自己有了清醒的认识,能从实际出发去规划去实现自己的理想,看来她开始从浑浑噩噩的状态中走出来了,我很欣慰。下午的学习在轻松愉快的气氛中结束。小Z的伙伴已经完成了全部内容,说明天上午想做些别的科目,然后下午打算回家,她觉得自己以往的假期都荒废了,什么作业都不做,这次一定认真完成其他科目,而小Z也可以在第三天上午完成物理作业。

第三天,小Z的伙伴已经把英语作业完成了很多,小Z也完成了物理作业,开始做别的科目。下午,我们正在继续学习的时候,小Z的妈妈来了,一见面就感觉到她的直爽,进屋落座后的第一句话就是,"王老师,我们小Z说,你是她见过的所有老师中最好的一个,怎么会有这么好的老师……"语气的夸张程度,让我都有些不好意思。然后我们谈了孩子的情况,我给了她很多建议,包括孩子想学艺术的事情,我也初步和她进行了沟通。临走时,她为了表示感谢,硬要塞给我购物卡,我坚决没有要。家长感动不已,连连称赞,万里的老师真好。

寒假快结束,我们已经开始上班,而学生还要好几天才到校,我们需要提前布置教室,我想到了小Z,一个电话过去,几分钟的工夫,她已经来到了学校,让我很是感动,说明我们寒假的三天相处很有成效,她确实是个懂得感恩的孩子,只是有很多时候还不太懂事、过于任性。教室的布置就全部交给了她,她出色地布置好教室,热心地为班级同学做了件好事,我表扬了她的进步。之后,她又在教室里完成还没能来得及完成的其他作业。

随后的日子顺理成章往好的方向发展,尽管她还不是那么自觉,但对于我的各种要求甚至是赞许、批评她都能接受,她父母也同意她去学画画学艺术。就在一切都看似平静而且进步的状态下,有一天在该吃晚饭的时候,她突然消失了。从同学那里得到线索,说她想回家,让家里人来接她,然后就不知道去哪里了。我和她家里取得了联系,陪着她妈妈和姐姐找遍了学校的每个角落,然后又根据她姐姐介绍的情况,到她家里去看了QQ空间,得知她曾经交往的高三男生,我们又找了那个男生了解情况,还去了附近的网吧……折腾了大半宿,我们实在没有别的办法,就只能回家等了。但是在家里我也睡不着,得知她有一部手机,我就开始给她发信息,告诉她我们怎么辛苦地找她,告诉她我有多担心她,告诉她我有多疲劳但还是睡不着。在凌晨两点钟左右,我终于等到了她的回信——"老师,我回家了,你放心吧。"有了她的消息,我才朦朦胧胧地睡着了。早上六点多,我赶到她家门口,给她妈妈打了个电话,说她昨晚已经发信是告诉我她已经回家了,我想确认一下她是否回来了,结果她妈妈说没有。我吓了一跳,但马上冷静下来,请她妈妈到她房间看看,结果她妈妈说她正在睡觉。我晕,女儿不见了家长却还能睡得这么踏实,连女儿有没有回家都不知道!我感觉她妈妈不是不关心她,而是太粗枝大叶,相反她却是个感觉细腻,甚至有些敏感的孩子。确认了她已经回家,时间又还比较早,我就叮嘱她妈妈等她醒来千万不要打骂她,我先去上班,等他们休息好了我再过来,一起商量解决问题的办法。到了学校,我又从她的伙伴处得知了更多的一些关于她的情况,这对于后来我到她家里给她做思想工作起到了很大的作用。

这一次，我了解到她私自离校的原因，是因为和她一起学艺术的几个关系比较好的同学，说了几句私密的话，为一些小事有些矛盾，她感觉很不舒服，想让家里人来接她，想转学，不想再看见这几个同学。她家里当时正在吃晚饭，也不知道具体情况，以为她偷懒想回家玩了，就没把这事当回事，更没想到她情绪激动到无法控制，竟然私自离校。我把离校的利害关系给她作了分析，讲解了与同学相处的道理和方法，还和她谈了很多很多，她从内心接受了我的批评建议，知道自己错了。我觉得她和那几个同学的关系没那么好转变，因此我答应她返校后单独给她找个画画的地方，她也答应我写好检讨等待学校的处分。这事的处理情况我及时和年级以及学校主管领导进行了汇报，她返校之后，诚恳地在班级做了比较深刻的检讨，得到了同学们的谅解。

小 Z 回来后有了自己学画画的地方，和那几个同学的联系更少了，人变得开朗多了，班级的所有活动都积极参与，学习比以前努力，坏毛病也少了。很快到了高三要补课的日子，对于她们几个心思并不是很在学习上的艺术生，我把补课的利弊以及她们可能遇到的种种情况都进行分析，让他们自己决定是否参加补课。小 Z 说她经过慎重考虑后还是想去画画，她妈妈却又不同意。于是我又让她妈妈带着她一起来学校进行了交流，听了我的分析，她妈妈终于同意了她去杭州学画，她也一副很感激的样子，保证好好学习。

暑假，我刚好带学生去杭州进行竞赛培训，给她打了电话，她大声问："老师，你真的来了吗？"语气中充满了惊讶，然后告诉我她们学习的地址。我问她学的怎样，她高兴地告诉我她进步很多，还请我去看看她的画。由于还有别的学生要带，所以我没去她的地方，但我从通话中感觉到她在学画过程中的那份安心和自信，我很高兴。之后我们保持着短信联系，前几天，她还发信息告诉我，说她们画得很辛苦，每天要画到凌晨两点，除了吃饭睡觉都没别的时间。我对她进行了鼓励和表扬，她也表示了她的决心。她的专业课老师说她的水平可以去试试复旦的校考，她自己也有一定的信心，虽说还不知道她将来是否能考入自己理想的大学，但是她已经开始用积极阳光的心态面对人生，而不是像以往看人都不睁眼睛，一副萎靡不振的样子，而且她已经从一个一点都不想读书的人变为一个理想是考上复旦的人。她的父母也注意到了对孩子教育方式的改变，也改变了以往觉得花钱在孩子的艺术培养上还不如给她花钱开店做生意的错误观念。这些都是我个性化教育的一点收获，我觉得我的一切付出都很值得。

开启心智的钥匙
——丰富多彩的个性化教育故事

 案例 追问

1. 王老师,您认为应该如何利用班集体开展个性化教育?

班主任面对的是一个班级几十个学生的群体,班主任工作既要面向班级群体,更要顾及每个学生个体。要让班级群体的优化为学生个体的发展提供优良的土壤,让学生个体的健康发展促进班级群体的进一步完美。班级里,小Z原是一个慵懒、散漫的学困生,在个性化教育中我们把她作为独立完整的个体对象加以充分的关注,详细了解她的生存环境和成长轨迹,分析她的优点和缺点,重视他在发展成长中的独特性,在点滴小事中温暖孩子的内心,使她用自身不断增长的正能量克服自己的坏毛病,让自身最精彩的部分凸显出来,得到健康的发展。学生个体的进步,也使得班级集体更加团结向上,朝气蓬勃。

2. 个性化教育为什么要重视个体的独特性?

每一个被教育的个体具有不容忽视的独特价值,个性化教育正是强调和尊重了教育对象这种宝贵的独特性,并对其采取独特性的教育手段,使"独特性"异彩纷呈。小Z学习有困难,成绩不理想,难升大学,但她对画画很有兴趣,有志学艺。针对这一特点,因材施教,我们帮助小Z坚定学艺志向,获得父母的支持,走上了学习美术的道路。而兴趣是最好的老师,小Z在学习艺术中获得了快乐,获得了发展,如今她不怕累,肯吃苦,正夜以继日地学画画,争取考上理想的大学,去圆自己学艺术之梦。

3. 教育的环境与氛围特别是家庭教育,对学生的个性成长会起什么作用?

社会环境、家庭生活、学校教育对学生的健康成长都有着深刻的影响。进行个性化教育,教师要对社会负责、对家长负责、对学生负责,用真诚的爱和热诚关爱学生,教育学生,调动社会、家庭的一切积极因素促使学生不断发展。我们希望每个孩子的个性与天性在阳光、健康的氛围和环境中得以舒展,他们的天分被充分发掘,他们的才能被发挥得淋漓尽致。只有这样,我们的教育才有希望,我们的孩子才能真正健康地成长。

 读者 感悟

后　记

当 2013 年早春的朝阳喷薄欲出的时刻,我们这本散发着个性化教育气息的小册子翩然而至,呈现在您的眼前,像一只蹒跚学步的丑小鸭,幼稚而可爱,本色而活泼。

本书汇集了 55 位老师亲身经历的 102 个多彩多姿的教育故事,这些故事演绎了宁波万里国际学校 16 年个性化教育发展的历史,融汇了万里的老师们自觉地探索和追求"最适合的教育"的经验和智慧。

当您翻到后记的时候,或许已经阅读了全书,或许浏览了部分章节,哪怕您只阅读了其中的几个故事,其实您已经有资格对这本书作出评价了,您一定能感到故事中的很多情节仿佛就发生在您的身边,有的就像发生在您的孩子身上。如果您能从故事中获得启发,让您的孩子也能受到适合他(她)的教育,那么本书对您和您的孩子来说,既是一种分享,也是一种援助;对我们而言,则是一种欣慰,更是一种鼓励。

本书除了 50 多位老师分别撰写了案例以外,还有单纯可爱的时靖老师、活泼漂亮的张亚容老师、善解人意的陈慧炜老师、秀外慧中的于靖萱老师、满腹诗书的王平杰老师、德高望重的桂维诚老师承担了本书的校对工作;王平杰老师还热情地担任了本书的编辑,义务承担了部分老师文稿的修改工作;桂维诚老师作为本书的专项负责人,见证并参与了成书的每一步历程,不仅承担了大量的文字工作,还承担了相关的事务性工作,倾注了颇多心血;作为主编的袁湛江校长,公务繁忙,又长期担任一线语文教师,但出于对本书的钟爱,从创意到规划,从组稿到定稿,他事必躬亲,直至最后审定全书,却是乐此不疲。所以,本书的付梓,对于我们这个团队,有如看到自己辛勤孕育的婴儿呱呱坠地。

我们要感恩不断给予我们关心支持和鼓励的各级领导——陈小娅副部长对我们个性化教育的热情勉励、刘希平厅长作出的"让每个孩子都走向成功"的重要指示,都是我们开展个性化教育的巨大动力;我们铭记宁波市教育界的老领导华长慧先生、陈大申先生、黄士力先生曾经给予我们的热情支持和关怀;我们感谢以沈剑光同志为局长的宁波市教育局的领导们正在不断给我们搭建发展的平台，特别是张力鸣副局长多次亲临我校，深入课堂调研指导；感谢宁波市高新区管委会王海国主任等各位领导给予我们的直接支持和帮助；同时，也感谢万里教育集团以徐亚芬董事长为代表的创业者为我们的绿色文化奠基，给了我们这片展翅飞翔的广阔天空！

我们还要感谢在个性化教育的进程中扶持我们不断前行的专家们——中国教育学会的顾明远先生和陶西平先生，中国教育科学研究院袁振国院长，北京大学的焦维新教授、曹文轩教授和孔庆东教授，北京师范大学的林崇德教授，国家教育行政学院的谢建华女士和刘慎浩先生，著名教育家于漪老师和魏书生老师，浙江大学的刘力教授，浙江省教育科学研究院的方展画先生、朱永祥先生，浙江师范大学的王国均教授和蔡伟教授，浙江省教研室的缪水娟女士，浙江省教育厅的方红峰先生、叶向群先生、何春玲女士以及我们兄弟学校的诸多校长朋友。如果没有他们高屋建瓴的指导，就难以形成我们今天初见成效的个性化教育特色。

当然，最值得感谢的是我们的学生和家长——没有一个个鲜活灵动的年轻生命，我们所有的努力都会失去意义；没有家长的信任与合作，我们的实践就会变得举步维艰。所以，学生是我们职业生涯的起点，也是我们终生努力的归宿；家长不仅是我们的合作伙伴和忠实的朋友，更是现代学校不可或缺的教育资源。

最后，我们要特别感谢大家衷心爱戴的裴娣娜教授，作为北京师范大学的博士生导师、浙江师范大学特聘的杰出教授，她承担着教育部重点课题和浙江省基础教育改革的研究任务。每次到浙江来，她都是风尘仆仆，深入学校进行调查研究。更令人感动的是，裴先生多次来我们万里进行深入的调研和热情的指导，特别是对万里开展的个性化教育，不仅予以高度关注和期待，而且给予许多具体的帮助，使我们有机会汲取当代教育最前沿的育人理念。这次裴先生百忙之中欣然为本书作序，我们在感动之余，备受鼓舞，唯有不懈努力，向着远方的地平线，奋然前行。